工业和信息化部"十四五"规划教材

全国船舶工业职业教育教学指导委员会推荐教材

U0645195

DI DI AD

船 舶 主 机

主　编　罗红英

副主编　陈新梅　黄若川

主　审　许　昌

哈尔滨工程大学出版社
Harbin Engineering University Press

内 容 简 介

为了适应国家"双高计划"中船舶工程技术专业群的教学改革需要,本书在原国家精品资源共享课程的基础上,率先进行船舶动力工程技术专业人才培养方案和课程教学改革,按照"船舶主机"课程新标准而编写。根据职业能力分析选择最新典型机型,以目前广泛使用的MAN、WinGD船用大型中、低速柴油机为主,兼顾全国职业院校技能大赛"船舶主机和轴系安装"指定的K4100、YC6105型小型高速柴油机,按照整机→主要部件→系统维护→使用操纵→特性试验完整工作过程分成8个学习驱动任务项目。主要内容包括:柴油机基本认识,主要机件识别,换气与增压,燃油喷射和燃烧,润滑与冷却,启动、换向和调速,柴油机特性试验及选用,其他船舶动力装置等。该教材还附加了可视化教学资源,按照教育部在线开放资源的要求和规范,对文字、影像等资源逐字逐句逐帧审核,通过扫描二维码学生即可在线学习。

本书为船舶类高等职业教育三年制船舶动力工程技术及内燃机专业教学用书,二年制也可参考使用。同时,本书也是全国职业院校技能大赛"船舶主机和轴系安装"赛项的指导教材。本书还适用于轮机工程技术专业群士官生学习、船员考证培训、船舶内燃机制造厂工程技术人员自学以及其他形式的职业教育。

图书在版编目(CIP)数据

船舶主机 / 罗红英主编. — 哈尔滨 : 哈尔滨工程大学出版社, 2023.6
  ISBN 978-7-5661-3954-2

Ⅰ. ①船… Ⅱ. ①罗… Ⅲ. ①舰船发动机-教材
Ⅳ. ①U664.1

中国国家版本馆 CIP 数据核字(2023)第 097519 号

船舶主机
CHUANBO ZHUJI

选题策划	史大伟 雷 霞
责任编辑	张志雯
封面设计	李海波

出版发行	哈尔滨工程大学出版社
社 址	哈尔滨市南岗区南通大街 145 号
邮政编码	150001
发行电话	0451-82519328
传 真	0451-82519699
经 销	新华书店
印 刷	黑龙江天宇印务有限公司
开 本	787 mm×1 092 mm 1/16
印 张	16.75
字 数	436 千字
版 次	2023 年 6 月第 1 版
印 次	2023 年 6 月第 1 次印刷
定 价	48.00 元

http://www.hrbeupress.com
E-mail:heupress@ hrbeu.edu.cn

前　　言

船舶主机
课程简介
（视频）

　　为了深入贯彻党的二十大关于"教育强国"的重要精神，国务院颁发了《国家职业教育改革实施方案》（简称"职教20条"），目的是推动实施"三教"改革，积极推进课程改革和教材创新，为职业教育教学和培训提供更加丰富多样、实用的新教材，更好地满足我国海洋船舶装备制造快速发展的需要，办好人民满意的高职教育。武汉船舶职业技术学院轮机工程技术专业群是全国示范性重点建设专业，值此国家"双高计划"重点建设专业群的教学改革之际，专业教师团队在原国家精品资源共享课程的基础上，率先进行船舶动力工程技术专业人才培养方案和课程教学改革，并按照"船舶主机"课程新标准编写了本教材。

　　该教材在"十三五"职业教育国家规划教材《船舶柴油机使用及维护》的基础上，针对全国船舶工业教育教学指导委员会制定的"船舶动力工程技术"专业标准，结合近几年教改成果和船舶主机发展的最新技术，从应用的角度出发重构了内容。教材以目前广泛使用的MAN、WinGD船用大型中、低速柴油机为主，兼顾全国职业院校技能大赛"船舶主机和轴系安装"指定的K4100、YC6105型小型高速柴油机，涵盖了目前企业普遍生产的高、中、低速柴油机，包括筒形活塞、十字头活塞两大类，按照整机→主要部件→系统维护→使用操纵→特性试验完整工作过程分成8个学习驱动任务项目，系统地阐述了船舶柴油机工作原理、主要机件识别、系统维护、柴油机特性试验及选用、其他船舶动力装置等，理实结合，使学生在认知船舶柴油机、燃气轮机、双燃料发动机原理、结构的基础上，具备对船舶主机各系统检查、调整的能力，能够承担安装、检测典型船舶主机的工作任务。该教材还附加可视化的教学资源，加快推进党的二十大精神进教材，将思政元素融于课堂教学资源之中，按照教育部在线开放资源的要求和规范，对文字、影像等资源逐字逐句逐帧审核，通过扫描二维码学生即可在线学习。

　　本教材在组织编写过程中，形成了以下特色：

　　1. 承载立志兴船报国，守护船舶"心脏"。深入推进专业课程与思政课程同向同行，乘着党的二十大召开的东风，倡导绿色低碳、节能减排的理念，充分发挥"国家级职业教育教师教学创新团队"建设的模范引领作用，全方位育人，强化立德树人意识，将中国船舶智能制造、军工强国、清洁能源、实干兴邦、优秀毕业生、大国工匠等思政元素融于教材之中，培养学生吃苦耐劳、精益求精的职业素养，使学生养成安全操作、严谨求实的良好习惯，激励学生扬帆破浪正当时，守护船舶"心脏"——使智能化船舶主机运行不止，踏浪前行。

　　2. 真实体现工学结合、鲜明行业特色。本教材是高职教育涉及船舶动力工程技术专业的唯一教材，也是利用学校多年的船舶行业办学优势，在对全国相关行业企业调研的基础上，根据用人单位对本专业学生职业岗位能力需求为出发点，简化了理论性强的内容，增加了实操任务和活动，代表性强，适用性广，复杂的视图增加了立体图和动画演示，并能反映国内外船舶主机发展趋势和最新技术，保证教材内容条理清晰，图文并茂，通俗易懂，真实体现工学结合及轮机专业群的鲜明行业特色，充分展现学校先进教育教学理念。

3. 及时更新智能化、节能低碳、清洁能源发动机高新技术。遵循循序渐进和少而精的原则，增加了船用柴油机的新规范、新技术、新组件，如船舶主机严格实施新的排放法规，介绍了废气再循环（EGR）、催化转化系统（SCR）、水洗脱硫等新技术，以及船舶电控智能化柴油机、LNG 绿色燃料、气体燃料发动机、双燃料发动机、电子注油器、电子调速器、船舶电力推进系统等新组件，实现机电高度结合的智能化。

4. 任务目标驱动，教学做一体化。以培养学生职业能力为目标，以模块项目、学习任务为驱动，在每个项目前都列出了任务目标，每个项目结尾都有实训活动"做一做"、学习任务"想一想"，便于组织一体化教学和学生课外自主学习，体现挑战性。

5. 一书一课一空间，化解重点难点。适应"互联网+职业教育"发展需求，教材将知识点碎片化，重点难点共附加了约 120 个教学资源，包括课程介绍、演示课件、微课、模拟动画仿真、实操演示、在线作业和测试。通过数字平台构建在线开放课程学习空间，学生通过扫描二维码可以随时随地学习，形成"一书一课一空间"。

本书共分 8 个项目，由武汉船舶职业技术学院、珠海城市职业技术学院、中国船舶柴油机集团宜昌船舶柴油机有限公司的教师和技术人员共同编写，罗红英教授任主编，陈新梅副教授、黄若川讲师任副主编。其中，罗红英老师编写项目 1、项目 2、项目 4，黄若川老师编写项目 3，王焕杰老师编写项目 5，陈新梅老师编写项目 6，马旭工程师编写项目 7，汪行教授级高级工程师编写项目 8。

中国船舶柴油机集团宜昌船舶柴油机有限公司"楚天技能名师"许昌教授级高级工程师担任本书的主审，提出了很多中肯的建议；在书稿编写和出版过程中得到了全国船舶工业职业教育教学指导委员会、哈尔滨工程大学出版社的大力支持与帮助，在此一并深表谢意。

囿于编者经历和水平书中难免存在不足之处，衷心地期望使用本教材的专家、教师、工程技术人员及学生对书中的不当之处进行批评指正，我们会及时探讨修改意见和建议，以便再版修订。

编 者

2022 年 11 月

目　　录

项目 1　柴油机基本认识

【任务目标】

1. 正确描述柴油机的主要特点,能运用定时图说明四、二冲程柴油机的工作原理及两者的差异。

2. 判别二冲程柴油机换气形式,掌握直流换气的特点,正确描述柴油机增压的意义、增压的类型。

3. 熟悉柴油机各项性能指标和工作参数的含义,了解现代船用柴油机发展的主要特点。

任务 1.1　柴　油　机

1.1.1　热机、内燃机、柴油机

柴油机
（PDF）

柴油机是热机的一种。热机是把燃料的化学能通过燃烧转变为热能,再通过燃烧产物(亦称工质)的膨胀做功把热能转变为机械能的动力机械。

热机根据燃料燃烧时所在的部位可分为外燃机和内燃机两种类型。外燃机的燃料燃烧在气缸的外部进行,工质膨胀做功在气缸内部进行,如蒸汽机和汽轮机都属于外燃机。内燃机的燃料燃烧以及工质膨胀做功都在气缸内部进行,如柴油机、汽油机和燃气轮机等都属于内燃机;与外燃机相比,内燃机不存在因工质在气缸内外传递过程导致的热损失,具有较高的热效率。另外,内燃机在尺寸和质量方面也具有明显的优势,因而与外燃机的竞争中已经占据领先地位。

柴油机和汽油机同属于往复式内燃机,但都具有各自的工作特点和相应的适用范围。汽油机使用挥发性好的汽油作燃料,采用外部混合法(汽油与空气在气缸外部进气管中的化油器内进行混合)形成可燃混合气,其燃烧为电火花塞点火式。这种工作特点使汽油机不能采用高压缩比,因而限制了汽油机的经济性,使其不能大幅度提高,也不允许作为船用发动机使用(汽油的火灾危险性大),但它工作柔和、噪声低、比质量轻,因而广泛应用于轿车和轻型运输车辆。

柴油机是一种压缩发火的往复式内燃机。柴油机使用挥发性较差的柴油或劣质燃油作燃料,采用内部混合法(燃油与空气的混合发生在气缸内部)形成可燃混合气,靠缸内空气被压缩后形成的高温燃气自行发火。

通常,柴油机具有以下突出的优点:

(1)具有较高的压缩比,因此热效率较高,可高达 55%,可燃用廉价的重油,经济性好;

(2)功率范围广,从 0.6 kW 至 47 000 kW,可以适应不同动力设备的需要;

（3）尺寸小，比质量轻，便于机舱布置；

（4）机动性好，启动方便，加速性能好，能直接反转，便于使用和管理。

同时，柴油机也存在某些缺点：

（1）存在较强的机身振动、轴系扭转振动及噪声；

（2）某些零部件的工作条件恶劣，高温、高压并有冲击性载荷。

上述优点使柴油机被广泛地应用于各个领域。尤其柴油机自1904年首次用作船舶推进装置以来，经过不断完善和发展，逐步形成了以经济性好、可靠性高和使用寿命长为主要特点的船舶柴油机系列。目前，在船舶主动力装置中，柴油机已占据相对的领先地位。

1.1.2　柴油机的基本结构

柴油机由固定部件、运动部件和其他主要系统组成。图1-1所示为四冲程柴油机的主要部件。

1. 固定部件

固定部件主要包括气缸盖、气缸套、机体、机座、主轴承等。它们构成柴油机本体，支承运动件，并由气缸盖、气缸套与活塞组件组成燃烧室和燃气工作的空间。

2. 运动部件

运动部件主要包括活塞组件、连杆组件、曲轴飞轮组件等。它们组成"曲柄-连杆"机构，将活塞的往复运动转变成曲轴的回转运动，实现热能向机械能的转换。

3. 主要系统

主要系统有换气系统（由换气机构的气阀组件，气阀传动组件，凸轮轴及其传动机构和进、排气管道等组成）、燃油系统（由供油系统的日用油柜，燃油滤清器，输油泵和喷射系统的喷油泵、高压油管及喷油器组成）、冷却系统和润滑系统等。

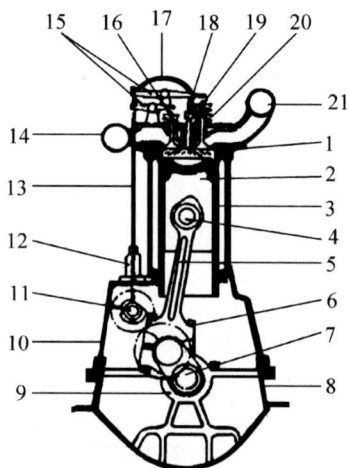

1—气缸盖；2—活塞；3—气缸套；
4—活塞销；5—连杆；6—连杆螺栓；
7—曲轴；8—机座；9—主轴承；
10—机体；11—凸轮轴；12—喷油泵；
13—顶杆；14—进气管；15—摇臂；
16—气阀；17—高压油管；18—喷油器；
19—排气阀；20—气阀弹簧；21—排气管。

图1-1　柴油机主要部件

此外，船舶柴油机还将启动、调速、换向等装置集中控制组成操纵系统。

1.1.3　柴油机的常用几何术语

柴油机的常用几何术语如图1-2所示。

1. 上止点（top dead center，TDC）

上止点指活塞在气缸中运动的最上端位置，即离曲轴中心线最远时的位置。

2. 下止点（bottom dead center，BDC）

下止点指活塞在气缸中运动的最下端位置，即离曲轴中心线最近时的位置。

3. 冲程（stroke，S）

冲程又称行程，指活塞在上、下止点间移动的直线距离。活塞移动一个冲程相当于曲轴转动180°曲轴转角(单位°CA),所以它等于曲柄回转半径(曲柄半径 R)的2倍,即 $S=2R$。

4. 气缸直径(diameter,D)

气缸直径指气缸套的名义内径。

5. 压缩室容积(V_c)

活塞位于上止点时,活塞顶与气缸盖底面之间的气缸容积即为压缩室容积,又称燃烧室容积。此时活塞最高顶面与气缸盖底平面之间的垂直距离称为余隙高度(顶隙)。

6. 气缸工作容积(V_s)

活塞从上止点到下止点所扫过的气缸容积,称为气缸工作容积,计算公式为

$$V_s = \frac{\pi}{4}D^2 \cdot S \qquad (1-1)$$

图 1-2　柴油机的常用几何术语

7. 气缸总容积(V_a)

活塞位于下止点时,活塞顶以上的全部气缸容积称为气缸总容积。显然,它是压缩室容积和气缸工作容积之和,即 $V_a = V_c + V_s$。

8. 压缩比(ε)

气缸总容积与压缩室容积的比值称为压缩比,亦称几何压缩比,即

$$\varepsilon = \frac{V_a}{V_c} = \frac{V_c + V_s}{V_c} = 1 + \frac{V_s}{V_c} \qquad (1-2)$$

压缩比表示压缩过程中进入缸内的空气被压缩的程度,它是柴油机的主要性能参数之一。压缩比越大,压缩终点的温度和压力就越高,对燃油的发火、柴油机启动越有利,而且热效率也越高。但压缩比过高会使柴油机工作粗暴,机件机械负荷增加,磨损加剧。因此柴油机要有合适的压缩比,一般为12~22,中、高速柴油机的压缩比高于低速机。

当气缸直径与活塞冲程确定后,气缸工作容积 V_s 也随之确定,所以若要调整压缩比,可通过改变压缩容积 V_c 来实现。

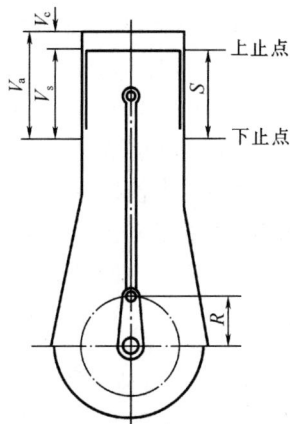

任务 1.2　柴油机工作原理

1.2.1　四冲程柴油机工作原理

柴油机是一种压缩发火的往复式内燃机。它的基本工作原理是使燃油直接在发动机的气缸中燃烧,将燃油的化学能转变成热能,从而生成高温高压的燃气,推动活塞运动,通过曲柄连杆机构对外做功,将热能转变为机械能。

柴油机每做一次功,必须经过进气、压缩、燃烧、膨胀和排气五个过程才能实现,进行了这五个过程就完成了一个工作循环。然后不断重复进行这些过程,使柴油机持续工作。柴油机可通过四个冲程(即曲轴回转两周)或两个冲程(即曲轴回转一周)完成一个工作循环,这两种柴油机分别称为四冲程柴油机和二冲程柴油机。

柴油机工作原理(PDF)

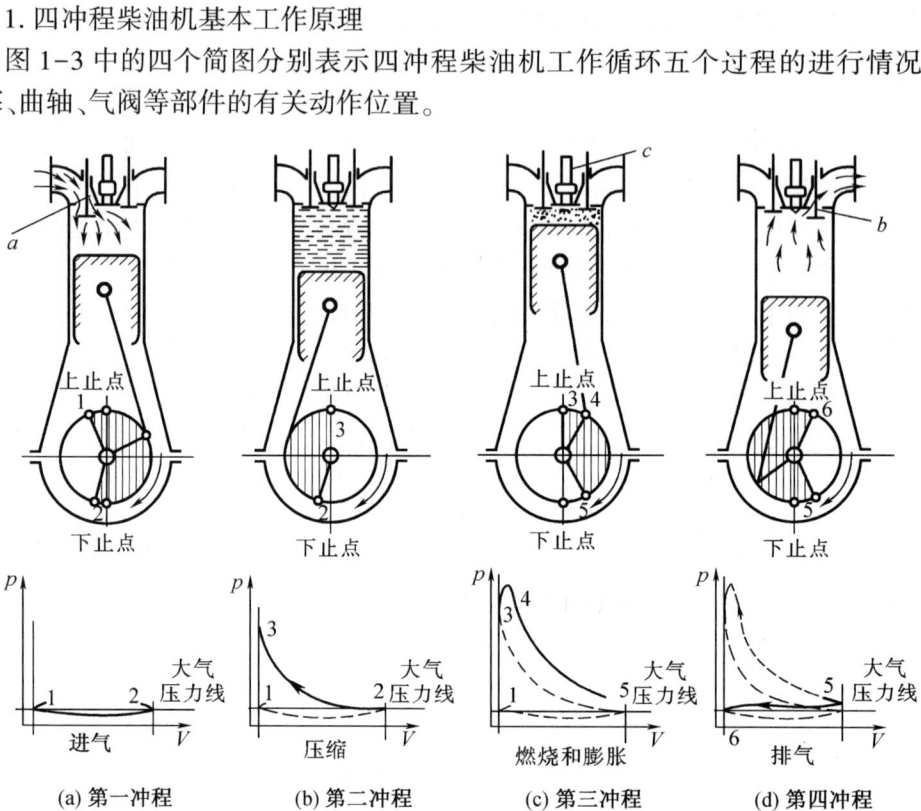

1. 四冲程柴油机基本工作原理

图1-3中的四个简图分别表示四冲程柴油机工作循环五个过程的进行情况以及活塞、曲轴、气阀等部件的有关动作位置。

图1-3 四冲程柴油机工作原理图

第一冲程——进气冲程:使气缸内充满新鲜空气,如图1-3(a)所示。

活塞由上止点下行,进气阀 a 已打开,由于气缸容积不断增大,缸内气体压力下降,依靠气缸内外的压差作用,新鲜空气通过进气阀被吸入气缸。由于受进气系统阻力的影响,气缸内压力低于大气压力,进气终了时缸内气压 p_a 为 0.08~0.095 MPa,温度 t_a 为 30~70 ℃。实际上,进气阀一般在活塞到达上止点前即提前打开(曲柄位于点1),到达下止点后延迟关闭(曲柄位于点2)。曲柄转角 φ_{1-2}(图中阴影线所示的角度)表示进气持续角,为 220°CA~250°CA(曲柄转角)。

第二冲程——压缩冲程:为燃料燃烧及工质膨胀做功创造条件,如图1-3(b)所示。

活塞从下止点向上运动,自进气阀 a 关闭(点2)开始压缩缸内新鲜空气,一直到活塞到达上止点(点3)为止。压缩终了时,终点压力 p_c 升高到 3~6 MPa,终点温度 t_c 升至 600~700 ℃(燃油的自燃温度为 210~270 ℃)。曲柄转角 φ_{2-3} 表示压缩过程持续角,为 140°CA~160°CA。

第三冲程——燃烧和膨胀冲程:完成两次能量转换,如图1-3(c)所示。

活塞在上止点附近,喷油器 c 喷入气缸的燃油急剧燃烧,使缸内工质的压力和温度迅速升高,最高爆发压力(最高燃烧压力)p_z 增高到 5~8 MPa,甚至 15 MPa 以上。最高温度 t_z 上升到 1 400~1 800 ℃ 或更高。高温高压工质膨胀推动活塞下行做功。在上止点后的某一时刻(点4)燃烧基本结束,工质继续膨胀,到下止点前(点5)排气阀 b 在开启时膨胀过程结束。膨胀终了时缸内气体压力 p_b 为 0.25~0.45 MPa,温度 t_b 为

$600 \sim 700$ ℃。曲柄转角 φ_{3-4-5} 表示燃烧和膨胀过程持续角,为 $130°CA \sim 160°CA$。

第四冲程——排气冲程:将废气排出气缸外,为下一循环做准备,如图 1-3(d)所示。

排气阀 b 开启时,活塞尚在下行,废气靠气缸内外压力差进行自由排气。当活塞从下止点上行时,废气被活塞强制推出气缸,此时排气过程是在略高于大气压力($1.05 \sim 1.1$ 大气压),且在压力基本不变的情况下进行的。实际上,排气阀一直延迟到上止点之后(点 6)才关闭。曲柄转角 φ_{5-6} 表示排气持续角,为 $230°CA \sim 260°CA$。

经过上述四个冲程,柴油机就完成了一个工作循环。活塞继续运动,另一个新的循环又按同样顺序重复进行,以维持柴油机的连续运转。

四冲程柴油机每完成一个工作循环,曲轴要转两转($720°CA$),每个工作循环中只有膨胀冲程是做功的,其他三个冲程都是为膨胀冲程服务的,都消耗功。单缸柴油机就要由较大的飞轮供给能量。柴油机常做成多缸的,这样进气、压缩、排气冲程消耗的能量可由正在做功的气缸供给。

一个工作循环结束后,在 $p\text{-}V$ 坐标系中,各个过程曲线已组成一个闭合图形,如图 1-3(d)所示。它既可用来研究柴油机工作过程进行的情况,又可用图中压缩过程曲线和燃烧与膨胀过程曲线所包围的面积来计算一个工作循环气缸中所做功(称为指示功)的大小,所以该图形被称为 $p\text{-}V$ 示功图。

2.四冲程柴油机的定时及定时图

在四冲程柴油机的工作循环中,各过程的始点和终点都不正好在上、下止点,而是在上、下止点前、后的某一时刻。进、排气阀在上、下止点前、后开启或关闭的时刻称为气阀定时(同样喷油器开启的时刻称为喷油定时)。气阀定时通常以上、下止点为基准,按一定的转向,用曲柄转角位置来表示定时的圆图称为定时图,如图 1-4 所示。

在图 1-4 中,曲柄转向(自飞轮端看)为顺时针,进气阀在上止点前点 1 开启,在下止点后点 2 关闭,分别与上止点和下止点形成 φ_1 和 φ_2 角,φ_1 称进气提前角,φ_2 称进气延迟角。排气阀在下止点前点 5 开启,在上止点后点 6 关闭,分别与下止点和上止点形成 φ_3 和 φ_4 角,φ_3 称排气提前角,φ_4 称排气延迟角。气阀提前开启与延迟关闭是为了将废气排除干净并增加空气的吸入量,以利于燃油的燃烧,另外还可减小强制排气时活塞的背压。

从图 1-4 中可以看出,在换气上止点前、后,进气阀与排气阀是同时开启的。进气阀与排气阀同时开启所对应的曲柄转角称为气阀重叠角。在气阀重叠开启期间,进气管、气缸、排气管连通,此时废气因流动惯性,可避免废气倒流入进气管内,同时还可抽吸新鲜空气进入气缸。新鲜空气进缸后又将废气扫出,实现燃烧室扫气,还可冷却燃烧室部件。

各种柴油机的气阀定时是不同的,其大小范围见表 1-1。

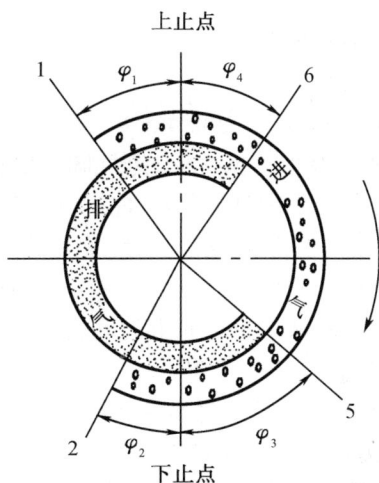

图 1-4　四冲程柴油机气阀定时图

气阀定时
(微课)

表 1-1　四冲程柴油机气阀定时及进、排气阀重叠角

名称	非增压机		增压机	
	开启	关闭	开启	关闭
进气阀	上止点前 15°CA~30°CA	下止点后 10°CA~30°CA	上止点前 40°CA~80°CA	下止点后 20°CA~40°CA
排气阀	下止点前 35°CA~45°CA	上止点后 10°CA~20°CA	下止点前 40°CA~55°CA	上止点后 40°CA~50°CA
重叠角	25°CA~50°CA		80°CA~130°CA	

1.2.2　二冲程柴油机工作原理

1. 二冲程柴油机基本工作原理

与四冲程柴油机相比,二冲程柴油机没有单独的进气与排气过程,其进气与排气过程几乎重叠在下止点前、后 120°CA~150°CA 内同时进行。因此,在结构上二冲程柴油机采用缸套下部设扫气口、排气口,或缸套下部设扫气口,气缸盖上设排气阀的换气结构,而且还必须设置一个专门的扫气泵以提高进气压力,使进气能从扫气口进入气缸,并用新鲜空气驱赶废气排出气缸,即扫气。

采用扫气口-排气口换气形式的二冲程柴油机的工作原理如图 1-5(a)所示。扫气泵 b 设在柴油机的一侧,由柴油机带动。空气从泵的吸口 a 吸入,经压缩排至大容积的扫气箱 d 中,并保持一定的压力。

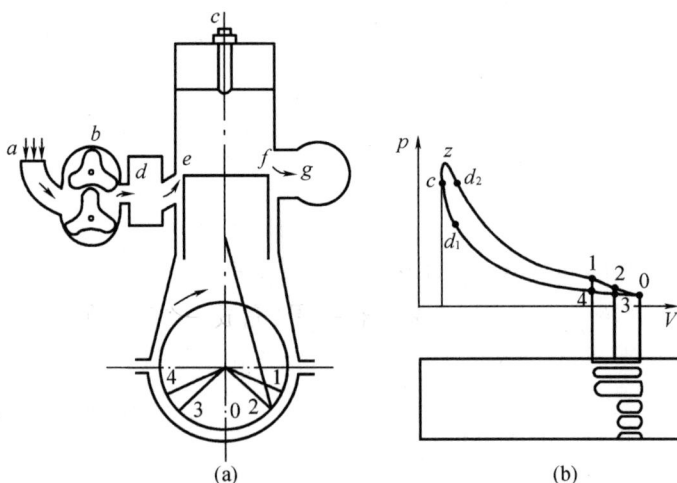
横流扫气二冲程柴油机工作原理（动画）

图 1-5　二冲程柴油机工作原理图

第一冲程——扫气及压缩:活塞由下止点(点 0)向上移动,活塞在遮住扫气口 e 之前,由扫气泵供给储存在扫气箱内的空气,通过扫气口进入气缸,气缸中的残存废气被进入气缸的空气通过排气口 f 扫出气缸。当活塞继续上行完全遮住扫气口后(点 3),空气停止充入,排气还在进行,这一阶段称为"过后排气阶段"(3—4)。从排气口关闭时(点 4)起,气缸中的空气开始被压缩。当压缩至上止点前 d_1 点时,喷油器将燃油喷

入气缸,与高温高压的空气相混合点火燃烧。

第二冲程——燃烧膨胀及排气:活塞在高温高压燃气的推动下,由上止点下行膨胀做功,直至排气口 f 打开(点1),膨胀做功结束,气缸内废气靠气缸内外压力差排入排气管 g。当气缸内的压力降至接近扫气压力(0.105~0.140 MPa)时,活塞打开扫气口 e(点2),扫气空气进入气缸,同时将气缸内的废气经排气口 f 赶出气缸。这一过程一直延续到活塞越过下止点再次上行遮住扫气口 e(点4)为止,称为"扫气过程"。

此外,从图1-5(b)的二冲程柴油机 p-V 示功图上也可以看出它的工作过程,示功图尾部 1—2—0—3—4 为换气过程,是在膨胀行程末和压缩行程初这一较短的时间内完成的。在上止点前 d_1 开始喷油,在点 c 开始燃烧,到点 d_2 时燃烧结束,与四冲程柴油机基本相同。

与四冲程柴油机一样,二冲程柴油机也可以用定时图来表示它的定时时刻。图1-6所示是某二冲程柴油机定时图。

由上述可知,柴油机的实际压缩始点并非在下止点,而是在四冲程柴油机的进气阀或二冲程柴油机的排气口(阀)全部

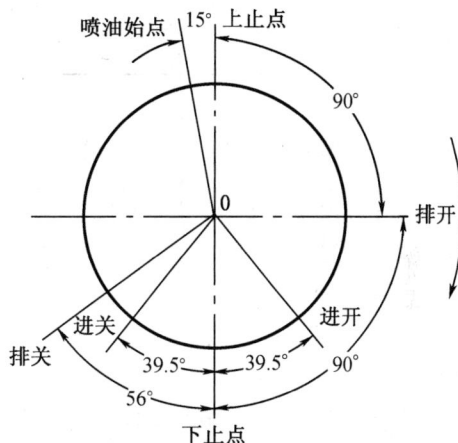

图1-6 二冲程柴油机定时图

关闭的时刻。通常将进气阀或排气口(阀)完全关闭瞬时的气缸容积与压缩室容积之比值称为有效压缩比 ε_e。对于二冲程柴油机,其计算式为

$$\varepsilon_e = \frac{V_c + (1 - \varphi_s) \cdot V_s}{V_c} = 1 + (1 - \varphi_s)\frac{V_s}{V_c} \qquad (1-3)$$

式中,φ_s 为冲程损失系数,$\varphi_s = \frac{h}{S}$,其中,h 为扫气口高度,s 为冲程。

2. 二冲程柴油机与四冲程柴油机的比较

(1)优点

二冲程柴油机与四冲程柴油机相比具有如下优点:

①二冲程柴油机每两个冲程(即曲轴转一周)完成一个工作循环,由此可以提高柴油机功率。在气缸直径、活塞行程及转速相同时,理论上二冲程柴油机的功率是四冲程柴油机的2倍。但由于二冲程柴油机存在气缸上气口形成的冲程损失和扫气损失,实际上其功率仅是四冲程柴油机的1.6~1.8倍。

②由于二冲程柴油机曲轴每一周完成一个工作循环,因此回转比四冲程柴油机均匀,可使用较小的飞轮。

③二冲程柴油机结构简单,便于维护保养。

(2)缺点

二冲程柴油机也有不足之处:

①换气质量较四冲程柴油机差。

②在相同转速下,二冲程柴油机工作循环比四冲程柴油机多一倍,所以二冲程柴油机的热负荷比四冲程柴油机高。

1.2.3 二冲程柴油机的换气形式

二冲程柴油机不同的换气形式对换气质量有重要影响。根据气流在气缸中的流动路线,二冲程柴油机的换气形式可分为弯流与直流两大类。

1. 弯流扫气

弯流扫气根据气口的布置和结构特点主要分为横流、回流和半回流,如图1-7所示。

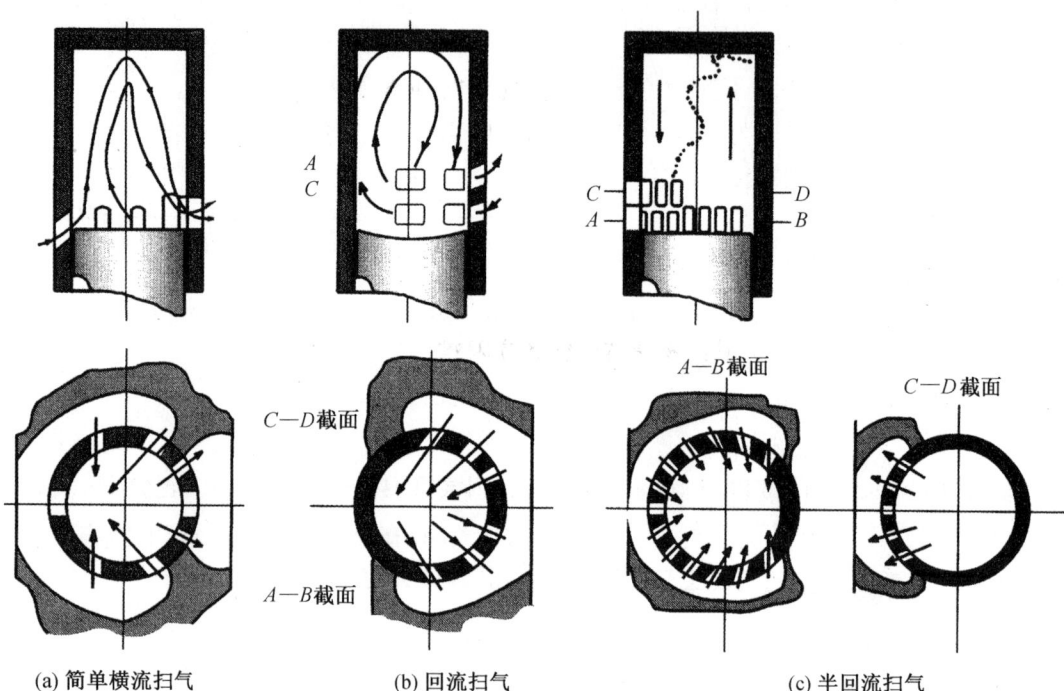

图1-7 横流、回流、半回流扫气示意图

弯流扫气的主要结构特点见表1-2。它的突出优点是气缸盖上无气阀机构,结构简单,维护管理方便,但也都存在共同的缺陷:气流流动路线长(通常都大于2S),且流动路线是弯曲的,新鲜空气与废气容易掺混且存在死角与气流短路,因此换气质量较差,同时缸套下部的进气口两侧受热不均匀,容易产生变形。目前,在行程缸径比$S/D>2.2$的船用大型柴油机中,弯流扫气形式已逐渐被淘汰。

表1-2 弯流扫气的主要结构特点

扫气形式	气口布置	扫气路线
简单横流	进、排气口位于气缸中心线的两侧	空气从进气口一侧沿气缸中心线向上,在靠近燃烧室部位回转到排气口的另一侧,再沿着气缸中心线向下,把废气从排气口清扫出气缸
回流	进、排气口在气缸下部同一侧,且排气口在进气口的上方	进气流沿活塞顶面流向对侧的缸壁,并沿缸壁向上流动,到气缸盖后向下流动,把废气从排气口清扫出气缸
半回流	进气口布置在排气口的下方及两侧	气流在气缸内的流动特征兼有横流与回流的特点,某些半回流扫气形式在排气管中装有回转控制阀

2. 直流扫气

直流扫气分为扫气口-排气口式、扫气口-排气阀式两种。

如图1-8所示,扫气口-排气阀式直流扫气的气缸下部均匀分布一圈进气口,在气缸盖上有排气阀。空气从气缸下部扫气口端流入气缸,沿气缸中心线上行,驱赶废气从气缸盖上的排气阀排出气缸,显然,气流在缸内的流动方向是自下而上的直线流动。进气口在纵向(与气缸轴线成角度)和横向(与气缸半径成角度)两个方向均有倾斜角,使扫气空气进入气缸后向上做绕气缸轴线旋转的运动。这一旋转的气流形成"气垫",使空气与废气不易掺混,扫气效果较好。同时排气阀的启闭由排气凸轮控制而不受活塞运动的限制,所以排气阀可以与扫气口同时关闭,也可以提前关闭。

从上述比较可以看出,在直流扫气过程中,气流在缸内流动路线短(约为S),新气与废气不易掺混,因而换气质量较好,同时缸套下方受热均匀。但其结构复杂,维修较困难。现代船用大型柴油机随着行程缸径比S/D的增加,发展了长行程($S/D>2.5$)和超长行程($S/D>3.0$)柴油机。在这种情况下,弯流扫气的换气质量无法与直流扫气相比,使直流扫气(扫气口-排气阀)得到了广泛应用,成为现代船用大型柴油机的主要换气形式。

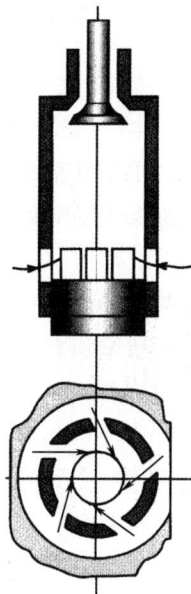

图1-8 直流扫气示意图

直流扫气二冲程柴油机工作原理(动画)

1.2.4 增压柴油机的工作原理

增压技术是提高柴油机功率和经济性的有效措施之一。增压就是通过提高气缸进气压力的方法,增加气缸的充气量,同时增加喷入气缸的燃油量,以提高柴油机的功率。能够实现提高进气压力的装置称为增压器。

柴油机的增压效果一般用增压度来表示。增压度是柴油机增压后标定功率与增压前标定功率之差同增压前标定功率的比值。它表示增压后功率增加的程度。

柴油机增压压力的高低可用增压比π_k来表示。增压比是柴油机增压压力p_k与环境条件下大气压力或增压进口压力p_0之比。它表示增压后进气被压缩的程度。

根据驱动增压器能量来源的不同,增压形式基本可分为三类。

1. 机械增压

为了增压必须在柴油机上装设一台压气机。由柴油机曲轴3通过齿轮4等传动机构直接驱动压气机5的增压方式,称为机械增压,如图1-9所示。随着进气压力的提高,压气机会使柴油机消耗的功增多,甚至当进气压力超过一定值时,柴油机所增加的功率全部消耗在驱动压气机上,所以这种机械增压的进气压力一般都为0.15~0.17 MPa,否则将得不偿失。

机械增压系统(动画)

2. 废气涡轮增压

用柴油机气缸排出废气的能量在废气涡轮中膨胀做功,用来驱动压气机的增压方式称为废气涡轮增压。废气涡轮和压气机即组合成废气涡轮增压器。图1-10所示是

废气涡轮增压系统(动画)

二冲程废气涡轮增压柴油机工作原理图。其增压的过程是新气通过气缸下部的扫气口进入气缸,而废气通过气缸盖上的排气阀排出气缸。在进、排气管道上分别安装了离心式压气机和废气涡轮,废气涡轮从废气中获得能量而带动压气机一起转动。新鲜空气则通过吸入口被吸入压气机,经压缩后压力和温度升高,高温会使空气密度降低,影响气缸的充气量和增压效果。因此,新鲜空气在进入气缸前要用中间冷却器进行中间冷却(中冷),由管经中间冷却器冷却后导入进气管和扫气箱。中冷的另一个作用是降低柴油机循环的平均温度。

废气涡轮增压可以将废气中回收的部分能量转换为进气压力,不仅提高了柴油机的功率,还提高了经济性,因而获得广泛应用。废气涡轮增压可使增压压力达到 0.25 MPa 甚至更高。

3. 复合增压

复合增压是采用机械增压器和废气涡轮增压器联合增压的方式。根据两种增压器的不同布置,复合增压可分为串联增压和并联增压。

增压气缸内工作循环的各主要过程(压缩、燃烧和膨胀的进行情况)与非增压柴油机一样,只是各过程的压力和温度有所增高。至于换气过程则与非增压柴油机相似。当活塞下行还没有打开扫气口之前,排气阀先开启(点1,图1-10),废气排出气缸经排气管进入废气涡轮中。当活塞继续下行使气缸内的压力降低到接近增压压力时,活塞将扫气口打开(点2),等待在扫气口外的增压空气立即进入气缸,并把废气扫出。当活塞运动到下止点转而上行时,扫气口被关闭(点3),接着排气阀关闭(点4),换气过程结束,压缩过程开始。

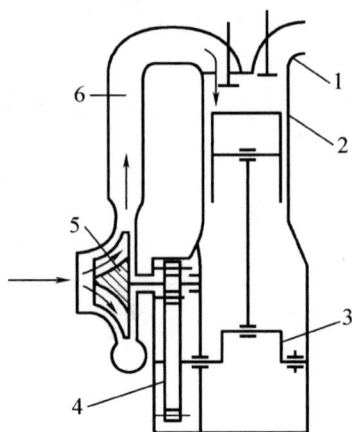

废气涡轮
直流扫气
二冲程式
柴油机
工作原理
(动画)

1—排气管;2—柴油机气缸;3—曲轴;
4—齿轮;5—压气机;6—进气管。

图 1-9　机械增压示意图

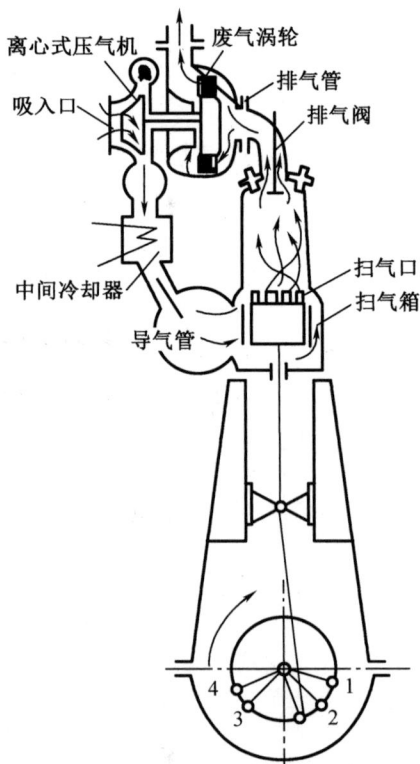

图 1-10　废气涡轮增压示意图

任务 1.3　柴油机性能指标和工作参数

柴油机的性能通常可以从动力性、经济性、运转性(冷车启动、排放性、加速性与加载性等)、可靠性和耐久性等方面加以评价,通常柴油机的性能指标主要有动力性指标和经济性指标两类。

动力性指标包括平均指示压力 p_i、平均有效压力 p_e、指示功率 P_i、有效功率 P_e、机械效率 η_m 和平均机械损失压力 p_m。

经济性指标包括指示燃油耗率 g_i、指示热效率 η_i、有效燃油耗率 g_e 和有效热效率 η_e。

柴油机的性能指标又可以分成指示指标和有效指标两大类。指示指标是以气缸内示功图所表示的工作循环指示功为基础,它只考虑缸内燃烧不完全及传热等方面的热损失,没有考虑运动副间存在的摩擦损失,主要用来评价气缸内工作循环的完善程度。有效指标是以柴油机输出轴上所得到的有效功为基础,它既考虑了气缸内的热损失,也考虑了一系列的机械损失,它是评定柴油机工作性能的最终指标。

柴油机还有一些工作参数用来表征机械负荷、热负荷、基本结构和强化程度等性能。

1.3.1　柴油机的指示指标

1. 平均指示压力 p_i

平均指示压力 p_i 是假定一个不变的平均压力作用在活塞上,它推动活塞在一个膨胀冲程内所做的功与一个实际工作循环的指示功 W_i 相等(图 1-11),则

$$W_i = p_i \cdot F \cdot S \quad (\text{N} \cdot \text{m 或 J}) \quad (1-4)$$

$$p_i = \frac{W_i}{F \cdot S} = \frac{W_i}{V_s} \quad (\text{N/m}^2 \text{ 或 Pa}) \quad (1-5)$$

式中　p_i——平均指示压力,N/m² 或 Pa;

　　　F——活塞横截面积,m²;

　　　S——活塞行程,m;

　　　V_s——气缸工作容积,m³。

图 1-11　平均指示压力示意图

由式(1-5)可见,平均指示压力 p_i 就是每一工作循环单位气缸工作容积的指示功。它的数值与气缸容积的大小无关,因此可以用 p_i 来比较不同类型和不同气缸容积的柴油机的做功能力。p_i 值大,说明其单位气缸容积做功能力大,表明其工作循环进行得比较完善。实际柴油机 p_i 由测取的 p-V 示功图经计算得到。

表 1-3 给出了船用柴油机在标定工况下平均指示压力 p_i 的数值范围。

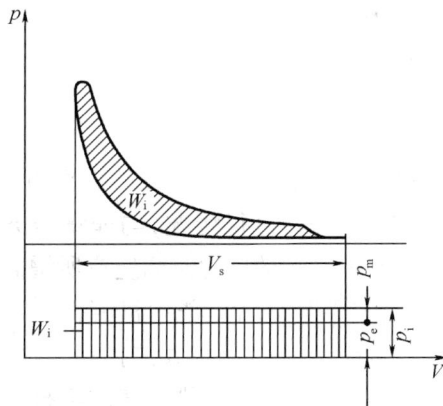

柴油机性能指标和工作参数(PDF)

平均指示压力(动画)

表1-3 柴油机 p_i、p_e 的一般范围

机型		p_i/MPa	p_e/MPa
四冲程	非增压	0.75~1.12	0.60~0.92
	增压	0.95~3.75	0.80~3.00
二冲程	非增压	0.65~0.95	0.50~0.70
	增压	0.80~2.03	0.70~1.80

2. 指示功率 P_i

指示功率 P_i 是指柴油机气缸内的工质在单位时间内所做的指示功。按定义有

$$P_i = p_i V_s \frac{n \cdot m}{60} \cdot i \times 10^{-3} = \frac{p_i \cdot V_s \cdot n \cdot m \cdot i}{60\ 000} \quad (\text{kW}) \quad (1-6)$$

式中　p_i——平均指示压力,Pa;

　　　V_s——气缸工作容积,m³;

　　　n——柴油机的转速,r/min;

　　　m——冲程系数,四冲程机 $m=1/2$,二冲程机 $m=1$;

　　　i——气缸数。

对既定的柴油机,其 V_s 和 m 为定值,则式(1-6)简化为

$$P_i = C p_i n i \quad (\text{kW}) \quad (1-7)$$

式中,C 为气缸常数,$C = V_s \cdot m / 60\ 000$,m³。

3. 指示热效率 η_i 和指示燃油消耗率 g_i

在实际工作循环中,所消耗的燃油的热量不能全部转化为指示功。我们把转化为实际循环指示功的热当量与所消耗燃料的发热量之比称为指示热效率 η_i,即

$$\eta_i = \frac{W_i}{Q_{吸入}} \quad (1-8)$$

式中　W_i——指示功,J;

　　　$Q_{吸入}$——为得到 W_i 而消耗的燃料发热量,J。

当测得柴油机的指示功率 P_i 和每小时的燃油消耗量 G_T 时,根据定义可得

$$\eta_i = \frac{3\ 600 P_i}{G_T H_u} \quad (1-9)$$

式中　G_T——柴油机每小时的燃油消耗量,kg/h;

　　　H_u——所用燃料的低热值,通常取 $H_u = 42\ 700$ kJ/kg。

指示燃油消耗率 g_i 是指指示功率 P_i 每小时的耗油量。根据定义可得

$$g_i = \frac{G_T}{P_i} \quad (\text{kg}/(\text{kW} \cdot \text{h})) \quad (1-10)$$

η_i 和 g_i 是评定柴油机实际工作循环经济性能的重要指标,两者的关系为

$$\eta_i = \frac{3\ 600}{g_i \cdot H_u} \quad (1-11)$$

目前,船用柴油机在标定工况下的 η_i 与 g_i 等数值范围见表1-4。

表1-4　柴油机 η_i、g_i、η_e、g_e、η_m 的一般范围

机型		η_i	$g_i/(\text{g·kW·h})^{-1}$	η_e	$g_e/(\text{g·(kW·h)})^{-1}$	η_m
四冲程	非增压	0.43~0.50	204~163	0.30~0.40	272~231	0.78~0.85
	增压	0.44~0.58	195~147	0.37~0.54	231~160	0.85~0.92
二冲程	非增压	0.36~0.51	238~170	0.29~0.35	300~245	0.70~0.80
	增压	0.45~0.60	192~143	0.38~0.55	225~155	0.85~0.94

1.3.2　柴油机的有效指标

1. 有效功率 P_e 和机械效率 η_m

有效功率 P_e 是指从柴油机飞轮端处传出的功率，也可以是指示功率 P_i 减去损失功率 P_m 所剩的功率，即 $P_e = P_i - P_m$。

柴油机的有效功率 P_e 在试验台上用水力测功器（或电力测功器）测出，称为制动马力（brake horse power，BHP）。装船后，可用扭力计测量其输出功率，称为轴功率（shaft horse power，SHP）。并用下式计算，即

$$P_e = \frac{2\pi n M_e}{60\,000} = \frac{M_e \cdot n}{9\,550} \quad (\text{kW}) \qquad (1\text{-}12)$$

式中　M_e——柴油机曲轴输出的扭矩，N·m；

n——柴油机转速，r/min。

机械损失功率 P_m 是指作用在活塞上的向曲轴传递的过程中所损失的功率。它包括：

（1）摩擦损失功率，指柴油机各相对运动部件在运动中因摩擦而消耗的功率。经验表明，活塞和活塞环与气缸间的摩擦损失占全部摩擦损失的55%~65%，而各轴承处的摩擦损失占35%~45%。

（2）拖动损失功率，指带动柴油机辅助机械，如喷油泵、润滑油泵、冷却水泵、配气机构、空气分配器等所消耗的功率，它随着柴油机转速的提高而增加。

（3）泵气损失功率。在非增压四冲程柴油机中，由于排气压力大于进气压力，所以存在换气过程消耗的功率。在增压的四冲程、二冲程柴油机中不存在泵气损失功率。

机械损失一般不用它的绝对值 P_m 表示，而用机械效率 η_m 表示。机械效率 η_m 是有效功率 P_e 与指示功率 P_i 的比值，即

$$\eta_m = \frac{P_e}{P_i} = \frac{P_i - P_m}{P_i} = 1 - \frac{P_m}{P_i} \qquad (1\text{-}13)$$

机械效率 η_m 的大小不仅取决于设计和制造的质量，还受柴油机负荷、转速、滑油质量、冷却状况等因素的影响。

对于同一台柴油机，如果转速不变，负荷增加时，机械效率 η_m 将相应增加；空车运转时 $\eta_m = 0$；如 P_i 不变，当转速提高时，因摩擦损失功率增大，η_m 将下降。通常柴油机的 η_m 值在出厂时以 η_m-n 曲线形式给出。船用柴油机机械效率 η_m 的范围见表1-4。

2. 平均有效压力 p_e

在柴油机的有效指标中，也可以引入与平均指示压力 p_i 相类似的折合到单位气缸工作容积的参数——平均有效压力 p_e 和平均机械损失压力 p_m。

平均有效压力 p_e 是指柴油机在一个工作循环中每单位气缸工作容积所做的有效

功。平均有效压力 p_e 与平均指示压力 p_i 的关系为

$$p_e = \eta_m \cdot p_i \qquad (1-14)$$

或根据测得的有效功率 P_e 和转速 n 推算出来

$$p_e = \frac{P_e}{Cni} \qquad (1-15)$$

同样,平均机械损失压力 p_m 也可以写成

$$p_m = \frac{P_m}{Cni} \qquad (1-16)$$

平均有效压力 p_e 的数值取决于工作循环进行的完善程度和机械损失的大小,它是衡量柴油机做功能力的最终参数。p_e 越高,说明柴油机的强化程度越高。目前,船用柴油机的平均有效压力 p_e 的数值范围见表1-3。

3. 有效热效率 η_e 和有效燃油消耗率 g_e

有效热效率 η_e 是指曲轴输出的有效功的热当量与所消耗燃料的热量的比值,即

$$\eta_e = \frac{W_e}{Q_{吸入}} = \frac{W_i}{Q_{吸入}} \cdot \frac{W_e}{W_i} = \eta_i \cdot \eta_m \qquad (1-17)$$

或根据式(1-9)可得

$$\eta_e = \frac{3\,600P_e}{G_T H_u} \qquad (1-18)$$

有效燃油消耗率 g_e 是指1 kW 有效功率每小时所消耗的燃油量,即

$$g_e = \frac{G_T}{P_e} \qquad (kg/(kW \cdot h)) \qquad (1-19)$$

或根据式(1-18)可得

$$g_e = \frac{3\,600}{\eta_e H_u} \qquad (1-20)$$

有效热效率 η_e 和有效燃油消耗率 g_e 是评定柴油机经济性的重要指标。目前,船用柴油机在标定工况下的 η_e 和 g_e 数值范围见表1-4。

1.3.3 柴油机的主要工作参数

1. 最高爆发压力(最高燃烧压力)p_z

燃烧过程中气缸内工质的最高压力称为最高爆发压力 p_z。最高爆发压力 p_z 是衡量柴油机机械负荷大小的重要参数。它会引起各受力部件的应力和变形,造成疲劳破坏、磨损和振动。因此,p_z 的大小对柴油机的结构与性能均有很大的影响。

目前柴油机 p_z 的数据范围是:非增压柴油机 $p_z = 6\sim8$ MPa;增压低速二冲程柴油机 $p_z = 7\sim18$ MPa;增压中、高速柴油机 $p_z = 7\sim23$ MPa。

2. 排气温度 T_r

非增压柴油机的排气温度指排气管内废气的平均温度,增压柴油机的排气温度指气缸盖排气道出口处废气的平均温度。

对于同一台柴油机,排气温度高低反映了缸内负荷的大小与燃烧质量的好坏,故用排气温度来衡量热负荷的大小。柴油机排气温度过高,不但标志热负荷过高,而且还会引起经济性和可靠性下降。因此,排气温度是柴油机运转管理中重要的监测参数。为

保证柴油机可靠运转,通常把排气温度的最高值作为限制标准。一般船用柴油机的排气温度应低于 550 ℃。

3. 活塞平均速度 C_m

在曲轴转一转两个行程中活塞运动速度的平均值称为活塞平均速度 C_m,即

$$C_m = \frac{2Sn}{60} = \frac{Sn}{30} \quad (\text{m/s}) \tag{1-21}$$

式中　n——柴油机转速,r/min;

　　　S——柴油机活塞行程,m。

活塞平均速度 C_m 是柴油机机械负荷、热负荷和寿命的重要参数之一。提高 C_m 可以提高柴油机的功率,但零件的机械负荷、热负荷同时增加,机件的磨损也相应增加,因而靠提高 C_m 来提高功率是有限度的。

近代船用大型二冲程柴油机多采用长或超长行程。为了维持较长的寿命和适当的 C_m 值,均选用较低柴油机转速,如标定转速低于 100 r/min,甚至仅为 60~70 r/min。这有利于提高螺旋桨的推进效率。

4. 行程缸径比 S/D

行程缸径比 S/D 是柴油机的主要结构参数之一。$S/D<2.5$ 为短行程,$2.5 \leqslant S/D<3$ 为长行程,$S/D \geqslant 3$ 为超长行程。目前,船用柴油机的 S/D 值范围见表 1-5。

表 1-5　船用柴油机的 S/D 值

机型	高速机	中速机	低速机		
			弯流	直流	长(超长)冲程
S/D	0.90~1.25	1.0~1.80	1.71~2.05	1.88~2.26	2.42~4.65

任务 1.4　船舶柴油机类型和发展特点

1.4.1　船舶柴油机的分类

船舶柴油机的用途不同,类型较多,通常有以下分类方法。

1. 按工作循环特点划分

按工作循环特点,柴油机可分为四冲程柴油机和二冲程柴油机。

2. 按柴油机进气方式划分

按柴油机进气方式,柴油机可分为增压柴油机和非增压柴油机。增压柴油机根据增压比 π_k 不同又可分为低增压柴油机($\pi_k<1.7$)、中增压柴油机($1.7 \leqslant \pi_k<2.5$)、高增压柴油机($2.5 \leqslant \pi_k<3.5$)和超高增压柴油机($\pi_k \geqslant 3.5$)。

3. 按柴油机的曲轴转速 n 或活塞平均速度 C_m 划分

按柴油机的曲轴转速 n 或活塞平均速度 C_m,柴油机可分为低速机、中速机和高速机。

低速机 $n \leqslant 300$ r/min,$C_m=6.0 \sim 7.2$ m/s;中速机 300 r/min$<n \leqslant 1\ 000$ r/min,

船舶柴油机类型和发展特点(PDF)

C_m =7.0~9.4 m/s;高速机 n>1 000 r/min, C_m =9.0~14.2 m/s。

一般对船舶主机而言,经济性、可靠性和使用寿命排在第一位,质量和尺寸排在第二位。因此,低速二冲程柴油机因其效率高、功率大、工作可靠、寿命长、可燃用劣质燃油及转速低等优点适用于大型海船主机。四冲程中速机常需要减速器与螺旋桨相连,它可选择最佳的螺旋桨转速,另外中速机还具有质量小、尺寸小等特点,较适用于河船和部分海船的主机。目前,由于中速机单机功率提高,在工作可靠性、经济性及对劣质燃油适应性上均有明显改进,基本上达到与低速机相近的水平,用作海船主机的数量有了明显增加。近年建造的 2 000 总吨以上船舶中,使用中速机作为主机者占 25%左右。船舶发电柴油机因其具有发电机要求的功率不大、可多台柴油机联用、转速较高及结构简单等特点,均采用中、高速四冲程柴油机。

4. 按结构特点划分

按结构特点,柴油机可分为筒形活塞式柴油机和十字头式柴油机。

图 1-12(a)所示为筒形活塞式柴油机的构造简图。活塞 1 通过活塞销直接与连杆 6 相连接。这种结构的优点是结构简单、体积小、质量轻,缺点是由于运动时有侧推力,活塞与气缸之间的磨损较大。中、高速柴油机一般采用此结构。

图 1-12(b)所示为十字头式柴油机的构造简图。活塞 1 设有活塞杆 2,通过十字头 3 与连杆 6 相连接,并在气缸下部设横隔板将气缸与曲轴箱隔开。当柴油机工作时,十字头的滑块 4 在导板 5 上滑动,侧推力由十字头滑块和导板承受,活塞不起导向作用,活塞与缸套之间没有侧推力作用。横隔板可防止燃烧产物落入曲轴箱而污染滑油,有利于劣质燃油的使用和采用增压技术,因而功率大、工作可靠、使用寿命长。但它的质量和高度较大,结构也较复杂。目前,大型低速二冲程柴油机都采用这种结构,常作为船舶主机使用。

双滑块十字头式柴油机(动画)

(a) 筒形　　(b) 十字头式

1—活塞;2—活塞杆;3—十字头;4—滑块;5—导板;6—连杆。

图 1-12　筒形与十字头式柴油机的构造简图

5. 按气缸排列方式划分

按气缸排列方式,柴油机可分为直列型和 V 型两种,如图 1-13 所示。

6. 按柴油机能否倒转划分

按能否倒转,柴油机可分为可倒转式和不可倒转式两种。可由操纵机构改变曲轴转向的柴油机称为可倒转柴油机。曲轴只能按同一方向旋转的柴油机称为不可倒转柴油机。在船舶上,凡直接带动螺旋桨的柴油机均为可倒转柴油机;凡带有倒顺车离合

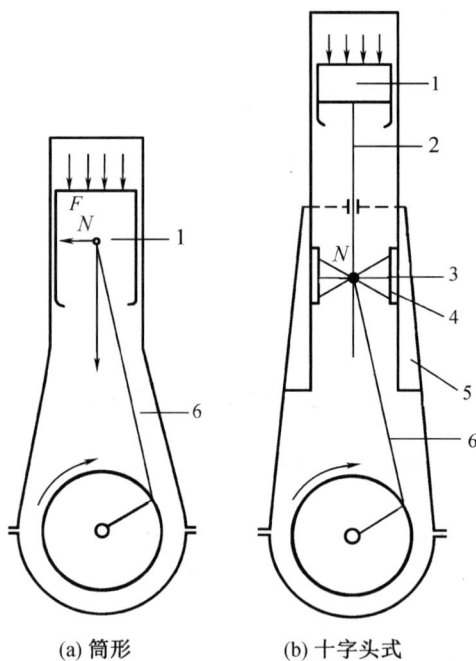

器、倒顺车齿轮箱或可变螺距螺旋桨的柴油机以及船舶发电柴油机均为不可倒转柴油机。

7. 按动力装置的布置划分

按动力装置的布置,柴油机可分为左旋柴油机和右旋柴油机。由柴油机的功率输出(飞轮)端向自由端看,正车时飞轮按顺时针方向旋转的柴油机称为右旋柴油机;反之则称为左旋柴油机。单台布置的船舶主柴油机通常为右旋柴油机。

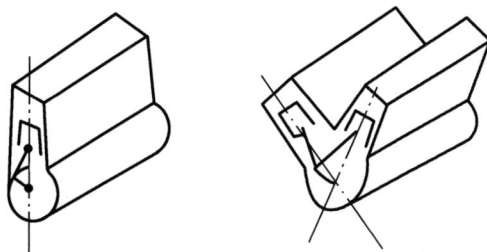

(a) 直列型　　　(b)V 型

图 1-13　直列型和 V 型柴油机简图

某些船舶采用双机双桨推进装置(如客船),由船尾向船首看,布置在机舱右舷的柴油机为右旋柴油机,亦称右机;布置在机舱左舷的柴油机为左旋柴油机,亦称左机。在这种动力装置中,为便于操纵管理,右机的操纵(即燃油侧)布置在柴油机左侧(即内侧),而排气侧布置在右侧;左机的操纵布置在柴油机的右侧(即内侧)。

1.4.2　船舶柴油机的型号

船舶柴油机有很多种类型,其主要性能和结构特点通常由型号表示出来,以便于柴油机的选择和使用。

我国曾对国产柴油机型号做过统一的规定,其型号由数字和汉语拼音字母组成,能反映出该柴油机的主要结构、性能及用途。

国外各柴油机制造厂沿用该厂历史上机型的发展型号,并在机型发展中不断更新型号以便于识别。我国引进多种国外名牌船用柴油机专利许可证,这些柴油机一般沿用专利厂的型号,并在机名前附注我国的厂名以示区别,如 YMD-MAN L35MC/MCE 型柴油机,其中 YMD 表示宜昌船舶柴油机有限公司,MAN 表示 MAN 公司。表 1-6 列出了常见典型船用柴油机的型号及其含义。

表 1-6　典型船用柴油机的型号及其含义

柴油机名牌	型号及其含义	技术特征
国产中小型柴油机 12V180ZDC	12——气缸数 V——V 型 180——缸径(mm) ZDC——技术特征	Z——增压 D——可倒转 C——船用右机
国产大型低速柴油机 6ESDZ43/82A	6——气缸数 ESDZ——技术特征 43/82——缸径(cm)/行程(cm) A——改进型号	E——二冲程 S——十字头 D——可倒转 Z——增压

表1-6(续)

柴油机名牌	型号及其含义	技术特征
MAN 柴油机 5S50MC/ME-B/C/GI	5——气缸数 S——冲程形式(K,短冲程;L,长冲程;S,超长冲程) 50——缸径(cm) MC/ME——技术特征(MC,船用凸轮控制;ME,电子控制) B/C/GI——结构形式	B——排气阀凸轮驱动 C——紧凑型 GI——双燃料
WinGD 柴油机 6RTA/RT-flex/X48DF	6——气缸数 RTA/RT-flex/X——技术特征(RT-flex:电控型;X:机型) 48——气缸直径(cm) DF——双燃料	R——焊接结构、二冲程、十字头式 T——超长冲程,直流扫气 A、B——发展序列
MISUBISHI 柴油机 6UEC85/160C	6——气缸数 UEC——技术特征 85/160——缸径(cm)/行程(cm) C——改进型号	U——二冲程,直流扫气 E——废气涡轮增压 C——十字头式 T——筒形活塞式

1.4.3 现代船用柴油机的发展特点

自20世纪80年代初到90年代中期,国产主机装船率呈上升趋势。1982年,国产柴油机的装船率仅为25%,大部分从国外进口。随着国产船舶柴油机生产能力的提高,国产主机的装船比例迅速上升,由1983年的35%、1984年的51%提高到1985年的80%,到1994年为止,国产主机比例大致保持80%上下。21世纪初,由于主机生产跟不上造船业的快速发展,国产主机比例持续下降。在2002—2004年,我国造船产量大幅度攀升,尽管国产主机产量也在快速增长,但是装船率却不断下降,2002年降至56%,2003年更跌至45%,22 000 kW以上的船舶柴油机几乎都要外购。2005年我国造船完工量1 212万t,新承接船舶订单1 699万t,手持船舶订单3 969万t,分别占世界市场份额的17%、23%和18%,尤其是我国新承接船舶订单首次超过日本,位居世界第二,使得我国造机能力不足的问题更加突出。

为了解决我国船用柴油机行业存在的产业较弱的问题,国家从政策、资金等各方面对造机行业进行了扶持,同时对柴油机曲轴等配套行业也有较大的投入。2005—2008年,船用低速柴油机的制造出现了快速增长的势头。2005年以前,规模较大的船用低速柴油机生产企业只有沪东重机股份有限公司、大连船用柴油机有限公司和宜昌船舶柴油机有限公司三家,后来通过投资新建已发展到11家企业。随着曲轴等配件国产化,我国船舶柴油机行业得到了迅速的发展,产量约为1 500万kW左右,国产化率也大大提高。由于受到2008年爆发的国际金融危机的影响,世界新船完工量大幅下降,主机市场产能严重过剩,使我国的船舶柴油机发展速度变缓,在持续低迷的市场条件下生存发展困难,需要通过重新调整以增强国际竞争力。

经过几十年尤其是近十多年的发展,船用柴油机已经发展到一个较高的技术水平。柴油机的整体结构及其零部件结构不断改进,特别是电子技术、自动控制技术在柴油机上的应用,使其各项技术指标不断创新,生产了一批废气排放符合法规、经济性好、功率范围大、可靠性高的产品。现代船用柴油机具有以下显著特点:

(1)低排放技术的开发与应用。柴油机排放的废气会对环境造成污染,其中主要的有害成分是一氧化碳(CO)、氮氧化物(NO_x)和碳氢化合物(HC)、硫化物(SO_x)等。低排放技术中除采用电控喷油等措施改善燃烧过程外,还包括采用废气催化转化(SCR)技术、废气再循环(EGR)、直接喷水(即通过一个独立的水喷嘴在燃烧过程中直接向燃烧室喷水)或将水喷入增压器后的高温空气中来降低 NO_x 排放等措施。如WinGD公司的采用直接喷水的9L46柴油机,使 NO_x 的排放降低50%~60%,远远低于《国际防止船舶污染公约》(MARPOL)附则Ⅵ的要求。

(2)采用定压涡轮增压技术,提高平均有效压力(船用低速柴油机为1.9~2.0 MPa,中、高速柴油机为2.4~2.6 MPa),增大了柴油机的比功率(单位 kW/kg)。近年来,增压技术的应用使柴油机的低工况性能和加载加速性能得到进一步改善。

(3)发展船用超长冲程低速二冲程柴油机。通过增大缸径(D=600~1 050 mm)及增大冲程缸径比 S/D,以增加做功行程使功率增大。如图1-14所示,MAN公司的14K98ME-C型柴油机,单机功率达到80 000 kW。同时降低转速(最低为56 r/min),可明显提高螺旋桨效率,适于作船舶主机使用。MAN公司 SMC-C系列柴油机的 S/D 值已达4.0,而RTA-T系列柴油机的 S/D 值已达4.2。

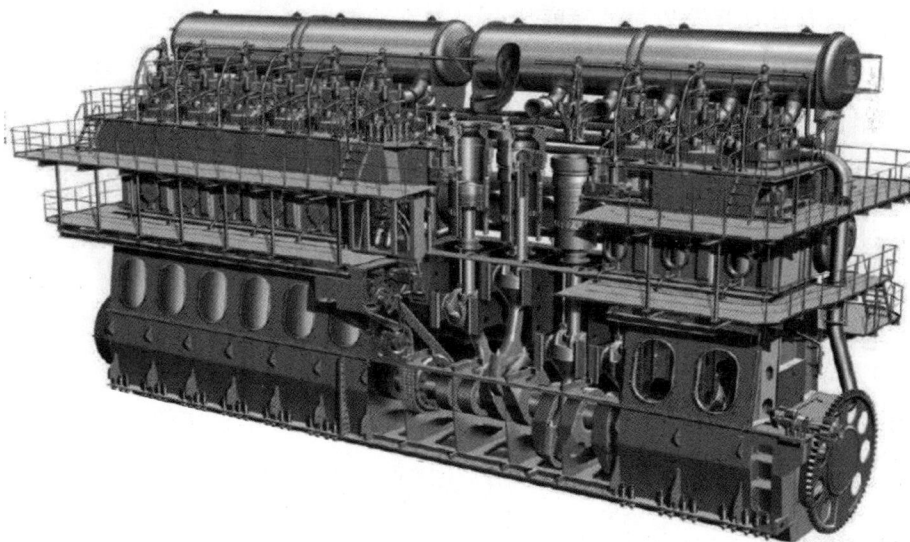

图1-14 14K98ME-C型柴油机

(4)采用多种节能措施降低燃油消耗率和发展废热再利用,以提高经济性。船用低速柴油机节能措施主要包括采用定压涡轮增压系统;增大冲程缸径比;提高最高爆发压力(船用低速柴油机为15~18 MPa,中、高速柴油机为18~20 MPa);适当增大压缩比;采用可变喷油定时(VIT)机构、动力涡轮系统(TCS)和轴带发电机(PTO)等。在废热再利用方面,如利用柴油机冷却水余热作为真空蒸发式制淡水系统和重油净化处理系统的热源;在利用柴油机废气排出的热能方面,除了废气涡轮增压,还用于废气锅炉和热管交换器等。

(5)完善使用劣质燃料的技术,使燃料费用降低1/3左右。这一技术包括燃油的加温、净化;排气阀与阀座的冷却;采用气阀旋转机构以防止燃油中钒、钠盐对排气阀与阀座的腐蚀等。

(6)电子技术的应用实现了船用柴油机的智能化,以及对柴油机操纵、监测及报警等管理的自动化控制。在智能型船用柴油机上,通过电子控制单元(ECU)实现对燃油电子喷射系统(共轨式燃油喷射等)、增压系统(相继增压等)、配气系统(无凸轮轴)及电子调速系统、气缸电子注油系统、电子启动等全电子灵活控制,并通过对相关参数的设定和修改,实时调整主机的运行状态和性能参数,达到实现柴油机最佳性能的目的。

(7)采用电控燃油喷射系统,不仅能控制供油正时、燃油预喷射及后喷射,还具有在低转速时仍能保持高的喷射压力等优点。图1-15所示为 MAN ME 系列船用低速柴油机采用的高压共轨式燃油喷射系统。

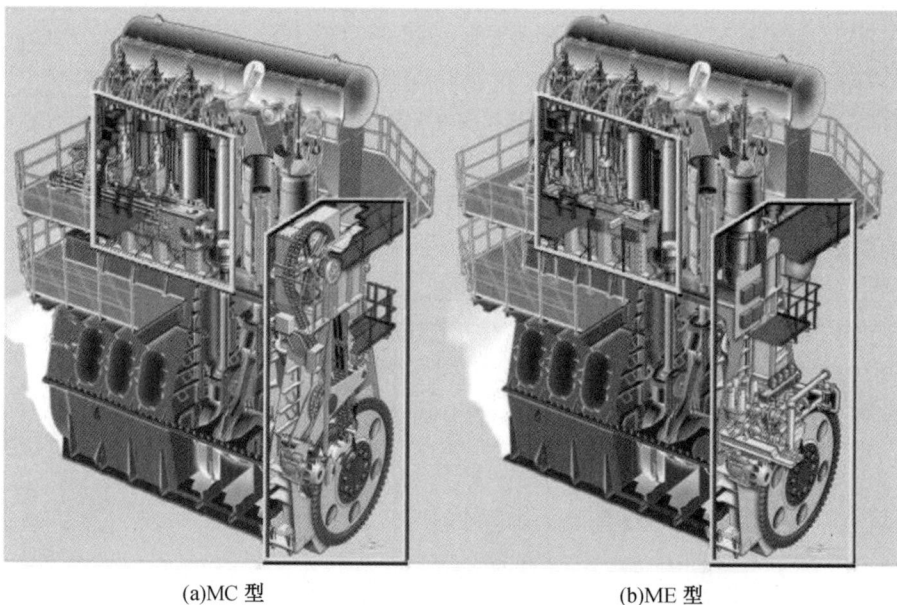

(a)MC 型　　　　　　　　　　(b)ME 型

图 1-15　MC 与 ME 型电控柴油机比较

(8)面对日益严峻的能源危机,使用绿色燃料势在必行。目前比较成熟的可以在船舶上使用的绿色燃料只有液化天然气(LNG)燃料,正在运营的主要是低压双燃料发动机和高压燃气喷射发动机。绿色燃料包括煤制液体燃料、生物燃料、气体燃料等,今后柴油机绿色燃料的研究会更加深入,种类也会多种多样。

(9)在零部件的材料、加工、结构方面采用先进技术,提高柴油机的可靠性,延长使用寿命。现代船用柴油机的吊缸周期已提高到 8 000~12 000 h,甚至高达 20 000 h。

当前船舶柴油机发展的基本目标是低排放、低能耗、高可靠性和大功率,可以概括为在满足排放法规的前提下,兼顾节能与可靠性的要求,全面提高柴油机的性能。今后船舶柴油机的发展和研究趋势体现在以下方面:

①降低柴油机排放的研究。排放控制是现代柴油机面临的最严峻的挑战,随着船舶柴油机排放控制法规日益严格,如何满足排放法规的要求,使得经济性的提高更加困难,这也是船舶柴油机发展中面临的新课题。

②进一步提高经济性的研究,包括燃烧、增压、低摩擦、低磨损等。

③船舶柴油机电子控制技术的不断完善。

④LNG 燃料、绿色燃料在船舶上的应用更加多样化。

⑤改进船舶柴油机结构,提高可靠性与耐久性的研究。

做一做

根据前面所述柴油机基本知识,阅读典型柴油机说明书,比较其性能指标和工作参数。

想一想

1. 在热机中,柴油机有哪些优缺点?

2. 什么是压缩比 ε,它对柴油机性能有何影响?

3. 四冲程柴油机进、排气为什么都要提前和滞后,气阀重叠角有何作用?

4. 某四冲程 6 缸柴油机的进气阀在上止点前 20°CA 开启,下止点后 24°CA 关闭;排气阀在下止点前 50°CA 开启,上止点后 16°CA 关闭。按顺时针方向旋转,试画出该机的定时图,气阀重叠角是多少?

5. 二冲程柴油机与四冲程柴油机相比有哪些特点?

6. 现代二冲程柴油机一般采用哪种换气形式,为什么?

7. 柴油机增压目的是什么,一般采用哪种增压方式?

8. 哪些性能指标表征柴油机的动力性、经济性?

9. 什么是柴油机的机械效率 η_m? 哪些因素影响 η_m?

10. 最高爆发压力 p_z、排气温度 T_r 为什么是柴油机的重要运转参数?

项目1
重点难点解答

项目 2   柴油机主要机件识别

【任务目标】

1. 了解柴油机主要机件的组成、功用和特点，识别柴油机主要零部件，明确柴油机燃烧室组件"薄壁强背"结构及其突出的优点。

2. 正确分析柴油机主要部件的结构，正确分解和装配主要零部件。

柴油机主要机件包括运动部件和固定部件。在筒形活塞式柴油机中，其主要运动部件有活塞组件、连杆组件、曲轴和飞轮。它们的组成及相互连接关系如图 2-1 所示。

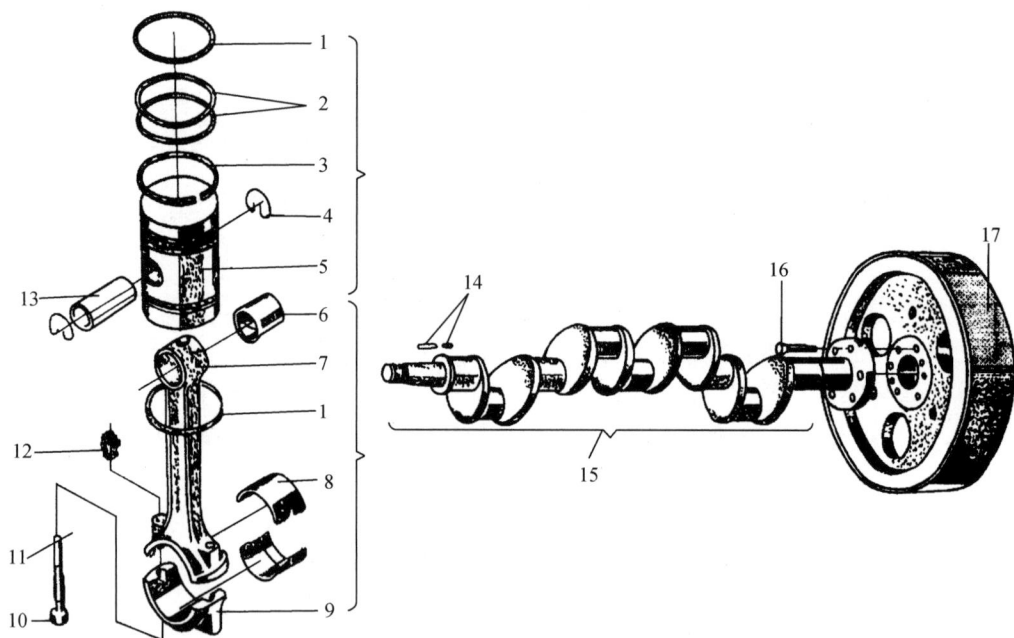

1,2—活塞气环；3—活塞油环；4—活塞销挡圈；5—活塞；6—连杆衬套；7—连杆；8—连杆轴瓦；9—连杆轴承盖；
10—连杆螺栓；11—开口销；12—连杆螺母；13—活塞销；14—键；15—曲轴；16—飞轮固定螺钉；17—飞轮。

图 2-1   筒形活塞式柴油机主要运动部件

在十字头式柴油机中，主要运动部件有活塞组件（含活塞杆）、十字头组件、连杆组件、曲轴和飞轮。它们的组成和相互连接关系如图 2-2 所示。

柴油机的主要固定部件有气缸套、气缸盖、机体、机座（或油底壳）、主轴承等。不同柴油机的固定部件结构形式各异。

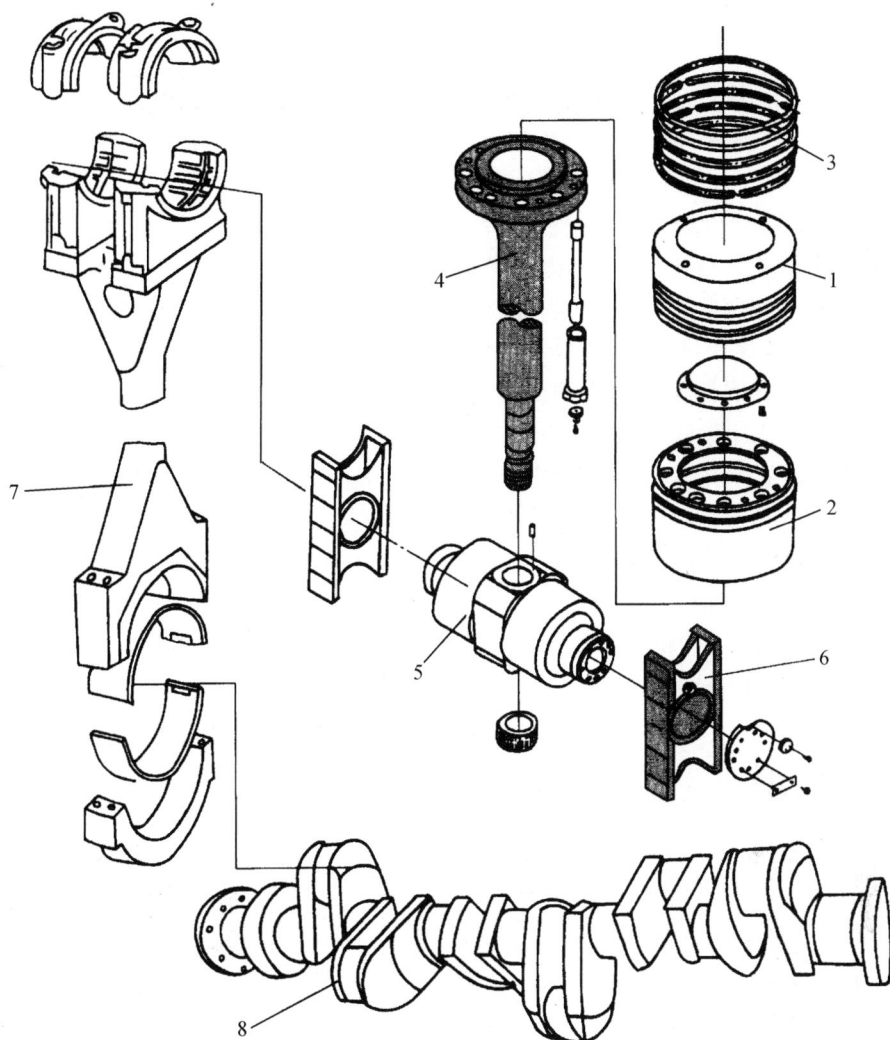

1—活塞头；2—活塞裙；3—活塞环；4—活塞杆；
5—十字头；6—滑块（滑板）；7—连杆组件；8—曲轴。

图 2-2　十字头式柴油机主要运动部件

十字头式
连杆实例
（动画）

任务 2.1　气缸套和气缸盖

　　气缸由气缸套和气缸体组成。气缸体的作用是支撑气缸套和容纳冷却水，其材料多使用灰口铸铁或球墨铸铁。大型柴油机气缸体为了制造、拆装和维修方便，一般为组合式，即单缸或相邻两缸、三缸用铸铁铸成一体，加工后再用螺栓连接成一个刚性整体；而中小型柴油机，为了减小尺寸和质量，增加刚性，不仅制成整体式，而且往往与机架或曲轴箱制成一体，称为机体。

气缸套、
气缸盖
（PDF）

2.1.1　气缸套的功用和要求

　　气缸套是一个圆筒形零件，置于机体的气缸体孔内，其顶部被气缸盖压紧和封闭，

内装往复运动的活塞组件。因此气缸套的主要功用有：

(1)与活塞组件、气缸盖共同构成气缸工作空间；

(2)引导活塞的往复运动,筒形活塞柴油机的气缸套还承受活塞的侧推力；

(3)通过缸套将部分热量传给冷却水,以保证活塞组件和缸套本身在高温、高压条件下正常工作；

(4)二冲程柴油机的气缸套上设有气口,通过活塞控制气口的启闭,实现配气。

气缸套的工作条件十分恶劣,内表面直接与燃气接触,受到高温、高压燃气作用,湿式气缸套外部直接与冷却水接触,内外温差大,所以气缸套受到很大的机械应力和热应力,并受到燃气的化学侵蚀和冷却水的腐蚀作用；另外,气缸套与活塞产生摩擦,在筒形活塞式柴油机中还有侧推力的作用,使气缸套磨损加剧。因此,对气缸套有如下要求：

(1)气缸套应具有足够的强度和刚度,以承受热负荷和机械负荷的作用；

(2)气缸套工作表面应具有较高的精度,具有良好的耐磨性和抗腐蚀性,还要有良好的润滑条件和可靠的冷却条件；

(3)保证气缸工作容积、冷却水空间有可靠的气密和水密作用；

(4)对二冲程柴油机气缸套要有合理的气口形状和截面尺寸。

目前,绝大多数柴油机的气缸套是铸铁材料制成的,具有价格低廉、工艺性好、耐磨,以及良好的贮油等性能。常用的铸铁材料有球墨铸铁、合金铸铁、高磷铸铁和含硼铸铁等。

2.1.2 气缸套的结构

1.气缸套的种类

柴油机的气缸套有湿式、干式和带冷却水套式三种类型,如图 2-3 所示。

图 2-3(a)所示为湿式气缸套,其外表面直接与冷却水接触。这种气缸套冷却效果良好,制造也方便；但壁厚较大,而且必须有可靠的冷却水密封措施,是应用最广泛的一种类型。

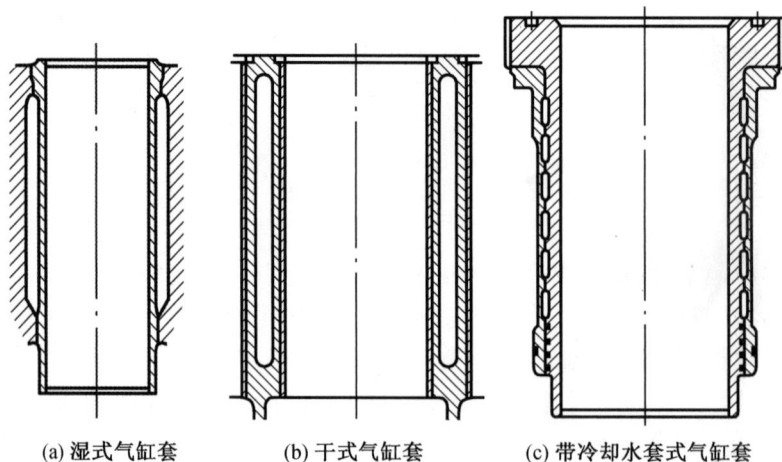

湿式气缸套
（动画）

干式气缸套
（动画）

带冷却水
套式气缸套
（动画）

(a) 湿式气缸套　　　(b) 干式气缸套　　　(c) 带冷却水套式气缸套

图 2-3　气缸套的类型

图2-3(b)所示为干式气缸套,其外表面不与冷却水接触,气缸体内布置有冷却水腔。因此,这种气缸套可以做得很薄,有利于节约合金材料;但加工要求较高,气缸体内孔和气缸套外表面均需要精密加工,以保证气缸与气缸体紧密贴合和具有良好的散热性。因此,干式气缸套只适用于大批量生产的小型柴油机。

图2-3(c)所示为带冷却水套式气缸套,可以直接在气缸套上铸出冷却水腔,亦可在气缸套外部镶套形成。应用这种类型的气缸套可以避免气缸体受到冷却水的腐蚀,并使冷却水腔得到合理的布置。这种气缸套常用于焊接式气缸体的柴油机中,以防焊缝遭受冷却水腐蚀。

2. 气缸套的定位与密封

气缸套一般用上凸缘做轴向定位,与气缸体上部的支承相配合,由气缸套压紧在气缸体中,气缸套下端是不固定的,受热后可以自由伸长。为保证燃烧室的密封,气缸套顶部与气缸盖之间常用一只紫铜垫圈,该垫圈除防止漏气外,也可更换厚薄,作为调整压缩比之用;气缸套凸缘下端面与缸体支承面之间也装有紫铜垫片,用以密封冷却水。缸套外缘与缸体内孔之间有一定间隙,允许缸套受热时在径向处自由膨胀。缸套下部外缘处有几道环形槽,用于安装橡胶密封圈,以防止漏水。

3. 气缸套的润滑

气缸套的润滑有飞溅和注油两种方式。一般筒形活塞式柴油机可凭借飞溅到缸套内壁的滑油来润滑。十字头式柴油机因有横隔板隔开,故必须配备专用的气缸滑油注油器,此时,气缸套上开有注油孔,安装有注油嘴接头,并在注油孔的两侧开有八字形的布油槽。二冲程柴油机的注油孔位置一般在活塞处于上止点时第一、二道环之间。

有些中速柴油机因燃用含硫量高的重油,除了飞溅润滑外,还辅以注油润滑,其注油孔位置一般在活塞位于下止点时活塞环带区域。

4. 气缸套的冷却

为降低缸套的温度,减小热应力,防止滑油结焦,保持缸套与活塞的正常工作间隙,要对气缸进行冷却,以保持气缸的温度在允许的温度内,壁温不可过高或过低。

船用柴油机气缸广泛采用淡水循环冷却。冷却水由冷却水空间的最低处进入,由最高处排出,以确保冷却水充满冷却腔空间,并防止由冷却水带入的空气和生成的蒸汽形成气囊。有些柴油机的冷却水沿切向引入并绕缸套螺旋形上升,从而使缸套得到均匀的冷却。水在流动中不得有死水区,以防缸套局部过热。为了加强对缸套上部的冷却,常采用螺旋形水道、钻孔冷却等措施。冷却水空间要尽量宽敞,水的流速不可过高,进出水不要有急剧的压力变化,以防止产生空泡腐蚀。

气缸套中工作条件最恶劣的部位是缸套上部凸肩区,因其壁面较厚,多发生由热负荷过大而产生的裂纹故障。为了合理解决此问题,当代柴油机采用凸肩区钻孔冷却,而有些柴油机则曾采用将燃烧室上移至气缸盖或下移至凸肩区下方的技术措施。

钻孔冷却式气缸套(图2-4)是目前强载度较高的柴油机较为普遍采用的。由于其中部设有气口,为了保证气口部分的强度以及使气口具有一定的厚度,以便对气流进行引导,气口部分的壁厚一般都加厚。这种气缸套上部壁很厚,具有很高的刚度和强度,因而即使在很高的气体压力作用下,其机械应力和变形均较小;沿圆周均匀斜钻的许多冷却水孔,由于很靠近受热的内表面,冷却效果很好,既降低了气缸套内表面温度,又减小了气缸套上部的温差,使其所受热应力也较小。但这种气缸套的钻孔工艺比较麻烦。

5. 气缸套实例

图 2-5 所示为 RTA 型柴油机的气缸套与气缸体的组装图。气缸体为每缸一个的单体式,用铸铁制造。气缸体下部有隔板将气缸和曲轴箱隔开。底板上的填料函座孔 A 中装活塞杆填料函。气缸体在左右方向上设有扫气通道 B 和人孔 C。人孔平时由盖板盖住,在检修时打开,使轮机人员很容易接近活塞杆填料函、扫气口 SS 等部位,可对填料函、缸套内表面、活塞及活塞环等进行检查,并对气口和活塞下部空间进行清洁。扫气通道 B 和扫气箱相连,在活塞打开扫气口 SS 时进行气缸换气。

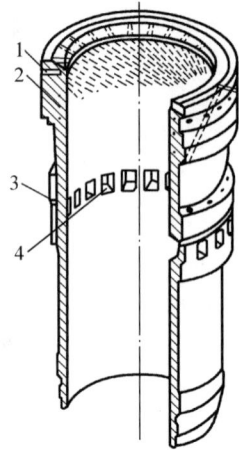

1,2,3—冷却水孔;4—气口。

图 2-4 钻孔冷却式气缸套

气缸套和气缸体之间设有导水环 4,冷却水由 W 处进入气缸体,经导水环下部的冷却水分配孔 L 进入冷却水腔 KW,再由下向上进入气缸套凸肩上的冷却水孔 TB,最后汇集于冷却水导套 9 并由此进入气缸盖。为了防止冷却水泄漏,设有 O 型密封圈 3、3a 和 6,其中 3 和 3a 号 O 型密封圈用于密封冷却水腔的冷却水,正常情况下空腔不会有水。O 型密封圈 6 用来阻止冷却水沿缸套和缸体的间隙漏入活塞下部空间,同时也阻止扫气进入冷却水空间。为了监视这些 O 型密封圈工作状态,设有检漏孔 KB 和 KB_1:若 KB_1 处漏水,说明 O 型密封圈 3 或 3a 损坏,应及时换新;若 KB 处漏水,说明 O 型密封圈 6 的上面一道密封圈失效;若 KB 处漏气,则说明 O 型密封圈 6 的下面一道密封圈失效。

图 2-6 所示为 MC 型柴油机气缸套。它的凸肩部位的上半部用钻孔冷却,凸肩的下半部外侧装有钢套 6,它们之间形成冷却水腔 5(图 2-6(b))。冷却水由外部引至由气缸体和气缸套中间部位形成的冷却腔,经气缸体 8 的钻孔和水管 7 进入冷却水腔 5 和气缸套上的钻孔内。冷却气缸套凸肩部位后经水管 4 进入气缸盖,整个凸肩部位结构均匀,受热合理,特别是缸口部位变形小,有利于密封和提高强度。气缸套的支承环带上均布着安装注油接头的钻孔(图 2-6(a))。这些孔不穿过冷却水腔,避免了冷却水由此进入气缸套内部。

由图 2-6 可见,这种气缸套的凸肩很高,坐落在气缸体上。这种结构可大大降低气缸体的高度,减小了气缸体质量,便于加工制造,广泛应用于超长行程柴油机(气缸套高度大)。同时将气缸套与气缸盖的密封面下移,改善了密封面的工作条件和工作状况。有些柴油机还在缸套与气缸盖的密封面处设置了一道活塞清洁环,它的直径比气缸套的内径略小,可以除去活塞头部的积炭,减少缸套的磨损。另外气缸套的下部不用水冷却,使气缸套中、下部有较高的温度,这对气缸套工况及消除该区域腐蚀磨损有利。

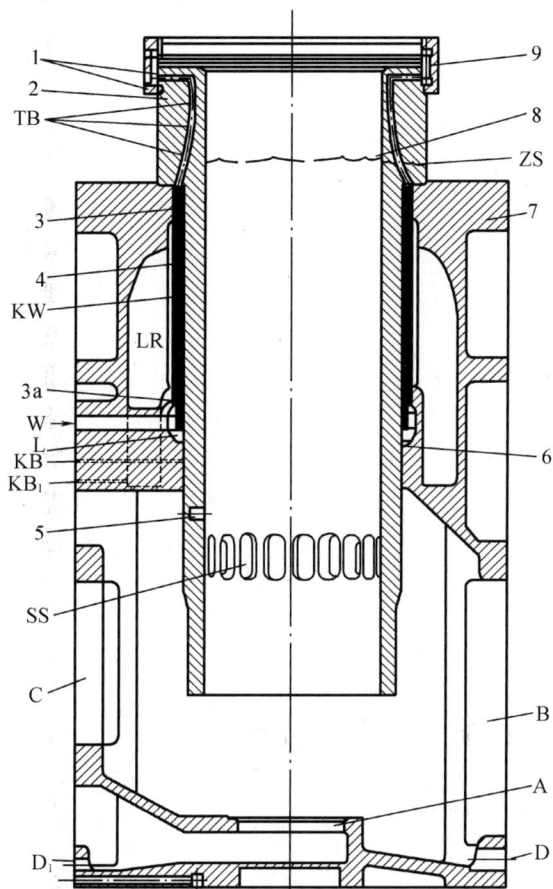

1,3,3a,6—O 型密封圈;2—气缸套;4—导水环;5—闷头或传感器;7—气缸体;8—布油槽;9—冷却水导套;
D、D_1—放泄孔;L—进水分配孔;KB、KB_1—检漏孔;KW—冷却水腔;LR—空腔;TB—冷却水孔;
SS—扫气口;ZS—注油孔;A—填料函座孔;B—扫气通道;C—人孔。

图 2-5　RTA 型柴油机气缸套与气缸体组装图

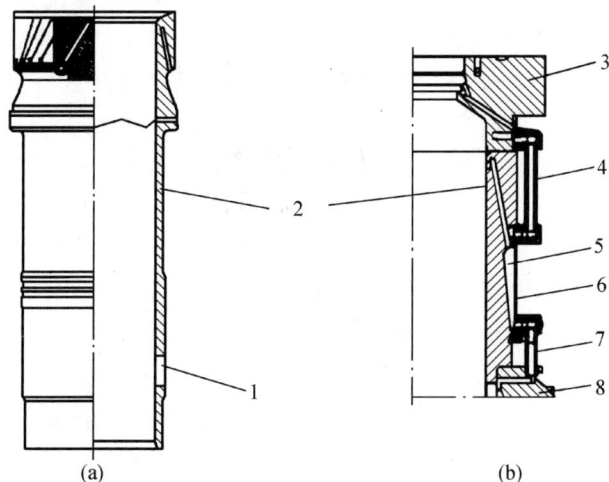

(a)　　　　　　　　　　　　　　(b)

1—扫气口;2—气缸套;3—气缸盖;4,7—水管;5—冷却水腔;6—钢套;8—气缸体。

图 2-6　MC 型柴油机气缸套

2.1.3 气缸盖的功用和要求

1.气缸盖的功用

气缸盖用螺栓紧固于机体顶部,成为柴油机的顶端部件,故俗称气缸头。其功用如下:

(1)封闭气缸套顶部,与活塞、缸套共同组成密闭的气缸工作空间;

(2)将气缸套压紧于机体正确位置,使活塞运动正常;

(3)安装柴油机各种附件,如喷油器,进、排阀装置,气缸启动阀,示功阀,安全阀和气阀摇臂装置,等等;

(4)布置进、排气道,冷却水道等,在小型高速机的气缸盖中还布置涡流室或预燃室等。

2.气缸盖的要求

气缸盖的工作条件十分恶劣,底面直接与高温高压燃气相接触,承受着较大的机械应力和热应力。气缸盖的结构复杂,孔道繁多,各孔处壁厚不均匀,各部分温差很大,因此应力分布也不均匀,容易在气缸盖底面、孔座、肋板等处产生裂纹,内部的冷却水腔还受到冷却水的腐蚀作用。

气缸盖的工作要求是具有足够的强度和刚度,保证不会因为应力较大而断裂或产生严重变形以致影响密封性,气缸下平面要平直,以保证接合面处良好密封;进、排气道流动阻力应最小,有的柴油机为了进一步改善燃油与空气的混合,将进气道做成螺旋形以利于产生进气涡流;缸盖水腔要有较好的冷却效果,力求各处温度均匀。

气缸盖一般采用强度较好、刚度较高、耐热较好、膨胀系数小、浇注性能良好的材料制成。气缸直径在 400 mm 以下的气缸盖材料多用如 HT400 之类的灰铸铁;400 mm 以上者多用如 QT60-2 之类的球墨铸铁等。不少大型低速柴油机采用铸钢缸盖或者采用铸铁-铸钢组合式缸盖。

2.1.4 气缸盖的结构

气缸盖的结构形式随柴油机的形式不同而不同。小型柴油机采用整体式或块状式结构,即将整个柴油机所有气缸的气缸盖或两三个气缸的气缸盖合铸成一体,具有结构紧凑,可增强机体刚性等特点;大、中型柴油机则大多采用单体式气缸盖,这样可以单独拆装和修换,系列通用化程度高,密封性能好。

气缸盖的结构还与柴油机的尺寸、换气方式、燃烧室的形式和强化程度等因素有关。

1.6300 型柴油机的气缸盖

图 2-7 所示为 6300 型四冲程柴油机的气缸盖。它是用铸铁铸造的单体式气缸盖,中央为喷油器,左、右两侧分别有两个进气阀孔和排气阀孔。进气道 4、排气道 9 分别在左右两侧,减弱了高温排气对进气的加热。为减小流动损失,增加进气量,进气阀孔的直径比排气阀孔大,进气道还分成两路。四个角上有气缸盖螺栓孔 1,底面上有环状的密封凸肩。气缸盖阀孔壁和气道壁的外面为冷却水空间。

为了加强对气缸盖底板的冷却,6300 型四冲程柴油机的气缸盖采用了"薄壁强背"、双层底式结构。即采用较薄的底板以减小其壁面温差和热应力,采用较厚的中隔板和较高的气缸盖高度,构成了刚度很强的"背部",并通过气道壁对底板的支撑减小底板所承受的机械应力。中间隔板又将冷却水空间分成上、下两个部分,使冷却水以较高的流速沿底板流动,加强对底板和阀孔的冷却。冷却水由进水孔7进入下冷却水空间,再经隔板上的孔流入上冷却水空间,最后由排气道上方的出水孔排出。缸盖前后开有尺寸较大的孔,以方便清洁冷却水腔。盖板上还装有防腐蚀锌板。

2. 十字头式柴油机的气缸盖

新近制造的十字头式柴油机的气缸盖几乎都采用锻钢钻孔冷却的结构。

图 2-8 所示为 MAN L-MC/MCE 型柴油机气缸盖,它为圆形,由锻钢制造。在气缸盖中央设有排气阀孔1,排气阀用四个双头螺栓紧固在气缸盖上。另外气缸

1—气缸盖螺栓孔;2—防腐蚀锌板;3—盖板;4—进气道;
5—气阀导管;6—螺塞;7—进水孔;8—启动阀孔;
9—排气道;10—示功阀孔。

图 2-7　6300 型四冲程柴油机的气缸盖

盖上还设有气缸启动阀孔14、安全阀与示功阀孔10以及两个喷油器孔8。在气缸盖中钻有许多径向冷却水孔2,在气缸盖底部焊有圆环11,它与气缸盖底部构成冷却水腔7。排气阀装入排气阀孔1后,排气阀插入气缸盖部分与孔内壁之间也构成一个冷却水腔。这两个冷却水腔通过钻出的冷却水孔2和3相连通。冷却完气缸套的水,首先进入均匀分布在气缸盖底部的四个垂直钻孔6中,再经水平钻孔(图中的虚线孔)、垂直钻孔5进入冷却水腔7。经由水腔7进入钻孔2冷却气缸盖底面后,再经过孔3进入阀孔与阀壳间的冷却水腔,以冷却排气阀和阀座,最后经由三个垂直孔4流入排气阀壳的上部冷却腔,冷却排气通道后排至冷却水出口管。

由图 2-8 可见,这种气缸盖高度较大,但冷却水孔离燃烧室却很近,充分体现了"薄壁强背"的设计思想,使热负荷和机械负荷都保持在比较低的水平,提高了可靠性。气缸盖底面是燃烧室壁面的一部分,上述气缸盖底面呈倒锥形,这种倒锥形燃烧室有利于换气和燃烧。两个喷油器对称布置,有利于油雾形状和燃烧室形状的配合,确保了油、气有良好的混合性能。气缸盖底最下部的圆柱形壁面,使缸盖和缸套的接合面下移,以便接合处不受火焰的直接冲击,对接合面起到保护作用。冷却水由接合面的外部进入气缸盖,消除了冷却水通过接合面漏入气缸内部的可能性。并且冷却完气缸套的水通过沿周向均布的四个通道进入缸盖,确保燃烧室部位的冷却均匀。

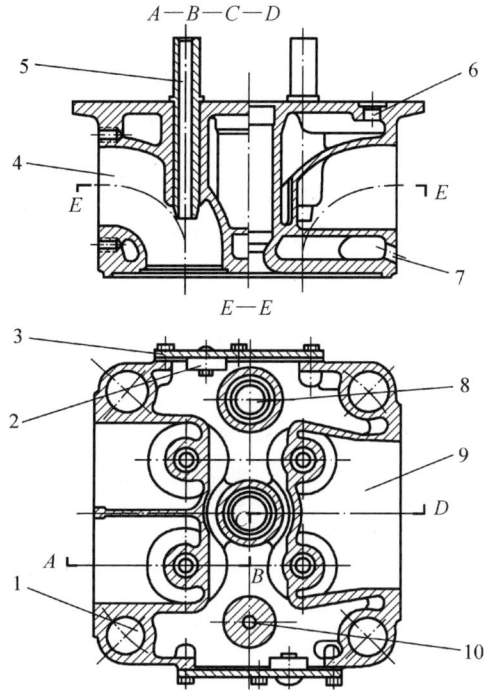

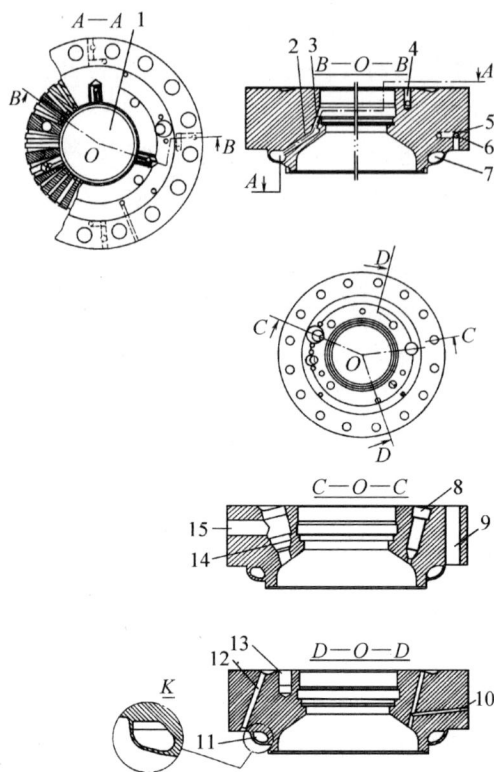

1—排气阀孔；2,3,4,5,6—冷却水孔；7—冷却水腔；8—喷油器孔；9—缸盖螺栓孔；
10—安全阀与示功阀孔；11—圆环；12—泄放通道；13—排气阀螺栓孔；
14—启动阀孔；15—启动空气通道。

图 2-8　MAN L-MC/MCE 型柴油机气缸盖

任务 2.2　活塞组件

活塞组件可分为筒形活塞和十字头式活塞两大类。筒形活塞组件由活塞、活塞环、活塞销等组成，如图 2-1 所示。十字头式活塞组件由活塞头、活塞裙、活塞环、活塞杆等组成，如图 2-2 所示。

活塞组件的主要功用：与气缸、气缸盖等组成封闭的燃烧室空间，承受气缸内气体的压力，并将其传递给连杆；在筒形活塞式柴油机中，还要承受连杆倾斜时所产生的侧推力，起往复运动的导向作用；在二冲程柴油机中，还要起开启、关闭气口的"滑阀"作用。

2.2.1　活塞组件工作条件和常用材料

1. 活塞组件的工作条件

活塞组件所处的工作条件极为恶劣，会受到燃气高温、高压、烧蚀和腐蚀的作用，并且在高速运动、润滑不良和冷却困难等情况下工作。

(1)承受高温燃气压力和往复惯性力所引起的带有冲击性的机械负荷，还会使柴油机振动加剧。

(2)活塞顶部直接接触高温燃气,不仅热负荷很高,各部分也将产生很大的温差热应力,而且还受到燃气的化学腐蚀。

(3)在润滑不良的条件下进行高速往复运动,因此摩擦损失较大,磨损严重。

(4)在中、高速柴油机中,活塞组件在侧推力作用下会与气缸套之间产生摩擦和撞击。

活塞组件工作得好坏,将直接影响柴油机的性能和使用的可靠性、耐久性。因此,活塞组件必须满足以下要求:强度高、刚度大、密封可靠、散热性好、冷却效果好、摩擦损失小、耐磨损。对中高速柴油机还要求活塞质量小、惯性小。上述各项要求是相互制约、彼此矛盾的,一般通过选用合适的材料和合理的结构形式来满足。

2.活塞的常用材料

目前常用的制作活塞的材料有合金铸铁、铝合金、球墨铸铁和耐热合金钢。

合金铸铁材料具有较高的机械强度、较小的热膨胀系数以及良好的耐磨和耐腐蚀性能,价格低廉,工艺性好,活塞与气缸之间允许较小的间隙,是应用最广的材料。但缺点是密度大,吸热性和导热性比铝合金差。

铝合金材料密度小,铝合金活塞比铸铁的要轻30%~50%,因而能相应地减小活塞组的往复惯性力,同时导热系数高,但高温强度差,热膨胀系数大,铝合金成本较高,仅用于中小型高速柴油机。当铝合金活塞与铸铁缸套配合使用时,由于热膨胀系数不同,造成冷态配合间隙要比全是铸铁材料的大1倍左右,这将会造成冷车启动困难,低负荷运转时也将加剧活塞对气缸套的撞击。

球墨铸铁和耐热合金材料具有更高的机械强度。在强载柴油机中,常用这种材料制成薄壁式的活塞结构,以增加其承受热负荷的综合能力。耐热合金钢一般用作组合式活塞的头部材料。

2.2.2　活塞构造

1.筒形活塞

筒形活塞按其散热方式可分为非冷却式和冷却式两大类。

(1)非冷却式筒形活塞(径向散热型)

非冷却式筒形活塞适用于缸径较小、强载度较低的中、小型柴油机。因为活塞尺寸小,相对散热面积 A/V_s 较大,散热条件较好,不采用强制性的冷却措施。活塞头所吸收的热量主要是通过活塞环向气缸套及其外侧的冷却水散出,称为径向散热。因此,在结构上通常顶部壁厚较大,并沿活塞半径方向逐渐增厚,顶部内腔环带的过渡圆角较大(图2-9),既有利于散热,又能使活塞顶具有足够的强度和刚度。

活塞头部和裙部分别装有气环和油环。活塞工作时,上、下温差很大,上部热膨胀量比下部大,为了提高工作可靠性,活塞在制造时外形呈上小下大的宝塔形圆柱体,如图 2-10 所示。

在活塞销座附近,因活塞销座的轴线方向金属堆积较多,受热时沿活塞销轴线方向膨胀较大,再加上侧推力、燃气压力的作用均使这个方向的变形增大,如图2-11(a)所示。为了防止活塞在气缸内咬死,常将活塞销座附近沿径向制造成反椭圆形,即其短轴在活塞销中心线上(图2-11(b)),或将销座周围的裙部表面制成凹陷形(图2-11(c))。

筒形活塞
组件(动画)

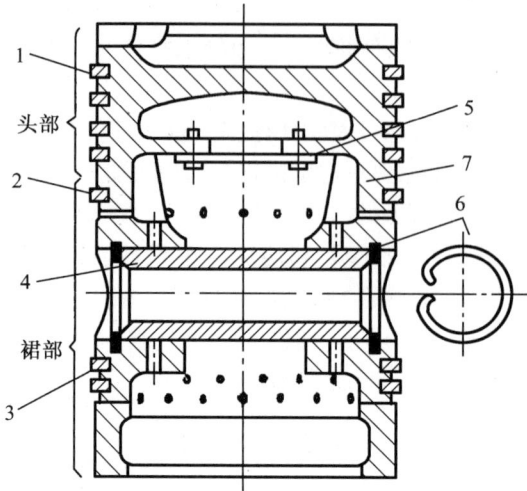

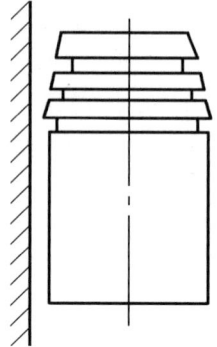

1—气环;2—油环;3—承磨环;

4—活塞销;5—盖板;6—卡环;7—头部。

图 2-9　6250 型柴油机非冷却式活塞　　　　图 2-10　活塞头部

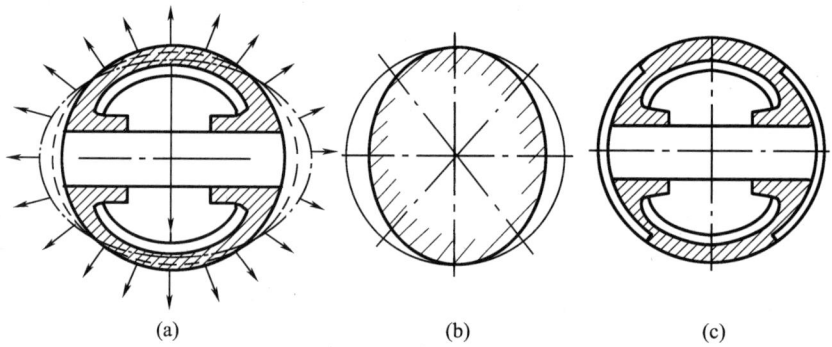

图 2-11　活塞销座附近的椭圆变形

（2）冷却式筒形活塞（轴向散热型）

冷却式筒形活塞的结构形式较多,但总体上可分为两大类,即整体式和组合式。组合式活塞将活塞头与活塞裙分开制造,目的是合理地使用材料,使成本降低,加工方便。冷却式筒形活塞多用于大功率中速柴油机。由于中速柴油机机械负荷很高,热负荷更高,转速又比低速柴油机高,除了采用整体式活塞外,更多的是采用钢和铝合金组合而成的强制冷却式活塞,即活塞头部用耐热合金钢制成,以减小活塞顶厚度,降低热应力;裙部则用铝合金制造,以减小质量和惯性力。为使活塞头和活塞裙在高负荷和低负荷下都能紧密结合,并使连接螺栓不会因过大的拉应力而断裂,连接螺栓应细而长,具有较大的柔性。

使用冷却介质（如滑油、淡水）对活塞顶内腔进行强制冷却。活塞顶的热量大部分沿轴向传给活塞冷却液,小部分经活塞环通过缸壁传给缸套冷却水,所以冷却式筒形活塞又称为轴向散热型活塞。在此类活塞中,为保证大部分热量轴向散热,活塞顶采用薄壁结构;同时为减少径向散热,保护第一道活塞环温度不至于太高,而使活塞顶部内腔环带的过渡圆角较小,并在第一道环上方的活塞头外圆表面车制一道隔热环槽。显然,此种活塞广泛用于大、中型柴油机。

冷却式筒形活塞均以滑油作为冷却介质,冷却液的输送方式有两种:一种是在曲轴箱中设置固定的滑油喷管,喷管对准运动着的活塞冷却腔喷射滑油;另一种是在曲轴、连杆中钻孔,滑油由主轴承经此孔道送至连杆小端,再经过活塞销和活塞销座孔中的孔道送至活塞头冷却空间,冷却后的滑油泄回曲轴箱。目前大多采用后者。常用的冷却方式有喷射式、腔室式、振荡式、蛇管式四种,如图2-12所示。

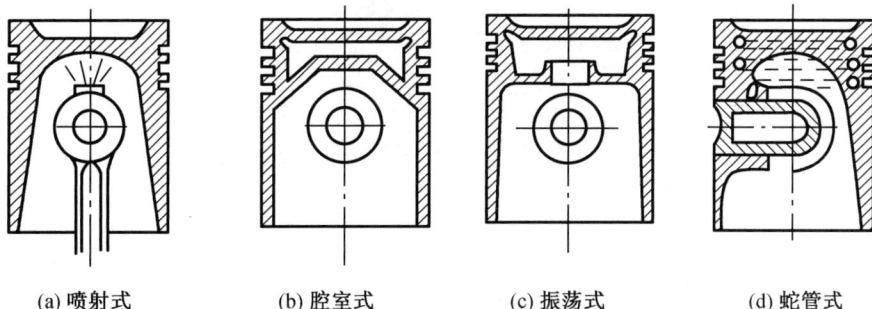

(a) 喷射式　　　(b) 腔室式　　　(c) 振荡式　　　(d) 蛇管式

图2-12　筒形活塞冷却方式

喷射式冷却的方式最简单,即滑油由连杆小端向上直接喷射到活塞顶部的内表面进行冷却,多用于强化程度不高的小型柴油机。

腔室式冷却是在活塞头部制成封闭的冷却腔室,滑油由小端轴承及活塞内部钻孔送入腔室(先周围后中部)进行冷却后排出,工作时腔室充满滑油。由于腔室及其通道的流通截面小,滑油流速高,可获得较好的传热效果,但对强化程度很高的现代柴油机仍不能满足要求。

振荡式冷却是在活塞顶内腔中设置大容积的冷却空间,并利用进、出口位置不同(一般进口高于出口,出口孔径大于进口孔径),保证冷却腔中的冷却液只充满40%~60%,并以一定的循环速度流过。活塞运动的惯性使冷却液在腔室中产生冲刷振荡,加强了冷却作用。振荡速度(与活塞平均速度同量级)与冷却液循环流速叠加可产生较大的冷却液流速,加强了冷却液的扰动作用,从而提高了冷却效果,因此在大、中型强载柴油机上普遍采用。

蛇管式冷却需在活塞内铸入预制的蛇形冷却管,工作时通入滑油,这样在活塞顶部及环槽部分之间形成一个热障,以防止活塞环槽部分受热过高。腔室式和蛇管式冷却属于循环冷却方式。

图2-13所示为PC2-6大功率中速柴油机的活塞,它是体现上述设计思想的组合式活塞的典型结构。活塞头9用耐热合金钢制造,活塞裙1则用铝合金制成,两者用柔性螺栓10连接起来,以便更好地承受强烈的冲击负荷。浅盆形活塞顶与气缸盖的平底面相配合,形成一定形状的空间,以适应喷油器所喷出的油束,有利于油、气混合和燃烧。活塞顶的壁较薄,并采用内支承的结构,构成了薄壁强背的活塞头。活塞采用滑油振荡冷却,滑油从连杆、活塞销和活塞裙中的通道先送至环形冷却腔A,再由此流入中

喷射式冷却活塞(动画)

央冷却腔 C,最后从冷却腔的中央孔泄至曲轴箱中。

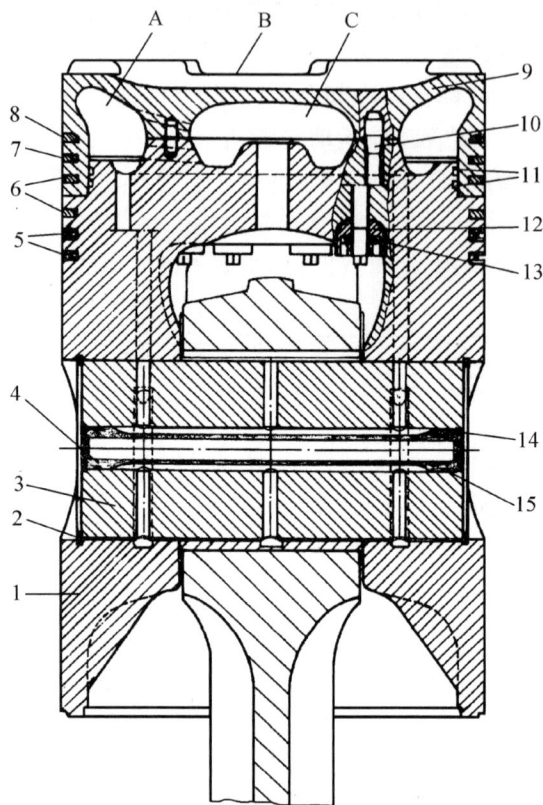

1—活塞裙;2—卡簧;3—活塞销;4—衬管;5—刮油环;
6,7,8—压缩环;9—活塞头;10—柔性螺栓;11,15—密封圈;
12—垫块;13—螺母;14—衬管端盖;A、C—冷却腔;B—避让坑。

图 2-13 组合式活塞

活塞环带部分由顶部悬挂下来,因为不传递燃气压力,所以与顶部的连接壁可做得很薄,冷却腔较大,这样在活塞顶部与环槽部分之间形成一个热障,同时环槽部分本身的壁厚也做得很薄,可实现有效的冷却。活塞的裙部较长,并采用厚壁结构,以便承受较大的气体力和侧推力。轻金属的活塞裙比钢质的质量小,有利于减小惯性力。

环带部分有活塞环槽,其内安装有活塞环。由于活塞环在环槽内不断运动而撞击环槽,尤其是燃用劣质燃油时所生成的硬质炭粒,将加速环槽的磨损。因此,在铝合金活塞中常采用奥氏体铸铁耐磨镶圈;在钢顶组合式活塞中,对环槽上下表面进行镀铬、淬火或氮化等表面处理,以提高环槽的耐磨性。

2. 十字头式活塞

十字头式活塞用于大型低速柴油机。由于其相对散热面积 A/V_s 很小,热负荷和机械负荷都很高,因而普遍采用耐热合金钢活塞头和耐磨合金铸铁裙部的组合式结构。活塞头、活塞裙和活塞杆用柔性螺栓连接,活塞顶部分平顶、凸形顶和凹形顶,这取决于燃烧室形状、扫气要求和气阀在缸盖上的布置。由于侧推力由十字头滑块承担,因而活塞裙部都做得较短,只有在需要用活塞裙部来控制进、排气口的某些弯流扫气方式的柴

油机才采用长裙结构。

图 2-14 所示为 MAN L-MC 直流扫气柴油机的活塞结构。它主要由活塞头 1、活塞裙 4、活塞杆 8 等组成,活塞头用螺钉 7 紧固在活塞杆上端法兰上,活塞裙用螺钉 6 紧固在活塞头下端,有四道活塞环。

活塞头由耐热铬钼钢铸成,凹球形顶面有利于燃油与空气的混合,也有利于扫气和受热后的自由膨胀。顶背铸有冷却腔,用滑油冷却。因为活塞头采用内部环形支撑凸台,将燃气压力传递到活塞杆上,大大提高了承受机械负荷的能力,所以活塞顶部和环带都比较薄,有利于冷却和降低热应力,体现了"薄壁强背"的原则。

活塞头上有四道安装气环的环槽,每道环槽上下端面都镀硬铬,使之耐磨,活塞头顶端的周向凹槽供拆装活塞起吊工具之用。

活塞裙为合金铸铁,并经表面处理,有利于柴油机磨合。活塞裙与活塞头、活塞杆之间有密封圈 3 和 5,以防活塞冷却油泄漏。由于是阀式直流扫气,缸套上没有排气口,活塞在上止点时不存在新鲜空气从排气口漏出的问题,因此活塞裙可以做得很短,以减小质量及降低发动机吊缸高度。

活塞杆由优质碳钢锻造而成,上下端都是平面法兰,分别用螺钉与活塞头和十字头紧固连接,杆身为圆柱空心体,外表面经热处

十字头活塞
冷却机构
(动画)

1—活塞头;2—活塞环;3,5—密封圈;4—活塞裙;
6,7—螺钉;8—活塞杆;9—回油管。

**图 2-14　MAN L-MC 直流
扫气柴油机活塞**

理硬化,以提高耐磨性,内装有回油管 9,形成活塞冷却油的进出通道。冷却油通过连接在十字头上的一根伸缩套管引入,经十字头与活塞杆底部的钻孔进入活塞杆中滑油管外的环形空间,沿回油管外周的环形通道向上经活塞杆上部的四个水平小孔进入活塞冷却腔。首先冷却活塞顶部四周的环带部分,然后从活塞头内支撑四周的小孔喷向活塞顶中央内表面,提高流速,增加冷却效果。

活塞杆与活塞及十字头均为固定连接,用来传递压力,应具有较强抗压能力和良好的压杆稳定性。活塞杆的底部用四个螺栓与十字头连接,并由十字头上的凹槽定位。为适应不同工况,可在活塞杆与十字头之间装配调节垫片。

图 2-15 所示为 RTA 系列大缸径柴油机活塞结构。活塞头和活塞裙分别用耐热合金钢和耐磨合金铸铁制造,然后用细长的柔性螺栓把活塞头、活塞裙和活塞杆三者连接成一体。长螺栓柔性好,抗冲击性提高,在爆发压力周期作用下,不易断裂。活塞头上有五道气环。

这种活塞与前述 MAN L-MC 型柴油机活塞结构上的不同之处是,活塞头采用外部支撑方式将燃气压力传递活塞杆上,因此结构简单,但是活塞顶部和环带相对较厚,不利于冷却和降低热应力。为此,活塞顶部采用钻孔、振荡、水冷却方法来提高冷却效果和降

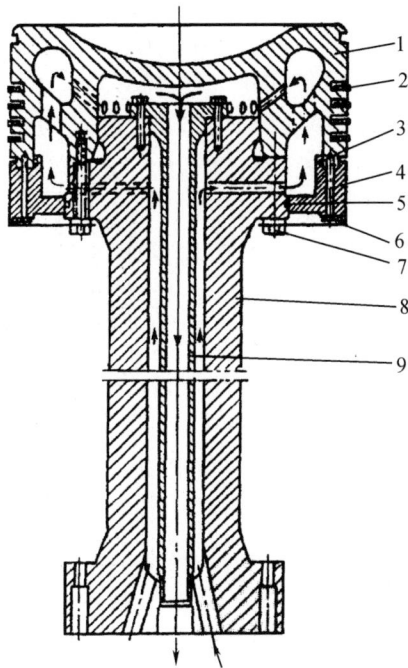

低热应力,即在厚实的活塞顶板(强背)上钻了许多离触火面(薄壁)很近的冷却水孔,因此这是一种高级形式的"薄壁强背"结构。冷却腔容积较大,并通过冷却水进出口的布置使冷却水腔中不充满水,从而在活塞往复运动时能利用惯性力的作用产生振荡效应,以提高传热效果。

活塞裙为筒状短裙,裙壁做得较薄,为改善磨合性能,在裙部装有承磨环。

活塞杆用锻钢制造,杆身是实心的。冷却水从装在活塞杆上端法兰上的两根冷却水套管 6 引入和导出。活塞杆有长短两种形式,根据机舱允许最大吊装高度来选择,长活塞杆如图 2-15(a) 所示,活塞杆 8 下端直接插入十字头中心孔内,并用大螺帽(俗称海底螺帽)11 紧固。图 2-15(b) 中 8a 为短活塞杆,它的下端是可拆卸的活塞杆螺栓 10,短活塞杆 8a 即用螺栓 10 紧固在十字头上。

十字头式活塞均为强制

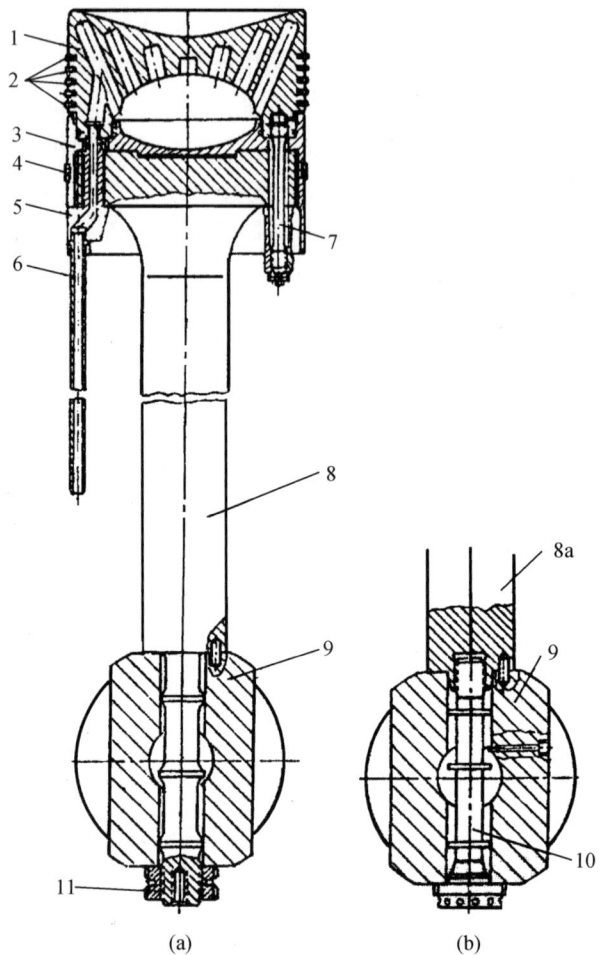

1—活塞头;2—活塞环;3—活塞裙;4—减磨环;5—连接块;
6—冷却水套管;7—弹性螺栓;8—长活塞杆;8a—短活塞杆;
9—十字头;10—活塞杆螺栓;11—活塞杆螺帽。

图 2-15　RTA 系列大缸径柴油机活塞

冷却式活塞,冷却液有滑油、水,而冷却液的输送需要专门的机构来完成。活塞冷却机构常用的有套管式和铰链式两种。铰链式由于密封性差,仅用于油冷活塞,但结构较简单。对于水冷活塞,通常采用密封性较好的套管式冷却机构。现代新型柴油机通常利用套管式或铰链式机构将高压滑油送入十字头,经活塞杆中的通道进出活塞冷却空间。

在冷却水密封函中装有刮环组。上密封函主要用以密封扫气空气和污物,以防漏入活塞冷却腔,而下密封函用以密封动管在水箱中溅上的污水。在不吊出活塞的情况下可以对密封装置进行检查和拆卸。每组刮环组设有疏通管,以便将泄漏的空气、污物和污水排出。

2.2.3　活塞环

活塞环是开有切口的扁形金属圆环,因有切口,圆周方向产生弹力,装入活塞环槽后端面与环槽存在轴向间隙(天地间隙)。随活塞装入缸套后,仍存在切口开度(称为搭口间隙)。同时在径向方向上,环的内圆与环槽底圆间也存在间隙(称为背隙)。这些间隙作为热膨胀预留量,但因预留量大小影响到活塞环的运动状态和工作性能,故有严格规定。

活塞环按功用分为密封环、刮油环和承磨环。在筒形活塞上装有密封环和刮油环,密封环装在头部上面,刮油环装在下面及裙部下方;在十字头活塞上有密封环和承磨环,密封环装在头部,承磨环装在裙部。

1. 密封环(气环)

密封环的功用是阻止气缸中气体泄漏,并将活塞的部分热量传给气缸套。密封环的工作原理如图 2-16 所示。密封环对缸壁的圆周弹力 p_0 使环外圆周与缸壁紧贴。在活塞头部与缸套间隙中下压的气体无法从圆周面通过。环的外圆面与缸壁形成第一密封面。气压 p_A 从上方将环的

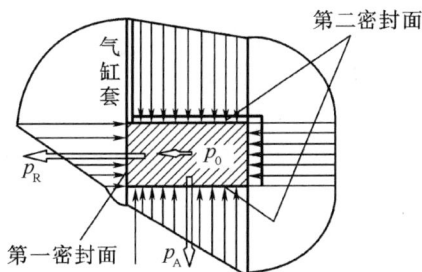

p_0—环圆周弹力;p_R—径向不平衡力;p_A—轴向不平衡力。

图 2-16　气环密封原理

气环的密封原理(动画)

下端面与环槽下端面贴紧,也阻止气体通过,形成第二密封面。窜入活塞环内圆的气压 p_R 则加强第一密封面,其值超过活塞环本身圆周弹力 p_0。活塞的热量也通过这两个密封面向缸套传递。为加强密封作用,柴油机都装有多道密封环,高速机装 3~5 道,低速机装 5~7 道。随着技术的改进,现代低速柴油机的活塞环数量也越来越少。多道密封环,对下窜气体可形成曲径式密封,使切口处漏泄气体的下窜量显著下降。安装时各环的切口应在圆周方向互相错开。

密封环的结构形式多种多样,其截面形状如图 2-17 所示。其中,矩形环如图 2-17(a)所示,它加工容易,应用最广泛,但磨合性差,对活塞晃动适应性也差。故大功率机的矩形环常嵌入易磨合材料,形成如图 2-17(k)(l)所示的喷钼环和矩形嵌铜环。锥面环如图 2-17(b)所示,它接触面小,比压大,磨合性能好,上行时能对气缸壁布油。但锥面在气压下有内缩分力,故不能用作第一道密封环。图 2-17(c)(d)(e)(f)所示的各种扭曲环都是利用材料截面不对称性,径向弹力上下不一致,让环产生扭曲,使环与环槽和缸壁接触面减小,增加比压,使气密和刮油性能加强。梯形环(图 2-17(g))、单面楔形环(2-17(h))与槽配合的间隙在张缩运动时不断改变,能挤破积炭和胶质,防止环熔着和结焦。桶面环如图 2-17(i)所示,其磨合性、密封性和对活塞晃动适应性均较好,在短活塞薄缸套的结构中尤其有效。

为获得理想的密封、耐磨和布油等综合性能,一个活塞的密封环组常由各种截面形状的活塞环组合而成。通常第一道密封环采用镀铬环,能使这一道环的密封性能、磨合性能、耐用性有明显提高,而且对保护下部的其他活塞环也有良好效果。

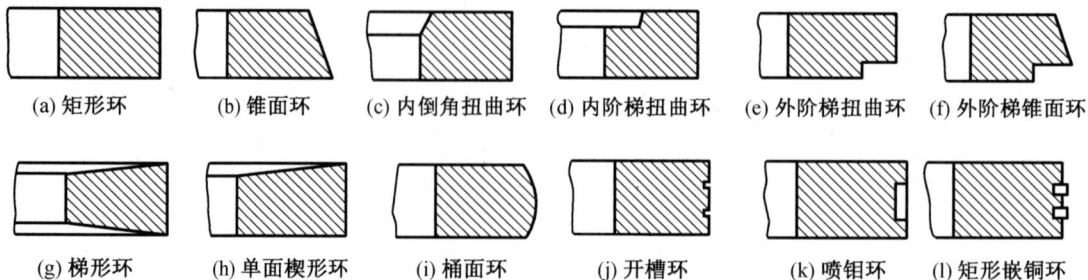

(a) 矩形环　(b) 锥面环　(c) 内倒角扭曲环　(d) 内阶梯扭曲环　(e) 外阶梯扭曲环　(f) 外阶梯锥面环

(g) 梯形环　(h) 单面楔形环　(i) 桶面环　(j) 开槽环　(k) 喷钼环　(l) 矩形嵌铜环

图 2-17　密封环截面形状

活塞环的切口形式主要有直切口、斜切口和搭接切口三种，如图 2-18 所示。其中直切口和斜切口环制造方便，广泛应用于中、高速机。搭接切口活塞环漏气少，但加工复杂，易折断，它多用在低速机中。二冲程柴油机的缸套上有气口，活塞环受热变形后，其切口易与气口擦撞而损坏，所以常制成切口处向内弯曲

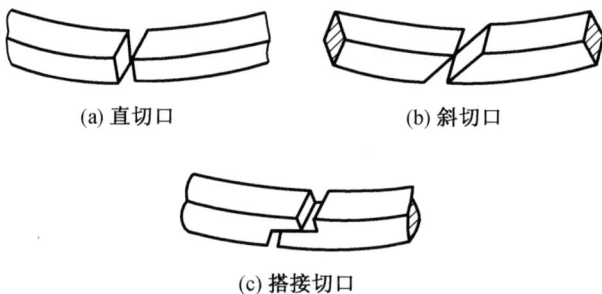

(a) 直切口　(b) 斜切口

(c) 搭接切口

图 2-18　活塞环切口

的校正形状。这样在受热变形后能与缸套壁圆形接触。由于一、二道环工作温度高，故校正值较大，下面的第三道环温度低，故校正值较小，安装时不能调错。有的在活塞环切口处加设定位销，防止环的切口转动到气口位置。

2. 刮油环(油环)

在筒形活塞柴油机中，缸套与活塞裙及活塞环相互摩擦面间是靠飞溅润滑方式供油的。运动中的曲柄连杆将润滑油甩溅到缸套内表面下方，然后利用活塞环的泵油作用，将润滑油布到整个摩擦面。但是泵油作用不能太强，否则润滑油会进入燃烧室，这不仅增加了润滑油消耗量，而且燃烧不良的润滑油还会污染燃烧室相关联的零件、阀件和气道，恶化工作性能。因此，除了限制活塞环的泵油作用，刮油环还用来刮除缸壁内表面多余的润滑油。

活塞环的泵油作用原理如图 2-19 所示。在活塞下行时，由于环外圆与缸壁的摩擦力和环的惯性力，活塞环槽上侧面压紧密封环的上端面并带动其下行。密封环下棱边将缸壁上黏附的润滑油刮积成堆并挤入活塞环的下方和背隙中。当活塞改为上行，活塞环槽改由下端面去推压环的下端面，并使环的背隙空间与环的上端面空隙相通。此时环的下端面与环槽下端面紧贴，使原来在环下方和背隙中的润滑油被挤到环的上方空隙中。这样随活塞运动，通过各道密封环的泵油作用使润滑油沿各道密封环上行。

刮油环的刮油作用原理如图 2-20 所示。刮油环本身有棱边和泄油槽。刮油环所在活塞环槽亦有泄油孔通活塞内腔。刮油环被活塞带动上下运动时，其外缘棱边刮积的润滑油将经泄油孔泄漏到活塞内腔，滴回曲轴箱。

图 2-19　活塞环的泵油作用原理

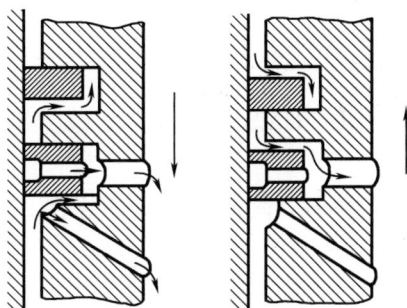

图 2-20　刮油环的刮油作用原理

气环泵油
过程(动画)

非锥面环
刮油过程
(动画)

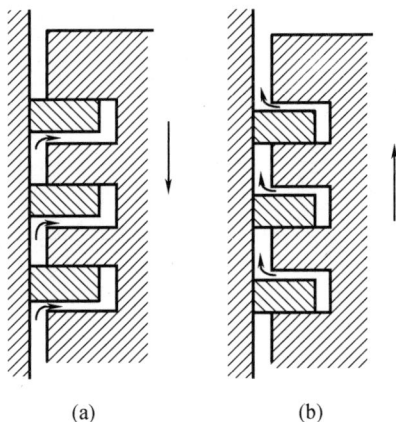

刮油环主要靠自身周向弹力与缸壁接触。为增加接触比压,保证刮油效果,刮油环外缘棱边都呈刃口形。常见刮油环截面形式如图 2-21 所示。其中图 2-21(a)所示为双刃矩形刮油环,本身有径向泄油槽,上、下运动都能刮油,应用广泛;图 2-21(b)(c)所示均属斜面环;图 2-21(c)又称单刃鼻形环。刮油环上行时有布油作用,下行时才有刮油作用,装配时不能装反。为了得到持久的较高的接触比压,有时采用弹簧胀圈式刮油环,其结构如图 2-22 所示。这种刮油环在其内侧面衬以波形弹簧片或螺旋弹簧,借助弹力提高径向压力和刮油效果。

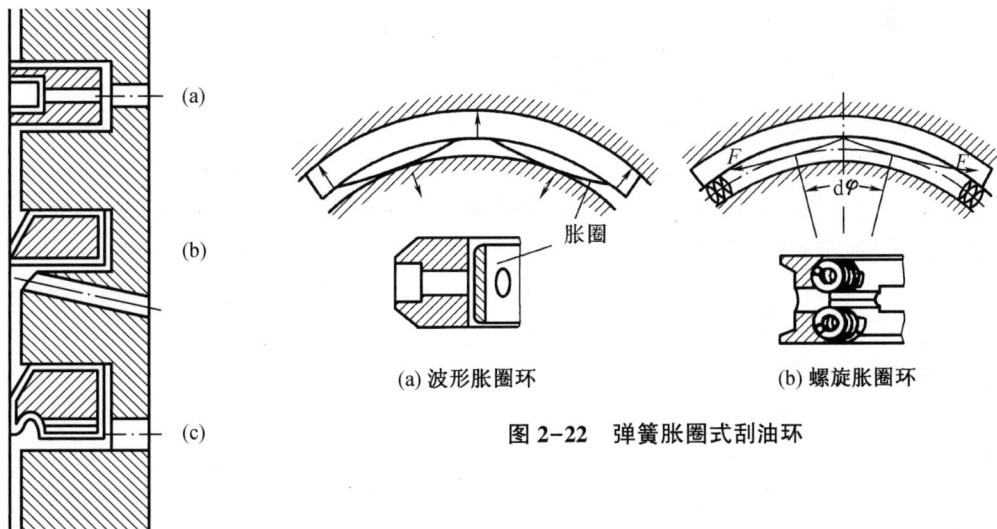

图 2-21　刮油环截面形状

(a) 波形胀圈环　　　　(b) 螺旋胀圈环

图 2-22　弹簧胀圈式刮油环

3. 承磨环

在十字头式活塞裙嵌有承磨环,是专门为活塞与气缸的磨合而设置的。超短裙活塞可不装承磨环,短裙活塞装 1~2 道,长裙活塞装 2~4 道。承磨环是由 3~4 段青铜环嵌入燕尾形的活塞环槽而形成的,如图2-23(a)所示,然后再加工到如图2-23(b)所示的工作尺寸。磨合期内,先是承磨环与缸套磨合,待承磨环逐渐磨平后活塞裙部才与磨合过的缸套接触进行磨合。运行中,已磨平的承磨环不必更换。从承磨环的磨损情况可以判断活塞与缸套的磨损情况是否正常。实践证明,安装承磨环是改善活塞与缸套磨合性能的有效措施。

活塞环的状况对柴油机正常工作有决定性影响。活塞环的工作条件十分复杂与恶劣。它随活塞上、下运动,随缸径变化做径向运动,此外因活塞晃动、气体力的波动,工作温度和润滑不可靠等原因存在着扭曲、振动和回转。因此,活塞环必须具备良好的耐磨

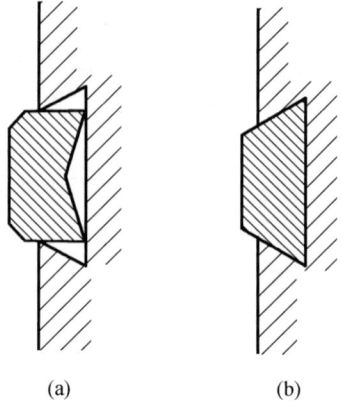

(a)　　　　　(b)

图2-23　承磨环

性、足够的机械强度和一定硬度,并具有耐熔防腐性能。其外表摩擦面还应有贮油性能及磨合性能。活塞环一般用灰铸铁或合金铸铁制成,有时表面采用镀铬、镀钼等处理。它的弹力、形状、误差和粗糙度等应符合规范,装配中应保证各间隙正确并将各环的切口位置及斜切口的方向错开。

2.2.4　活塞销

筒形活塞用活塞销与连杆小端连接起来,活塞所受气体力经活塞销座传给活塞销,再传给连杆小端。活塞组的往复惯性力也同样传递。两种力对活塞销形成高频冲击疲劳应力,加之受尺寸限制,活塞销疲劳应力值及表面比压都很大。销与销座及连杆小端在很大比压下摆动摩擦;也因温度高,携油速度低,其润滑条件很差,表面磨损较严重。因此,要求活塞销既具有较高抗冲击韧性,又具有足够的表面耐磨性。为此活塞销一般都用优质低碳钢或合金钢制造并进行表面渗碳、淬硬等热处理,也有用中碳合金钢制造再经表面氮化处理以适应强载要求的。

活塞销一般为中孔圆销。为适应应力分布,中孔有阶梯孔或双向锥孔。有些油冷却式活塞的活塞销还开有加衬管的轴向油道和径向油孔,使润滑油流通。

活塞销与活塞销座孔和连杆小端孔的配合有浮动式和固定式两类。浮动式活塞销是指工作时活塞销与活塞销座孔及连杆小端均有间隙,由于两个配合面均可相对转动,故磨损小且均匀,但配合间隙要求严格控制。铝合金活塞若采用浮动式活塞销,在工作时,温度升高,活塞销与活塞销座孔出现正常配合间隙;因活塞热胀冷缩比活塞销的大,故冷却后或常温下,活塞销与活塞销座孔呈过盈配合,在拆装活塞销时需将铝活塞加热到一定温度,才能活动地取出活塞销。浮动式活塞销两端有防止轴向窜动的限位装置,如卡簧或与活塞座孔过渡配合的铝合金盖等结构,这样不会擦伤缸套,其结构如图2-24所示。活塞销固定于销座孔或固定在连杆小端上的称为固定式活塞销,因有一处固定,转动配合处的尺寸可以大些,使轴颈负荷比压减小。固定式活塞销多用在大型二冲程柴油机活塞上。

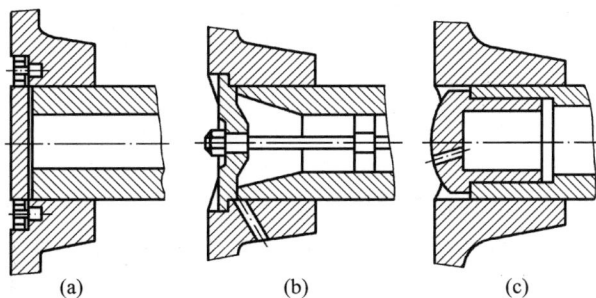

(a)　　　　　　(b)　　　　　　(c)

图 2-24　活塞销的轴向定位

2.2.5　活塞杆填料函

十字头式柴油机为防止气缸中向下窜的燃烧产物污染曲轴箱中的曲轴、连杆等机件和曲轴箱中的润滑油,在气缸与曲轴箱之间设置了横隔板(又称气缸底板)。活塞杆穿过横隔板做往复运动。为此十字头式柴油机的气缸套下部均装设横隔板,将气缸套的下部空间(通常为扫气空间)与曲轴箱隔开。在横隔板上开孔并装设密封用的活塞杆填料函,用以防止扫气和气缸中向下窜的燃烧产物漏入曲轴箱,以免加热和污染曲轴箱滑油,腐蚀曲轴和连杆等部件。同时也防止曲轴箱中的滑油被活塞杆带到扫气室,污染扫气空气。

活塞杆填料函结构如图 2-25 所示。填料函分为上、下两组,组装在横隔板中央的填料函座中。上组用于密封扫气空气和刮掉活塞杆上的油污,内有两道密封环 6 和两道刮油环 7。刮下的污油经上、下组分隔板上的油孔和填料函座上的孔道引至污油柜。下组用于密封曲轴箱润滑油,内有三道刮油环 2。每道密封环和刮油环都是由三段圆弧组合而成的铜环或钢环。三圆弧段外面用捆扎弹簧 5(简称捆簧)收紧,使环的内孔紧贴活塞杆外圆表面。三圆弧段之间在捆紧后仍应有间隙,同时各环端面之间亦应有规定间隙。下组刮油环 2 刮积的润滑油又回流到曲轴箱中。

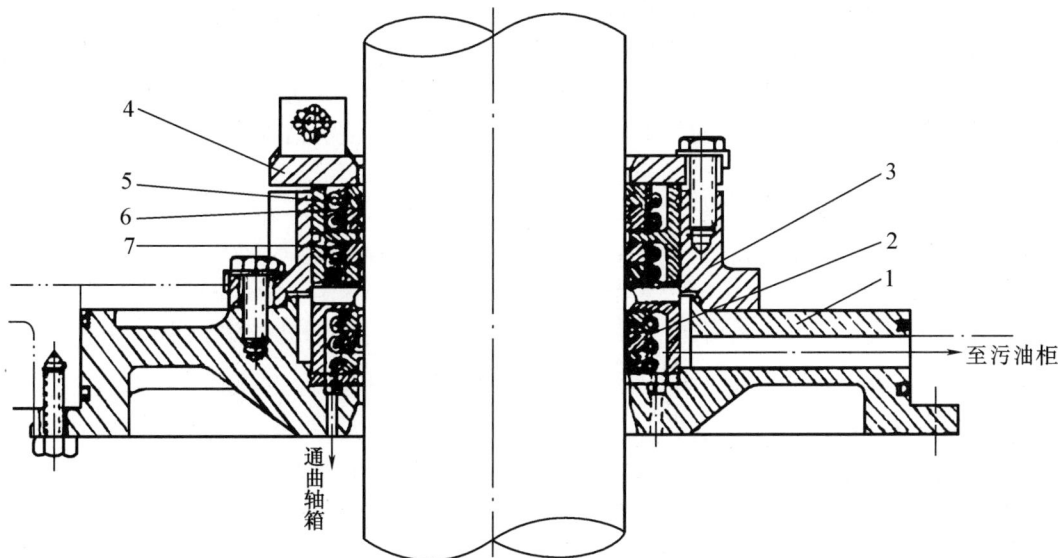

1—填料函座;2,7—刮油环;3—填料箱;4—压盖;5—捆簧;6—密封环;7—刮油环。

图 2-25　活塞杆填料函

任务 2.3 十字头和连杆组件

2.3.1 十字头组件

十字头组件是船用十字头式柴油机所特有的,主要包括十字头销、十字头滑块、十字头轴承(连杆小端轴承)等。它的主要作用是将活塞组件和连杆组件连接起来,把活塞的气体力和惯性力传给连杆,承受侧推力并为活塞在气缸中的运动导向。

图 2-26 所示为十字头组件的结构组成。图 2-26(a)所示活塞杆下端螺杆从垂直方向插入十字头孔,末端用螺母 5 紧固。活塞杆大圆柱凸销端面与十字头端面定位,并用立销圆周定位。连杆小端 8 的平台面紧固着两个小端轴承,它由轴承座 6、轴承盖 7 和内孔轴瓦及轴承螺栓等组成。十字头销左右两大圆柱与此两轴承滑配、两块十字头滑块 2 分别滑套于十字头销两端的小圆柱上。轴向用端盖板 3 限制滑块移动,周向用固定块 4 限制滑块相对十字头销转动。图 2-26 所示结构为双侧导板式十字头,滑块为两块,故相对应的机架两侧均有导板。

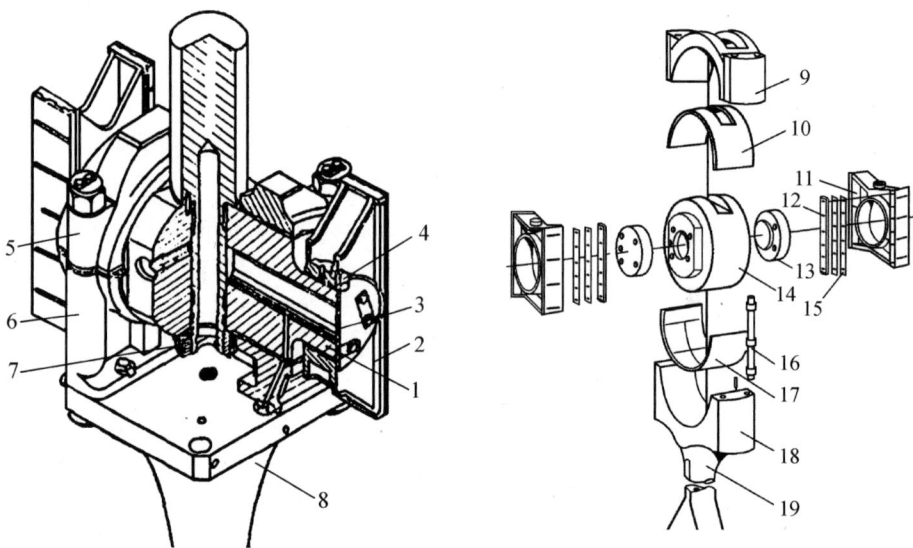

(a)6ESCZ76/160 型柴油机的十字头   (b)MAN L-MC/MCE 型柴油机的十字头

1—十字头销;2—滑块;3—端盖板;4—固定块;5—轴承盖;6—轴承座;7—活塞杆螺母;
8—连杆小端;9—连杆小端轴承盖;10—连杆小端轴瓦;11—滑块;12—导轨;13—耳轴;
14—十字头销本体;15—调整垫片;16—连杆螺栓;17—连杆小端下瓦;18—连杆小端轴承座;19—杆身。

图 2-26 十字头组件结构

十字头组件的工作条件是比较苛刻的,主要体现在:

(1)十字头本体要承受强大的冲击负荷,十字头滑块则需承受大小和方向周期性变化的侧推力。

(2)十字头销因结构限制,尺寸较小,所以承压面积小,比压大。

(3)十字头销在轴承内做摆动运动,且单向受力,因其比压很大,销与轴承相对摆

动速度低,不利于滑油的供给和润滑油膜的形成,润滑条件差。此外,对叉形连杆小端而言,十字头销和轴承座在工作时的变形会导致轴承负荷分布不均匀。因此,十字头轴承工作条件更为恶化,容易发生故障,成为船用低速柴油机可靠性的一个薄弱环节。

(4)十字头销与轴承、滑块与导板之间均存在着摩擦和磨损。

1.十字头本体

十字头本体一般用优质碳钢(40号、45号钢)锻造,有时也采用合金钢。在设计中除保证十字头本体有足够的强度外,目前的趋势是增加其刚度。十字头销一般都做得粗而短,不但提高了刚度,而且可增加销表面的线速度,有利于轴承油膜的形成。十字头销的表面往往采用滚压或镀铬(镀层厚度 0.25~0.50 mm)等方法来提高其耐磨性;对其表面粗糙度的要求也很高,以保证工作可靠性。十字头和活塞杆的连接方法和结构如图2-27所示,其中(a)(b)属于同一类型,活塞杆均穿过十字头上的孔用海底螺帽固定。但图2-27(a)是用锥面定位和压紧的;图2-27(b)则用上螺帽支承杆身传来的压力;图2-27(c)则是利用螺栓将活塞下部凸缘与十字头连接,这种连接方式可将整个十字头的下半部作为十字头轴承的承压面积,从而使轴承的比压降低,改善了轴承的受力状况,使十字头轴承的工作可靠性大大提高。目前MAN公司最新生产的柴油机都采用这种结构。

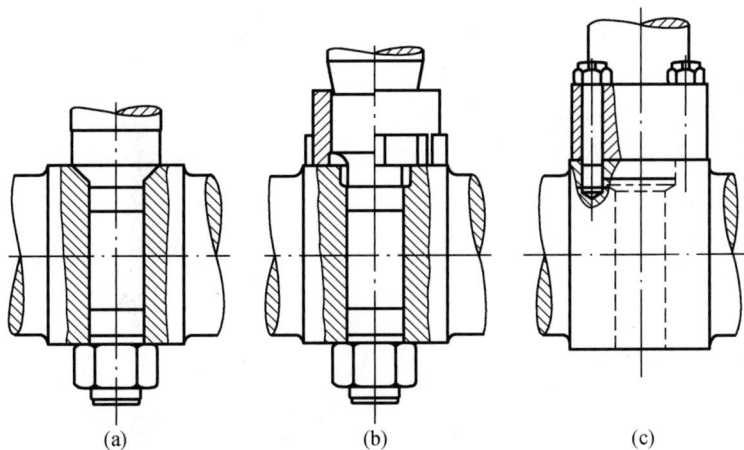

图 2-27　十字头与活塞杆连接方法和结构

2.十字头滑块和导板

十字头滑块的结构形式有三种,即双滑块、单滑块和圆筒形滑块,如图2-28所示。

图2-28(a)所示为双滑块结构。十字头销的两端套上滑块,并用压板将其定位在机架的导板上,工作时滑块沿着导板滑行。每块滑板的两侧工作面上都浇注有减磨合金,并开设油槽,润滑油来自十字头。双滑块结构的特点是:无论是正转或倒车、膨胀行程或压缩行程,滑块的承压面都是一样的,工作平稳可靠;同时,由于滑块布置在十字头的两侧,曲柄箱中的连杆运动平面上没有障碍,有较大的空间便于维修和拆装。但由于工作时应保证四个滑动面都与气缸中心线平行,因此对制造、安装和校中的要求较高。此外,滑块和十字头的质量较大。

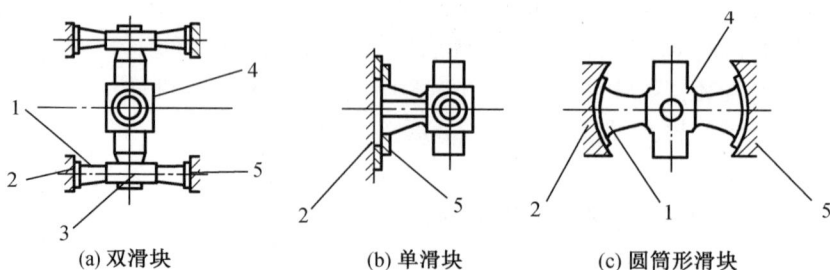

(a) 双滑块　　　　　　(b) 单滑块　　　　　　(c) 圆筒形滑块

1—滑板；2—导板；3—滑板轴承；4—十字头本体；5—倒车导板。

图 2-28　十字头滑块结构形式

图 2-28(b)所示为单滑块结构。它只有一块滑块，用螺钉紧固在十字头本体上。滑块的正面与机架上的正转导板相配，背面有两个面积较小的反转工作面与反转导板相配。因此，所有的滑块和导板均布置在同一侧。其主要特点是：布置较紧凑，受力也较合理(正转时受力大，承压面也大；反转时受力小，工作时间短，承压面也小)。但由于导板和滑块占据连杆摆动的平面位置，曲轴箱空间较小，因此给维修和拆装带来不便。此外，滑块的布置和柴油机的转向有关，如不更改设计就不能同时适应左右机的要求。

图 2-28(c)所示为圆筒形滑块结构。在有的柴油机中，活塞杆下端串联一个扫气泵活塞兼作十字头之用。虽然易于通过机械加工来保证工作气缸和筒形导板的对中，但由于筒形导板要布置在连杆摆动平面上，而且前后都有，因而使柴油机其他部件的布置、维修和拆装都很不方便。因此，这种结构一般仅适用于特殊情况下，如 ESDZ30/55 型柴油机。

图 2-29 所示为 RTA 型柴油机十字头导板，在滑块和导板的工作平面、十字头销滑动配合的内孔表面以及与小导板相接触的工作表面上都浇注有白合金。滑块在十字头销上的位置由止动盖板 6 限定，在导板上的位置由小导板 3 限定。显然，改变导板背面的垫片可以调整十字头(或活塞)的横向间隙与位置，改变小导板 3 的垫片，可以调整十字头(或活塞)的纵向间隙与位置。

3. 十字头轴承

十字头组件轴承及导板的润滑油供应方法，目前大多数是用专用油泵将高压润滑油由套管或铰链机构送入十字头销

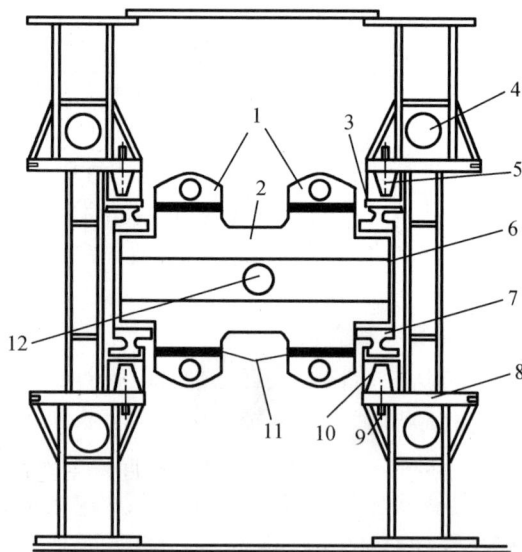

1—连杆小端轴承；2—十字头销；3—小导板；4—贯穿螺栓；5—正车导板；6—止动盖板；7—滑块；8—机架；9—导板固定螺钉；10—倒车导板；11—连杆小端轴瓦；12—活塞杆插入孔。

图 2-29　十字头滑块和导板

轴向中心孔道,用以润滑十字头轴承、滑块、导板,并通过连杆的中心孔向连杆大端轴承供给润滑油;也有的是由连杆大端上行至小端的压力润滑油,先润滑十字头轴承再润滑滑块导板摩擦面。

十字头轴承有如图 2-26 所示的两种结构形式。图 2-26(a)所示为分开支承式,图 2-26(b)为全宽连续支承式。后者十字头销直径大,轴承承压面积大,十字头销变形小,工作可靠,采用日益广泛。在分开支承式的十字头轴承中,采用自整位轴承较多。

图 2-30(a)表示连杆小端采用分开支承轴承座时,在气体爆发压力下,十字头销的变形与连杆小端轴承座变形不一致,使得两轴承内侧边缘出现局部负荷峰值而极易破坏。图 2-30(b)为自整位轴承示意图,两轴承座均为不对称的工字形,其轴承座面的中心线 M 与腹板中心 S 向内侧偏离一个距离 e,在气体爆发压力下,工字形轴承座能自

(a) 分开支承式   (b) 自整位轴承

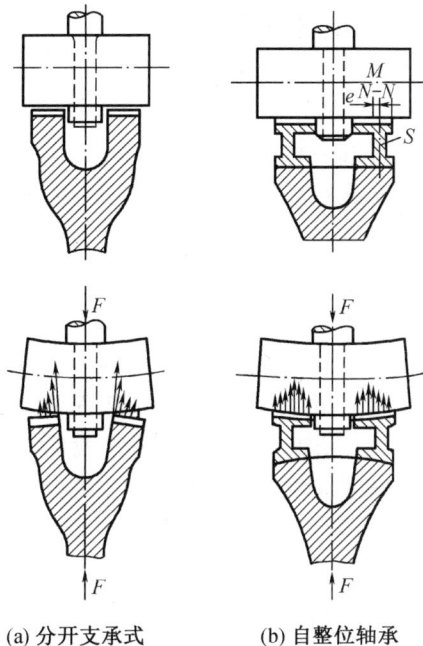

图 2-30　十字头轴承结构形状

动适应连杆小端及十字头销的变形,使轴承支承面的负荷均匀分布。在检修时应对图 2-30(a)所示轴承内侧稍多些拂刮,可减轻变形后的负荷不均程度。

2.3.2　连杆组件

连杆组件的组成如图 2-31 所示。它主要由连杆本体,连杆盖,连杆螺栓和大、小端轴承等组成。连杆小端轴承与活塞销(或十字头销)滑动配合;大端轴承与曲轴的曲柄销配合,形成曲柄连杆机构,将活塞的直线运动转换为曲轴的回转运动。工作中活塞顶面所受气体压力由连杆传给曲轴,将往复机械功转变为曲轴转动扭矩。连杆运动形式因此也十分复杂:小端做直线运动,大端做回转运动,杆身做平面运动,其杆身中心不断相对气缸中心左右摆动。

气体爆发力和活塞连杆小端等往复运动惯性力都由连杆承受、传递。这些周期性变循环冲击载荷,对连杆形成疲劳损害。产生的应力性质因机型而异,二冲程柴油机连杆始终受压应力作用,四冲程柴油机连杆在排气冲程上止点附近受拉应力作用,而其他时刻则受压应力作用。连杆大、小端轴承与活塞销(或十字头销)及曲柄销产生摩擦磨损。受压缩载荷时连杆会产生纵向弯曲。在连杆摆动平面(柴油机的横向)内的弯曲比另一方向的弯曲要大些。此外由于连杆左右摆动角速度周期变化以及产生的摆动惯性力矩都增加连杆纵向弯曲的程度。

为适应受力复杂和运动复杂的恶劣工作条件,连杆组件必须具备足够的刚度和抗冲击疲劳强度,同时质量尽可能小,连杆轴承应耐磨可靠,连杆螺栓应有较高疲劳强度和连接可靠。为此连杆都用优质钢材模锻后加工制造,材料有 35 号钢、45 号钢、35CrMn 钢或 40Cr 钢等,并采用正火或调质等热处理。

连杆组件
(PDF)

1. 筒形活塞式柴油机连杆

（1）连杆杆身

为使应力分布均匀，连杆杆身应当从小端到大端逐渐加粗，如图 2-31 所示。

连杆杆身截面形状如图 2-32 所示。其中图（a）是由自由锻造毛坯制成的圆柱形截面杆身，主要用于中型或小批量生产的柴油机中，具有质量大和材料利用不合理的缺点。图（b）为矩形截面，比圆柱形稍好。其余为工字形截面，在其摆动的平面内有较大的截面惯性矩，质量小，材料利用合理，通常采用模锻毛坯，适用于大批量生产的中、高速柴油机。为了避免应力集中，杆身与大、小端的过渡处应当尽量平缓。连杆杆身中常钻有油孔，作为把润滑油从大端输送到小端、润滑连杆小端轴承和冷却活塞的通道。

（2）连杆小端

连杆小端是活塞销的轴承，小端孔内压入锡青铜衬套或浇有轴承合金的卷制衬套。

连杆小端的主要结构形式如图 2-33 所示。圆柱形连杆小端（图 2-33（a））用于工字形杆身，由模锻而成；球形连杆小端（图 2-33（b））用于圆形杆身，由自由锻造毛坯车削加工成形；由于四冲程柴油机的连杆小端上部要承受往复惯性力的拉伸作用，因此用偏心圆弧（图 3-33（c））来增加顶部中央截面抗弯能力的结构；图 2-33（d）（e）是采用锥形或阶梯形活塞销座时相适应的连杆小端结构形式，其连杆小端下部主要承压面被增大。

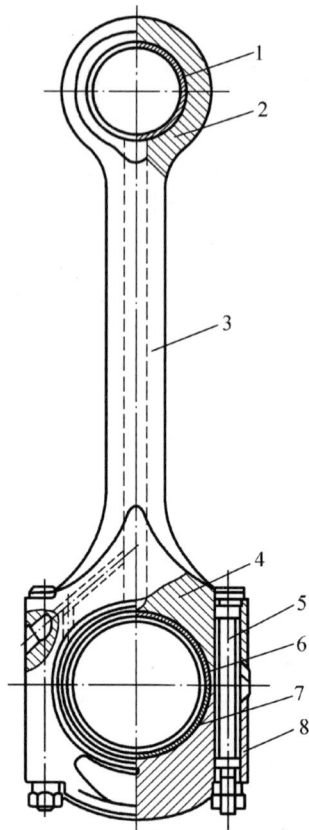

1—小端轴套；2—小端；
3—杆身；4—大端轴承座；
5—连杆螺栓；6—大端上轴瓦；
7—大端下轴瓦；8—大端轴承盖。

图 2-31　连杆组件

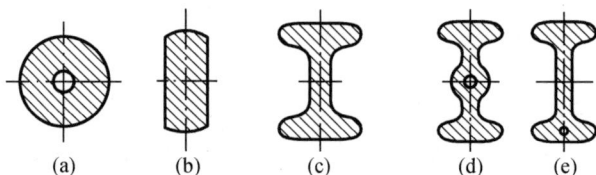

图 2-32　连杆杆身截面形状

在二冲程柴油机中，由于连杆所受气体压力与往复惯性力的合力的方向保持不变，轴承间隙没有更换方向的机会，因此其连杆小端衬套内表面制有许多布油槽（图 2-33（f）），以保证轴承内有充裕的润滑油。

（3）连杆大端

连杆大端是曲柄销的轴承，根据拆装条件，通常都制成上、下两半的剖分式结构，用螺栓连接而成。连杆大端的结构形式有以下几种。

连杆的构造（动画）

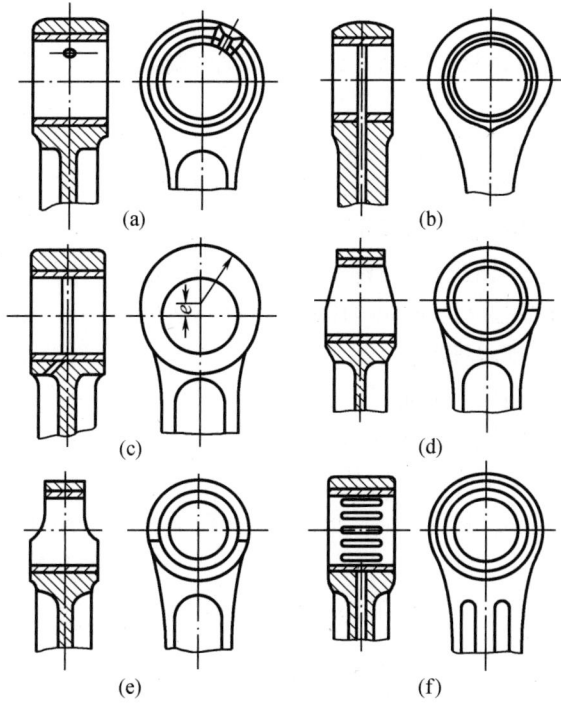

图 2-33 连杆小端的结构形式

①船用式连杆大端

船用式连杆大端如图 2-34(a)所示,连杆大端与杆身分开,由凸肩定位,用连杆螺栓紧固于连杆杆身下端凸缘上。这种结构可以通过改变杆身与大端之间的垫片厚度 δ_1 调节连杆长度(大、小端中心距),以保证各缸压缩比相同。在大端轴承采用厚壁轴瓦或将轴承合金直接浇注在大端孔内的情况下,大端轴承分界面间也装有垫片,调整垫片的厚度 δ_2,可在一定范围内调整垂直方向的轴承间隙。因其尺寸与质量大,多用于中、大型柴油机。

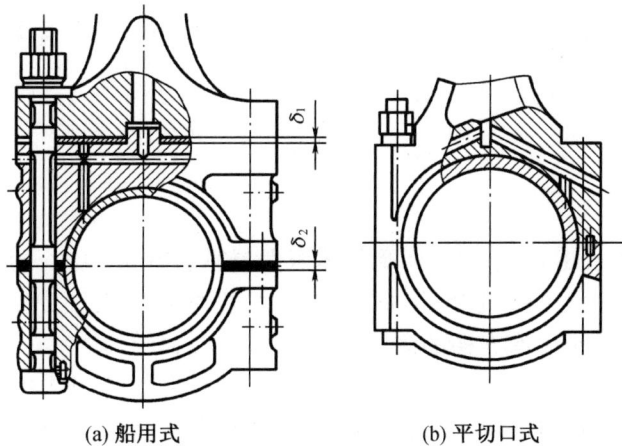

(a) 船用式　　　　(b) 平切口式

图 2-34 船用式和平切口式连杆大端

平切口船用
大端(动画)

②平切口式连杆大端(车用式大端)

平切口式连杆大端如图2-34(b)所示,连杆大端分为两半,剖分面与连杆中心线垂直,上半部分与连杆杆身为一体。这种结构质量小,加工方便,曲柄销直径与气缸直径之比在0.72以下,常用于中、小型柴油机。

筒形活塞式柴油机通常是连杆与活塞预先组装后一起通过气缸装入柴油机内,因此连杆大端的宽度就必须小于气缸直径。但是,随着柴油机强化程度的不断提高,为了保证曲轴的刚度、强度和连杆大端轴承有足够的承压面积,就必须增大曲柄销直径与缸径的尺寸比例,这又必然引起连杆大端宽度增大。在保证平切口连杆大端宽度小于气缸直径的前提下,如图2-34(b)所示,用增加连杆螺栓数目、缩小螺栓直径来增大曲柄销直径的相对尺寸也是有限度的。

③斜切口式连杆大端

斜切口式连杆大端如图2-35所示,采用斜切口式连杆大端即使将曲柄销直径增大到气缸直径的85%,仍然可以保证活塞连杆组通过气缸进行装拆。但沿剖分面的切向力使连杆螺栓受到剪切。为了使连杆螺栓不受剪切,连杆大端必须采用能够承受切向力的定位方式。图2-35(a)所示为止口定位,简单但可靠性差。图2-35(b)所示为135柴油机采用的销套,钢质销套与连杆盖过盈配合,其结构简单,承受剪力有限。图2-35(c)所示的锯齿定位是目前应用最多的一种定位方式,它有较多的抗剪切断面,抗剪切能力强,其定位可靠、尺寸紧凑,但必须保证有足够高的齿形

(a) 止口定位　　　　(b) 销套定位

(c) 锯齿定位　　　　(d) 舌榫定位

图2-35　斜切口式连杆大端

精度和贴合度,加工精度高,应用较为广泛。图2-35(d)所示为舌榫定位,舌榫具有较大的抗剪切能力,但它要求接合面有较高的贴合度。斜切口式连杆大端多用于中、小型柴油机。

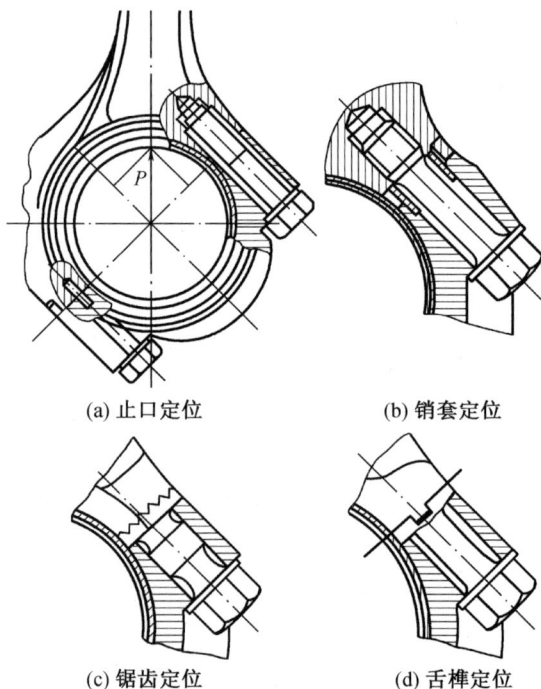

(4)连杆轴瓦

连杆大端轴承常用薄壁轴瓦,个别的也有厚壁轴瓦或将轴承合金直接浇注在船用式连杆大端的内表面。

厚壁轴瓦由低碳钢或青铜制成瓦背,在其内表面浇注一定的减磨合金。轴承合金厚壁轴瓦的厚度t与轴承直径D的比值t/D在0.065以上,壁厚为6~10 mm;大型低速机的轴瓦壁厚可达20~50 mm,其中合金层厚度为3~6 mm。厚壁瓦刚性好,对轴承座的加工精度要求低,使用时必须经过拂刮并用垫片调整轴承间隙,因为厚度不均或冷却不匀易引起疲劳损坏。

薄壁轴瓦通常由浇注或轧制轴承合金的钢带制成，其 t/D 仅在0.02~0.065之间。壁厚为3~6 mm时，合金层厚度为0.5~1.0 mm；壁厚为 0.8~3.0 mm时，合金层厚度为0.25~0.75 mm。轴瓦安装时，上、下轴瓦之间没有调整垫片，也不允许拂刮，要求轴承座与轴颈有较高的加工精度，轴瓦损坏后应予换新。薄壁瓦与轴承座有一定的过盈量，以过盈配合来保证散热和防止相对移动，瓦口不可挫削，否则会造成轴瓦松动。薄壁轴瓦尺寸小，质量小，加工精度高，造价低，互换性好，最突出的优点是耐疲劳强度高，所以新型低速机的十字头轴承、连杆大端轴承及部分机型的主轴承均有采用薄壁轴瓦的趋势。

常用的轴承合金有白合金、锡铝合金和铜铅合金，含锡20%以上的高锡铝合金应用广泛。一般机械性能好的轴承合金，其表面性能就较差。因此，为了提高轴瓦的强度和表面性能以适应高速大功率和强载发动机的要求，目前已在中、高速柴油机上广泛采用三层合金轴瓦。所谓的“三层合金”轴瓦通常在轴承合金表面上再镀一层极薄(0.02~0.04 mm)的由铅、锡、铟、铱等组成的软金属。软金属的主要作用是提高轴瓦表面的耐磨性能，延长其使用寿命。三层合金轴承表面不能用布重擦，以免损坏很薄的镀层。

在大多数中、小型柴油机中，连杆中的润滑油都是由曲轴主轴颈油孔经曲柄臂油孔到曲柄销油孔，一部分润滑大端轴承，另一部分润滑油再沿连杆中心油孔或另附设油管润滑连杆小端。连杆大端上轴承的出油孔都偏离垂直中心线方向，甚至开在水平两侧，以保证主轴承的承压面完整。

2. 十字头式柴油机连杆

大型低速十字头式柴油机连杆运动速度较低，惯性力较小，但尺寸和质量大，为便于加工，杆身通常做成圆形中空截面，连杆大端采用船用式或平切口式两种方式。

图2-36所示为RTA-TB型柴油机连杆。小端为十字头端，由轴承盖3、轴承座、薄壁轴瓦4以及连杆螺栓2等组装而成。大端为曲柄销轴承端，由大端轴承盖9、轴承座、薄壁轴瓦8以及连杆螺栓7等组装而成。大、小端连杆螺栓(2和7)都是紧配螺栓，以保证轴承盖、轴承座和杆身之间正确而紧固地配合。连杆螺栓为柔性螺栓，有较高的疲劳强度，用专用液压拉伸工具上紧螺栓。安装液压拉伸工具用的螺纹部分平时用外罩加以保护，外罩还用来防止螺母松动。

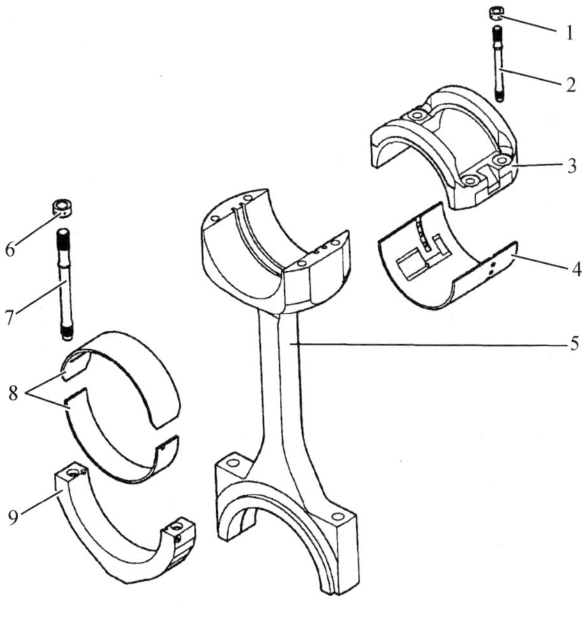

1,6—连杆螺栓螺母；2,7—连杆螺栓；3—小端轴承盖；
4,8—薄壁轴瓦；5—连杆杆身；9—大端轴承盖。

图2-36　RTA-TB型柴油机连杆

MAN LMC/MCE柴油机的连杆(图2-26(b))，大小端轴承座均与杆身锻成一体，连杆最短，适合于超长冲程机型，以降低柴油机高度。由于连杆结构紧凑，长度缩短，也增大了十字头轴承的摆动角,使轴承的润滑条件得到了改善,其承载能力和工作可靠性都明显增加。目前,新型大型低速柴油机的连杆大端都采用船用大端结构,不在连杆大端调整压缩比,一般可在活塞杆与十字头销之间增减垫片来调整压缩比。

大型低速十字头式二冲程柴油机大端轴承的润滑油是从十字头销经连杆主杆中心孔而来的,优点是不必在曲轴颈上钻油孔。

2.3.3　V型柴油机连杆

V型柴油机中两列气缸共用一根曲轴,每一曲轴柄销上安装两根连杆。V型柴油机的连杆有以下三种形式,如图2-37所示。

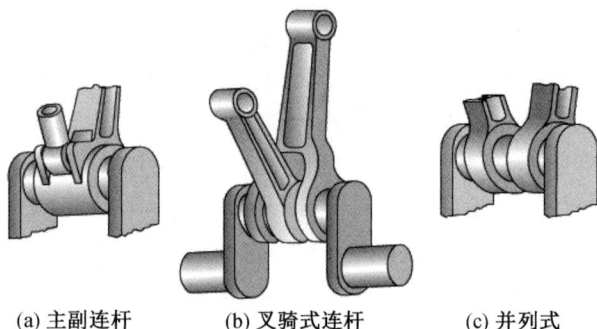

(a) 主副连杆　　　　(b) 叉骑式连杆　　　　(c) 并列式

图 2-37　V型柴油机连杆

1. 主副连杆

主副连杆如图2-37(a)所示,主连杆直接安装在曲柄销上,副连杆则利用连接销(称副连杆销)旁接于主连杆上。主、副连杆的结构完全不同,副连杆的下端中心线也不与曲柄销同心。主副连杆两列气缸的活塞行程和运动规律也不相同,主副连杆中的主连杆大端具有较大的刚度,其轴承的工作较可靠,但副连杆销的载荷较高。

2. 叉骑式连杆

叉骑式连杆如图2-37(b)所示,中央连杆的大端插在叉形连杆的中央。叉形连杆大端采用特殊的厚壁轴瓦,内表面浇注有铜铅合金,外表面中部镀铬硬化,充当中央连杆的"轴颈",中央连杆大端内采用普通的薄壁轴瓦。叉形连杆大端刚度较差,加工制造也比较麻烦。

3. 并列式连杆

并列式连杆如图2-37(c)所示,其结构与普通单列式柴油机的连杆基本相同,每一排气缸的两根相同的连杆并列地安装在同一个曲柄销上。并列连杆最简单,应用广泛,但是每排两只气缸的中心线必须前后错开,导致柴油机长度增加,而且连杆大端轴瓦载荷也最大。

2.3.4　连杆螺栓

连杆螺栓是连接连杆大端和连杆盖的承载较高的重要连接螺栓。连杆螺栓要受到装配时预紧力的作用,预紧力应保证各剖切面之间紧密贴合,使它们在最大往复惯性力等的拉伸作用下也不致分离,因此预紧力要远远超过最大往复惯性力。此外,四冲程柴油机的连杆螺栓还要受到往复惯性力的拉伸载荷。

连杆螺栓一旦断裂损坏必将产生机毁的严重事故。因此,必须在材料选用、结构设计、加工工艺、装配质量和维护管理等各个方面保证连杆螺栓的工作可靠性。

连杆螺栓通常采用优质合金钢材料制造,只有在低速柴油机中才用优质碳钢材料。

连杆螺栓的结构形式如图2-38所示。图2-38(a)(b)是用于船用式连杆大端的连杆螺栓,杆身上有两段定位凸肩。图2-38(c)~(e)所示为中、高速柴油机常用的连杆螺栓和螺钉。为了减小连杆螺栓所受交变应力幅,提高其疲劳强度,连杆螺栓都采用柔性结构,即适当增加螺栓长度,减小螺栓杆部的直径以增加螺栓的柔度。在螺栓截面变化处以及根部都采用足够大的过渡圆弧半径和较小的表面粗糙度值,以改善应力集中情况。将螺栓和螺母的头部牙型倒锥,使螺纹载荷分布趋于均匀,螺栓头和螺母的支承平面都与螺纹中心垂直,以减小附加弯曲应力。在上紧螺母时为防止螺栓转动,应有防止螺栓转动的结构措施;螺栓旋紧后,还应有锁紧措施。

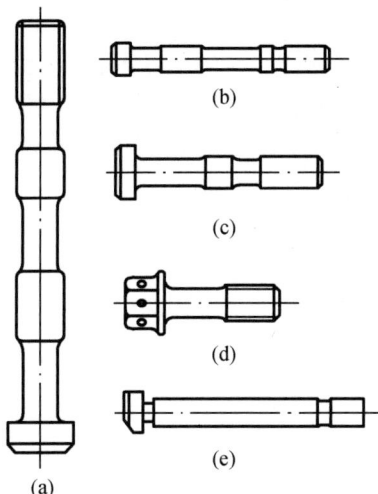

图2-38 连杆螺栓的结构形式

连杆螺栓的预紧力过大,或者各螺栓的预紧力不均,都可能降低它的工作可靠性。因此,连杆螺栓的预紧力、紧固方法和步骤都应按制造厂的规定进行。如发现连杆螺栓有损伤、裂纹或残余伸长量超过规定值,必须及时更换。

任务2.4 曲轴组件

曲轴组件包括曲轴、飞轮等,如图2-39所示。曲轴总体构造由中间的若干单位曲柄(曲拐)、自由端及飞轮端组成。单位曲柄是组成曲轴的基本部分,是每一气缸所对应的曲轴部分,由主轴颈1、曲柄臂2和曲柄销3所组成,有的还在曲柄臂上装有平衡重块。自由端通常设有驱动柴油机各种辅助设备的驱动齿轮;飞轮端设有连接法兰与飞轮及输出轴相连,对外输出功率。

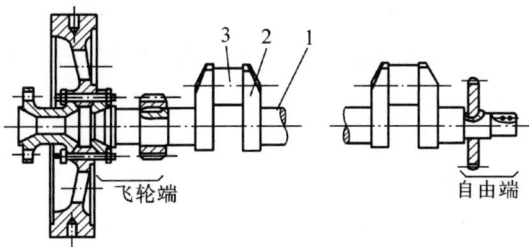

1—主轴颈;2—曲柄臂;3—曲柄销。

图2-39 曲轴组件

曲轴组件
(PDF)

2.4.1 曲轴组件功用、工作条件和对曲轴的技术要求

1.功用

曲轴的主要作用:将活塞往复运动通过连杆变成回转运动;汇集各缸所做的功,并

以转矩形式向外输出;带动柴油机附属设备,如柴油机的气阀、喷油泵、启动空气分配器等有定时要求的设备都是由曲轴上的定时齿轮(或链轮)传动的凸轮轴来驱动的。此外,中、小型柴油机的曲轴还带动自身所需的辅助设备,如滑油泵、输送泵、冷却水泵等。

2. 工作条件

曲轴的工作条件极为复杂,也很苛刻。这主要表现在以下几个方面。

(1)受力复杂

曲轴在工作中承受着各缸交变的气体力、往复惯性力、离心力以及它们所产生的弯矩和扭矩,使曲轴产生很大的弯曲和扭转应力,且均为疲劳应力。

(2)应力(σ)集中严重

由于曲轴形状复杂,沿轴线方向截面变化急骤,使曲轴内部应力分布极不均匀,以致在曲柄臂和轴颈的过渡圆角处及润滑油孔周围产生严重的应力集中现象,其中以曲柄臂与曲柄销的过渡圆角处最为危险,如图2-40所示,这些应力集中往往是疲劳裂纹源。

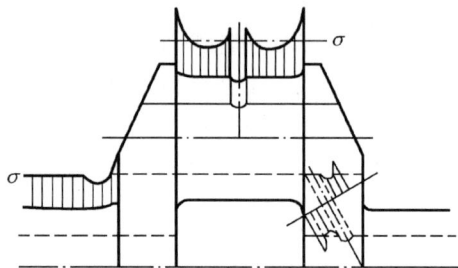

图2-40　曲轴应力集中

(3)附加应力很大

曲轴细长,刚性很差,是一个弹性体,它在各种力的作用下会产生扭转振动、横向振动和纵向振动。当曲轴的自振频率较低时,在发动机工作范围内可能出现共振,从而使振幅大大增加,产生很大的附加应力。

(4)轴颈遭受磨损

曲轴各轴颈与轴承间的摩擦表面的比压大,相对摩擦速度高,加上轴颈负荷周期变化的冲击性,故不容易形成良好的液体摩擦条件,从而使轴颈产生较严重的磨损。特别是在润滑不良、机座或船体变形、轴承间隙不当、超负荷运转或频繁启动发动机时,轴颈的磨损会明显加剧。

3. 对曲轴的技术要求

曲轴本身形状复杂,技术要求高,加工制造成本高,约占柴油机总造价的20%,因此是柴油机中最昂贵的部件。曲轴技术状态的好坏不仅直接决定柴油机自身的工作好坏,还会影响动力的正常输出,甚至威胁到全船的安全,所以对曲轴要求非常严格。对曲轴的主要要求是抗疲劳强度高,工作安全可靠;有足够的刚性,工作时变形小,使轴承负荷均匀;有足够的轴颈承压面积,以保证较低的轴承比压;曲轴的轴颈要有良好的耐磨性能,并允许多次车削修复;具有合理的曲柄排列和发火顺序,以减小曲轴的负荷,使柴油机运转平稳,并改善轴系的振动情况。以上这些是互相关联的,有些又是相互矛盾的,要权衡利弊妥善解决。

曲轴的常用材料有优质碳钢、合金钢和球墨铸铁。一般柴油机的曲轴常用优质碳钢制造,只有中、高速强载柴油机的曲轴才采用合金钢制造,球墨铸铁一般用于强化程度不太高的中、高速柴油机。

为了适应船舶海上运输安全的需要,保证船舶具备安全航行的技术条件,我国船级社制定的《钢质海船入级规范》(2020年)从强度的观点对曲轴的材料、尺寸、扭转振动做了一系列规定,船舶柴油机的建造必须遵守这些规定。

2.4.2　曲轴结构

1. 曲轴的类型

柴油机曲轴按其结构特点有整体式、套合式、焊接式和组合式四种类型。

（1）整体式曲轴

整体式曲轴的整根曲轴由整体锻造或铸造而成,在中、小型柴油机中广泛应用。由于大型锻造设备的出现,大型低速柴油机也有的采用整体式曲轴。

（2）套合式曲轴

套合式曲轴有半套合式和全套合式两种,常用于大型低速柴油机。半套合式如图2-41(a)所示,曲柄销和曲柄臂制成一体,主轴颈单独制造,再用"红套"法将其结合成整根曲轴。全套合式曲轴如图2-41(b)所示,主轴颈、曲柄销和曲柄臂都是单独制造的,然后用"红套"法结合成整根曲轴。

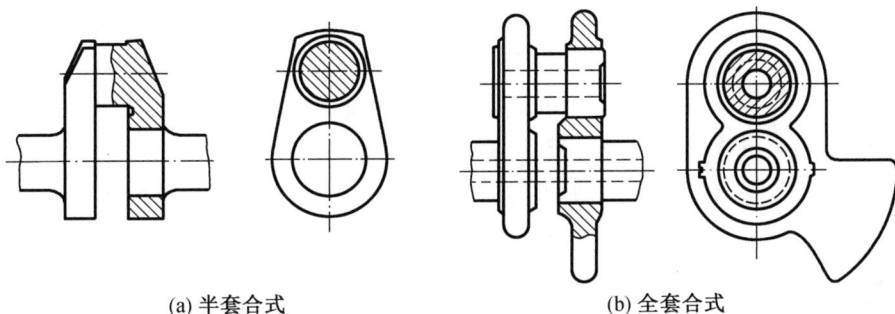

(a) 半套合式　　　　　　　　　(b) 全套合式

图 2-41　套合式曲轴

半套合式曲轴（动画）

全套合式曲轴（动画）

（3）焊接式曲轴

图 2-42 所示是 MAN L-MC/MCE 型柴油机的焊接式曲轴。各单位曲轴柄在主轴颈中央部位通过窄缝埋弧焊连成一整体。这种焊接工艺是近代曲轴制造工艺中一个重要成就,它不仅消除了大件锻造的困难,而且曲柄臂不必因套合工艺需要加大尺寸,所以质量大幅度降低。此外,对超长行程十字头式柴油机,焊接式曲轴由于在曲柄臂和主轴颈及曲柄销之间的连接处采用车入式圆角过渡,圆角处经过冷滚压加工,因而提高了疲劳强度,能使连杆长度得以缩短,从而使发动机高度大为降低。

（4）组合式曲轴

组合式曲轴有分段式和圆盘式两种。分段式曲轴是将缸数较多、曲轴长度较大的大型柴油机曲轴分为两段制造,用法兰连接成整根曲轴。圆盘式组合曲轴,是将主轴颈和曲柄臂合并成一个大圆盘并与曲柄销制成一体构成一个单位曲柄,然后用螺栓连接成整根曲轴,常用于采用滚动轴承的高速柴油机中。

2. 曲轴的构造

曲柄销与主轴颈采用空心结构,可以减小曲轴的质量,改善应力集中情况,尤其是采用空心曲柄销还可以减小曲轴的不平衡回转质量和离心力。

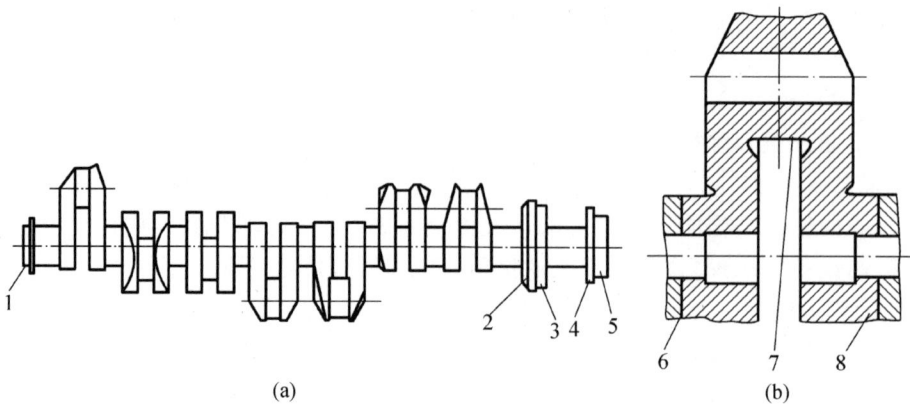

1—自由端法兰;2—主动链轮固定法兰;3—推力环;4—飞轮固定法兰;

5—功率输出端;6—焊接接缝;7—曲柄销;8—主轴颈。

图 2-42　MAN L-MC/MCE 型柴油机焊接式曲轴

　　轴颈与曲柄臂相连接的过渡圆角处截面急剧变化,成为应力集中最严重、曲轴强度最薄弱的部位。因此,过渡圆角处应采用足够大的过渡圆弧半径和较小的表面粗糙度值,也有的采用对过渡圆角处进行滚压等强化处理。

　　图 2-43 所示为套合式曲轴常用的曲柄臂形状。图 2-43(a)(d)所示的多角形和圆形曲柄臂易于加工,对曲柄臂肩部斜削也可减小曲轴的质量和离心力。曲柄臂在弯曲时,其抗弯截面模数 $W=bh^2/6$,所以增加曲柄臂厚度 h 比增大曲臂宽度 b 对保证曲柄臂抗弯强度更为有效。

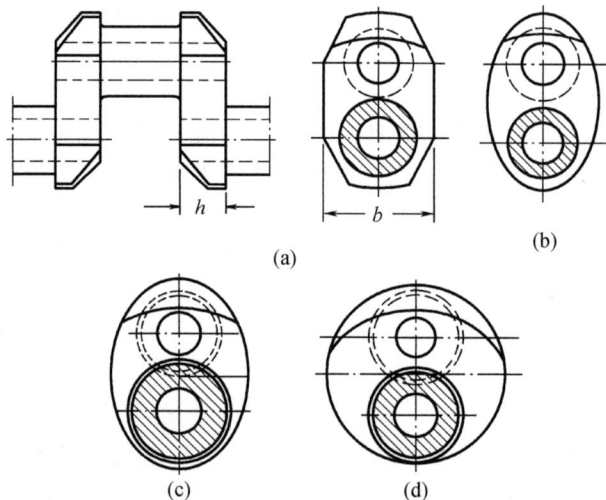

图 2-43　曲柄臂的形状

　　从增加曲轴强度、刚度和减轻曲轴质量的角度看,图 2-43(b)(c)所示的椭圆形曲柄臂比圆形曲柄臂更为合理。因为椭圆形曲柄臂当主轴颈和曲柄销在曲柄上发生重叠时,可使截面变化得到缓和,有利于缓和应力集中和增强曲轴的刚性。

　　平衡重块与曲柄臂的连接方式较多,图 2-41(b)是将平衡重块与曲柄臂浇注成一体,图2-44所示是将平衡重块单独加工,再与曲柄臂连接的几种方式。图2-44(a)的连接螺栓要承受平衡重块离心力的拉伸作用;图2-44(b)(c)由凸肩承受平衡重块的离心力,因而连接螺栓受力小,工作可靠,但加工比较麻烦。

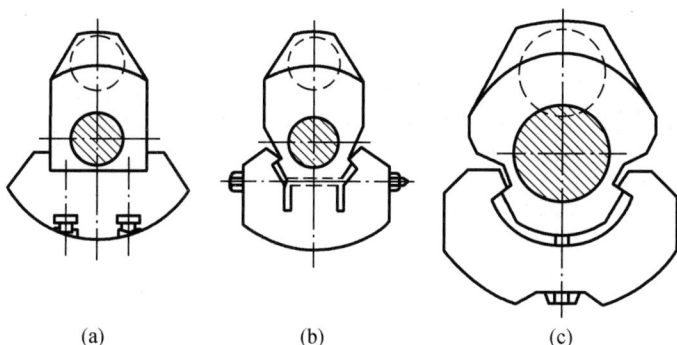

图2-44　平衡块与曲柄臂的连接方式

3. 曲轴的润滑

多数筒形活塞式柴油机用于润滑曲轴各轴承和冷却活塞的润滑油,是由润滑油总管送入主轴承,再通过曲轴内的油道送往大端轴承和活塞组的。由于开油孔时会增加曲轴的应力集中,因此对油孔的位置要合理选择,使其对轴颈的削弱最小。为了减小应力集中,油孔应修圆并抛光。

而有些船用低速柴油机,曲柄销中润滑油来自十字头,经连杆中心孔输入到连杆大端,主轴颈的润滑油来自主油道,是从主轴承盖上引入的,因此曲轴上没有油道。

曲轴内油道的形式如图2-45所示。图2-45(a)(c)所示是直角多线油孔,两轴颈上的径向油孔几乎垂直于曲柄平面,处于曲轴在最大燃烧压力作用下弯曲的中性平面;同时,此处也是曲柄销名义扭转剪切应力的最小处,因此对提高曲轴的疲劳强度有利。图2-45(b)所示是倾斜单线油孔,加工方便,但斜孔在轴承颈表面上形成椭圆孔口,将削弱曲轴的疲劳强度,而且混入润滑油中的杂质会流入曲柄销轴承引起偏磨。图2-45(c)所示为利用曲轴内空腔作为润滑油通道,空腔的两端必须进行密封。

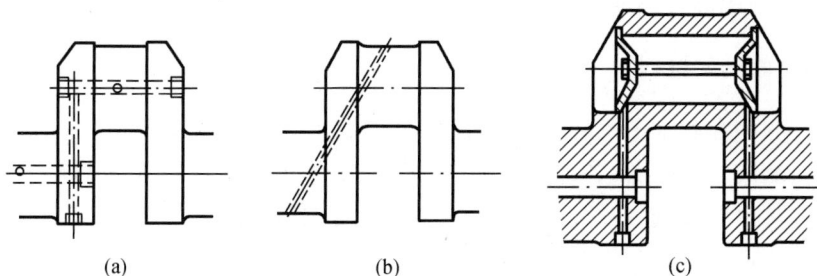

图2-45　曲轴内的油道

4. 曲轴的轴封

为了防止曲轴前后两端轴向漏油,在前后端设有油封装置。常见油封装置结构如图2-46所示。

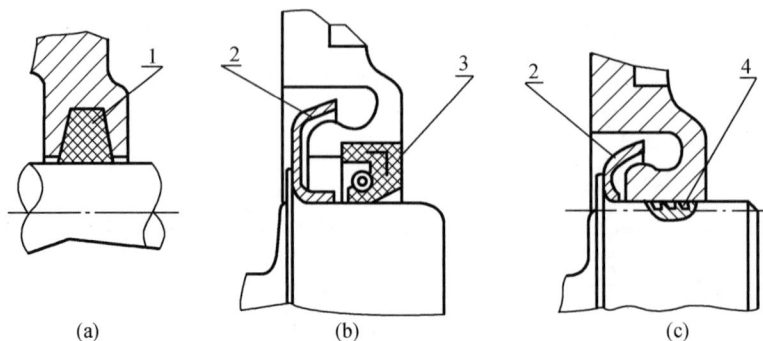

1—填料油封；2—甩油盘；3—橡胶油封；4—反油螺纹。

图 2-46　油封装置结构

图 2-46(a)所示为填料油封，用具有一定弹力的填料(如毛毡、石棉绳等)装入机体罩壳的梯形截面槽内与前后端主轴颈表面紧密贴合，防止滑油漏出。

图 2-46(b)所示为甩油盘式并带骨架式橡胶油封的密封装置，甩油盘与曲轴连接在一起，位于罩壳内侧，当润滑油落到甩油盘与曲轴连接的圆角处时，在离心力作用下，润滑油沿甩油盘表面向外缘流去，最后飞溅回到曲轴箱中。

图 2-46(c)所示为反油螺纹式并配有甩油盘的密封装置，在与机体罩壳孔相配合的一段主轴颈表面上加工有矩形螺纹槽(或单独加工成零件套装在曲轴上)，螺纹旋向应与曲轴转向相反，螺纹外径与罩壳孔间隙为 0.25~0.30 mm。

2.4.3　飞轮

飞轮的主要功用是使柴油机回转角速度趋于均匀，协助柴油机启动，保证柴油机空车运转的稳定性。飞轮通常用铸铁、铸钢或锻钢制成轮缘形结构，使其大部分质量集中在轮缘处，以较小的质量获得尽可能大的转动惯量。

根据柴油机的启动和盘车的不同方式，飞轮轮缘上有的装有飞轮齿圈(电动机启动用)、涡轮(电动盘车机用)或制出盘车杠杆孔。飞轮轮缘上还刻有各缸上止点等标志线，用来检查和调整柴油机的各种定时。

2.4.4　曲柄的排列

各单位曲柄在曲轴上的相互位置叫作曲柄排列，它可用曲柄圆图(曲轴端示图)表示。从自由端向飞轮端看，各单位曲柄在飞轮端平面上的投影叫作曲柄排列圆图。曲轴的曲柄都是以气缸的号数命名的，气缸的排号有两种方法：一种是从自由端排起，另一种是由动力输出端排起。我国和大部分国家都采用自由端排起的方式。多缸柴油机曲轴中各曲柄的排列与柴油机的冲程数、气缸数和发火顺序有关。曲柄排列应考虑以下几点原则。

(1)为了使柴油机输出的扭矩均匀，各缸间的发火间隔角应相等。这样，相邻发火的两个缸的曲柄夹角，四冲程柴油机为 $720°/i$，二冲程柴油机为 $360°/i(i$ 为柴油机气缸数)。图 2-47 所示为常见二冲程 6 缸柴油机曲轴的排列及柄端示意图。

曲轴组件（微课）

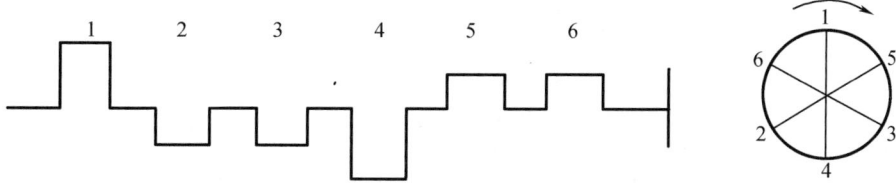

图 2-47　二冲程 6 缸柴油机曲轴的排列及柄端示意图

(2)应尽量避免相邻气缸连续发火,以减轻主轴承的负荷,改善曲轴的受力状态。为此,最好在柴油机首、尾两端轮流发火,如某四冲程 6 缸柴油机的发火顺序为 1—5—3—6—2—4,曲柄排列如图 2-48(a)所示,较好地满足了这一要求。

V 型柴油机普遍采用插入式发火。插入式发火就是两列缸的发火顺序及发火间隔角彼此完全相同,而总的发火顺序则为这两列缸的发火顺序根据气缸间的夹角关系进行穿插形成。例如,8 缸 V 型四冲程柴油机,每列 4 缸,每列的发火间隔角都是 $720°/i=180°$,发火顺序都是 1—2—4—3。为了避免混乱,第 I 列用 1_I—2_I—4_I—3_I 表示,第 II 列用 1_{II}—2_{II}—4_{II}—3_{II} 表示。气缸夹角为 γ,如果气缸 1_{II} 比 1_I 落后 γ 角发火,其总的发火顺序和曲柄排列如图 2-49(a)所示。假如 1_{II} 比 1_I 落后($360°+\gamma$),也就是 1_I 发火后跟随着的是 1_{II} 进气,1_I 与 1_{II} 不接连着发火,则对轴承负荷有利,此种情况总的发火顺序如图 2-49(b)所示。

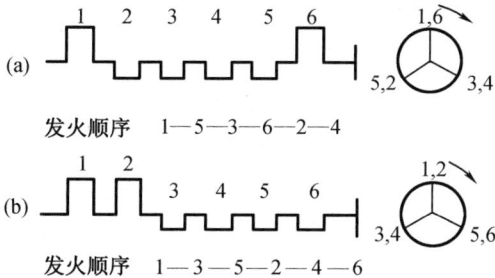

图 2-48　四冲程柴油机的曲柄排列

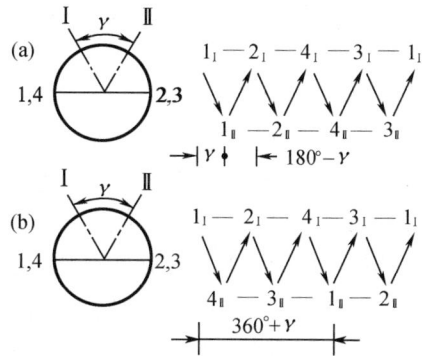

图 2-49　V 型柴油机曲柄排列

(3)要使柴油机具有良好的平衡性。曲轴合理排列使引起振动的力和力矩减至最小。

(4)应考虑发火顺序对轴系扭转振动的影响,力求减轻扭转振动。

(5)在脉冲增压柴油机中,为了防止排气互相干扰,各缸的排气管要分组布置。

要同时满足上述要求,往往是不可能的,因而只是满足某些主要要求,兼顾其他要求。如 MAN MC 系列柴油机中,为了满足平衡性和减少轴系的振动,甚至出现了各缸发火间隔角不相同的柴油机。

任务 2.5　机体、机座与轴承

机体、机座
和轴承
（PDF）

柴油机主要固定机件包括机体、机座、气缸体、贯穿螺栓和主轴承等。它们构成柴油机骨架，形成柴油机的工作循环空间和曲轴箱空间，并支承柴油机的所有其他机件和附属设备。

由于柴油机结构类型不同，机体、机座的结构也相应地会有较大的差别，形式繁多。

图 2-50 所示为中、小型柴油机机体与机座的结构示意图。图中机座 1 中央圆孔为主轴承座孔；机体 2 的上部圆孔用以安装气缸套，称为气缸体部分；机体下部内腔与机座共同形成曲轴连杆回转空间，称为曲轴箱部分。机体与机座以平面贴合，并用短螺栓及贯穿螺栓连接紧固。柴油机以机座安装到船体的基座上。中、小型柴油机为使结构紧凑，还采用机体与机座为整体的结构形式，以及倒置主轴承而无机座的结构形式。

图 2-51 所示为大型低速柴油机机体与机座的结构示意图。图中机座 1 中央是主轴承座孔。机体中，气缸体 3 与机架 2 分开制造，从气缸体顶面到机座之间用较长贯穿螺栓连接紧固。气缸体顶面安装气缸盖 4，一侧安装扫气箱 5。

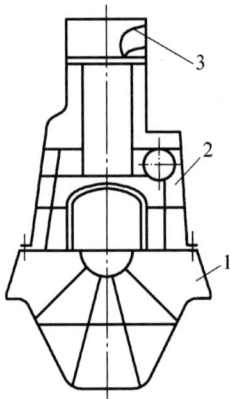

1—机座；2—机体；3—气缸盖。

图 2-50　中、小型柴油机机体与机座示意图

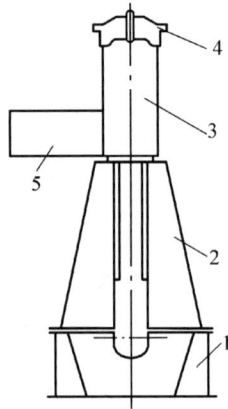

1—机座；2—机架；3—气缸体；
4—气缸盖；5—扫气箱。

图 2-51　大型低速柴油机机体与机座示意图

柴油机的固定机件承受着气体力和运动机件惯性力的作用，承担着全部机件的质量。动力转矩的输出使它产生倾覆；惯性力的作用使它产生振动；贯穿螺栓和连接螺栓的紧固使它受到安装应力；各处温度不同使它产生热应力；水、油、气的作用使它受到腐蚀。

为了保证柴油机的工作可靠性和使用寿命，必须要求机体、机座有足够的刚度和强度，以使各运动件的支撑和导承变形小，保证良好的配合和精确的位置，以避免运行中发生裂纹和损坏。在满足刚度和强度要求的前提下，因机体与机座的轮廓尺寸决定整个柴油机外形尺寸，同时质量占整个柴油机质量的 25%～40%，所以要求其尺寸小、质量小；此外，机体、机座的结构要便于内部运动机件的拆装和检修，机体和机座的各结合面、检修道门要密封好，避免泄漏造成浪费、污染甚至出现事故。

2.5.1　机体、机架、机座

1. 机体

机体由安装缸套的气缸体和作为曲轴箱上半部的机架两部分组成。机体顶面安装气缸盖,机架内部安装导板、凸轮轴等,外侧还装有扫气箱和高压油泵等机件设备。

图 2-52 所示为中型柴油机机体机座结构实例。该机体为整体铸造的箱形结构,上部 6 个圆孔为缸套安装空间,顶面置有缸盖螺栓 10,其右下方为凸轮轴箱,圆孔中安装凸轮轴承,轴箱板顶板面安装高压油泵,箱体外侧有检修道门。在机体左下方有 6 个防爆门 5,当曲轴箱内油气压力升高超过规定值时,小盖板 4 自动打开,释放油气后又迅速关闭,防止曲轴箱爆炸,并提示轮机人员柴油机运行有异常。弹簧 3 一端被防爆门 5 中心环板限制,另一端压在薄钢片上,并通过固置于薄钢片螺母中的螺钉将弹力传给小盖板 4,使小盖板盖住防爆门与外界的通口。旋紧螺钉时小盖板压紧力变大,此压紧力应符合规定——保证曲轴箱内压力不大于 0.02 MPa。机体下平面与机座上平面紧密贴合,并垫有密封垫片。机体与机座除用短螺栓连接外,还用贯穿螺栓 6 紧固。在机体上侧面设有进水孔 O,并设有检查冷却水腔结垢情况的盖板 12,盖板内侧还设有防蚀锌板,用以保护机体。

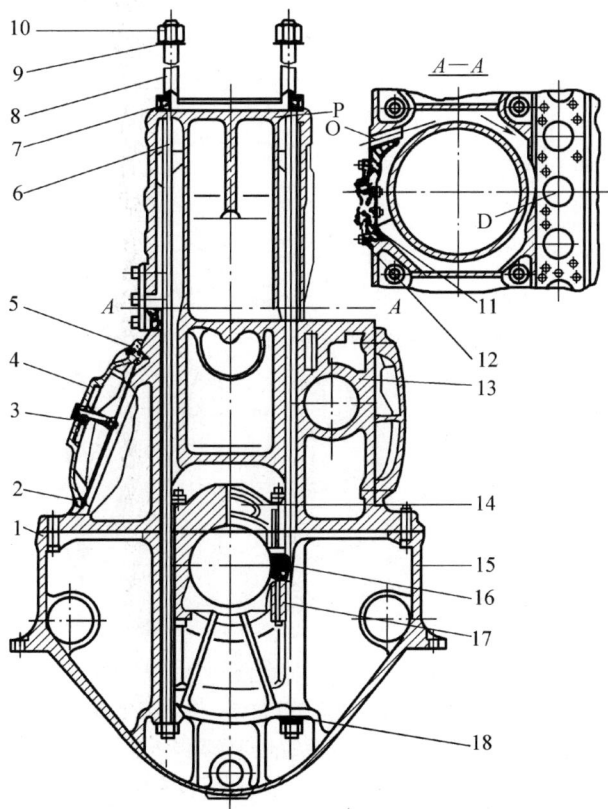

机座式机体结构(动画)

1—连接螺栓;2—薄钢片;3—弹簧;4—小盖板;5—防爆门;6—贯穿螺栓;7—螺母;
8,9,10—缸盖螺栓、垫圈、螺母;11—锌板;12—盖板;13—凸轮轴箱;14—主轴承盖;15—机座;
16—定位销;17—主轴承螺栓;18—贯穿螺栓垫片;D—挺杆孔;O—进水孔;P—气缸体。

图 2-52　中型柴油机机体机座实例

2. 机架

大型低速柴油机的机架有 A 字形机架和箱形机架两种主要形式。图 2-53 所示为双导板焊接结构 A 字形机架。每片机架均由钢板焊接而成,横跨于主轴承之上。每两片 A 字形机架之间用横挡板及两侧纵向加强板 5 连接紧固成刚性足够的 A 字形机架。机架左右两侧设有道门,供轮机人员进入曲轴箱检修用。打开检查孔盖,可以观察柴油机内部情况,排气侧道门上设有防爆门 8 和防护罩 9。当曲轴箱内油气压力达表压 0.01 MPa 时防爆门自动打开,释放高压油气,防止曲轴箱爆炸。空心的铸铁导板固定在机架内侧,垫片 11,12 用以调整十字头滑块与导板的正面和侧面间隙。

图 2-54 所示为 MAN L-MC 型柴油机的箱形机架立体图。它具有结构紧凑、质量小、刚性好等优点,但因结构复杂,制造加工比较困难。该型柴油机由上面板 1、底板 9、横向隔板 5 及左右侧板 8 焊接而成,在隔板上设有导板 2,在侧板上设有检修道门 7。由于箱形机架是刚性整体,故安装方便,找正定位容易,接合面少,曲轴箱密封较好。

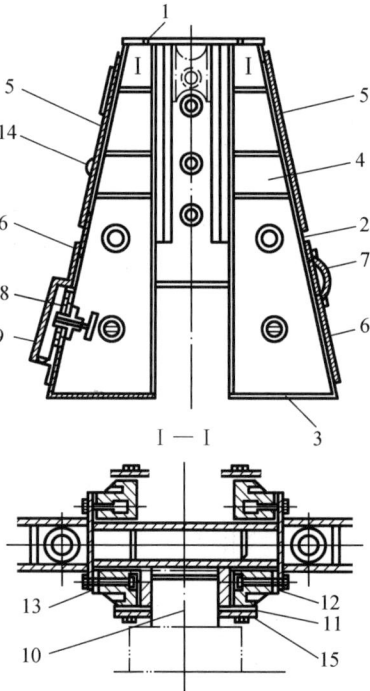

1—上横梁;2—倾斜支板;3—下横梁;
4—面板;5—加强板;6—道门;
7—检查孔盖;8—防爆门;
9—防护罩;10—十字头;
11,12—垫片;13—导板;
14—CO_2 接头;15—侧面导板。

图 2-53 A 字形机架

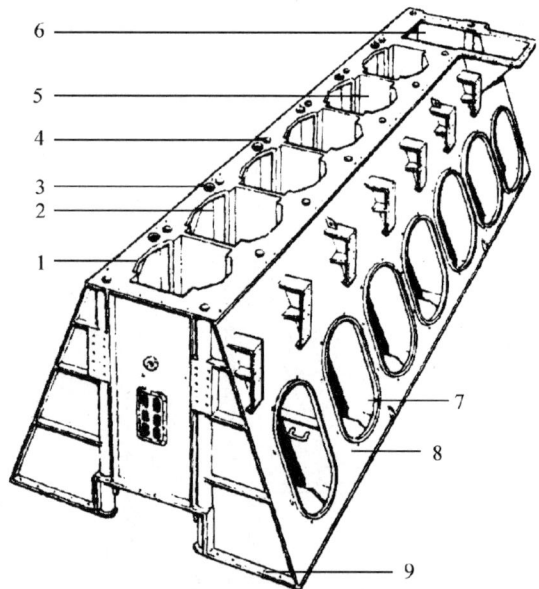

1—上面板;2—导板;3—活塞冷却油管插入孔;
4—贯穿螺栓;5—横向隔板;6—链条箱(输出端);
7—检修道门;8—侧板;9—底板。

图 2-54 箱形机架

3. 机座

机座位于柴油机的下部,是所有机件安装的基础,柴油机也靠它安装到船体的基座上。它是主轴承及曲轴安装的依据,又是曲轴箱下半空间及润滑油回流汇集的空间。

机座除承受机件所受重力、气体力及惯性力作用外,还直接受到因风浪等因素使船体变形所带来的拉伸、弯曲及扭曲等额外应力作用。为此机座必须具有足够刚性及强度,以免机座变形造成曲轴挠曲变形,活塞、曲柄连杆机构与气缸的位置精度变坏而发生机件异常等事故。

图2-52所示为凹形底机座。凹形底机座在中、小型柴油机中,多为整体铸造的箱体。这种机座的底板呈凹形,作为盛油容器。机座两侧是呈Ⅰ型截面的纵梁;其上平面是机体安装平面,其下平面是机座与船体基座安装平面,上、下面板之间有斜筋支撑以提高其刚度。机座两侧壁间用$(i+1)$个横隔板相连(i为缸数),将机座内腔分隔为i个空间,成为曲轴箱下部空间。每个横隔板中央半圆孔为主轴承座孔,机座中全部座孔都是在一次走刀中加工而成的,具有较好的同轴度,并且与上、下面板平行。为增加轴承座刚性,横隔板上都有由座孔向外辐射的筋肋。横隔板下方都开有圆孔,以使润滑油在机座中能纵向流至尾部汇集。

大型低速柴油机主要采用单壁深型焊接平底式机座。图2-55所示为MAN L-MC/MCE型柴油机机座立体图。它主要由两侧的纵梁和带铸钢轴承座的横梁焊接而成。每侧纵梁为单层结构,横梁上含有铸钢的主轴承座用以支撑曲轴。轴承盖用4个螺栓安装在轴承座上,用螺栓液压上紧。轴承座孔在机座中的位置较低,便于给主轴承盖定位。机座设计得较高,以提高刚性。在机座的首端安装有轴向减振器,用以控制轴系的轴向振动,这是现代新型柴油机的基本配置。机座尾端还设有推力轴承和驱动链条的空间用以安装推力轴承和驱动链轮。这种机座的主要改进之处在于取消了贯穿螺栓孔,因而简化了机座与主轴承座的焊接过程;同时,在不增加机座宽度的前提下,将地脚螺栓移至外侧,这样更有利于安装。

为保证柴油机曲轴与船舶轴系或其他驱动装置转轴的同轴度,在安装时要求能调整柴油机轴线位置;也为了能在使用中消除机座因某些原因引起的变形,保证机座应有的技术精度,在机座与船体基座(或舱板接触面)间都设有机座垫块,如图2-56所示。机座的下座板3经两块垫块2与船体基座上面板接触,并用螺栓4紧固。

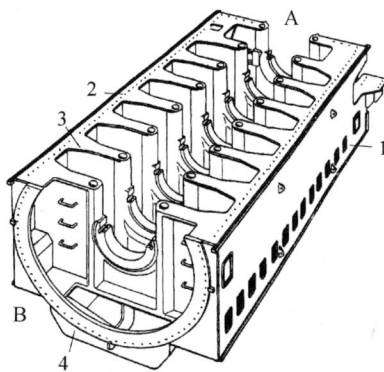

1,2—纵梁;3—横梁;4—油底壳;
A—功率输出端;B—自由端。
图2-55 MAN L-MC/MCE型柴油机机座

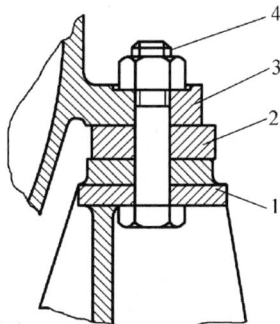

1—基座;2—垫块;3—下座板;4—螺栓。
图2-56 机座垫块

两垫块都制成倾斜度为1:100(或更小)的楔形体,可以通过垫块的不同楔入深度调整轴线高低。一般将下垫块外倾安装并与基座焊固,改变上垫块楔入深度,即能调整该处轴心高度,达到要求后,再加工出螺栓孔装配螺栓。垫块可用铸铁或铸钢来加工,但每块厚度都有规定,以保证刚度和强度。垫块之间以及垫块与机座或基座之间接触必须十分紧密,因此各接触面必须经刨铲、拂刮、研磨等精密加工,使接触面积在60%以上,并且接触斑点均匀。要求垫块装入后,地脚螺栓紧固前接触面间插不进0.05 mm的塞尺。

连接机座与船体的紧固螺栓称为地脚螺栓。它们要克服气体力和惯性力所引起的倾覆及振动,还要克服船舶摇摆倾斜时柴油机重力的分力。在设有推力轴承的柴油机中,水对螺旋桨轴的轴向推力也由地脚螺栓传给船体,因此地脚螺栓的作用很大。为确保柴油机与船体相互位置在外力下仍能正确不变,地脚螺栓中有15%以上是不可互换的紧配螺栓,它的定位圆柱部分与螺栓孔精加工后逐一配对铰孔后再装配,两者之间应达到H7/k6的过渡配合要求。每次拆卸后都需重新铰孔配制螺栓,紧配螺栓一般都配置在柴油机的功率输出端。机座垫块和地脚螺栓安装质量直接决定机座主轴承孔(即曲轴主轴颈)的同轴度等重要技术状态,故检修、管理中必须高度重视。

2.5.2 贯穿螺栓

贯穿螺栓是柴油机最长最重要的螺栓,主要用于大、中型柴油机,它的作用是将机座、机架和气缸体三者或其中两者连成一个刚性整体,使这些固定机件只承受压应力而不承受由气体力产生的拉应力。贯穿螺栓不起定位作用,所以机体与机座间各贴合面处仍须有紧配螺栓或定位销来保证各面之间的相对位置精度,以便装配时对中和防止柴油机运转时这些机件之间产生横向移动。

大型低速柴油机贯穿螺栓如图2-57所示。贯穿螺栓两头都车有螺纹,配有专用螺帽。其顶部还制有供液压拉伸器使用的附加螺纹头。为防止柴油机运转时细长的贯穿螺栓发生横向振动,在贯穿螺栓中部装有防振夹套4,在水平方向还有两个支头螺钉5,它们在贯穿螺栓装配完毕后再上紧,将防振夹套牢固地顶靠在气缸体上。

贯穿螺栓安装紧固质量影响机体、机座的位置精度和形状精度,故必须按规范进行。贯穿螺栓紧固的顺序应从中央向柴油机两端左右交替进行,一般应分两阶段上紧螺帽。每阶段都应遵守说明书规定的螺栓伸长量或液压拉伸器的泵油压力。螺帽上紧后,应检查螺帽、垫圈与支承面的贴紧程度,要求0.05 mm塞尺插不进。贯穿螺栓紧固后还应检查运动件各处间隙以及曲轴臂距差变动情况,若不合要求应重新安装贯穿螺栓。

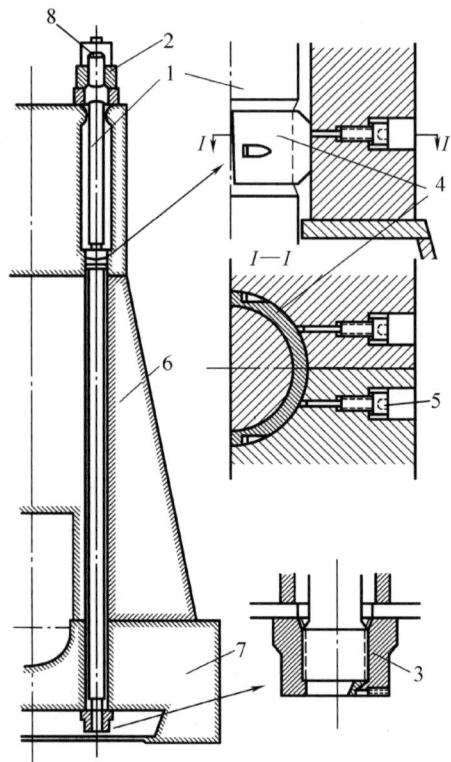

1—贯穿螺栓;2—上螺母;3—下螺母;4—防振夹套;
5—支头螺钉;6—机架;7—机座;8—保护罩。

图2-57 贯穿螺栓

2.5.3　柴油机轴承

1. 柴油机轴承功用、工况和要求

柴油机中相对转动的机件之间都设有轴承。其中主要有主轴承,连杆大、小端轴承,十字头轴承和凸轮轴轴承等。无论是轴瓦结构、圆形衬套,还是滚动轴承,都使相对转动的机件表面改善摩擦状态、减轻磨损、延长机件寿命,使相互运动的机件能保持正确的相互位置关系和良好的技术状态。

柴油机的主轴承和连杆轴承等都是在交变的负荷下工作,故轴承内较难保持均匀恒定的承载油膜;轴承的负荷很大,轴瓦单位面积上负荷普遍达 30 N/mm² 以上,有的甚至达 40~50 N/mm²(如十字头、活塞销轴承);轴颈与轴瓦之间相对运动速度又高,有的甚至达 10 m/s 以上,加上润滑油中杂质以及润滑油变质等腐蚀破坏,容易损伤轴承。若柴油机使用工况复杂,启动、停车频繁,低速工况较多,故轴承极易出现半干摩擦,此外机件变形还会引起轴承表面产生局部负荷集中。在这些恶劣的工作条件下,轴承会产生各种损伤。

柴油机轴承工作不正常将直接造成异常磨损和轴颈损伤,甚至造成柴油机停车。主轴承过度磨损或变形,不仅影响曲轴轴线平直,还将改变活塞连杆与缸套的正确位置和正常工作关系。因此,柴油机的轴承应有优良的耐磨性能,且具有足够的刚度和强度,检修中应精确安装,管理运转中应保证良好的润滑。

船舶柴油机的主轴承几乎都是滑动轴承,只有个别小型高速柴油机采用滚动轴承。滑动轴承主要由轴承座、轴承盖、轴瓦及轴承螺栓等组成。滑动式主轴承有正置式和倒挂式两种。

(1)正置式主轴承

图 2-58 所示为正置式主轴承结构。轴承座 1 设在机座横隔板上,与机座成一整体,其内放置下轴瓦 3。轴承盖 2 内放置上轴瓦 4,曲轴主轴颈装入后用 2~4 个螺栓紧固在机座上。上轴瓦与下轴瓦以平剖切口相接合,接合面之间有垫片 6,增减垫片厚薄可以调整轴承与轴颈间隙。轴瓦内表面均浇注有减磨合金层 5,具有减磨效果。运转时,还可将轴承受到的侧推力传给机座,使轴承螺栓 7 免受横向剪切应力。轴承盖与轴承座材料相同,为增加刚性,采用工形截面结构并且有筋肋支撑。主轴承螺栓在两侧将轴承盖、上瓦压紧在下瓦轴承座上。中央有润滑油管接头,用来引入压力润滑油。

上述形式的主轴承,都是用轴瓦两侧的螺栓来紧固的,因主轴颈尺寸的影响,两侧轴承螺栓之间距离较大,故柴油机的横向尺寸也较大,轴承盖中部所受的弯矩也大,致使刚性也较差,容易变形和开裂。因此,在某些大中型柴油机中采用撑杆式主轴承,如图 2-59 所示。撑杆螺栓 8 下端压于主轴承盖圆坑中,上端以液压油缸外端顶于机架 15 横隔板中。液压油缸 1 套于撑杆上端凸台上。液压缸油 1 在有油从螺塞 3 处压入活塞顶的油腔时会上升,此时螺母 6 与油缸 1 脱离接触,即可向上旋动抵到液压油缸下部,使撑杆伸长,压紧主轴承。采用撑杆式螺栓可提高主轴承刚度,且能减小机架两侧贯穿螺栓之间的距离,使机架横向刚度也得以提高。需要注意的是,撑杆螺栓的上紧工作应在所有的贯穿螺栓按规定全部上紧之后才能进行,并在贯穿螺栓拆卸之前进行拆卸。

显然,正置式主轴承刚度大,机座横梁的弯曲和变形小。

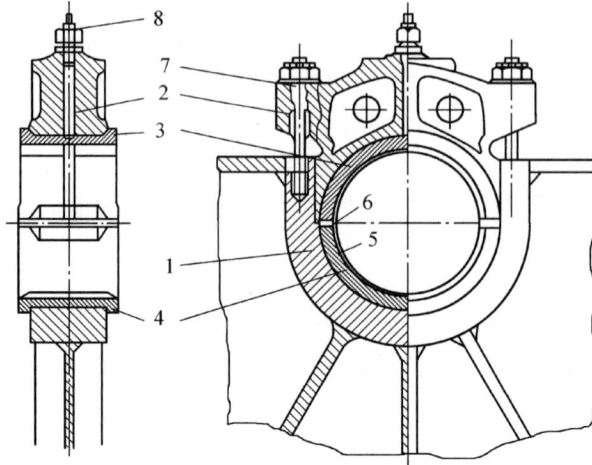

1—轴承座；2—轴承盖；3—上轴瓦；4—下轴瓦；5—减磨合金层；
6—垫片；7—螺栓；8—润滑油管。

图 2-58　正置式主轴承结构

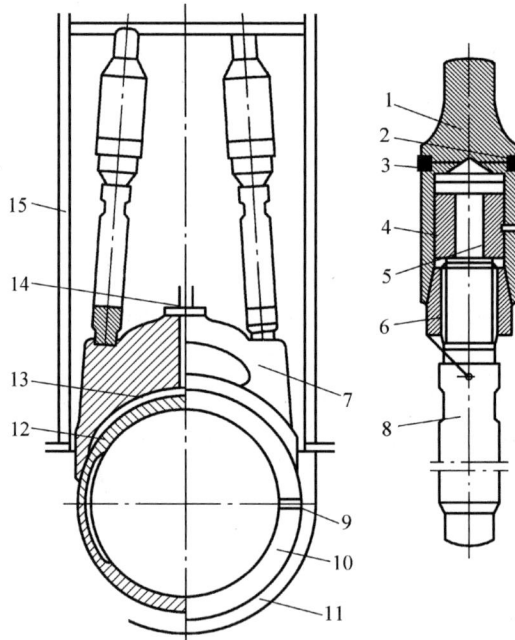

1—液压油缸；2—放气阀；3—螺塞；4—液压活塞；5—螺栓；
6—螺母；7—轴承盖；8—撑杆螺栓；9—垫片；10—下轴瓦；
11—机座；12—上轴瓦；13—输出油槽；14—滑油管；15—机架。

图 2-59　撑杆式主轴承螺栓

（2）倒挂式主轴承

倒挂式主轴承主要用于小型高速柴油机和大功率中速柴油机中。图 2-60 所示为倒挂式主轴承结构。主轴承座布置在机架 3 横隔板上，轴承盖 4 用倒挂螺栓 1 倒挂在机架上以支撑曲轴。采用倒挂式主轴承的优点是拆装检修曲轴比较方便;可以减少机座变形对轴线的影响;可以减轻机座的质量,甚至不需要单独的机座,只需要倒挂安装的钢板冲压的油底壳7。其缺点是负荷重且刚性差,因而专门设置的横向螺栓2将轴承盖侧面与机架紧固以增加刚性,避免工作中机架下部张开产生塌腰变形。

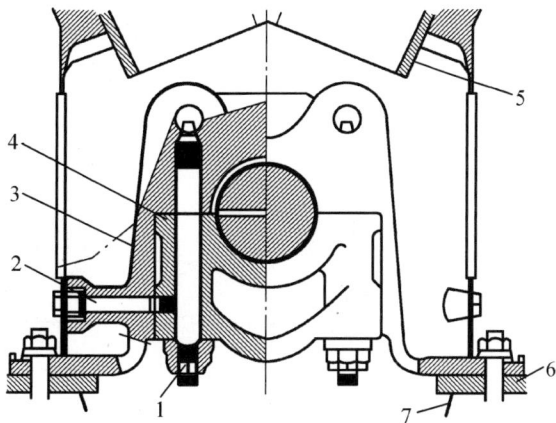

倒挂式主轴承(动画)

1—倒挂螺栓;2—横向螺栓;3—机架;4—轴承盖;
5—气缸套;6—机座;7—油底壳。

图2-60　倒挂式主轴承结构

2. 轴瓦结构

现代中、小型柴油机主轴承大多采用薄壁轴瓦,新式大型低速柴油机的主轴承采用厚壁轴瓦仍很普遍,并有向薄壁轴瓦发展的趋势,这主要是由于薄壁轴瓦疲劳强度高,并且尺寸小、质量轻、造价低、互换性好。

两半式主轴承的厚壁轴瓦如图2-61(a)所示(下瓦)。为保证合金与瓦背结合牢靠,在锻钢瓦背内表面开有燕尾槽,浇注时合金即嵌入槽内。上轴瓦有径向油孔和周向油槽,其作用是使得由上部油管引入的润滑油通过上轴瓦的油孔和油槽流至下轴瓦。一般主轴承的布油槽开设在轴承负荷较小的上轴瓦,下轴瓦不开油槽,而连杆大端轴瓦的布油槽设在轴承负荷较小的下轴瓦,上轴瓦不开油槽。上、下轴瓦内侧铣有油槽用于贮油,以便更好地把润滑油分布到轴承的全部宽度范围内,同时也起着沉积机械杂质的作用,故又称"垃圾槽"。油槽的宽度约为轴瓦的2/3,其两端要留出一定的边缘,以防止大量润滑油外流。轴瓦的卷边用来防止轴向移动。为了防止轴瓦在瓦座中转动,以致阻断润滑油路,刮伤轴瓦和轴颈表面,轴瓦要在瓦座中采取周向定位措施,对于厚壁轴瓦用定位销周向定位,而薄壁轴瓦则在轴瓦的接合面处冲压出一个小凸肩(或称定位唇),如图2-61(b)所示,在轴承座和轴承盖的相应位置铣出凹槽(或称定位槽),轴瓦的小凸肩即可镶嵌在凹槽中,以此来实现周向定位。

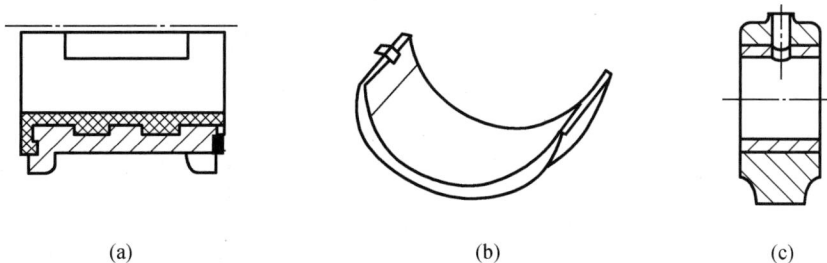

(a)　　　　　　　　　(b)　　　　　　　　　(c)

图2-61　轴瓦结构

3. 推力轴承

对于小型柴油机和轴向推力不大的柴油机(如发电柴油机),在其飞轮端的最后一个主轴承座上通常设有止推轴承,以便对曲轴轴向定位,并承受一定的轴向负荷。止推定位轴承可采用图2-62(a)所示卷边轴瓦或采用图2-62(b)所示平轴瓦与止推片组合的形式。

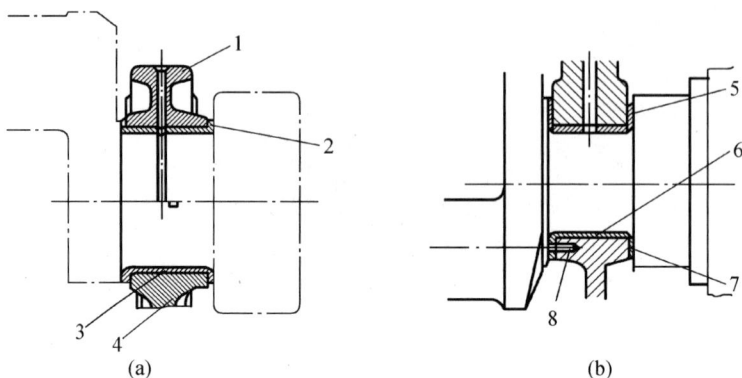

1—轴承盖;2—上轴瓦;3—下轴瓦;4—轴承座(机座);
5—上止推片;6—平轴瓦;7—下止推片;8—定位销。

图 2-62 止推主轴承

作为船用主机的柴油机运转时,柴油机通过轴系带动螺旋桨旋转。显然上述止推轴承无法承受如此大的轴向力,为此一般在柴油机飞轮端专门设置一个推力轴承,使螺旋桨所产生的巨大推力通过艉轴、中间轴和推力轴作用到推力轴承上,并通过推力轴承传给船体,推动船舶前进。因此,推力轴承的作用是传递轴向推力,并为曲轴和轴系轴向定位。

图 2-63 所示为 MAN L-MC/MCE 型柴油机推力轴承的构造。该机型的推力轴和曲轴锻为一体并位于机架内部,推力环的外圆法兰固定传动凸轮轴的主动链轮,这种布置使柴油机轴向尺寸减小。推力轴承主要由正车推力块8、倒车推力块5、推力盘(调节圈)3 和 9,以及其他一些部件组成。正、倒车推力块各 8 块,沿圆周方向排列,排成约占2/3 圆周的扇形面。柴油机正车运转时,螺旋桨的轴向推力通过艉轴和中间轴传到推力环,推力环通过正车推力块和推力盘将推力传给柴油机机座,又通过地脚螺栓传给船体,从而推动船舶前进。为了防止推力块跟随推力环转动,在正、倒车推力块的上方都设有止动器来定位。推力环与推力块之间由润滑油润滑,润滑油来自主轴承润滑系统。为了防止润滑油从轴颈处漏出机外,在轴颈上设有轴封。推力轴在转动中,甩油环 2 利用离心力把溅到轴上的润滑油甩出,未甩净的油由刮油环刮下。

推力轴承的关键部件是推力块。推力块结构随机型的不同而有所差别,但工作原理是一样的。图 2-64 所示为一种推力块的立体图。推力块为一个扇形块,在靠近推力环的工作面浇有白合金5,并在进油边 2 处制有圆角或斜面,在调节圈一侧有高、低两个面(3 和 1)。高、低面相交的棱边 AB 为工作时的支持刃,工作时它与调节圈工作面靠在一起。推力块两个侧面上都有凸台4,起着推力块间支承和定位的作用。

图 2-65 所示为一般推力轴承的简图。正、倒车推力块用压板 6,7 定位。当推力块互相紧靠在一起时,在压板 6,7 处留有间隙 i_1 和 i_2。间隙(i_1+i_2)之和要符合说明书的规定,其数值可通过增减压板处的垫片进行调节。这个间隙数值保证了推力块绕支持刃摆动的灵活性。

带推力块的
推力轴承
（动画）

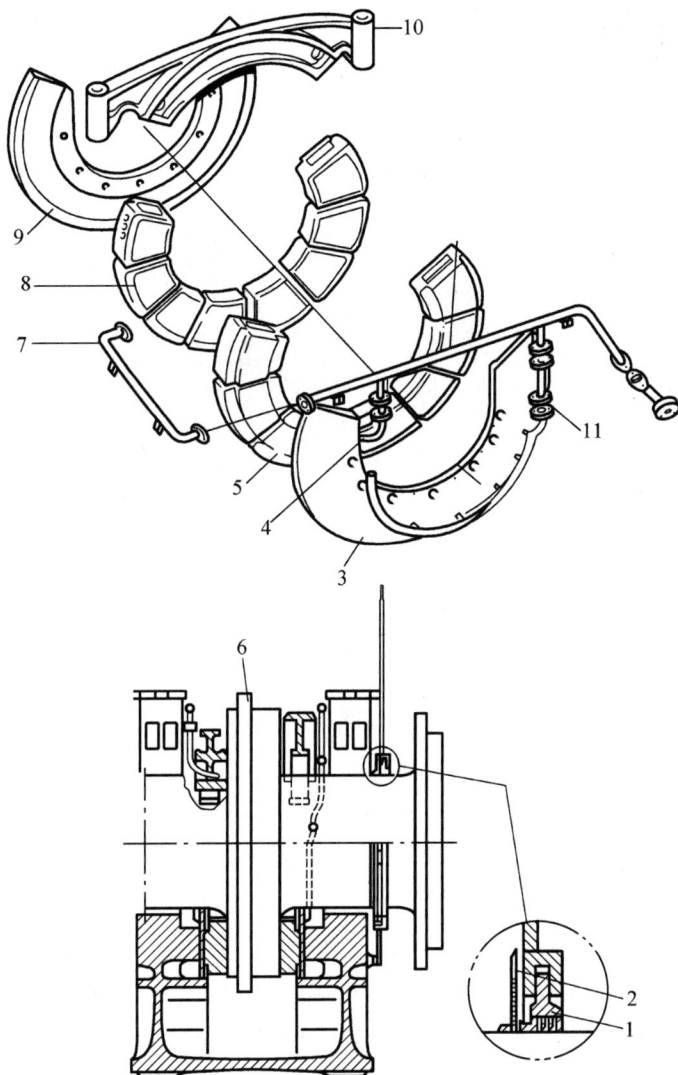

1—刮油环；2—甩油环；3—倒车推力盘；4,7,11—滑油管；5—倒车推力块；
6—推力环；8—正车推力块；9—正车推力盘；10—止动器。

图 2-63 推力轴承（MAN L-MC/MCE 型柴油机）的构造

正、倒车推力块 3,4 靠在正、倒车调节圈 2,5 上。正、倒车调节圈用来调整推力块推力环间的间隙 f_1 和曲轴与主轴承之间的轴向相对位置。间隙 f_1 是用力把推力环压紧在正车推力块上时，用塞尺在倒车推力块与推力环间测量出来的间隙。此间隙也可使轴处在不受轴向力的自由状态下，用两个塞尺在正、倒车推力环

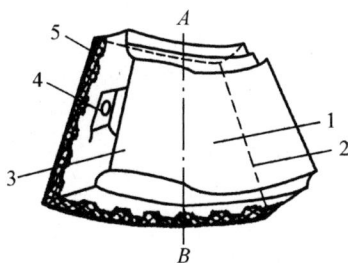

1—低位面；2—进油边；3—高位面；4—凸台；5—白合金。

图 2-64 推力块

处同时测量,然后将这两个数值相加得出。这个间隙的大小要符合说明书的要求,否则要通过调节圈进行调节。作为临时性的调整措施,可在调节圈后加放垫片,在以后修船时再更换调节圈。在工厂安装两排推力块时,调节圈应按下述要求进行调整:当推力环与正、倒车推力块之间各为 1/2 装配间隙时,靠近推力轴承的最后一个曲柄的中心线应向推力轴承方向偏移一个规定的数值。这样做是为了补偿曲轴在运转中的热膨胀,以便尽可能地使各曲柄臂与主轴承之间的轴向间隙保持均等。

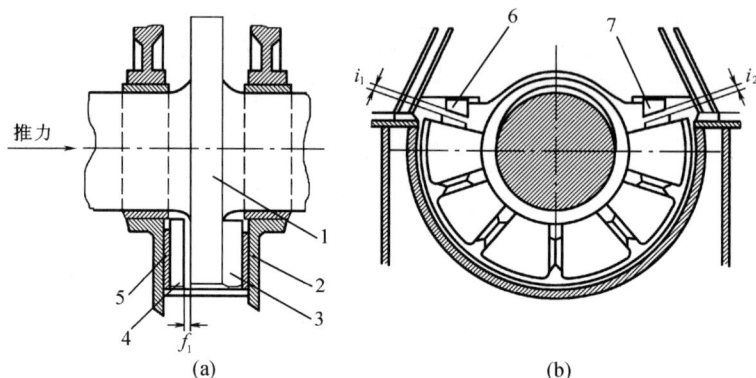

1—推力环;2,5—调节圈;3,4—推力块;6,7—压板(止动器)。

图 2-65　推力轴承简图

柴油机拆装
(微课)

试一试

分小组拆装柴油机,识别柴油机的主要机件。

想一想

1. 柴油机有哪些主要机件?

2. 气缸套有哪几种结构形式,各有何特点?

3. 气缸盖的作用是什么,对它有哪些要求?

4. 什么是"薄壁强背"结构,它突出的优点是什么?

5. 筒形活塞和十字头活塞组件由哪些部分组成,活塞有哪几种冷却方式?

6. 活塞环有哪些类型,各有何功用及特点?

7. 简述十字头组件的功用和结构特点。

8. 筒形活塞式柴油机的连杆结构有何特点?

9. MAN L-MC 系列柴油机连杆与 RTA 系列柴油机连杆有何区别?

10. 从测量取得 6ESDZ43/82B 型柴油机某缸压缩比为 11,若改为 11.5,应如何进行调整(单位:mm,计算结果保留小数点后一位)。

11. 曲轴主要有哪些功用,其工作条件复杂体现在哪些方面?

12. 简述主轴承的功用、分类和结构特点。

项目 2
重点难点解答

项目 3　换气与增压

【任务目标】

1. 简述四、二冲程柴油机换气过程,熟悉换气机构的功用、组成和工作原理。

2. 识别两种废气涡轮增压基本形式,并比较两者的差异,掌握废气涡轮增压器结构和工作原理。

3. 分析气阀间隙对柴油机换气过程的影响,能进行气阀间隙、配气正时及气阀升程检查和调整,正确维护增压器。

任务 3.1　换 气 过 程

柴油机每完成一个工作循环,必须排出气缸内做功后的废气,充入新鲜空气,为下一个工作循环的进行提供必要的条件。从排气开始到进气结束的整个工质更换过程称为换气过程。

对换气过程的要求是:废气排得越干净,充入的新鲜空气越多越好,消耗的功及流失的空气量要少。这样才有可能喷入更多的燃油并能完全燃烧,使柴油机功率增加。另外,进气充足也有利于混合气的形成,改善燃烧,提高柴油机的经济性和排放性能。因此,换气过程的完善程度直接影响着柴油机的动力性、经济性、可靠性和排气污染程度。

由于四冲程柴油机和二冲程柴油机的换气形式不同,因此换气过程也有所不同。

3.1.1　四冲程柴油机的换气过程

四冲程柴油机的实际换气过程是指从排气阀在下止点前开启起,经过排气冲程和进气冲程至进气阀在下止点后关闭为止的过程。换气过程中气缸内和排气管内压力随曲轴转角的变化关系如图 3-1 所示,根据气体流动的特点,换气过程可分为三个阶段。

1. 自由排气阶段

当排气阀在下止点前打开时,气缸压力 p_b 远远高于排气管压力 p_r,废气在很大的压差作用下排出气缸。随着排气阀开度的增大,排气量增多,使气缸压力急剧降低,排气管压力迅速升高,直至下止点后气缸压力接近排气管压力为止。在这一阶段,气缸压力与排气管压力始终存在较大的压差,废气主要在压差作用下排出气缸,所以称为自由排气阶段。自由排气阶段一般在下止点后 $10°CA \sim 30°CA$ 结束。

2. 强制排气阶段

从自由排气结束到排气阀关闭这一阶段,活塞由下止点向上止点运动,排气过程是由活塞的推挤形成的,称为强制排气阶段。在这个阶段中气缸压力与排气管压力逐渐降低,压差较小。活塞到上止点后虽然开始向下运动,但在排气行程中形成的高速排气

流的惯性作用下,废气可继续排出气缸,称之为惯性排气。排气阀在上止点后延迟关闭,延长排气时间,可使废气排得干净,排气功减小,排气流的惯性得以充分利用。

3. 进气阶段

为了增加进气量,减小流动阻力,进气阀是在排气行程后期开启的。由于进气阀开度很小,开启时刻的气缸压力只略高于进气压力,并且在气缸内存在一个惯性排气流,所以

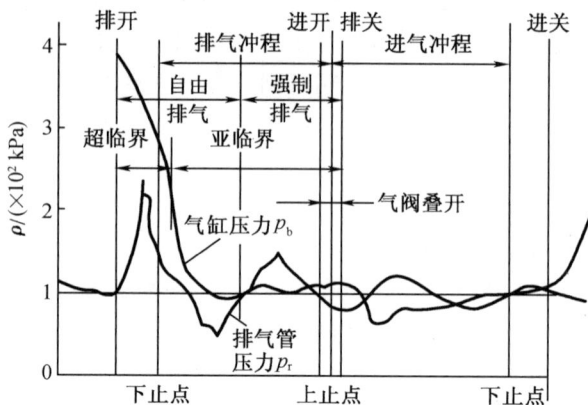

图 3-1　四冲程柴油机换气过程

一般废气不但不会倒流入进气管,并且在排气阀关闭前还能形成燃烧室扫气。新鲜空气是在缸内压力低于进气管压力后才开始进入气缸的。在进气行程中,由于进气系统的流动阻力的影响,缸内压力一直低于进气管压力。在进气过程末期,由于进气阀适当地延迟关闭,在进气气流的惯性作用下,新鲜空气仍可继续进入气缸,以提高充气量。

3.1.2　二冲程柴油机的换气过程

二冲程柴油机的换气过程是指从排气口(或排气阀)打开至排气口(或排气阀)完全关闭的过程。图 3-2 所示为横流二冲程柴油机的换气过程,根据换气过程中气缸内压力变化特点,可以把整个换气过程分为三个主要阶段。

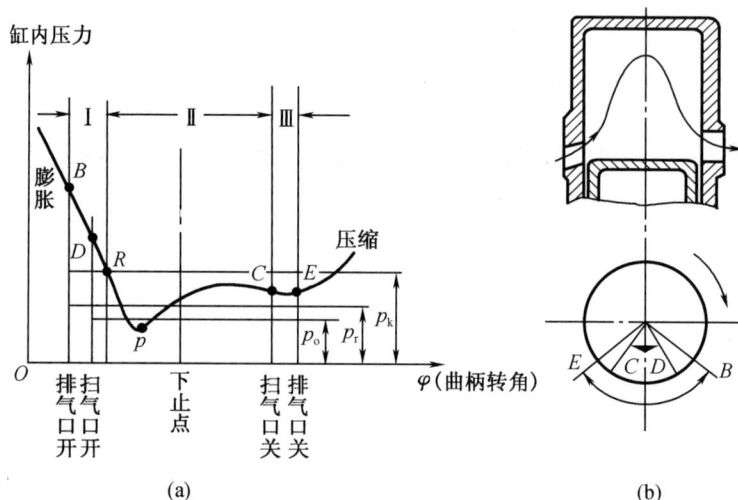

图 3-2　横流二冲程柴油机换气过程

1. 自由排气阶段(B—R)

从排气口(或排气阀)的开启点 B 到开始进气的点 R(此时气缸内的压力 p_b 与扫气压力 p_k 相等),称为自由排气阶段。在这一阶段,废气在缸内与排气管的压差作用下,

经排气口高速流入排气管中,使缸内压力急剧降低。一般来说,当活塞下行到点 D 开启扫气口时,气缸内的压力 p_b 仍略高于扫气压力 p_k,但因扫气口的节流和排气的流动惯性,不会出现废气经扫气口倒冲入扫气箱的情况。

2. 强制排气和扫气阶段(R—C)

此阶段从进气开始到关闭扫气口为止。这一阶段主要靠新气与缸内废气的压差,利用新气将废气清扫并强制排出气缸。

3. 过后排气阶段(C—E)

此阶段从扫气口关闭(点 C)开始到排气口关闭(点 E)为止。在这一阶段,缸内的新鲜空气会有部分从开启着的排气口流失,是一个新气损失阶段,因此越短越好。在直流换气中,可使排气阀早关闭于扫气口,从而使过后排气变成过后进气。

由上述可知,二冲程柴油机的换气过程没有单独的进、排气冲程,只是在膨胀冲程末和压缩冲程初完成的。换气时间短,为 $120°CA \sim 150°CA$。由于进气与排气同时进行,新气与废气的相互掺混严重,空气消耗量多,耗功大,换气效果比四冲程柴油机差。其换气质量还与扫气形式有关。

任务 3.2 换 气 机 构

柴油机的换气过程是由配气系统来完成的。配气系统包括进气和排气两个系统。不同类型的柴油机,配气系统的组成也有所不同。

非增压四冲程柴油机的进气系统由空气过滤器、进气总管和支管,以及控制进气过程进行的气阀式配气机构组成;排气系统由控制排气过程进行的气阀式配气机构、气缸盖内的排气道、排气支管和总管以及消音器等组成。

换气机构
（PDF）

非增压二冲程柴油机的配气系统与四冲程柴油机的主要差异:除气口-气阀直流扫气柴油机需设置排气的换气机构外,其余各类扫气形式的二冲程柴油机不需要换气机构。为提高扫气压力,设有扫气泵和使扫气压力稳定的大容量的扫气箱;对采用排气阀排气的排气系统,其组成与上述四冲程柴油机相同。

废气涡轮增压柴油机配气系统的组成特点:在非增压柴油机基础上,增设废气涡轮增压器,有的还设有空气冷却器。

换气机构是保证柴油机按规定的顺序和时刻完成进、排气过程的机构,也称配气机构,是四冲程柴油机和气口-气阀直流扫气二冲程柴油机的重要组成部分。

四冲程柴油机常见的气阀式换气机构如图 3-3 所示,它是由气阀装置、气阀传动机构、凸轮轴和凸轮轴传动机构组成的。气阀式换气机构的基本工作原理是曲轴转动时带动凸轮轴传动机构使凸轮轴转动,凸轮轴上的凸轮按一定时刻推动气阀传动机构,使气阀有规律地启闭。

3.2.1 气阀装置

柴油机的气阀结构根据其结构特点可分为不带阀壳式和带阀壳式两大类。不带阀壳式气阀机构直接安装在气缸盖上,包括气阀、阀座、气阀导管、气阀弹簧、弹簧承盘及其与阀杆连件等,其装配关系如图 3-3 所示。而在大功率中低速柴油机中,气阀机构则多采用带阀壳式结构。

1. 气阀

气阀是直接与气缸盖上的阀座配合,控制进、排气通道的零件。它有阀盘和阀杆两部分,并整体锻造加工而成。圆柱形阀杆以气阀导管为导程,使阀盘沿阀座锥孔的中心线运动,同时将阀盘的部分热量通过导管传递给缸盖。

气阀的工作条件十分恶劣,工作中直接与高温高压的燃气接触,高速关闭时与阀座发生撞击和磨损,此外还存在燃烧产物的腐蚀。因此,气阀的材料应具有较高的机械性能、抗腐蚀性、耐磨性及一定的硬度。进气阀的材料一般为 40Cr、35CrMn 等合金钢,排气阀用 4Cr9Si2、4Cr10Si2Mn 等耐热合金钢。为适应高增压和燃用重油柴油机的要求,对气阀锥面采取堆焊钴基硬质合金,在阀盘近燃烧室侧覆盖耐热耐蚀的铬镍铁合金。阀杆顶端因承受摇臂的冲击力,进行硬化淬火处理或堆焊硬质合金,也有的加装硬质盖帽。

气阀头部结构如图 3-4 所示。阀杆与阀盘之间采用较大的过渡圆弧,以增大气阀的刚度并改善气体流动性能。图 3-4(a)所示为平底阀盘,其形状简单,加工方便,受热面积小,应用比较广泛。图 3-4(b)所示为凹底阀盘,其特点是质量小,阀盘与阀杆的过渡圆弧大,有利于进气气流的流动,但其受热面积

1—气阀;2—气阀导管;3—气阀弹簧;4—凸轮轴;
5—顶头;6—推杆;7—摇臂座;8—摇臂。

图 3-3 气阀式换气机构的组成

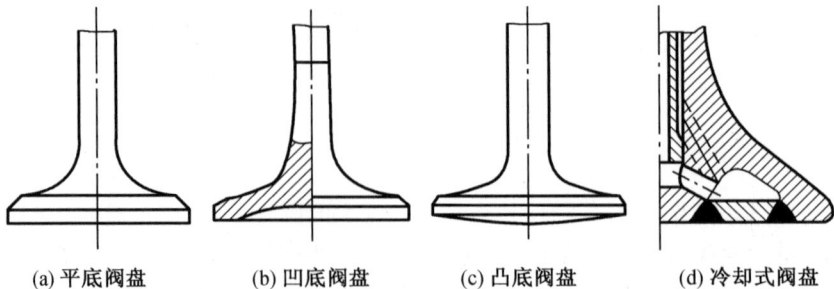

大,常用作进气阀。图 3-4(c)所示为凸底阀盘,凸底有导流作用,刚度较大,质量也较大,常用作排气阀。图 3-4(d)所示为冷却式阀盘,其阀盘与阀杆为中空的,充入一半容积左右的金属钠(熔点为 97 ℃),工作时金属钠呈液态并在空腔内激烈振荡,将阀盘的部分热量经阀杆、导管传递给气缸盖中的冷却水,能降低气阀的温度,但气阀的结构复杂,仅在少数燃用重油的柴油机上作为排气阀使用。

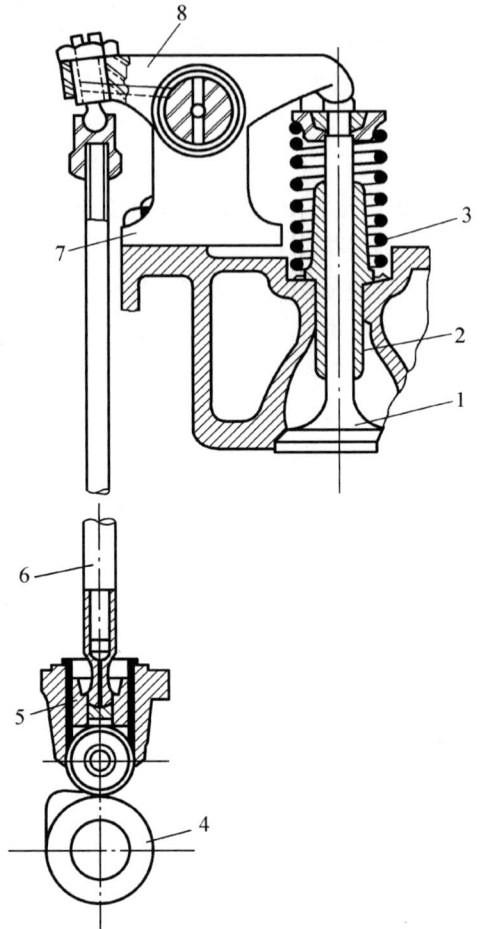

(a) 平底阀盘　　　(b) 凹底阀盘　　　(c) 凸底阀盘　　　(d) 冷却式阀盘

图 3-4 气阀头部结构

阀盘与阀座配合的锥面和底面之间的夹角 α 称为阀面锥角,如图 3-5 所示。阀面锥角增大,气阀的对中性好,锥面压力大,密封性好,但磨损较大。阀面锥角减小,在气阀升程一定时,具有较大的通流截面,但阀盘的强度较低。阀面锥角一般有 45° 和 30° 两种。排气阀阀面锥角常为 45°,进气阀可采用 30° 阀面锥角。但为了

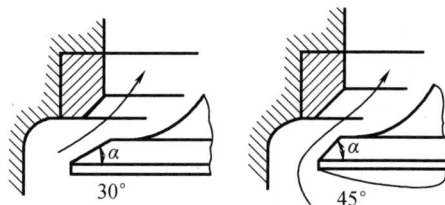

图 3-5 阀面锥角

制造和维修上的方便,大多数柴油机的进、排气阀往往都采用 45° 阀面锥角。

阀座锥角通常略大于阀面锥角,在阀盘与阀座之间得到一圈接触线,称为阀线(图 3-6)。阀线宽度对气阀的密封性、耐磨性及散热都有影响。阀线窄,阀与阀座接触比压大,有利于密封,但气阀散热差,阀面磨损较快。接触线运行一段时间便会磨宽,并在使用中不断加宽。

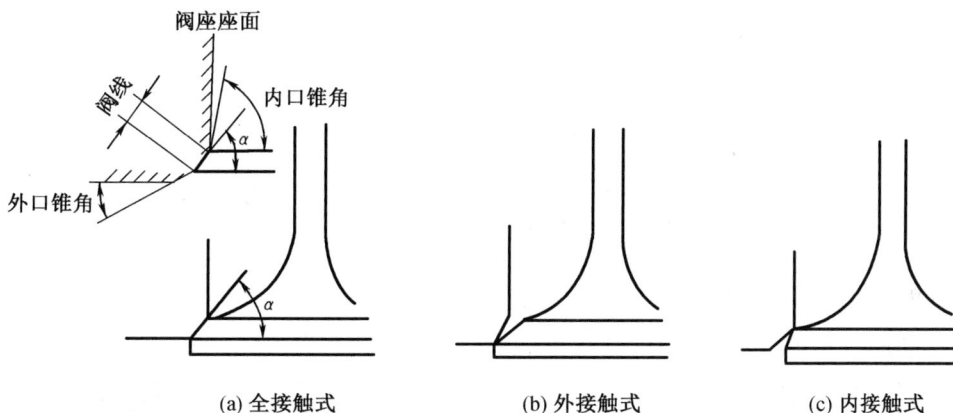

(a) 全接触式　　　　(b) 外接触式　　　　(c) 内接触式

图 3-6 阀与阀座的配合方式

气阀的锥面与阀座的座面在配合上有三种方式,如图 3-6 所示。图 3-6(a) 所示为全接触式,阀面锥角与座面锥角相等,其接触面积大,具有耐磨、传热好等优点,但易结炭,敲击产生麻点,多用在小型高速柴油机上,阀线宽度一般为 1.5~2.5 mm。图 3-6(b) 所示为外接触式,阀面锥角比座面锥角小 0.5°~1°,这种方式接触面积小,密封性好,锥面与座面内侧不与燃气接触,阀盘在高压燃气作用下发生拱腰变形会使内侧锥面与座面接触,减小了接触应力,增加了散热,多用在强载中速机上。图 3-6(c) 所示为内接触式,阀面锥角比座面锥角大 0.2°~0.5°,这种方式接触面积小,密封性好,接触面因离燃烧室较远而温度低,钒、钠的腐蚀小,阀盘在高温和高压燃气作用下发生周边翘曲的热变形和机械变形,使外锥面与座面接触,这样减小了接触应力,增加了阀盘散热,常用在长冲程低速柴油机上。

2. 阀座

阀座座面与气阀锥面配合工作,阀座的工作条件与气阀相同。柴油机的阀座普遍采用耐热、耐磨材料,如耐热合金钢或合金铸铁单独制成。因为阀座还要承担传递气阀大部分的散热量,所以阀座与气缸盖的安装接合面要配合紧密,一般多以螺纹连接或过

盈压配方法安装在气缸盖上。如图3-7(a)所示,安装时将阀座用液态氮或固态二氧化碳冷却后,再装入气缸盖的座孔凹槽中。

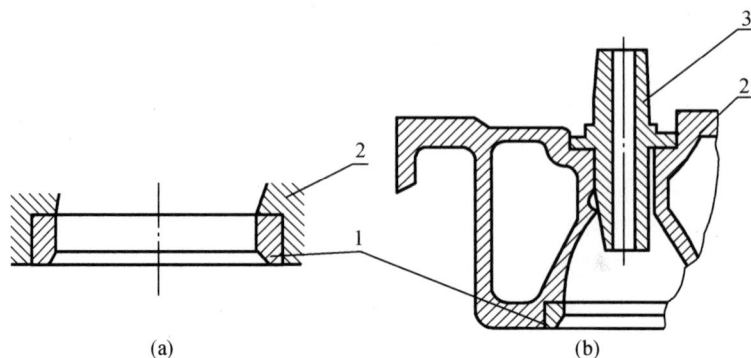

1—阀座;2—气缸盖;3—气阀导管。

图3-7 阀座与导管

3. 气阀导管

气阀导管与阀杆配合,引导气阀做直线往复运动,承受摇臂压动阀杆时产生的侧推力,并把气阀的部分热量(约为总散热量的25%)传递给气缸盖。由于工作温度高(250~350℃),润滑条件差,所以导管一般采用合金铸铁或铁基粉末冶金材料制造,再压入气缸盖的导管孔中,如图3-7(b)所示。

气阀导管与阀杆之间的配合间隙要按照柴油机说明书规定的安装间隙和磨损极限进行装配及更换。间隙过小,气阀动作迟滞,甚至会使阀杆热膨胀后卡死在导管中;间隙过大,则散热不良,还会使阀杆在导管中的横向振动加剧并漏气,特别是漏气会造成烟灰和气缸盖面的润滑油窜入此间隙,使温度进一步升高,润滑油结胶、焦化,阀杆被卡死在导管中。为减少润滑油与燃油受热分解后在阀杆上形成胶状沉积物而阻滞阀杆运动,可用阀杆上带有锐边的刮口或利用导管口锐边来消除残留润滑油与燃油。

4. 气阀弹簧

气阀弹簧的作用是当摇臂抬起时,使气阀关闭并与阀座紧密贴合以保证气密性。

小型柴油机多采用单弹簧,而大多数柴油机采用内、外两弹簧,如图3-8所示。其目的是在不降低应有弹力的条件下,可采用较细软的弹簧钢丝,使其工作时动作柔和,抗疲劳强度增大,弹簧长度减小,稳定性提

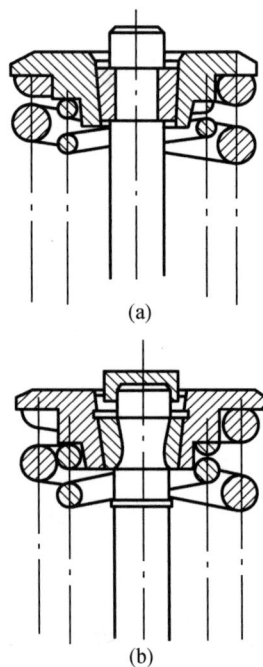

图3-8 阀杆与弹簧承盘连接方式

高。另外,两根弹簧由于自振频率不同,互相干扰,可以起到减振的作用。此外,采用两根弹簧还可以增加工作的可靠性。两弹簧旋向相反,以防弹簧移动或折断时互相夹插。

气阀弹簧采用冷拔弹簧钢丝绕制而成,如65Mn、50CrVA等,并经淬火和回火处理。弹簧表面还经镀铜、镀锌、发蓝、发黑等处理,以提高疲劳强度和耐蚀性能。

气阀杆大都是通过剖分式的锁夹(卡块)与气阀弹簧上承盘连接的,锁夹的内圆孔紧抱住阀杆端部的卡块槽部分。阀杆与弹簧承盘的连接方式有两种,如图3-8所示。图3-8(a)为阀杆在装锁夹处直径骤变,应力集中严重;图3-8(b)为装锁夹处直径采用圆弧过渡形状,应力集中减弱。阀杆在装锁夹处下面往往有细圆槽,用来装配保险卡簧,以防锁夹连接失效时气阀落入气缸。

5. 阀壳式气阀机构

阀壳式气阀机构是将气阀、阀座、导管、气阀弹簧等零件组装在一个独立的阀壳中,再安装在气缸盖的阀壳孔中。这样,无须拆卸气缸盖就可以拆下气阀机构,使检修气阀较为方便。阀壳中还有润滑阀杆的油道和强制循环冷却水腔,从而简化了气缸盖的结构。

图3-9所示为低速二冲程直流扫气柴油机的阀壳式排气阀装置。阀壳19用铸铁制造,阀座1用销钉21固定在壳体上,损坏后可以单独修理或更换。阀壳上装有气阀导管12和17。为了耐磨,在导管内装有青铜衬套2和11,气阀16的阀杆与之滑动配合。气阀锥面焊有硬质合金,以提高阀盘的耐磨性。阀杆由锥形卡块6连接在弹簧盘7上。阀杆下部装有保护罩20,以防止阀杆导向部分受高温燃气的冲刷及被烟灰污染。气阀弹簧上下、内外共有4个。中间弹簧盘及其导架10分别与摇臂座、摇臂连接(图中未标出)。阀壳紧固螺栓为长尺寸柔性螺栓,不仅有较大的抗疲劳强度,而且还能防止因阀座蠕变以及气阀在紧固上出现的松脱。阀壳采用水冷,冷却水由进口A、C引入,由出口B流出。拆下盖板18可方便地清洗和检查冷却水腔。经加油塞14为阀杆加入润滑油。

在强载、燃用重油的柴油机中,除了对排气阀和阀座进行冷却外,还装设旋阀器使排气阀在开关过程中均匀而缓慢地转动,以使阀盘沿圆周方向的受热均匀,还有利于清除阀杆与导管、阀面与阀座之间的积炭,使磨损减小,贴合严密。现代船用低速二冲程柴油机大都采用推进器式旋阀器,其构造如图3-10所示。在排气阀17的阀杆上装有转翼18。排气阀打开时,排气流作用在转翼上,由转翼带动阀杆绕其轴线转动,使排气阀旋转。旋转角速度随柴油机负荷而变。

3.2.2 气阀传动机构

气阀传动机构的作用是把凸轮的运动传给气阀。气阀传动机构可分为机械式和液压式两种。机械式气阀传动机构是传统的气阀传动机构,广泛用于各种类型柴油机上。大型低速柴油机均采用液压式气阀传动机构。

1. 机械式气阀传动机构

图3-3所示为中、小型柴油机中常用的一种机械式气阀传动机构。它由顶头5、推杆6、摇臂座7、摇臂8等组成。摇臂经轴销安装在摇臂座上,摇臂座固定在气缸盖上。凸轮在转动中将顶头、推杆顶起,从而使摇臂绕摇臂轴转动,克服气阀弹簧的弹力将气阀打开。当滚轮沿凸轮的型线下降时,在气阀弹簧的作用下气阀逐渐关闭,因而凸轮的形状与安装位置就决定了气阀的启闭时刻。

气阀装置
（动画）

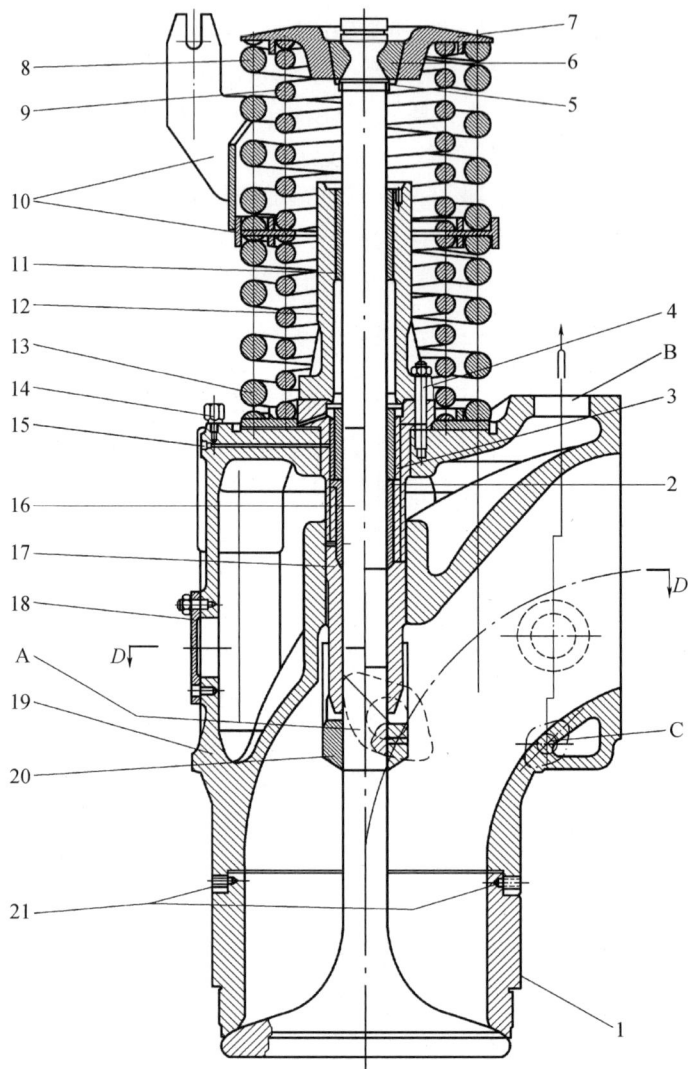

1—阀座；2,3,11—衬套；4—螺栓；5—卡环；6—卡块；7—弹簧盘；
8,9,13—气阀弹簧；10—中间弹簧盘及其导架；12,17—气阀导管；14—加油塞；
15—螺塞；16—气阀；18—盖板；19—阀壳；20—保护罩；21—锁钉；
A,C—冷却水进口；B—冷却水出口。

图3-9　低速二冲程直流扫气柴油机阀壳式排气阀装置

　　对于机械式气阀传动机构，在柴油机冷态下，气阀机构与气阀传动机构之间要留有间隙，也称气阀间隙。气阀间隙使气阀在工作中受热后有膨胀的余地，保证气阀的关闭。气阀间隙的正确与否会严重影响柴油机能否正常工作。气阀间隙可以通过调节螺钉调整，调整气阀间隙时，要求滚轮落在凸轮的基圆上，摇臂、推杆和顶头之间保持接触。

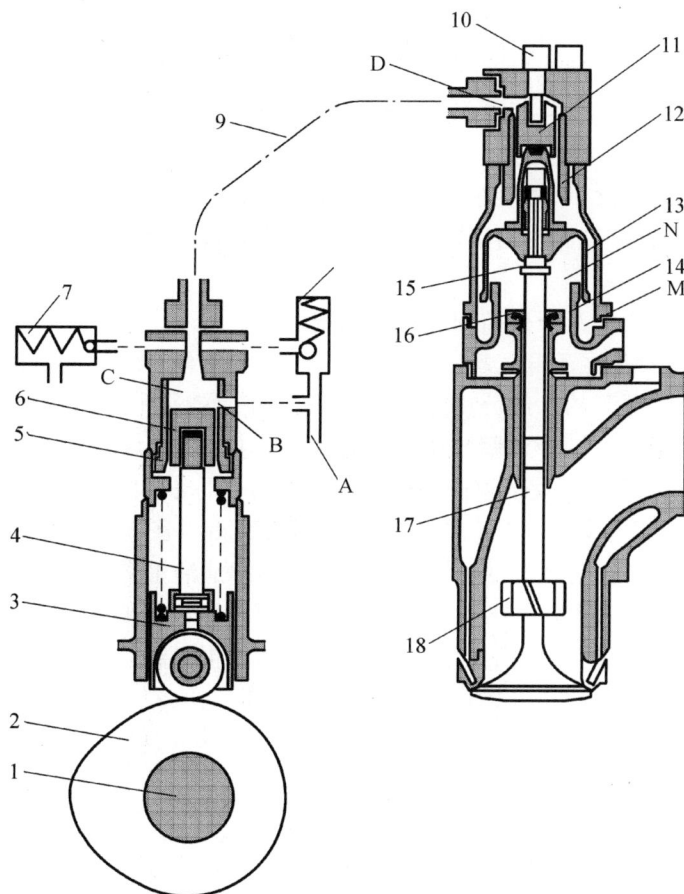

1—凸轮轴;2—凸轮;3—顶头;4—顶杆;5—套筒;6—柱塞;7—安全阀;8—补油阀;
9—油管;10—缓冲销;11—柱塞;12—套筒;13—活塞;14—气缸;15—卡环;
16—弹簧板;17—排气阀;18—转翼;A—补油管;B—补油孔;C、D—油空间;M、N—气空间。

图 3-10　液压式气阀传动机构和气阀机构

2. 液压式气阀传动机构

液压式气阀传动机构是在顶头和气阀的上端各设一个液压油缸,并以高压油管连通。开阀靠液压油缸产生的油压,关阀靠"空气弹簧"的气压来实现。图 3-10 所示为液压式气阀传动机构和气阀机构简图。图中顶头处的液压油缸由顶头 3、顶杆 4、套筒 5、柱塞 6、安全阀 7 和补油阀 8 等组成。气阀处的液压油缸由缓冲销 10、柱塞 11、套筒 12 等组成。空气弹簧装置由活塞 13、气缸 14 等组成。由空气瓶来的经减压的空气进入空间 N。

当凸轮 2 转动,通过顶头 3、顶杆 4 驱动柱塞 6 上行时,C 空间的油压升高并经高压油管 9 进入气阀顶部液压油缸的 D 空间,作用在柱塞 11 上的油压使柱塞 11 下行,并推动活塞 13 下行,将 N 空间内的空气压缩,迫使排气阀 17 打开。随着凸轮转过顶头,柱塞 6 重新下行时,油压降低,D 空间的油回流到 C 空间。气阀在 N 空间的气压(空气弹簧)作用下关闭。排气阀 17 关闭时,液压柱塞 11 上行,缓冲销 10 进入柱塞 11 的孔中

将其中的油挤出,油的阻尼作用减轻了阀与阀座的撞击。液压传动机构在运行时经套筒和柱塞间隙漏泄的油,由补油管 A 和补油阀 8 补充。机构中的油由十字头轴承的润滑油经减压后供给。当油压过高时,油经安全阀 7 泄掉。当 N 空间没有压缩空气时,柱塞 11 在油压作用下下移,气阀被打开。但当卡环 15 落在弹簧板 16 上时便不再下移,避免气阀与活塞发生撞击。

这种机构具有尺寸小、质量小、气阀不承受侧推力、工作时噪声小、便于布置和拆装方便等优点,但存在调试和密封困难等缺陷。目前,其普遍用于超长行程低速柴油机的排气阀中。

3. 变排气阀关正时及升程控制(VEC)系统

我们知道,柴油机在不同工况下,进排气有不同的最佳正时。柴油机通常是根据标定工况来确定配气正时的。部分负荷运行时,配气正时就很不理想。近年来,大功率中速机发展到用两根凸轮轴分别调节喷油正时和进气排正时。目前,在其低速机上则均已开发了变排气阀关正时及升程控制(variable exhaust control,VEC)系统,以优化部分负荷性能,减少排气污染。其 VEC 机构设在驱动油泵处。图 3-11 所示为用于 RTA84T 柴油机的 VEC 系统,它是用改变液压驱动系统中的润滑油量来改变排气阀关正时及升程的。在负荷降低时,泄放其中部分润滑油,这样可以提早关闭排气阀,减少过后排气,使气缸内空气量增多,有效压缩比提高,压缩终点压力提高,最高爆发压力提高,热效率提高;新鲜空气流失减少,也使燃烧充分,热效率提高。

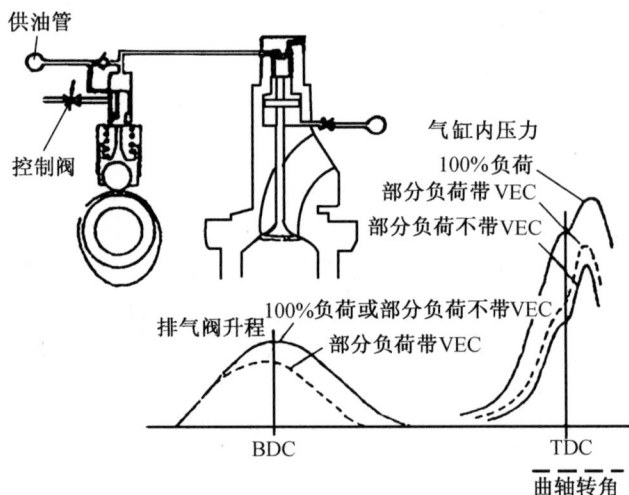

图 3-11　变排气阀关正时及升程控制(VEC)系统

3.2.3　凸轮轴

凸轮轴是柴油机中非常重要的传动轴。凸轮轴的功用是控制柴油机中需要定时的设备,使它们按照一定的顺序准确地工作。凸轮轴由轴和凸轮等组成。根据机型的不同,凸轮的作用和个数也不同。凸轮主要包括进、排气凸轮,喷油凸轮和空气分配器凸轮,而且凸轮是每缸一组。凸轮轴安装在凸轮轴箱内,由多个轴承支撑。

凸轮轴的结构有整体式和装配式两大类。整体式凸轮轴是将凸轮与轴本体锻成或铸成一体,多用于小型柴油机,如图 3-12 所示。

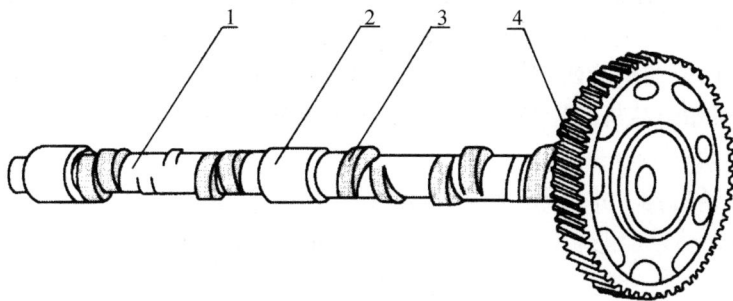

1—轴;2—轴颈;3—凸轮;4—正时齿轮。

图 3-12 整体式凸轮轴

装配式凸轮轴的凸轮与轴分开制造,再根据定时的要求将凸轮紧固在轴上。图 3-13 所示为凸轮在轴上的各种安装方法。图 3-13(a)所示为无键连接,将凸轮内孔和轴的配合面加工成 1:35 的锥度,并加工成过盈配合尺寸,在凸轮内孔中还加工有浅的布油槽与油孔相通。装配时,把凸轮套在轴上采用液压扩孔套合的方法,将凸轮紧固在凸轮轴上。图 3-13(b)所示为键连接,即用键和定位螺钉将凸轮紧固在凸轮轴上。图 3-13(c)所示是将各个凸轮分开制造,再与定距套筒组合成凸轮组。每个凸轮的内端面上铣有 240 个或 360 个平面齿,它与用键和螺钉紧固在轴上的定距套筒端面上的平面齿啮合,再用压紧螺钉通过环套及止推环把凸轮固定在定距套筒上,这种结构可便于凸轮角度的调整。

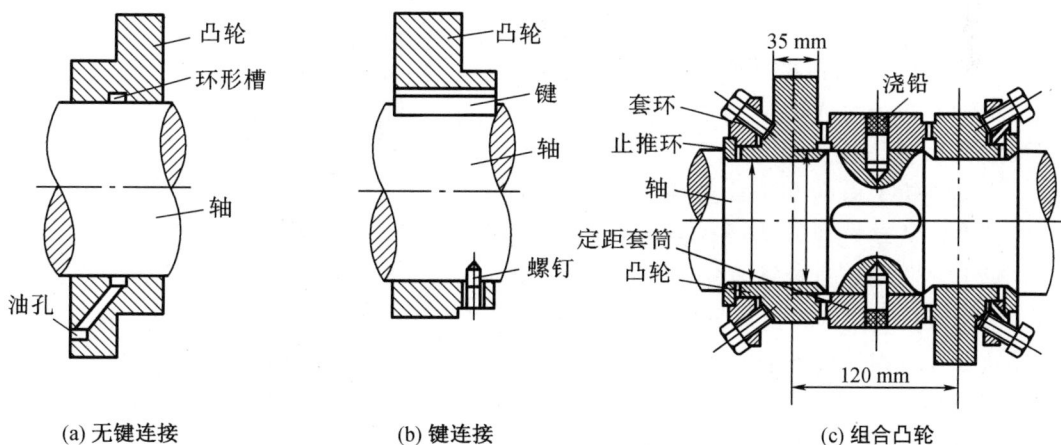

(a) 无键连接   (b) 键连接   (c) 组合凸轮

图 3-13 装配式凸轮轴

大型柴油机的凸轮轴很长,故常分几段组装而成。为了使柴油机结构简单,控制进、排气阀和喷油泵的凸轮一般都装在同一根轴上。对于电子控制式柴油机,则取消了凸轮轴。

凸轮轴常采用优质碳钢或合金钢锻造而成。其受磨损的工作表面应进行淬火、渗碳等表面硬化处理。

3.2.4　凸轮轴传动机构

凸轮轴是由柴油机的曲轴带动的,其传动方式与机型、凸轮轴位置以及附件的传动等因素有关,船舶柴油机凸轮轴传动机构一般有齿轮式、链式传动两种类型。

1.齿轮传动机构

齿轮式传动机构工作可靠,在中小型四冲程柴油机上得到广泛应用;但其噪声较大,齿轮间隙的积累误差会使定时受到影响。四冲程柴油机采用齿轮传动轮系,称为定时齿轮。为了减小曲轴扭振的影响,凸轮轴传动机构都安装在曲轴飞轮端。定时齿轮包括曲轴上的主动齿轮、凸轮轴上的从动齿轮及二者之间的中间齿轮。主、从传动齿轮的转速比为 2∶1,而二冲程柴油机则应

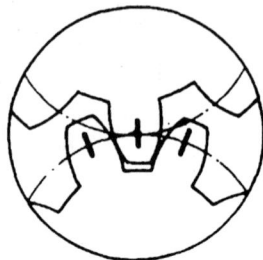

图 3-14　齿轮啮合记号

该是 1∶1。齿轮相互啮合的轮齿上,均有啮合记号,以保证配气、喷油定时的正确,如图 3-14 所示。

2.链传动机构

链传动装置结构简单、紧凑,且在柴油机换向时可以避免齿轮传动中可能产生的齿轮间隙累积误差,因而在正、倒车运转时都能得到准确的定时,对于轴线的不平行度与中心距的误差都不敏感。此外,还可以通过链轮、链条驱动往复惯性力矩平衡装置,因而在大型低速柴油机中广泛应用。但链条传动装置的润滑不如齿轮传动装置,其磨损快,容易松弛,需经常检查。

图 3-15 所示为二冲程柴油机凸轮链传动机构简图。链传动机构由曲轴上的主动链轮 1、凸轮轴上的从动链轮 4、链条 5、中间轮 6、链条张紧臂 2、张紧轮 3、张紧弹簧 7 等组成。

主动链轮 1 由两个半块组成,用螺栓紧固在曲轴上。从动链轮 4 为整体式,用键连接在凸轮轴上。曲轴与凸轮轴的转速比为 1∶1。链条 5 采用双排套筒滚子链。导轨(图中未画出)由导轨板和装在导轨板上的特种耐油橡胶块组成,以防止链条的横向抖动和敲击,使之工作平稳。中间轮 6 用以减小链条的振动,而链条张紧臂 2 可以调节链条的松紧程度,保证链条与链轮啮合良好,传动平稳。张紧弹簧 7 的弹力通过链条张紧臂 2、张紧轮 3 作用到链条 5 上将它拉紧。为了保证定时正确,链条按啮合记号装在链轮上。张紧轮可位于正车转动时链条的紧边或松边。通常较老机型多位于紧边,而新机型则位于松边。张紧链条时要边盘车边张紧,盘车时要使张紧轮一侧的链条为松边。应

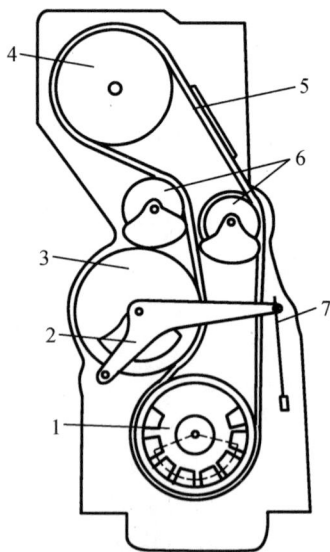

1—主动链轮;2—链条张紧臂;
3—张紧轮;4—从动链轮;
5—链条;6—中间轮;7—张紧弹簧。

图 3-15　二冲程柴油机凸轮链条传动机构简图

该注意:链条、链轮磨损后,链条会松弛,再度张紧时定时会发生变化。当链条长度增加1.5%时,需换新。

大型低速二冲程柴油机根据凸轮轴的位置有两种传动方式:一种是凸轮轴布置在机架中部,因曲轴与凸轮轴较近,采用齿轮传动;一种是凸轮轴布置在气缸体中部,因曲轴与凸轮轴较远,采用链传动。也有采用齿轮和链条联合传动方式的。无论采用何种传动方式,其传动机构必须保持正确的定时关系。此外,还应尽量减小扭振及凸轮轴扭转变形引起的定时偏差。

任务 3.3　换气机构检查与调整

3.3.1　气阀间隙的检查与调整

柴油机的气阀(气门)间隙对气阀的开闭时刻、密封性能,以及摇臂压头与气阀阀杆顶端的接触面磨损都有着重要影响。如果气阀间隙太小,阀杆等受热伸长会使气阀关闭不严,造成燃气外窜或倒灌、烧损密封面、柴油机压缩压力不足、功率下降、启动困难等故障;如果气阀间隙太大,则使气阀迟开早关,进、排气过程缩短,以及因气阀开度不足而造成的换气质量差,还会使摇臂与阀杆撞击加重、磨损加快、噪声增大。因此,必须保证适当的气阀间隙。在柴油机使用说明书中对气阀间隙值都有规定,可以此作为检查、调整的依据。

在柴油机的安装使用中,应对气阀间隙进行及时的检查与调整。在柴油机拆装修理后或长期使用磨损后都应重新测量与调整气阀间隙。检查调整气阀间隙要在柴油机冷态下进行,且要求检查调整的进、排气阀处于关闭状态。因此,检查调整气阀间隙首先要判断气阀是否处于关闭状态。判断气阀是否完全关闭主要有以下三种方法:

(1)检查顶杆滚轮落在凸轮基圆上,气阀处于关闭状态;

(2)盘车过程中不断用手扭动所测气阀的顶杆,当用手扭动时顶杆很轻便,则该气阀为关闭状态;

(3)观察该缸高压油泵柱塞弹簧的压缩情况,当弹簧压缩在最小位置时,说明该缸气阀处于关闭状态。

常见气阀间隙检查和调整的方法有两种:一是逐缸调整法,二是两次调整法。

1.逐缸调整法

逐缸调整法是根据气缸发火顺序,确定某缸活塞在压缩上止点位置(此时进、排气阀完全处于关闭状态)后,对此缸进、排气阀间隙进行调整;调整完成之后摇转曲轴,每经过一个发火间隔角,检查下一气缸的进、排气阀间隙,按此法逐步调整其他各缸气门间隙。调整步骤如下:

(1)冷车时盘车使某缸活塞在压缩上止点位置,在摇臂的顶杆端略加力把摇臂压向下,则在摇臂的气阀端与气阀杆顶端之间就出现了间隙,用厚度适当的塞尺测量此间隙的大小,当塞尺在其间既能通过又有阻滞感时,说明实际间隙就是塞尺的厚度,并与规定的标准值做对比。

(2)如测量值不符合要求则需要调整:①用梅花扳手旋松摇臂端调节螺栓的锁紧螺母;②用规定的气阀间隙厚度的塞尺插入摇臂和气阀杆之间,用螺丝刀拧动调节螺

钉,同时移动塞尺,感到稍有阻力但又不太紧时,表示间隙值符合规定要求;③用螺丝刀止住调节螺钉,同时拧紧锁紧螺母,再用塞尺复验,直到合格为止。

（3）沿着曲轴工作转向转动飞轮,每经过一个发火间隔角,按发火顺序检查下一气缸的气阀间隙,在飞轮转动两圈内按顺序完成所有气缸的进、排气阀间隙的检查和调整。

2. 两次调整法

生产实践中,普遍采用两次调整法调整气阀间隙,即第1缸压缩行程上止点时,调整所有气阀的一半,再摇转曲轴一周,便可调整其余一半气阀,两次调整完毕。

例如 6135G 型四冲程柴油机,发火顺序为 1—5—3—6—2—4,曲柄排列如图 3-16(a)所示。配气定时如下:进气阀在上止点前 20°CA 开,下止点后 48°CA 关;排气阀在下止点前 48°CA 开,上止点后 20°CA 关,如图 3-16(b)所示。据此,我们可以通过曲柄端视图清楚地得知各缸所处的工作状态和气阀的启闭状态,即能找出可调整的气阀。当盘车使第 1 缸处于做功上止点时,各缸所处工作状态及可以检查调整的气阀情况见表 3-1。

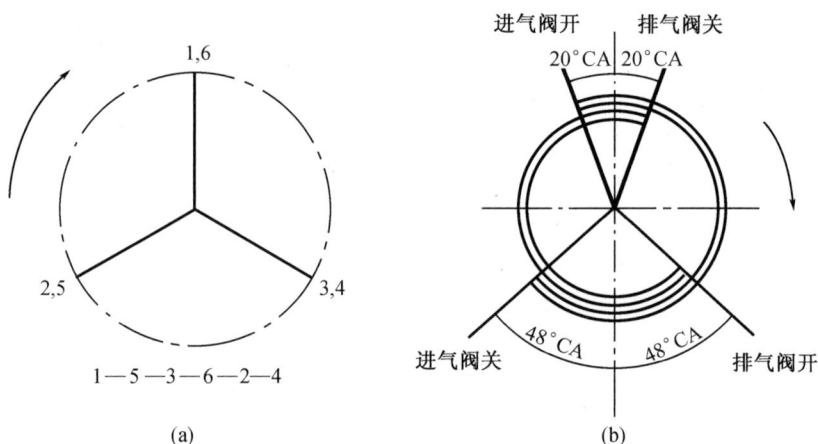

图 3-16 6135G 型四冲程柴油机曲柄排列端视图和配气定时图

表 3-1 第 1 缸做功上止点时各缸状态及可调整气阀

缸号	气缸工作状态	可检查调整气阀	缸号	气缸工作状态	可检查调整气阀
1	做功冲程上止点	进、排	4	做功冲程末期(活塞下行)	进 、(排)
2	排气冲程(活塞上行)	进、—	5	压缩冲程初期(活塞上行)	(进)、排
3	进气冲程(活塞下行)	—、排	6	进气冲程上止点	—、—

此时第 4 缸排气阀差 12°CA 就要开启,第 5 缸进气阀刚关闭 12°CA,为保证调整可靠,也为方便记忆,此两个气阀不予调整。

第一次盘车共调整 6 个气阀的气阀间隙。然后再盘车一周,使第 6 缸位于做功上止点,此时各缸的工作状态及可调气阀见表 3-2。

表 3-2　第 6 缸做功上止点时各缸状态及可调整气阀

缸号	气缸工作状态	可检查调整气阀	缸号	气缸工作状态	可检查调整气阀
1	进气冲程上止点	—、—	4	进气冲程(活塞下行)	—、排
2	压缩冲程初期(活塞上行)	—、排	5	排气冲程(活塞上行)	进、—
3	做功冲程末期(活塞下行)	进、—	6	做功冲程上止点	进、排

如此盘车两次,即可将6个缸的12个气阀的气阀间隙全部检查调整完毕。结合曲柄端视图和柴油机的发火顺序,分析两次盘车各缸可调气阀情况,一般可将多缸(偶数缸)四冲程柴油机的气阀间隙检查、调整,归纳为"先进后排"四个字。即除了活塞在做功上止点的气缸进、排气阀间隙均可调整外,按照发火顺序,发火先于该缸的气缸,其进气阀间隙可以调整;发火后于该缸的气缸,其排气阀间隙可以调整,处于进、排气重叠期的气缸的气阀均不可调。

如某6缸四冲程柴油机发火顺序为1—4—2—6—3—5,当第2缸活塞正好位于做功上止点时,快速检查、调整其气阀间隙的操作可根据"先进后排"和发火顺序,1,4缸先于2缸发火,6,3缸后于2缸发火,5缸处于进气上止点,故第一次可调气阀有1,4,2缸的进气阀和2,6,3缸的排气阀。上述气阀调整完后盘车一周,第5缸位于做功上止点,同理可调的气阀有6,3,5缸的进气阀和5,1,4缸的排气阀。至此6个缸的气阀全部检查调整完毕。

两次调整法检查、调整气阀间隙比较省时省力,调整一般多缸(偶数缸)四冲程柴油机气阀间隙时,结合柴油机的发火顺序,可迅速准确地完成调整操作。

3.3.2　配气定时检查与调整

在正常情况下,当气阀间隙符合要求,传动系统相对位置正确,气阀定时即可保证在规定范围之内。但经过长期运转后,由于定时传动齿轮磨损使齿隙增大、凸轮和气阀传动机构的磨损使气阀间隙增大等原因会使气阀定时发生变化。检修后的柴油机,由于经过拆检,传动齿轮之间相位有可能变化,会造成气阀定时不正确;另外,凸轮安装不正确或凸轮过度磨损,也会造成气阀定时不准确,这些均会引起柴油机换气质量差、功率不足、冒黑烟、排烟温度高等弊病,甚至会发生活塞顶面与气阀相碰撞和柴油机难以启动等故障。

实际营运船舶柴油机可用转动顶杆法来初步检查气阀定时。转动飞轮,使第1缸进(排)气阀处于关闭状态,此时顶杆处于放松状态,用手可以转动。然后慢慢正向盘车,同时用手不断转动顶杆,一旦顶杆转不动,立即停止盘车,此时飞轮的刻度即为气阀开启的实际时刻。然后再继续盘车,当某一瞬间顶杆由转不动变为能转动时,飞轮的刻度即为实际的气阀关闭时刻。将气阀实际启闭时刻与说明书中规定值比较,即可判断正确与否。

如图3-17所示,在检查气阀定时过程中,若发现同一缸进、排气阀的开启和关闭时刻同时都过早或过迟,而气阀开启的持续时间正确,这是因凸轮轴和曲轴的安装相位不正确而产生的。此时首先校对飞轮指针位置是否正确,然后检查传动齿轮装配位置是否正确。如果传动齿轮位置装错一齿,就会使气阀定时有很大误差。总之,气阀定时的正确调整只有在配气机构诸多传动零件安装正确的情况下才能达到精度要求。

3.3.3 气阀升程检查与调整

为保证柴油机排气彻底,进气充分,要求气阀具有尽可能大的气阀开启面积,而开启面积与气阀升程直接相关。对于既定的气阀,其最大流通面积取决于气阀最大升程。气阀升程取决于凸轮升程,也受其他因素影响。凸轮工作面磨损会使气阀升程减小,而当凸轮轴与轴承磨损下沉时,或凸轮轴产生下弯曲时气阀升程也会变小。

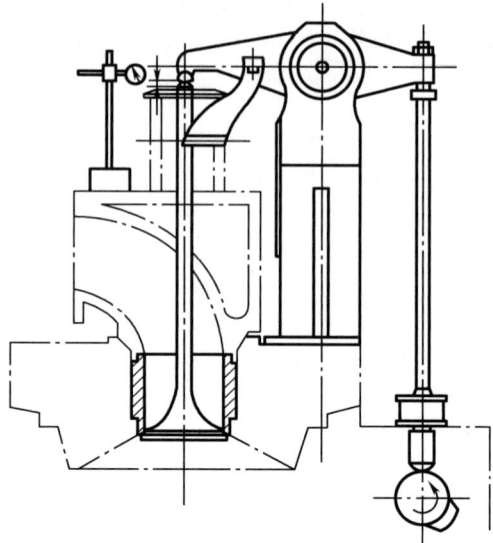

图 3-17 气阀定时检查

可用百分表测量气阀弹簧承盘的位移来检测气阀升程,装置与图 3-17 所示相同。当一个百分表量程不够时,可用两个百分表进行检测。此时的操作步骤如下:盘车使气阀处于关闭状态,调整正确气阀间隙。将百分表坐于缸盖平面而触头抵触弹簧承盘,并使百分表量程 S_1 压缩完,调整表盘使指针读数为"0"。盘车,气阀开启后百分表触头下降,注意观察、记录百分表读数。当百分表所压数值全部放完时,将另一只百分表触头压到弹簧承盘上,同时把量程 S_2 压缩完。再继续盘车顶动气阀。当百分表指针指到某一读数 S_2' 再无变化时,即可记录下来并进行计算。此气阀升程为 $S_1+(S_2-S_2')$。如果气阀升程减小到一定程度,即应分析原因或更换凸轮等相应零件。

任务 3.4 废气涡轮增压系统

废气涡轮增压系统（PDF）

在柴油机中,燃油所发出热量的 30%~37% 被排出的废气带走,而排气的可用能又约占排气总能量的 60%。高温废气排入大气,不仅损失热能,而且污染环境。利用废气来驱动涡轮增压器,不仅可以提高柴油机功率,改善其经济性,减小对环境的不利影响,而且还可以提高废气能量的利用率。因此,需了解柴油机废气能量的组成和在涡轮中被利用的情况,充分利用废气能量以提高柴油机热效率。

3.4.1 废气能量分析

柴油机废气中含有的最大可能利用能量如图 3-18 所示。由柴油机原理可知,气缸内的气体不可能完全膨胀到大气压力 p_0,而只能膨胀到 p_b 后即开始排气。这样,理论上所能做的功在图上为 1—b—f—1 所示的面积,也就是排气开始时废气中的可用能量。另外,在废气涡轮增压柴油机中,柴油机气缸后的压力不是大气压力 p_0,而是涡轮前的压力(即排气管内的压力) p_T,废气在换气过程中获得的能量为 i—g—4—1—i 所示的面积。对于四冲程柴油机而言,换气过程中获得的能量包括强制排气过程中的活塞推出功 2—3—4—1—2 和燃烧室扫气阶段进入排气管的扫气空气所具有的能量 i—g—3—2—i 两部分。所以四冲程柴油机废气中含有的最大可能利用能量是 b—f—i—g—4—b 所示的面积。而二冲程柴油机在排气开始后,活塞继续下行,获得膨胀功为 b—5—4—b 所示的面积,使废气可用能减少,在换气过程中没有活塞推出功补充废气能量,并且废气中掺混很多的扫气空气,使涡轮前气体温度降低,因而废气中能量较少。

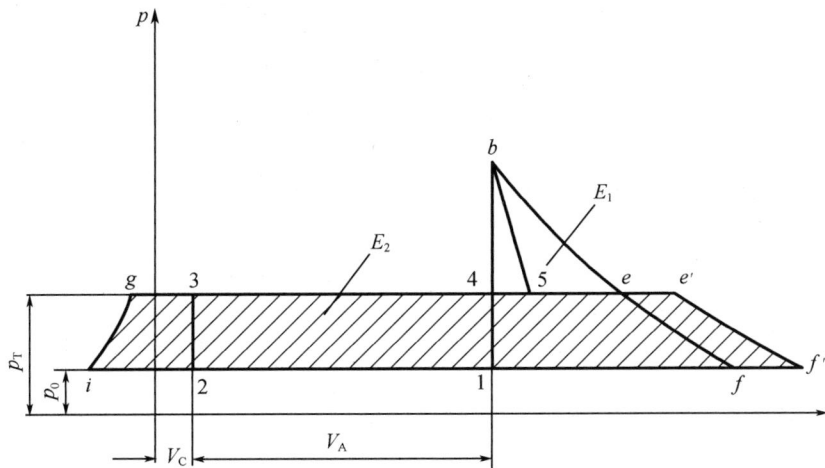

图 3-18 柴油机废气中含有的最大可能利用能量

根据在废气涡轮中能量利用的情况,可把废气的能量分为两部分:一部分是废气由压力 p_b 膨胀到 p_T 的膨胀能 E_1,称为脉冲能,它是一种脉动的速度能,在排气管中以压力波的形式出现,即图中 b—e—4—b 所示的面积;另一部分是废气由压力 p_T 膨胀到 p_0 的膨胀能 E_2,称为定压能(亦称势能),在图中为 i—g—e—f—i 所示的面积。废气能量 E 是脉冲能 E_1 与定压能 E_2 之和,二者在总能量中所占的百分数随增压压力 p_k 的不同而异。p_k 越低,则 E_1 所占的比例越大;p_k 越高,则 E_2 所占的比例越大。

3.4.2 废气涡轮增压的两种基本方式

根据对废气能量利用的方式不同,废气涡轮增压有定压增压和脉冲增压两种基本形式。

1. 定压涡轮增压

定压涡轮增压特点是进入废气涡轮增压器的废气压力基本上是稳定的。柴油机各缸的排气支管连接到一根共用的容积足够大的排气总管上,涡轮装在排气总管后,如图 3-19 所示。由于排气总管的容积足够大,各缸排出的废气进入其中后迅速膨胀、扩散并很快稳定下来,只引起微小的压力波动。排气总管实际上成了集气箱,具有稳压作用。

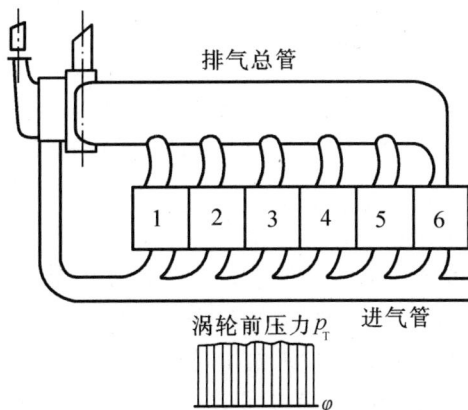

废气涡轮增压系统(动画)

图 3-19 定压废气涡轮增压系统

因为废气以基本不变的速度和压力进入涡轮,这种增压方式的涡轮工作稳定、效率高。

定压涡轮增压只利用了废气中的定压能 E_2,脉冲能 E_1 在排气流动中由于排气口(阀)的严重节流和在排气管中的膨胀涡旋,大部分被损失掉,只有小部分脉冲动能转化为热量,使排气管中的废气温度略有升高。图 3-18 中的面积 $e—e'—f'—f—e$ 相应地表示排气管中的废气因此而增加的能量。

定压涡轮增压所利用的废气能量少,尤其当柴油机在低负荷时或启动时,因废气的能量少,使涡轮发出的功率满足不了压气机所需的功率,柴油机必须另设辅助风机来满足低负荷时的扫气需要。

2. 脉冲涡轮增压

脉冲涡轮增压的特点是进入废气涡轮增压器的废气压力为脉动状态。在结构上把各缸排气支管经过分组直接与一个或几个废气涡轮相连,要求排气管短而细,如图 3-20 所示。由于排气管容积相当小,因此排气口(阀)开启后,排气管内压力迅速提高,瞬间就接近气缸内的压力。此后,由于气缸和排气管的压差迅速减小,废气进入排气管的流速降低,加上排气管中的废气不断流入涡轮,排气管中的压力又随之下降,就形成了所谓脉冲压力波,就是涡轮中利用的脉冲动能。

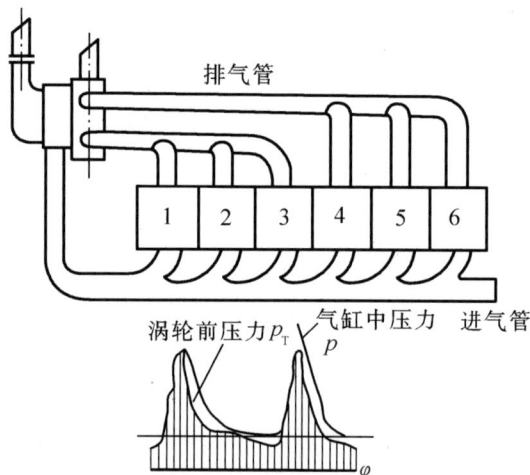

图 3-20 脉冲废气涡轮增压系统

脉冲涡轮增压利用了脉冲能和定压能,有利于涡轮机与压气机的功率平衡。但由于涡轮在不稳定条件下工作,效率较低。

在多缸柴油机采用脉冲涡轮增压时,如果各缸的排气均排入一根排气管,就会出现排气干扰现象,即当某缸进行扫气而相邻缸正好排气时,排气压力波就会传到扫气缸的排气口处,使该缸排气背压升高,从而严重影响该缸扫气的正常进行。为此,必须对排气管进行合理的分组,分组的原则是避免同组各缸之间出现排气干扰。

对于二冲程柴油机,完成一个工作循环,曲轴转 360°CA,而扫、排气时间可近似为 120°CA。因此,为避免排气干扰,同一组内各缸之间的排气间隔角(即发火间隔角)必须为 120°CA。这样,同一组的最多气缸数为 $i=360/120=3$。对于四冲程柴油机,完成一个工作循环,曲轴转 720°CA,排气时间可近似为 240°CA。同样,同一组的最多气缸数为 $i=720/240=3$。可见,无论是二冲程柴油机还是四冲程柴油机,脉冲涡轮增压最适合于缸数是 3 的倍数的柴油机。

例如,某二冲程 6 缸柴油机的发火顺序是 1—6—2—4—3—5,各缸发火间隔角是 60°CA,则可把 1,2,3 缸分为一组,4,5,6 缸分为另一组,满足了同一组内各缸之间的排气间隔角为 120°CA 的要求,如图 3-20 所示。

3. 两种增压方式比较

(1)在废气能量利用方面,脉冲增压利用了废气中的脉冲能和定压能,而定压增压只利用了废气中的定压能,所以采用脉冲增压的柴油机从废气中获得的能量多,增压度高,这是脉冲增压的主要优点。但是脉冲能和定压能在总能量中各自所占比例是随增压压力的变化而变化的。增压压力较低时,脉冲能 E_1 在总能量中所占比例大;随着增压压力的提高,E_1 在总能量中所占比例降低,而定压能 E_2 在总能量中所占比例增大。因此,在低增压时,采用脉冲增压是有利的,而定压系统适用于高增压柴油机,与电动鼓风机配合已成为近代船舶柴油机的常用系统。

(2)在定压涡轮增压中,由于进入涡轮的压力基本恒定,气流压力和速度不变,涡轮工作比较稳定,故定压涡轮增压效率较高。而在脉冲涡轮增压中,由于进入涡轮的气流压力和流速是变化的,涡轮工作不稳定,增加了损失,故脉冲涡轮增压效率较低。

(3)定压增压中,排气管的结构简单,布置方便。而在脉冲增压中,排气管要进行分支,使其结构复杂,布置困难。

(4)脉冲增压的加速性能好。在定压涡轮增压柴油机中,由于排气管容积较大,加速时排气管内废气压力提升得比较缓慢,增压器跟不上柴油机的加速,出现较大的滞后。而脉冲增压柴油机由于排气管的容积较小,不存在上述问题。

3.4.3 柴油机增压系统

实现增压所设置的成套附件及管路系统称为增压系统。增压系统可分为单独增压系统、串联增压系统、串联旁通增压系统和并联增压系统。

1. 单独增压系统

只利用废气涡轮增压器来实现增压,而不增设其他辅助机械的增压系统称为单独增压系统,如图1-10所示。因为完全由废气驱动涡轮旋转,无须消耗柴油机的有效功就可以满足启动、低速、全速工作的需要,所以该增压系统能够最有效地提高柴油机的功率,同时还能改善柴油机的经济性。

采用定压增压和脉冲增压的单独增压系统在船用四冲程柴油机上得到了最广泛的应用,其主要原因有:四冲程柴油机的换气质量好;活塞具有推挤废气和抽吸新气的能力;增压压力变化对进、排气的影响较小。

单独增压系统只适用于采用脉冲增压且扫气质量较好的直流扫气柴油机。在单独增压系统中必须附设一台电动应急鼓风机,以便在增压器损坏时保证柴油机能够继续运转。单独增压系统在高增压时,低负荷性能较差。

2. 串联增压系统

串联增压系统是将涡轮增压器与辅助扫气泵串联,如图3-21所示。在常用的串联增压系统中,由废气涡轮1驱动的离心式压气机2作为第一级增压,它将空气压缩到增压压力的70%~95%后,经第一级中冷器3冷却,然后空气进入串联的往复泵4进行第二次压缩,再经第二级中

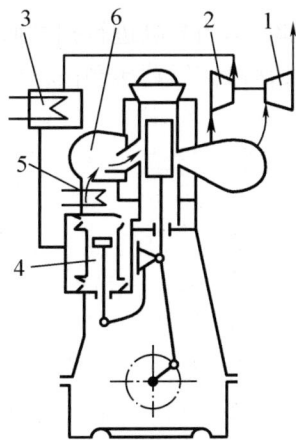

1—废气涡轮;2—离心式压气机;3—第一级中冷器;
4—往复泵;5—第二级中冷器;6—扫气箱。

图3-21 串联增压系统

串联增压
系统(动画)

冷器 5 冷却后送入扫气箱 6,提供柴油机足够的增压空气。采用中冷器对增压空气进行冷却,中冷器成为强化柴油机不可缺少的重要部件,在提高柴油机功率及降低热负荷等方面有着重要作用。

串联增压系统与单独增压系统相比,具有如下特点:

(1)工作可靠,启动性和低负荷性能好;

(2)省去了应急电动鼓风机,当涡轮增压器损坏时,往复扫气泵仍可使柴油机在(70%~80%)标定转速下稳定运转,并且不管柴油机的废气能量是否足够,均可较简便地满足柴油机所需增压压力;

(3)有利于实现高增压。

3. 串联旁通增压系统

串联旁通增压系统是串联增压系统的一个特例,如图 3-22 所示。废气涡轮增压器是第一级增压,活塞与其下部空间 4 构成第二级增压泵,起辅助扫气泵的作用。当活塞上行时,其下部空间容积增大,扫气箱压力下降,由废气涡轮增压器输出的空气经中冷器 6、总扫气箱 5、单向阀 7(又称口琴阀)进入各缸扫气箱 8。当活塞下行时,扫气箱压力高于总容器箱压力,单向阀关闭,使空气压力得以不断升高。当活塞打开扫气口时,经两级压缩的扫气空气迅速流入气缸,进行强制扫气。当活塞由下止点开始上行时,扫气箱 8 内压力低于总扫气箱 5 内压力,由第一级废气涡轮增压压送的空气,将不经活塞下部空间而直接通过单向阀、扫气

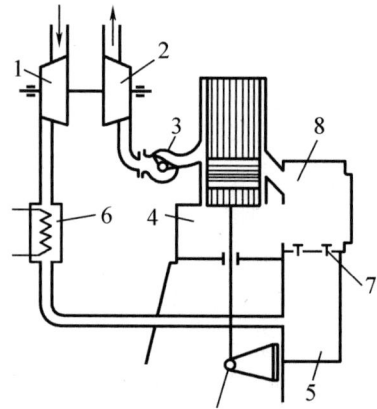

1—压气机;2—废气涡轮;3—排气回转阀;
4—活塞下部空间;5—总扫气箱;6—中冷器;
7—单向阀;8—扫气箱。

图 3-22　串联旁通增压系统

箱,流入气缸进行扫气,直至扫气口完全关闭为止,使串联的活塞下部空间在扫气后期失去二级增压的作用。串联旁通增压系统的特点如下:

(1)该增压系统为部分串联,扫气前期是串联,后期使串联失效,由废气涡轮增压器单独供气;

(2)工作可靠,当废气涡轮增压器损坏时,仍能维持柴油机 70%标定转速下稳定运转;

(3)扫气前期扫气压力较高,有利于降低排气口高度,增大柴油机的有效行程;

(4)启动和低负荷运转性能差,所以必须增设电动鼓风机以便在低负荷和启动时使用。

4. 并联增压系统

并联增压系统是将废气涡轮增压器与活塞下部辅助增压泵并联工作,如图 3-23 所示。空气并列地进入涡轮增压器的压气机 1 和活塞下部空间 5,两股增压空气汇合后,经中冷器 8 进入柴油机扫气箱 7 供扫气用。涡轮增压器所供空气通常为总量的75%~80%,其余部分则由活塞下部增压泵供给。

并联增压系统在低负荷时因涡轮增压器供气显著下降,而辅助增压泵的供气量远

远不足,故柴油机在低负荷时的工作性能差,必须附设电动鼓风机以便在启动和低负荷时使用。

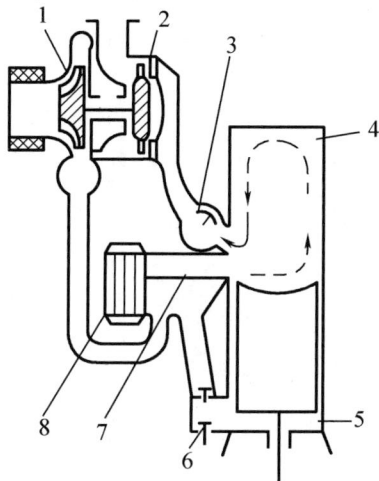

1—压气机;2—涡轮;3—回转阀;4—扫气空间;
5—活塞下部空间;6—单向阀;
7—扫气箱;8—中冷器。

图 3-23 并联增压系统

综上所述,近代船用低速柴油机增压系统的基本趋势为采用定压单独增压系统,附设电动鼓风机以备启动与低负荷时使用。向定压增压发展的主要因素在于脉冲能所占比例随增压度提高而下降,定压增压器效率高并易于向高增压发展。

任务 3.5 废气涡轮增压器

3.5.1 废气涡轮增压器的结构

废气涡轮增压器主要由废气涡轮和离心式压气机以及附属装置组成。废气涡轮增压器结构形式繁多。根据废气在涡轮机中的流动方向,废气涡轮增压器可分为轴流式涡轮增压器和径流式涡轮增压器两种。目前,大、中型柴油机均采用轴流式涡轮增压器,径流式涡轮增压器仅用于中、小型柴油机。

船用柴油机中用得较多的是 ABB 公司制造的 VTR 系列增压器和 MAN 公司制造的 NA 系列增压器。VTR 系列增压器有 0、1、4、4A、4D、4E 及 4P 等系列产品,可满足 200~37 000 kW 柴油机的匹配要求。

废气涡轮增压器的发展在 1978 年以前以提高增压比为主,而在 1978 年以后以提高增压器效率为主。目前,单级轴流式增压器的总效率已达 76%,增压比已达 5 以上。

1. VTR-4 系列增压器结构

图 3-24 所示为 VTR-4 系列增压器剖视图。它由右侧的单级轴流式废气涡轮机和左侧的单级离心式压气机组成。废气涡轮机的叶轮和压气机的叶轮装在同一根轴上构成废气涡轮增压器的转子,由两端的轴承支撑。

并联增压
系统(动画)

废气涡轮增
压器(PDF)

1—隔热墙;2—压气机叶轮;3—压气机导风轮;4—涡轮机叶轮;5,6—滚动轴承;
7,8—油封;9,10,11—气封;12,13—滑油泵;14—进气箱;15—喷嘴环;
16—排气箱;17—排气蜗壳;18—扩压器;19—消音器;20—进气箱。

图 3-24　VTR-4 系列增压器剖视图(部分)

废气涡轮
增压器结构
和工作原理
(动画)

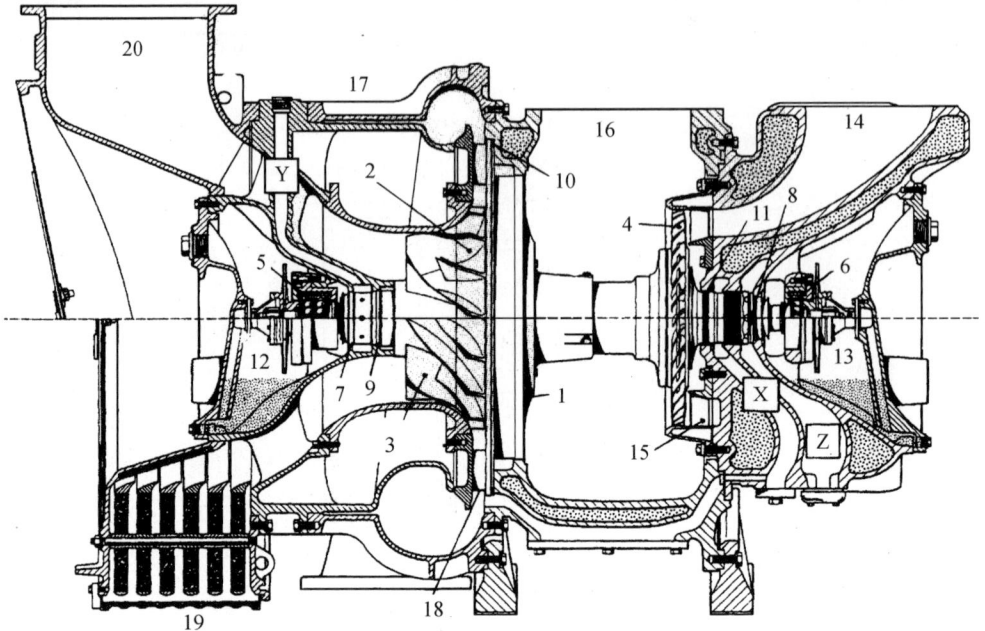

（1）轴流式废气涡轮机

废气涡轮机由进气箱 14、喷嘴环 15、涡轮机叶轮 4、隔热墙 1、排气箱 16 等组成。进、排气箱内腔用水冷却,进气箱与排气箱之间用螺钉紧固。进气箱右侧布置有轴承箱,排气箱下部装有增压器支架。柴油机排出的废气由进气箱 14 下部引入涡轮机,由排气箱上部排出。隔热墙 1 用绝热材料制成,避免废气对压气机叶轮和空气加热。

柴油机排出的废气经进气箱 14 送至喷嘴环 15,喷嘴环由喷嘴内环、外环和喷嘴叶片组成,如图 3-25 所示。喷嘴叶片形成的通道从进口到出口呈收缩状,其作用是将柴油机排出的废气的压力能部分转变为动能,并使气流具有工作叶片所需要的方向。工作轮由轮盘和工作叶片组成,工作叶片轴向安装在轮盘边缘的槽口中。叶根有纵树形和球形两种。叶身为叶片的工作部分,其形状由气体流动情况决定,它沿着高度逐渐扭转,这是因为废气通过喷嘴进入叶轮时,气流的参数(如压力和速度的大小及方向等)均沿叶片的高度而变化。为了减少气流流过叶片时的能量损失,要求叶片的形状与气流参数沿叶片的变化相适应,以提

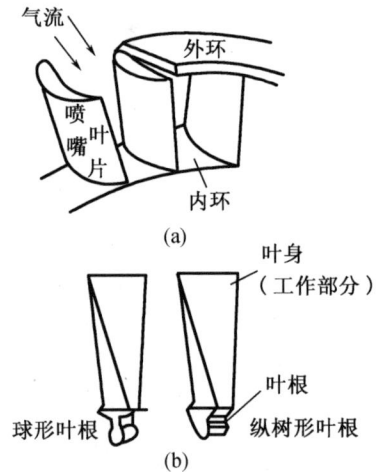

图 3-25　喷嘴环与工作叶片

高涡轮机效率。高速流动的气流进入工作轮的叶片通道,其中一部分能量转变为机械功,最后经排气箱排往大气。

（2）离心式压气机

增压器的压气机主要由进气消音器19、进气箱20、压气机叶轮2、扩压器18、排气蜗壳17等组成。空气从消音器滤网处进入。消音器19中的空气滤网、导流环对空气起滤清、导流、吸音(导流环由吸音材料制成)作用。进气箱由内、外进气壳共同组成进气通道,对吸入的空气起导流定向作用。进气箱的左侧布置着轴承箱。工作叶轮是压气机的主要部件,它是由前弯的压气机导风轮3和半开式压气机叶轮2组成的。导风轮的扭曲方向和角度应顺从气流进入叶轮的相对流动方向,使气流平顺地从轴向转到径向,如图3-26(a)所示,以减少进气流动损失;在工作轮上沿径向布置着直叶片,各叶片间形成气流通道。两部分各自装在转轴上。有叶扩压器18用螺钉固定在排气蜗壳17上,其叶片间的气流通道呈扩张形,如图3-26(b)所示。它将压缩空气的动能变成压力能,以提高空气的排出压力。叶片环一般比圆环形平板圈窄一些,无叶片的圆环段同样起扩压作用,通常称之为无叶扩压器。一个工作轮与相邻的扩压器组成一个级。压气机排气箱的主体是一个蜗壳状的管道,其流通截面由小到大,它一方面收集从叶片扩压器流出的空气,另一方面继续起着扩压作用。空气从蜗壳排出后经空气冷却器进入柴油机的扫气箱。

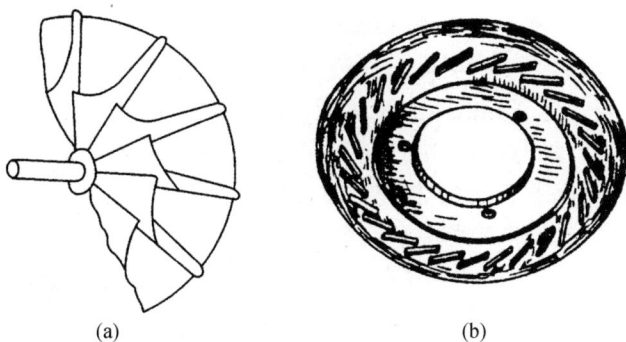

图3-26　压气机的工作叶轮和扩压器

（3）轴与轴承

目前应用最广泛的轴承支撑方式有四种:外支撑、内支撑、内外支撑和悬臂支撑,如图3-27所示。

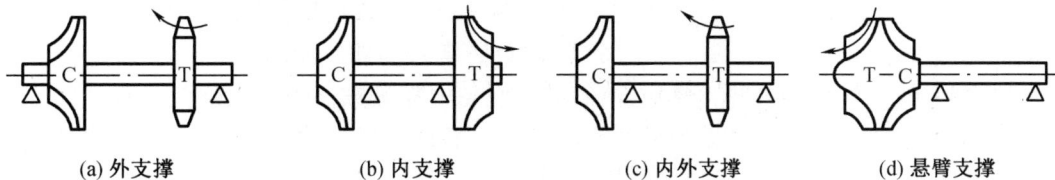

(a) 外支撑　　(b) 内支撑　　(c) 内外支撑　　(d) 悬臂支撑

图3-27　废气涡轮增压器的轴承支撑形式

图3-27(a)所示为外支撑。两个轴承安装在转子的两端,广泛应用于大型废气涡轮增压器。其特点是转子稳定性好,轴承受高温气体影响较小,便于密封(轴承远离叶

轮,轴向空间大),增压器的转子轴的中部刚性大,支撑处的轴颈可适当细一些,能保证轴承较低的表面切向速度,有利于增加轴承寿命、轴承的工作条件较好、更换轴承方便等优点。但也存在着使涡轮增压器结构复杂,质量、尺寸增大,清洗涡轮增压器困难等问题。

图3-27(b)所示为内支撑。两个轴承在涡轮与压气机的内侧,叶轮两端悬臂放置,主要应用在小型废气涡轮增压器上。其优点是质量较轻,造价较低,轴向尺寸较短,维护保养转子方便。但其油、水、气的密封布置比较困难,有一侧的轴承很靠近涡轮端,轴承的工作条件较差,更换轴承很不方便,需要先拆去叶轮后才能进行。

图3-27(c)所示为内外支撑。涡轮和压气机同样装在转轴的两端,转轴用合金钢锻造而成,分左右两端,压气机端半轴和带轮盘的涡轮端半轴通过焊接连接成一体。轴的中间部分较粗,可以增加其刚性并减小弯曲变形。

图3-27(d)所示为悬臂支撑。两个轴承布置在轴的一侧,压气机和涡轮的叶轮背对背地靠着布置在转轴的另一侧。其优点是减少了轮盘的摩擦损失,从而改进了综合效率。两个轴承均布置在冷的壳体内,轴承的工作条件好。但在设计时需要解决热传导、不同的线膨胀等问题以及转子有较大的悬臂力矩,要仔细地研究转子和轴承组合的动力特性,目前已开始在大型废气涡轮增压器上使用。

涡轮增压器的轴承分滚动轴承和滑动轴承两种类型。布置轴承时要考虑到轴受热后有膨胀的余地,一般把自由端留在涡轮端,轴受热时可以向涡轮端外侧膨胀。由于在压气机端,叶轮出口的空气漏至叶轮靠近涡轮的一侧,其压力大于叶轮进气侧的空气压力;在涡轮机端,废气进气侧的压力也大于废气出口侧的压力,因此在转子上受到自涡轮端指向压气机端的轴向推力。必须在压气机端设置一个支持止推轴承,承受转子的径向和轴向负荷,并起着转子的轴向定位作用;涡轮机端的轴承只承受转子的径向负荷,并允许产生一定的轴向位移以保证转子的热膨胀。

在VTR-4中,转子轴的两端由滚动轴承5和6支撑,轴承支撑为外支撑式。轴承5和6是滚动轴承,它们的摩擦损失小,加速性能好。增压器轴承封闭在轴承箱中,一般采用三种润滑方式:一是靠装在转轴上的甩油盘进行飞溅润滑;二是涡轮增压器内由转子轴驱动的专用油泵进行润滑;三是由柴油机供给润滑油润滑。VTR-4型增压器轴承的润滑采用第二种方式,由转子轴驱动的滑油泵12,13形成封闭式压力润滑。

(4)气封与油封

气封与油封装置是为了防止燃气、空气和滑油泄漏。在图3-24所示的VTR-4中,在轴承箱的内侧装有油封7,8,在叶轮两侧装有气封9,10,11。

涡轮端的11为轴向气封环,它的作用是密封废气,防止从喷嘴环与叶轮叶片之间泄漏的废气进入滑油池中污染滑油,这种密封通常称为曲径密封(或迷宫式密封)。8为轴向油封,它的作用是防止滑油、油气进入涡轮叶轮侧被高温叶轮烧焦结炭,同时也可防止废气进入滑油池,以保证滑油的清洁。单靠这种机械的曲径式密封还不能达到满意的效果,因此气封11处由排气蜗壳经通道X引入具有一定压力的增压空气,用压缩空气来阻止废气的泄漏,提高气封效果。泄漏的废气和空气或油气通过通道Z与大气相通。一般在叶轮的轮盘处还设有径向气封(图3-24中未示出),主要用来防止废气经轴向间隙流入压气机侧。

压气机端7为轴向油封环,它可以阻止滑油被吸入压气机。由于叶轮进口处的压力较低,有一定的真空度,因此有较大的抽吸作用,滑油容易被吸入压气机,使滑油损耗并污染压气机。为了提高油封的效果,通道 Y 与大气相通(有的增压器引入增压空气以提高密封效果),使其中的压力与叶轮吸口处的压力得以平衡,以防止吸入滑油。轴向气封环 9 也用来防止油气被吸入压气机。径向密封 10 用来防止叶轮出口处的空气流入叶轮的背面,避免轴向推力增大。一般在靠近压气机叶轮的隔热墙处还设有轴向气封(图 3-24 中未示出),主要用来防止涡轮侧泄漏的废气经轴向间隙流入压气机侧。

密封装置的密封形式如图 3-28 所示。当漏入的气体(或油)经由密封和转子轴之间很小的间隙时,受到节流作用,由于容积突然增大,便产生膨胀旋涡,速度减慢,压力降低,漏过的气体(油)量较小;然后在通过下一密封环的间隙时,又一次被节流、膨胀和减压;经过几次以后,气(油)的压力降低到接近于低压侧的压力就再也不能漏过了,这样就实现了密封的作用。

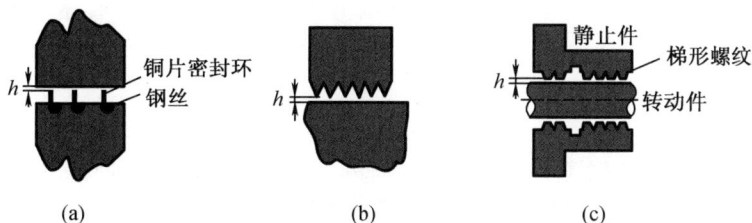

图 3-28 增压器的密封形式

目前,ABB 公司也开发了新型的 TPL 系列,它和 VTR 系列的主要区别是支撑方式为内支撑式、滑动轴承、非冷却式壳体。

2. NA 系列增压器

MAN 公司制造的 NA 系列增压器分为 NA/S 和 NA/T 系列,二者的主要差别是NA/S 系列的转子轴承箱无冷却,NA/T 系列的转子轴承箱用水冷却。现在新型的 TCA 系列增压器是在 NA 系列的基础上进一步改进而成的,是利用计算流体力学(CFD)和3D 有限元方法,对增压器的工作叶片和零部件进行优化计算后开发设计的,因此具有更高的效率和更优异的性能。图 3-29 所示为 NA/S 系列增压器的结构图。与 VTR 系列增压器相比,NA/S 系列增压器主要有如下结构特点。

(1)轴承位置在压气机叶轮和涡轮机叶轮之间的转轴上,属内支撑式。这样的结构可使涡轮增压器结构简单、尺寸小、质量小、清洗增压器方便。采用滑动轴承,构造简单、制造成本低、使用寿命长。轴承的润滑由柴油机的润滑系统提供。

(2)压气机连续后弯叶片可使压气机在宽广的压比范围内保持高效率。

(3)最新设计的加长涡轮机叶片提高了叶片效率。TCA 系列的涡轮叶片省去了减振钢丝,不仅拆装检修方便,更主要的是减小了进气阻力,提高了增压器的效率。

(4)增压器轴承箱、压气机进气壳均为非冷却式,这样省去了笨重的双层夹套及冷却水装置,减轻了增压器的质量。

此外 TCA 系列增压器尺寸和设计流量有了大幅度的增加,开发出了 TCA88 和TCA99 这种超大尺寸的增压器,可以为当前最大的船用柴油机以及开发功率更大的船舶柴油机提供增压保证。

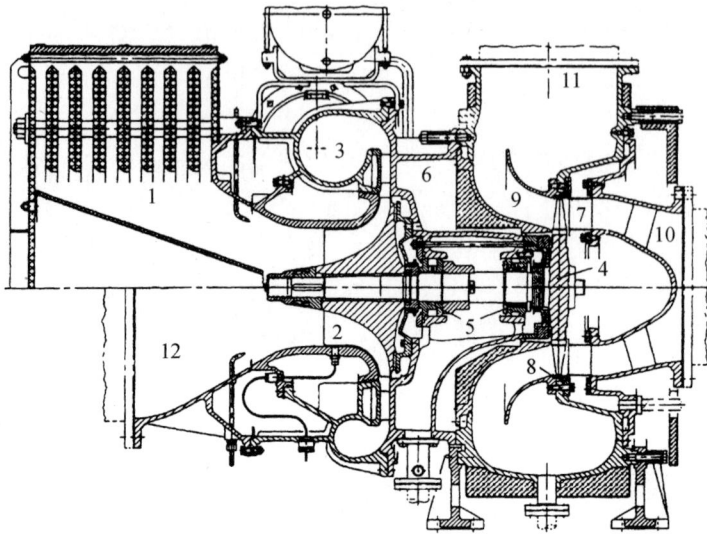

1—消音器;2—压气机叶轮;3—排气蜗壳;4—涡轮机转子;5—轴承;6—轴承箱;7—喷嘴环;
8—封口环;9—废气扩压器;10—涡轮机进气壳;11—涡轮机排气壳;12—压气机进气壳。

图 3-29 NA/S 系列增压器的结构图

3.5.2 废气涡轮增压器的工作原理

1.轴流式涡轮机工作原理

单级轴流式废气涡轮的主要部件是固定的喷嘴环和旋转的工作叶轮,如图 3-30 所示。

一列喷嘴叶片和一列工作叶片组成涡轮机的一个级。图 3-30 中上部为喷嘴环和工作叶轮的局部剖视图。中部的叶形断面是用一个通过 I—I 的圆柱面切割涡轮所得切面展开在平面上,称为平面叶栅。喷嘴环的各叶片间和叶轮各叶片间形成了废气通道。废气流经喷嘴和叶轮时,其参数(压力 p、温度 T 和流速 c)沿流道的变化情况如图 3-30 中下部所示。

具有一定压力 p_0 和温度 T_0 的废气以速度 c_0 流入喷嘴,在喷嘴收缩形的流道中膨胀加速,其压力和温度降低到 p_1 和 T_1,而流速升高到 c_1,部分压力能转变为速度能。从喷嘴出来的高速气流进入叶轮叶片间的通道时被迫转弯,在离心力的作用下压向叶片凹面而企图离开叶片的凸面。于是,在每个叶片的两面上产生压力差。此压力差的合力即为作用在叶片上的冲动力,所有的叶片上的冲动力对转轴产生一个冲动力矩。此外,叶轮叶片的通道也是收缩的,废气在其中继续膨胀加速,其流出叶轮的相对速度大于流入叶轮的相对速度。当气流在旋转的叶轮中流动时,因膨胀加速而给涡轮以反作用力,使得涡轮又得到一个反作用力矩(或称反动力矩)。冲动力矩和反动力矩的方向是相同的,叶轮就在这两个力矩的共同作用下回转。由于高速气流使工作叶轮旋转做机械功,在叶轮出口处其压力、温度和绝对速度分别下降到 p_2、T_2 和 c_2。

2.离心式压气机工作原理

废气涡轮增压器的压气机一般都采用单级离心式压气机。离心式压气机由进气道、工作叶轮(也称压气机叶轮)、扩压器和排气蜗壳组成,如图 3-31 所示,1—1,2—2,3—3 分别为上述各部件的交界面。当压气机工作时,新鲜空气经进气道轴向进入压气机叶轮。由于进气道的导流作用,气流的能量损失极小。在渐缩的进气道中,空气的压力和温度分别由进口的 p_0 和 T_0 下降到 p_1 和 T_1,而流速由 c_0 升高到 c_1。空气进入压气机叶轮后,随叶轮高速回转,并产生离心力。这样,空气在叶轮叶片间随叶轮做圆周运动的同时,在离心力的作用下向叶轮外缘流动并被压缩。在叶轮出口处,空气的压力、温度和流速分别升高到 p_2、T_2 和 c_2。这是由于叶轮对气体做功,把叶轮的机械能变成了气体的动能和压力能。在扩压器中,由于流道逐渐扩大,使空气的动能转换为压力能,流速降低到 c_3,压力升高到 p_3。排气蜗壳的流道也是逐渐扩大的,因而空气流过时继续将动能转换为压力能。

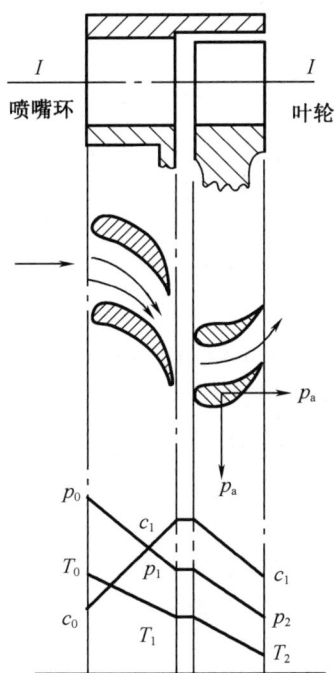

图 3-30 废气涡轮的工作原理

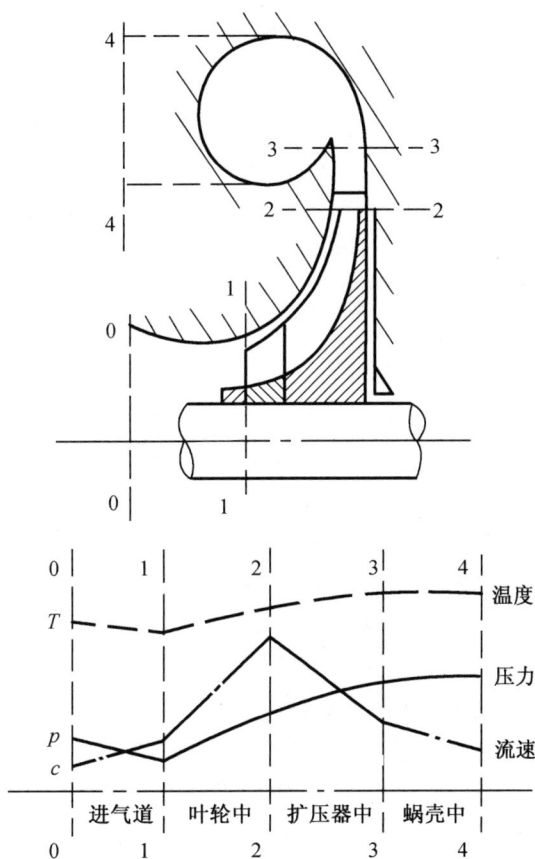

图 3-31 离心式压气机工作原理

3.5.3 离心式压气机的工作特性和喘振机理

在不同转速下压气机的排出压力和效率随空气流量的变化规律,称为离心式压气机的特性,表示这种特性的曲线称为压气机的特性曲线,如图 3-32 所示。从图中可知,在等转速运行线上,随着空气流量 G_k 的减小,增压比 G_k 开始时增加,但当 G_k 减小到某一值时,排出压力 π_k 达最大值。随着 G_k 继续减小,π_k 便逐渐下降。效率 η_k 随流量 G_k 的变化规律与 π_k 类似。当压气机流量 G_k 减小到一定值后,空气进入工作叶轮和扩压器的方向偏离设计工况,造成气流从叶片或扩压器上强烈分离,同时产生强烈脉动,并有气体倒流,引起压气机工作不稳定,导致压气机振动,并发出异常响声。这种现象称为压气机喘振。图 3-32 中表示喘振状态的临界线称为喘振线,其左方为喘振区,右方为稳定工作区。压气机不允许在喘振区工作。

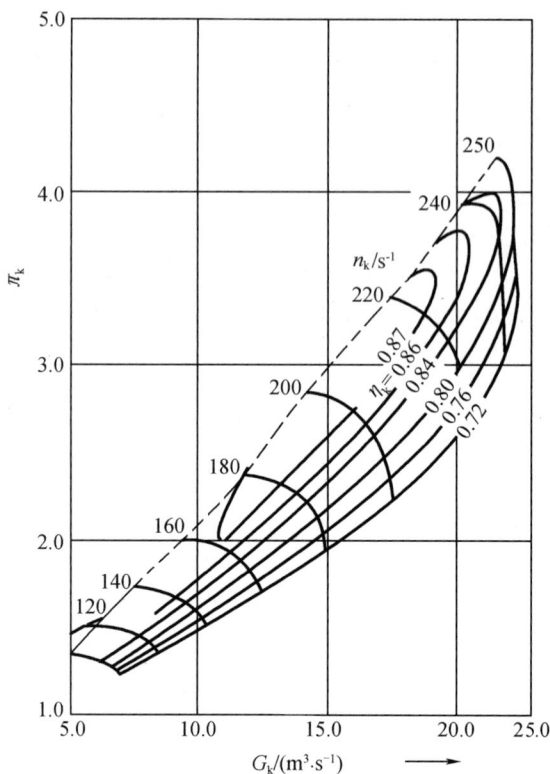

图 3-32　压气机特性曲线

产生喘振的原因是当流量小于设计值很多时,在叶轮进口和扩压器叶片内产生强烈的气流分离。图 3-33 和图 3-34 为压气机流量变化时,空气在叶轮前缘和扩压器中的流动情况。

在设计流量下,如图 3-33(a)、图 3-34(a)所示,气流平顺地流进叶轮前缘和扩压器,与叶轮叶片和扩压器叶片之间既不发生撞击,也不产生分离。当流量大于设计流量时,如图 3-33(b)、图 3-34(b)所示,气流在叶轮叶片前缘冲向叶片的凸面,与凹面发生分离;在扩压器中气流冲向叶片的凹面,与凸面发生分离。但是,由于叶轮叶片的转动压向气流分离区,扩压器中气流的圆周向流动压向气流分离区,气流的分离区受到限制,不致随流量的增加而过分地扩大。当流量小于设计流量时,如图 3-33(c)、图 3-34(c)所示,气流在叶轮叶片前缘冲向叶片的凹面,与凸面发生分离;在扩压器中气流冲向叶片的凸面,与凹面发生分离。由于叶轮叶片的转动要离开气流分离区,扩压器中气流的圆周向流动也使气流离开气流分离区,气流的分离区有扩展的趋势。随着流量的减少,气流的分离区越来越大,以致在叶轮和扩压器中造成气体倒流,发生不稳定流动,最终发生喘振。一般扩压器叶片内气流分离的扩展是压气机喘振的主要原因,而叶轮进口处气流分离的扩展会使喘振加剧。

当离心式压气机被作为增压器与柴油机配合工作时,增压器(或包括辅助扫气泵)的供气量和压力要满足柴油机的要求。此时压气机在柴油机各种负荷下的排出压力-流量变化曲线称为增压器的工作特性曲线(或称为配合特性曲线),如图 3-35 所示。增压器的工作特性曲线取决于柴油机的运转特性。柴油机与增压器良好匹配的标志是:柴油机达到额定的增压目标;增压器在柴油机全部的工作范围内都能稳定地运转,既不喘振也不超速,并尽可能在高效率工作,即增压器的工作特性曲线应离喘振线远一点,又要处在高效率。

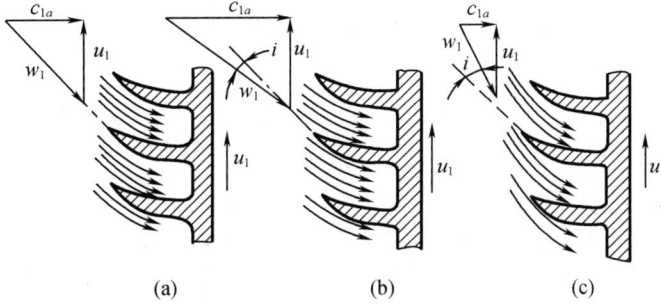

图3-33 空气在工作叶轮前缘的流动情况

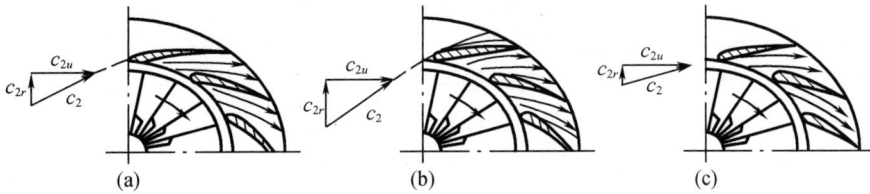

图3-34 空气在扩压器中的流动情况

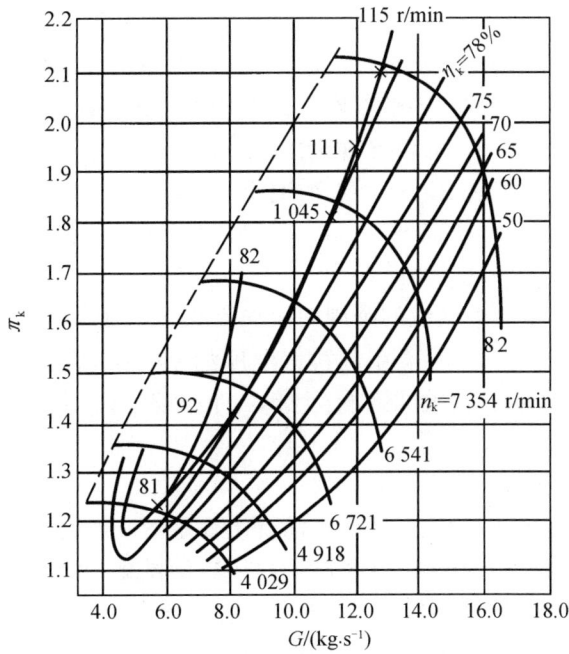

图3-35 增压器的工作特性曲线

任务 3.6 增压系统维护管理

3.6.1 增压系统维护管理

1. 增压器的日常管理

（1）柴油机运转过程中对一些主要的参数要经常进行测量和记录，如增压空气压力、滑油的压力、温度和油位、空冷器前后的温度和压差等。根据检查的参数分析判断涡轮增压器的工作状态，以确定必要的检查、调节和检修方案。

（2）涡轮增压器运行时，应经常用金属棒或其他专用工具细心倾听增压器中有无异常声响和运转是否平稳，转子不平衡会发出钝重的"嗡嗡"声。

（3）如果柴油机停车时间很长（超过一个月），为了防止涡轮增压器轴弯曲变形，应将涡轮增压器转子转动一个位置。增压器再次投入使用前应启动柴油机使之短时间转动，用金属棒倾听运转是否平稳，有无杂音和滞阻现象。

（4）拆装增压器时，应事先查阅说明书，了解其内部结构、拆装顺序以及所需要的专用工具，切不可盲目行事。拆卸时，注意可拆零件的相对位置；组装时，注意装配间隙以及间隙的调整方法。

2. 中冷器的维护

随着柴油机增压度的提高，对中冷器的要求也在不断提高，中冷器应具有质量小、结构紧凑、冷却效率高的特点。经过长时间使用后，中冷器内部管道通常会附着油泥或胶质等脏物，这不仅会使空气流通管变窄，而且会使热交换能力下降。因此，中冷器需要定期进行内部清洗和维护。如果发现中冷器内部脏污严重，应仔细检查空气滤清器和各进气管路是否有泄漏的部位。注意在内部清洗后，应使中冷器内部干燥后再连接管路。

3.6.2 增压器的清洗

废气涡轮增压器的脏污往往会引起排气温度的变化，一般四冲程柴油机主要是压气机的脏污对发动机性能有较大的影响，大型二冲程柴油机则是涡轮方面的脏污有较大的影响。

1. 废气涡轮的清洗

涡轮的积垢可在运转中清洗。运转中清洗主要是清洗旋转件上的灰尘和疏松的积炭（一般每周一次），对有严重积垢的涡轮采用运转清洗效果不佳，应定期拆检和清洗增压器，经常定期清洗能使增压器处于良好的工作状态。

运转中清洗废气涡轮有水洗法和干洗法两种方式。

（1）水洗法

水洗法要在低负荷下进行，进水管装在涡轮的进气管上，将一定压力的热淡水喷入涡轮中，通过水对污垢的溶解作用和水滴对污垢的机械冲刷作用将流道中附着不牢固的污垢洗掉。在涡轮排气壳底部装有排泄阀，将清洗下来的污垢和水排出。每次清洗时间约 10 min。清洗完成后，应在低负荷下运转 5~10 min，以使涡轮内部的零件完全干燥，如果清洗后发生振动则应重新清洗。

图 3-36 所示为 ABB 型涡轮增压器的水洗系统图。水洗时,要求柴油机在 50%标定功率的转速下运转,转动旋塞使管 1 与 3 相通以排除污物,必须保证旋塞畅通。关闭泄水旋塞 B,开启进水管截止阀 C,以便清洗水经接头中的孔板喷入涡轮进气管;缓慢开启供水阀 D,把压力调到 0.25 MPa,则清洗水经阀 C 流入,污垢和水由管 1 泄至舱底,清洗完成后,关闭阀 D、C,开阀 B 将管路中水放掉;转动旋塞 A 使管 2 与 1 相通,以少量压缩空气吹扫排泄管道和排气箱,使管 1 畅通。

(2)干洗法

从涡轮进气道喷入一定数量的已被粉碎的核桃壳或其他类似物体,颗粒尺寸约为 1.5 mm,用冲击式的方法清除积炭等污物。干洗时柴油机负荷不得低于 50%标定负荷,在全负荷时效果最好。如果装有干洗设备时,应按说明书的指示使用。

2.压气机的清洗

压气机在运转中清洗,应在柴油机高速、全负荷运行状态下进行。在清洗前 20 min内,气缸润滑油供应量提高 50%~100%,以避免水对气缸套的腐蚀。清洗方法是将一定的水在短时间内喷入压气机。

图 3-37 所示为 ABB 型涡轮增压器压气机的清洗装置图。进水管装在压气机进气管上,清洁水盛在一定容积的容器(储水罐)中以保持每次的清洗水量一定。容器除有水管与压气机进气管连接外,还有气管与压气机排出管连接。清洗时按一下容器上的按钮,水便在增压器压力与进气道压力差的作用下,在 4~10 s 时间内喷入压气机。喷水后,柴油机要在全负荷下运转一段规定的时间,以使增压器和柴油机完全干燥,如果清洗后增压压力和排气温度变化不大可重复清洗。清洗压气机后也应立即清洗空冷器,以洗去从压气机冲洗出来的积垢。

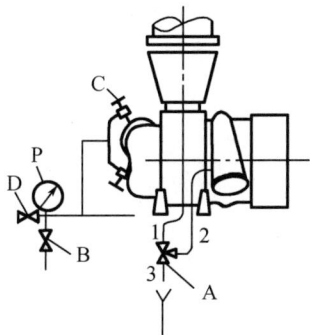

图 3-36 涡轮增压器水洗系统图　　图 3-37 增压器压气机清洗装置图

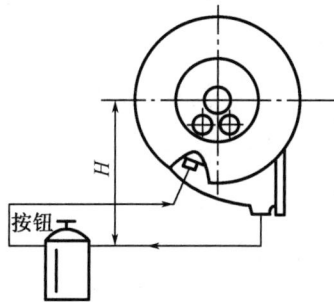

做一做

分小组对柴油机的气阀间隙、配气正时进行检查与调整。

想一想

1.换气过程有何功用,对换气过程有什么要求?
2.四冲程、二冲程柴油机的换气过程各分为几个阶段?
3.换气机构由哪些部分组成,工作原理是什么?

K4100 柴油机调试(微课)

项目 3
重点难点解答

一体化期中
测试题解

4. 简述当代长(超长)行程低速柴油机使用的液压式气阀传动机构的工作原理和特点。

5. 某四冲程 6 缸柴油机发火顺序为 1—5—3—6—2—4,当第 2 缸处于发火上止点时,画出它的曲柄排列端视图,并分析各缸处于什么工作状态,哪些缸的进、排气阀可以进行气阀间隙的检查与调整。

6. 试分析比较脉冲增压与定压增压两种废气涡轮增压形式的优缺点。

7. 当代新型船用柴油机为什么均采用定压涡轮增压,为什么必设电动辅助鼓风机?

8. 增压系统中的空冷器有什么作用?

9. 轴流式涡轮与离心式压气机由哪几部分组成,各有何功用?

10. NA 废气涡轮增压器与 VTR-4 增压器相比有何特点?

11. 什么是离心式压气机的喘振,发生喘振的根本原因是什么?

12. 废气涡轮与压气机有哪些常用的清洗方法?

项目 4　燃油喷射和燃烧

【任务目标】

1. 了解燃油的主要性能指标,掌握柴油机燃油喷射系统的功用、组成和要求。
2. 掌握喷油泵、喷油器结构和工作原理,正确描述柴油机喷射过程及主要影响因素。
3. 正确拆装喷油设备,能检查与调整喷油泵、喷油器。
4. 掌握电子控柴油机组成和工作原理,熟悉船舶柴油机排放控制的主要措施。

任务 4.1　燃油简介

石油是多种有机化合物组成的极为复杂的混合物,所含元素主要是碳和氢,约占石油质量的95%,也含有少量的氮、氧、硫及金属混合物,如钒、钠的有机盐类。碳氢化合物简称烃,燃油中所含烃的分子结构不同,故燃油中的烃可分为脂肪烃、环烷烃和芳香烃三类。

燃油简介
（PDF）

4.1.1　燃油的理化性能指标

燃油的质量是以其理化性能指标来衡量的。根据其对柴油机工作的影响,这些指标大致可分为三类:影响燃油燃烧性能的指标,如十六烷值、馏程、黏度和热值;影响燃烧产物成分的指标,如硫分、灰分、钠的含量和残碳值;影响燃油系统管理工作的指标,如闪点、密度、凝点、浊点和机械杂质等。

1. 十六烷值

柴油的自燃性用十六烷值衡量,其值越高,燃油的自燃性能越好。柴油机的类型不同,对十六烷值的要求也不同。高速柴油机由于燃烧过程时间极短,对燃油的自燃性能要求较高,所用燃油的十六烷值在40~60之间;中、低速柴油机燃烧时间较高速柴油机长,其十六烷值在35~50之间,柴油机对十六烷值的要求比较宽。

实际使用中,燃油的十六烷值达到最低要求即可应用。一般燃油都能满足中、低速机燃烧的要求。特别是低速柴油机,在直接使用燃料油燃烧过程中不会有特殊困难。因此除轻柴油外,重柴油、燃料油在燃油规格中均不对十六烷值做出规定。

2. 馏程

馏程表示在某一温度下所能蒸发掉的百分数,它是燃油的蒸发性指标。轻馏分(250 ℃以下)蒸发快,容易与空气混合和发火,但轻馏分过多时将使柴油机工作粗暴;重馏分(350 ℃以上)蒸发慢,易使燃烧不完全而产生结炭。品质好的燃油应是轻馏分和重馏分都很少,而在250~350 ℃之间的中馏分最多,且馏分组成的温度范围较窄为好。

3. 黏度

黏度是表示燃油自身流动时的内阻力,它是燃油重要的特性之一,取决于柴油的馏程和化学成分。黏度影响柴油的过滤性,在管道中的流动性,在气缸中的精细程度、油束喷射的深度以及燃烧质量。黏度过大使雾化不良,流动和过滤困难;黏度过小,则会使喷油泵柱塞偶件及喷油器针阀偶件因润滑不良而易于磨损。

在高速柴油机中,燃料喷射、蒸发、与空气混合,组成的时间较短,需用黏度较小的轻柴油;在中速及低速柴油机中,其相应的时间较长,可以使用黏度较大的重柴油或低值燃料油,但要采取一定的加温措施,以适当降低其黏度。

柴油的黏度有几种单位,我国和欧洲一些国家使用恩氏黏度和运动黏度单位,英、美等国则使用雷氏黏度和赛氏黏度单位,国际标准化组织(ISO)决定以运动黏度作为世界各国通用的标准黏度单位。

(1)动力黏度

动力黏度是面积为 1 cm^2,相距 1 cm 的两流体层,以 1 cm/s 的速度相对运动时所产生的阻力的数值。

在工程单位制中,动力黏度的单位是泊(g/(cm·s)):

$$1 泊 = 1 克/(厘米·秒)(1 g/(cm·s))$$

在国际单位制中,动力黏度的单位是帕斯卡·秒(Pa·s):

$$1 泊 = 0.1 帕·秒$$
$$1 厘泊 = 10^{-3} 帕·秒$$

(2)运动黏度

运动黏度是动力黏度与同温度下液体密度之比。其单位在工程单位制中为斯(St),斯的百分之一叫作厘斯(cSt);在国际单位制中的单位为米^2/秒(m^2/s),1 cSt = 10^{-2} m^2/s。

ISO 组织规定,自 1977 年开始采用 50 ℃时的运动黏度作为燃油的国际通用黏度单位,表示为 1 cSt$_{50}$。

(3)恩氏黏度

恩氏黏度是在测定温度下,200 mL 的燃油从恩氏黏度计中流出所需要的时间与同体积 0 ℃的蒸馏水流出时间的比值。它是一个无因次量,用符号"E_t"表示(t 为液体的测定温度)。

(4)赛氏和雷氏黏度

赛氏和雷氏黏度分别表示 60 mL 和 50 mL 的燃油在 100 ℉(37.8℃)温度下从赛氏黏度计和雷氏黏度计中流出所需的时间(秒)。赛氏黏度分为赛氏通用黏度(代号为 SSU)和赛氏重油黏度(SSF)两种。雷氏黏度分为雷氏一号黏度(Red No.1)和雷氏二号黏度(Red No.2)。柴油机常用 SSU 和 Red No.1。

燃油的黏度受其温度和压力的影响。压力升高则黏度增大,温度升高则黏度降低。

4. 热值

1 kg 燃油完全燃烧时所放出的热量称为燃油的热值或发热量,其国际单位是 kJ/kg,工程单位是 kcal/kg(1 kcal = 4.185 9 kJ)。不计入燃烧产物中水蒸气的汽化潜热的热值称为低热值,用"H_u"表示:轻柴油的标准热值为 $H_u = 42\ 700$ kJ/kg;重油的标准热值为 $H_u = 42\ 000$ kJ/kg;ISO 规定的标准为 $H_u = 42\ 707$ kJ/kg。

5. 硫分

硫分是指燃油中所含硫的质量百分数。燃油中的硫是以硫化物的形式存在的,对燃油系统的管道、容器及喷射设备产生腐蚀;硫的燃烧产物易对气缸套产生低温腐蚀,且有促进生成结炭的作用,使气缸中积炭既多且硬,不易除去。

6. 灰分

燃油的灰分为油溶性有机酸和无机酸盐类以及不燃烧的机械杂质所占的质量分数。灰分中含有各种金属氧化物,易使燃烧室部件发生高温腐蚀和磨料磨损。

7. 残炭值和沥青分

残炭值是指燃油在规定试验条件下加热干馏,最后剩下的残留焦炭占试验油质量分数。它表示燃油在燃烧过程中形成炭渣的倾向。气缸内结炭会使热阻增大,引起过热和磨损,严重时造成柴油机部件损坏。

沥青分表示沥青占燃油的质量分数。沥青很难燃烧,致使排气冒黑烟,易在气缸中形成坚硬的炭垢及在喷油器喷孔外产生喇叭状结炭,使雾化变差。同时在正常分油温度下,沥青悬浮于油中不易分离。

8. 钒钠含量

燃油中所含钒、钠等金属所占的质量分数用 10^{-6} mg/L 表示。钒、钠燃烧后生成低熔点的化合物。若气缸壁和排气阀温度高于它们的熔点(535 ℃),就会受到它们的腐蚀而损坏,所以要将排气阀温度控制在550 ℃以下。这一腐蚀发生在高温区域,故称为高温腐蚀。

9. 闪点

燃油蒸气与空气的混合气同火焰接触而闪火的最低温度称为燃油的闪点。它是衡量燃油的挥发成分引起爆炸或火灾危险性的指标。闪点按测量器具和方法不同分为开口闪点和闭口闪点。开口闪点高于闭口闪点,常用的是闭口闪点。船用燃油闪点应不低于 65 ℃,重质燃油闪点高于轻质燃油。倾倒燃油或敞开燃油容器应在低于闪点 17 ℃的环境温度下进行,以确保安全、防火、防爆。

10. 密度

燃油的密度是20 ℃时的燃油质量与4 ℃时同体积水的质量之比,单位是 kg/m³,通常用符号"d_4^{20}"表示。不同温度下的燃油密度可用下式换算:

$$d_4^{20} = d_4^t + 0.000\,672(t - 20) \tag{4-1}$$

式中　d_4^t——温度为 t 时的密度,kg/m³;

　　　t——测定燃油密度时的温度,℃。

密度对燃油的管理有很大的意义。根据密度和油舱容积可以计算燃油的装载量。一般分油机只能净化密度小于 0.98 g/cm³ 的燃油;喷油泵的喷油量是以容积为基础的,更换不同密度的燃油时,应适当调整喷油泵的油量调节机构。

11. 浊点和凝点

燃油在标准条件下冷却至开始呈现混浊时的温度称为浊点。燃油冷却到停止流动时的最高温度称为凝点。一般燃油的浊点高于凝点8.5 ℃。当燃油的温度低于浊点温度时,从燃油中析出的石蜡结晶将使滤器堵塞,供油中断。从使用的角度看,浊点比凝点重要。燃油的浊点至少应比使用温度低3~5 ℃。

12. 机械杂质和水分

燃油中所含不溶于汽油或苯的固体颗粒或沉淀物的质量分数称为机械杂质。燃油中的机械杂质不能燃烧,容易造成供油管路、滤器、喷油器喷孔堵塞,并使喷油泵和喷油器产生严重磨损。燃油中的水分以体积分数表示,水分会降低燃油的热值,并破坏正常的发火。

4.1.2 柴油机使用的燃油

柴油机所使用的燃油有轻柴油、重柴油、船用柴油及船用燃料油,其中,船用燃料油是由渣油、重油与重柴油调制而成的。

1. 国产柴油机燃油的规格与选用

(1)轻柴油

我国生产的轻柴油由国家标准 GB 252—2015 规定。轻柴油产品按凝点不同分为 10 号、0 号、–10 号、–20 号及 –35 号五个等级,也就是说它们的凝点分别高于 10 ℃、0 ℃、–10 ℃、–20 ℃、–35 ℃。所以选用轻柴油要根据当地冬季最低环境温度而定,一般最低环境温度应高出凝点温度 5 ℃以上。

轻柴油是质量最好、价格最高的柴油机燃料,适用于高、中速大功率柴油机。救生艇柴油机一般选用–10 号轻柴油,应急发电柴油机和高速发电柴油机可用 0 号轻柴油。

(2)重柴油

按国家标准 GB 445—1977 规定,重柴油按凝点不同分为 10 号、20 号及 30 号三个牌号,其代号分别为 RC–10、RC–20 和 RC–30。重柴油的主要特点是凝点高。使用重柴油的柴油机应有完善的预热设备,低速及民用中速大功率柴油机,由于考虑经济性问题,一般都燃用价格低廉的重柴油。一般来说,10 号重柴油适用于 500~1 000 r/min 的中速柴油机,20 号重柴油适用于 300~700 r/min 的柴油机,而 30 号重柴油适用于 300 r/min 左右的柴油机。

(3)重油(燃料油)

重油按 80 ℃时的运动黏度分为 20,60,100,200 四个牌号,可供船舶锅炉使用。

(4)内燃机燃料油

内燃机燃料油由渣油、重油与重柴油调制而成,专供远洋船舶使用。目前,针对内燃机燃料油尚无国家标准,一般执行炼油厂与有关单位商定的协议标准,也可自行调制。

在船舶柴油机的使用说明书中,都规定了所用燃油的品种。补充燃油时应注意其性能要与说明书中的规定相符。选择燃油时,应首先注意看黏度是否合适,再看硫分高低,以判断和润滑油(低速机的气缸油或大功率中速机的曲柄箱油)的碱性是否匹配,再看密度、沥青分、钒钠含量等指标。这些指标是选择燃油的主要依据,其他指标仅供参考。

2. 国外燃油的规格与选用

(1)轻柴油(marine gas oil,MGO),相当于国产轻柴油(–35 号),常用于救生艇柴油机和应急发电柴油机。

(2)船用柴油(marine diesel oil,MDO),相当于国产 20 号重柴油,常用作发电柴油机和船舶主机机动操纵时的燃料。

（3）中间燃料油（intermediate fuel oil, IFO），是由渣油与柴油调制而成的掺合油，根据对黏度的不同要求决定两者的混兑比例，主要用作各类大功率中速机及低速机。

（4）船用燃料油（marine fuel oil, MFO），也叫作 C 级锅炉油，主要用于锅炉，也可以用于最新的大功率中速柴油机和大型低速柴油机。

4.1.3　燃油燃烧的热化学

燃油的燃烧是一种剧烈的氧化反应，在氧化的同时将产生大量的热量。由于在气缸内的实际燃烧过程极其复杂，所以在讨论中忽略实际中间过程，只考虑燃油中的元素氧化的最后化学反应，即燃油中的 C、H 生成最终燃烧产物 CO_2、H_2O。采用这种简化分析与计算出的结果与实际情况基本吻合。

1. 1 kg 燃油完全燃烧所需理论空气量

1 kg 燃油完全燃烧所需的最低空气量称为理论空气量。柴油的质量组分（质量分数）是：碳约占 87%，氢约占 12.6%，氧约占 0.4%。在空气的质量组分中，氧约占 23.2%（体积分数约为 21%）。

根据化学反应方程式，可求得 C、H 完全燃烧分别生成 CO_2、H_2O 时所需的氧量之和，从中扣除燃料自身所含氧量，即为 1 kg 燃油完全燃烧所需氧量。根据氧在空气中的比例，由此得出，1 kg 燃油完全燃烧所需的理论空气量为 14.3 kg（或 16.1 m^3）。

2. 过量空气系数 α

在柴油机中，由于燃油与空气的混合时间极短，燃油喷入气缸后不可能与空气混合得很均匀。为了保证燃油完全燃烧，实际供入气缸的空气量必须大于理论所需空气量。我们将燃烧 1 kg 燃油实际供入气缸的空气量 L 同理论空气量 L_0 之比值称为过量空气系数，用 α 表示，即

$$\alpha = L/L_0 \tag{4-2}$$

由上述可知，一般柴油机正常工作时 $\alpha>1$。过量空气系数 α 的数值与柴油机的形式有关，其大小对柴油机的性能有很大影响。α 值小，意味着柴油机气缸工作过程强化程度高，单位气缸工作容积做功能力大，即平均有效压力 p_e 高，但伴随而来的是气缸的热负荷增大，排气温度升高。α 值大，燃烧时有足够的空气量以保证喷入气缸的燃油得到比较完善的燃烧，因而耗油率降低，经济性提高。同时，气缸的热负荷降低，有利于提高柴油机工作的可靠性。但在相同的进气量下，α 值大意味着单位气缸工作容积做功能力降低，即 p_e 变小，柴油机的做功能力得不到充分发挥。各种船用柴油机 α 的经验数据范围如下：

非增压高速柴油机：$\alpha=1.2\sim1.7$；增压高速柴油机：$\alpha=1.5\sim1.9$；非增压低速柴油机：$\alpha=1.8\sim2.1$；增压低速柴油机：$\alpha=2.0\sim2.3$。

由上述数值可见，高速柴油机的 α 值低于低速柴油机，非增压柴油机的 α 值低于增压柴油机。原因是高速柴油机的气缸尺寸小，其他条件相同时，其燃烧室单位气缸容积的散热面积 F/V 相对较大，柴油机的热负荷较小，允许它在较高的强载程度下工作，故 α 值较低，以提高其单位气缸工作容积的做功能力。增压柴油机的热负荷比非增压柴油机大，增大 α 是为了减小热负荷，提高工作的可靠性。由于 α 值的大小直接影响到柴油机的动力性、经济性和可靠性，因此必须合理地选定。决定 α 值大小的原则是：在保证燃油完全燃烧和柴油机热负荷不致过高的条件下，力求减小 α 值。

欧美各国习惯上使用空燃比或燃空比表示燃烧时空气量(或燃油量)与燃油量(或空气量)的配比关系,与过量空气系数 α 有相似的含义,但定义不同。空燃比是实际空气量与喷入气缸的燃油量之比,用符号 AF 标记;燃空比是喷入气缸的燃油量与实际空气量之比,用符号 FA 标记。显然,两者互为倒数。

任务 4.2　喷射系统的组成和要求

喷射系统组成和要求（视频）

4.2.1　燃油系统的功用和组成

柴油机燃油系统的功用是将一定数量的洁净燃油,以足够高的压力,按照严格的喷油定时,在规定的时间内以良好的雾化状态喷入气缸,与燃烧室内的压缩空气相混合形成均匀的可燃混合气,以保证气缸内燃烧的进行。燃油系统工作性能的好坏,将直接影响气缸内燃油的燃烧质量,直接影响柴油机的经济性和动力性。

燃油系统包括供应和喷射两个系统。供应系统一般由日用油柜、输油泵、燃油滤清器和低压管路等组成,用来向喷射系统提供充足、清洁的燃油。喷射系统由喷油泵、高压油管和喷油器组成,用来满足柴油机燃烧过程的要求,定时、定量、定压地向气缸内喷入雾化良好的燃油,与空气混合形成均匀的可燃混合气使燃油燃烧,将燃烧的化学能转化为热能。

图 4-1 所示是一台小型高速柴油机的燃油系统。燃油从日用油柜 1 被输油泵 2 压送,经燃油滤清器 3 过滤后供给喷油泵 4;燃油在喷油泵中建立高压后经喷油器 6 以雾状喷入气缸;供给喷油泵多余的燃油流回输油泵进口端;从喷油器泄漏的燃油沿着回油管 5 流回日用油柜。

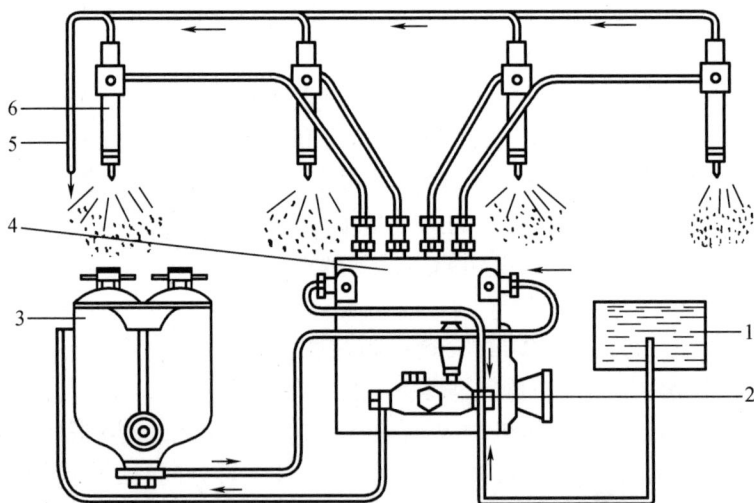

燃油系统（动画）

1—燃油日用油柜;2—输油泵;3—燃油滤清器;4—喷油泵;5—回油管;6—喷油器。

图 4-1　小型高速柴油机燃油系统

低速柴油机重油供应系统的组成如图 4-2 所示。重油自重油贮存柜经粗滤器 1、

重油驳运泵2输送到重油沉淀柜3中,再经分油机4和6净化后进入日用油柜7。日用油柜7中的燃油再经集油柜8、燃油输送泵13、燃油黏度自动控制装置(燃油黏度发讯器10、雾化加热器9等)、双联细滤器11送到喷油泵12。燃油中的水分及低沸点的碳氢化合物受热蒸发形成的气泡,经截止阀5汇集到集油柜8排出。

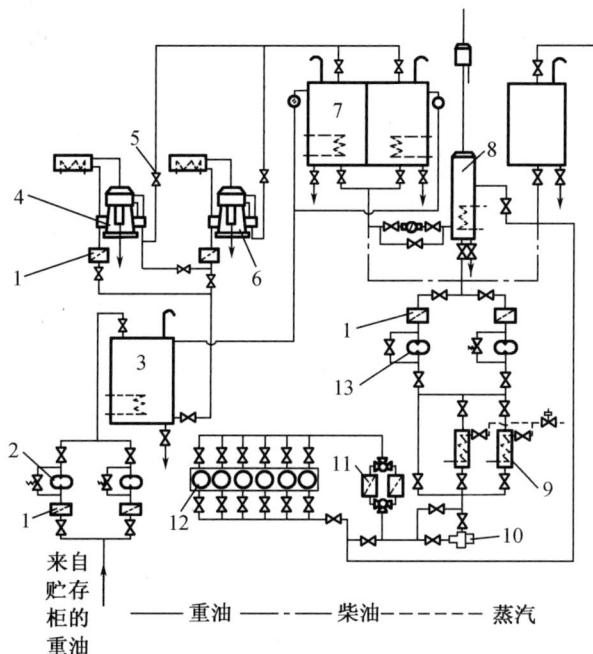

来自贮存柜的重油

———重油 —·—·—柴油————蒸汽

1—粗滤器;2—重油驳运泵;3—重油沉淀柜;4,6—分油机;
5—截止阀;7—日用油柜;8—集油柜;9—雾化加热器;10—燃油黏度发讯器;
11—双联细滤器;12—喷油泵;13—燃油输送泵。

图4-2 低速柴油机重油供应系统

4.2.2 喷射系统的类型

喷射系统的种类很多,分类如下。

1. 直接作用式和间接作用式喷射系统

直接作用式喷射系统又称为柱塞泵式系统。此类系统结构简单,但在低转速、低负荷时喷射质量和各缸供油均匀性较差。间接作用式喷射系统又称为蓄压式喷射系统,也称为定压喷射系统或共轨式喷射系统,它的优缺点同直接作用式相反。目前在柴油机上广泛应用的是直接作用式,简称直喷式。蓄压式喷射系统(共轨式喷射系统)也已经广泛应用于新造的船用大型中、低速柴油机上,且成为今后燃油喷射系统发展的方向。

2. 阀控制式和柱塞控制式喷射系统

燃油喷射系统的油量调节有喷油泵控制式和喷油器控制式。喷油泵控制式为直接作用式喷油系统,可以分为阀控制式和柱塞控制式两种;喷油器控制式是指利用电子控制技术对喷油器进行喷油定时、喷油量调节等控制,属于蓄压式喷射系统。目前广泛应用的是喷油泵控制式喷射系统,但电控蓄压式喷射系统代表着柴油机未来燃油喷射系统的发展方向。

4.2.3　对喷射系统的要求

柴油机工质的形成属于内部混合方式,燃油与空气的混合是在极短的时间内完成的,因此,柴油机对喷射系统要求十分严格。为了保证柴油机在动力性、经济性、排放和噪声等方面达到优良性能,对其喷射系统有如下要求。

1. 定时喷射:正确的喷油定时

在柴油机运转工况范围内,尽可能保持最佳的喷油定时、喷油持续时间,不同时刻的喷油量还应符合燃烧规律的要求。能对喷油定时进行总调(整机调节)和单调(单缸调节),以保证良好的燃烧并取得优良的综合性能。

2. 定量喷射:可调节的供油量

喷入气缸的喷油量能进行调节,且能随柴油机的负荷变化而调节(总调);对于多缸柴油机,各缸的喷油量应当均等(单调)。

3. 定质喷射:良好的雾化状态

喷射雾化良好,油滴细小均匀,具有足够的穿透力,且与燃烧室形状和气流运动相匹配,保证油气混合均匀。在喷射开始和结束时要干脆利落,不得有滴油现象。

此外,还要求喷射系统工作稳定、可靠、无泄漏、便于管理等。

任务 4.3　喷油泵和喷油器

柴油机的燃油喷射系统的组成和设备随机型而异。目前船舶柴油机使用的喷射系统大多属于柱塞泵式直接喷射系统,即由喷油泵排出的高压燃油经高压油管直接作用于喷油器并喷入气缸。其主要组成设备是喷油泵与喷油器。

喷油泵的功用是在柴油机工作时使燃油产生高压,并按照发火顺序和负荷大小,将燃油定时、定量地送到喷油器喷入气缸。根据喷油器的油量调节机构形式不同,喷油泵可以分为回油孔调节式和回油阀调节式两大类。前者在沿海及内河船舶上各类中、小型柴油机中获得广泛使用,后者仅用于大型柴油机。

4.3.1　回油孔调节式喷油泵

回油孔调节式喷油泵又称波许泵(Bosch 泵),根据其结构可分为单体泵和组合式两种。前者用于大、中型柴油机,后者用于小型多缸柴油机。

1. 工作原理

回油孔调节式喷油泵的主要零件为柱塞与套筒、出油阀与阀座两副精密偶件。图4-3 所示为齿条-齿轮式油量调节机构的单体式喷油泵。

从图4-3 中可以看出,柱塞在油泵供油凸轮的驱动下上行,在柱塞弹簧的作用下下行。柱塞头部开有斜槽,而在套筒上部开有进油孔及回油孔。装在套筒上部的出油阀及出油阀座,在出油阀弹簧的作用下将喷油泵腔与高压油管分开。当柱塞上行至封闭套筒的进油孔及回油孔时,泵内燃油压力将出油阀顶开,并向高压油管供油。与柱塞相连的调节齿圈与调节齿条相啮合,移动调节齿条,通过调节齿圈可以带动柱塞转动,以实现油量的调节。

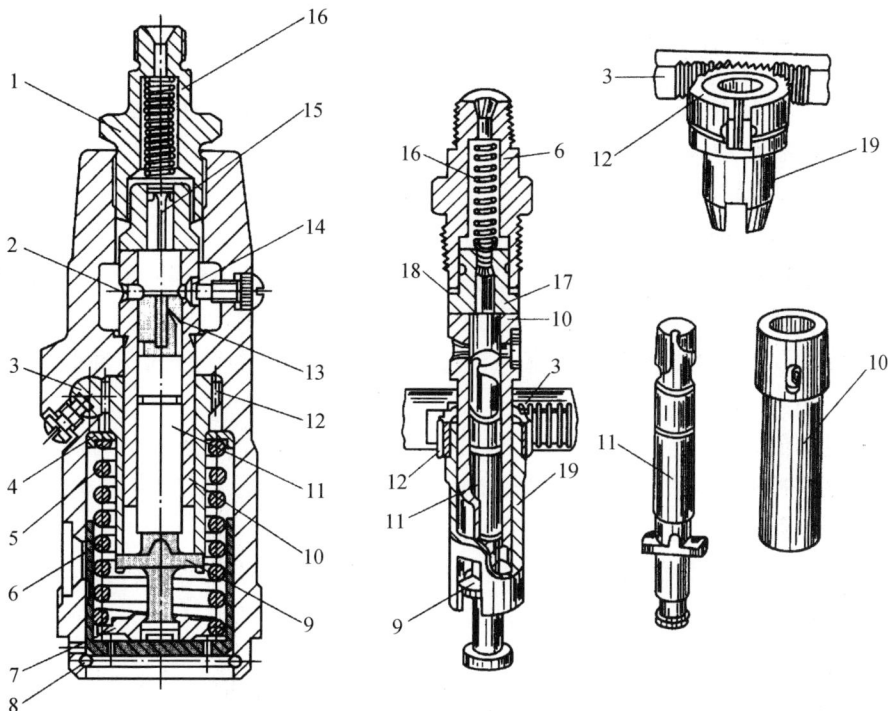

回油孔
高压油泵
工作油量
调节过程
（动画）

喷油泵拆装
（动画）

1—排油阀接头；2—进油孔；3—调节齿条；4—弹簧上座；5—柱塞弹簧；6—弹簧夹；
7—弹簧下座；8—挡圈；9—柱塞定位舌；10—套筒；11—柱塞；12—调节齿圈；
13—螺旋槽；14—回油孔；15—排油阀；16—排油阀弹簧；17—排油阀座；18—垫圈；19—传动套。

图4-3　单体式喷油泵

柱塞的上部柱面开有直槽、斜槽和环形槽。这些槽道与套筒上回油孔相配合，用来控制柱塞的有效行程，以获得不同的供油量。

图4-4所示是回油孔式喷油泵工作原理图。当柱塞位于凸轮基圆时位置最低，此时套筒上的进、回油孔开启，燃油从低压油腔吸入泵油腔（图4-4(a)位置）。当柱塞由凸轮顶动上行时，部分燃油被柱塞从油孔挤回低压油室，直到柱塞的上端面将进、回油孔关闭（图4-4(b)位置），燃油才开始被压缩，即为喷油泵的几何供油始点。柱塞从最低位置至此点的这一段行程称为"前导程"。

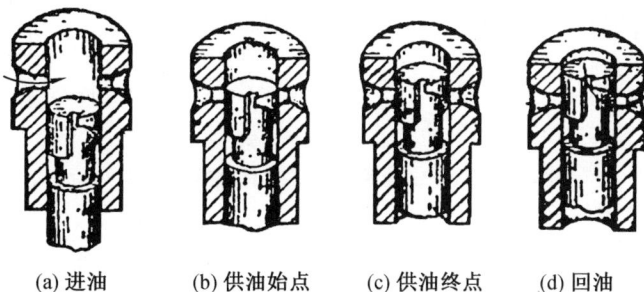

(a) 进油　　　(b) 供油始点　　　(c) 供油终点　　　(d) 回油

图4-4　回油孔喷油泵工作原理

回油孔喷油
泵喷油过程
（动画）

当柱塞从图4-4(b)位置继续上行时,泵油腔内压力迅速升高。泵油腔内的高压燃油将排油阀开启,经高压油管向喷油器供油。当柱塞上行至头部的斜槽边开启回油孔时(图 4-4(c) 位置),泵油腔的高压燃油经柱塞头部的直槽、斜槽经回油孔回流到低压油腔,燃油压力迅速下降,排油阀自动关闭,喷油泵停止供油,即为喷油泵的几何供油终点。柱塞从上端面刚好关闭进、回油孔到斜槽边刚刚开启回油孔的行程称为"有效行程"。柱塞以图4-4(c)的位置继续上行至图 4-4(d)的最高位置的行程可称为"后导程"。此间,泵油腔的燃油回流到低压油腔。

由上述泵油过程可知,使柱塞相对套筒转动一定角度,改变柱塞斜槽与套筒上回油孔的相对位置时,就可以改变柱塞有效行程的长短,实现供油量的调节。当柱塞头部的直槽对准回油孔时,燃油在整个柱塞上行过程中都经回油孔流回低压油腔,此即停油位置。

2. 油量调节方式

回油孔式喷油泵的供油量调节是靠转动柱塞改变供油始点、终点或始终点来改变柱塞有效行程而实现的。有效行程越长,供油量越大。

根据柱塞头部油槽布置的不同,回油孔式喷油泵油量调节有三种方式:终点调节式、始点调节式和始终点调节式,如图 4-5 所示。

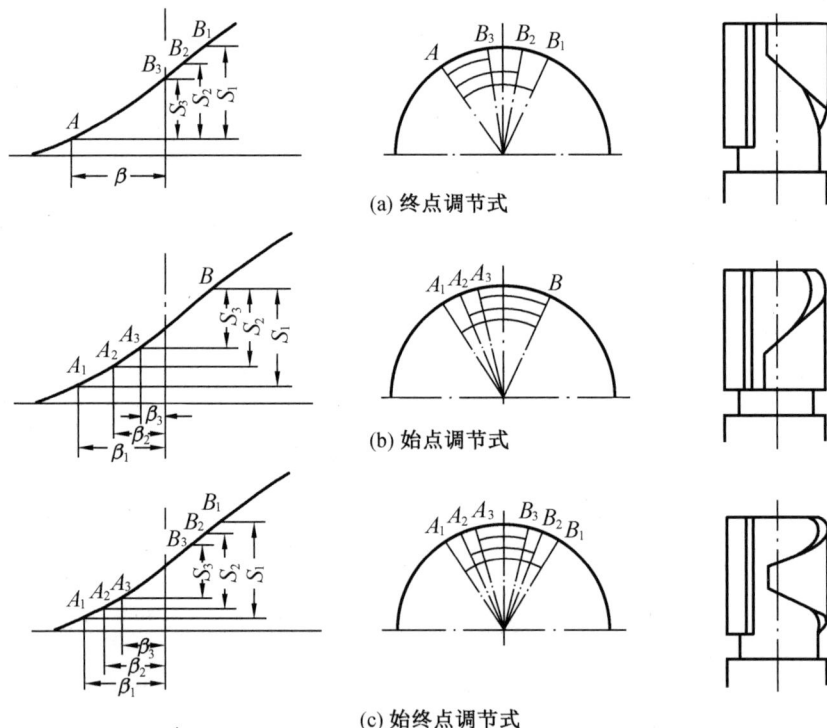

(a) 终点调节式

(b) 始点调节式

(c) 始终点调节式

图 4-5　三种油量调节方式及其柱塞头部结构

(1)终点调节式

终点调节式喷油泵柱塞头部为平顶,斜槽在下面,如图 4-5(a)所示。不论供油量多少,曲柄转到 A 点(柱塞上行至上端面关闭进、回油孔)就开始供油,即供油始点 A 和供油提前角 β 不变,而供油终点 B 则随供油量而延后。这种调节方式适用于转速不变的发电柴油机。

（2）始点调节式

始点调节式喷油泵柱塞斜槽在上面，如图4-5（b）所示。不论供油量多少，曲柄转到 B 点就停止供油。供油终点 B 不变，而供油始点 A 随供油量的增加而提前，即供油提前角 β 增大。这种调节方式适用于转速经常变化的船舶主机。

（3）始终点调节式

始终点调节式喷油泵柱塞头部上、下各有一个螺旋斜槽，如图4-5（c）所示。始点和终点都随供油量的变化而改变。供油量减小，始点滞后，终点提前；供油量增大，始点提前，终点滞后。这种调节方式适用于高增压船舶主机。

3. 单体泵的结构

（1）柱塞偶件

柱塞偶件采用优质合金钢制造，并通过精密的加工、选配和研磨，不能互换。如图4-3所示，套筒10置于泵体内，由排油阀15及其接头1压紧定位。套筒上部对径方向钻有两个孔，左侧的圆形孔为进油孔，右侧的孔为回油孔。进、回油孔使套筒外部的低压储油室与套筒内腔连通。回油孔外表面呈腰圆形，由定位螺钉周向定位。定位后回油孔仍能进、回油，但套筒不能转动，以防套筒转动时引起混乱。安装时，切记不能将两孔装反。

（2）排油阀（出油阀）偶件

排油阀偶件是喷油泵中另一对重要的偶件，又称出油阀偶件，如图4-6所示。它通过排油管接头以规定力矩紧密贴合在柱塞套筒的上端面，控制高压燃油排出的单向阀。在排油管接头下端面与阀座肩部之间有一铜制高压密封垫圈，以防止高压燃油的泄漏。

排油阀偶件有蓄压、止回和卸载（减压）的作用。蓄压作用是指在柱塞供油行程中使供油压力逐渐积累；止回作用是指柱塞在吸油行程中，排油阀能自动落座，防止高压油管中燃油的倒流，缩短喷射延迟阶段，并有利于排除喷油系统的空气；卸载作用是指通过排油阀上适当的卸载容积来有效地控制喷射过程结束后高压油管中的残余压力，有助于消除高压油管残余压力过高而引起的重复喷射和燃油滴油现象。排油阀按其卸载方式，可分为等容卸载和等压卸载两种形式。

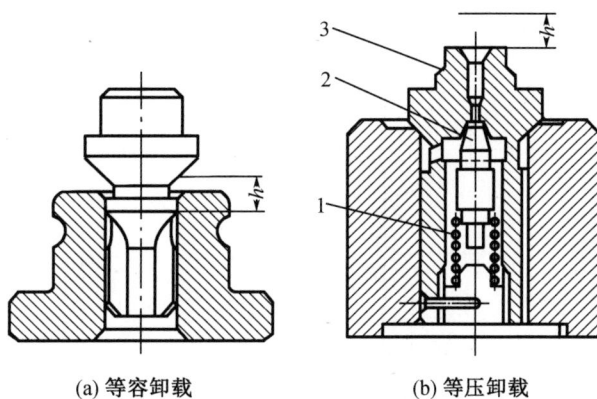

(a) 等容卸载　　(b) 等压卸载

1—卸载弹簧；2—卸载阀；3—排油阀。

图4-6　排油阀偶件

①等容卸载排油阀

等容卸载排油阀偶件的构造如图4-6（a）所示。排油阀上部的圆锥面是密封锥面，阀的尾部加工有切槽，形成十字形的断面以便燃油通过，同时又为排油阀的运动导向。

排油阀中部的圆柱面称为减压环带,它与座孔内壁构成密封面。减压环带与锥形密封面之间形成了一个卸载容积 $\pi d^2 h/4$(h 为排油阀卸载行程,d 为阀座孔径),因卸载容积都不变,故称为等容卸载。其卸载过程是:当供油终了时,在排油阀弹簧的作用下排油阀下移,减压环带首先把高压油管与喷油泵泵腔隔断,排油阀再下行才能落座,使得高压油管容积增大一个减压容积,使管中燃油压力迅速降低到残余压力值。

等容卸载式排油阀结构简单,应用广泛,不足之处是高压油管中的残余压力随柴油机工况而变化。尤其当低负荷运转时容易因卸载过度,而引起空泡和穴蚀。

②等压卸载排油阀

等压卸载排油阀构造如图4-6(b)所示。在排油阀内设一个由卸载弹簧1控制的锥形卸载阀2。在喷油泵供油期间,燃油压力将排油阀顶起,燃油进入高压油管。此时,卸载阀由于单向作用处于紧密关闭状态,当供油结束排油阀落座后,如高压油管中油压高于卸载阀开启压力(卸载弹簧1的预紧力),卸载阀2开启,燃油便流回泵腔,直至同卸载阀关闭压力相等时为止。改变卸载弹簧的预紧力,即可控制高压油管中的残余压力。

等压卸载排油阀在增压高速大功率柴油机上使用较多。它可以使高压油管内残余压力保持恒定,避免产生空泡、穴蚀以及重复喷射,延长了油管的寿命。若高压油管残余压力调整得比最高爆发压力还高一些,还能防止燃气窜回喷油嘴而引起过热或结焦。

(3)油量调节机构

油量调节机构有两种:齿条式和拨叉式。图4-7(a)所示为齿条式油量调节机构,柱塞下端的定位舌嵌入传动的切槽中,传动套松套在柱塞套筒的外侧,在传动套上部有一个调节齿圈,与齿条啮合。当移动齿条时,可带动调节齿圈和柱塞转动来调节供油量。安装时要确保齿圈与齿条按标记对正啮合,否则会造成各缸供油量不均匀。图4-7(b)所示为拨叉式油量调节机构,由拉杆带动拨叉转动柱塞上的调节臂,使柱塞相对于套筒转动,来调节供油量。拨叉式通过锁紧螺钉准确地固定在拉杆的一定位置,保证各缸供油量的一致。

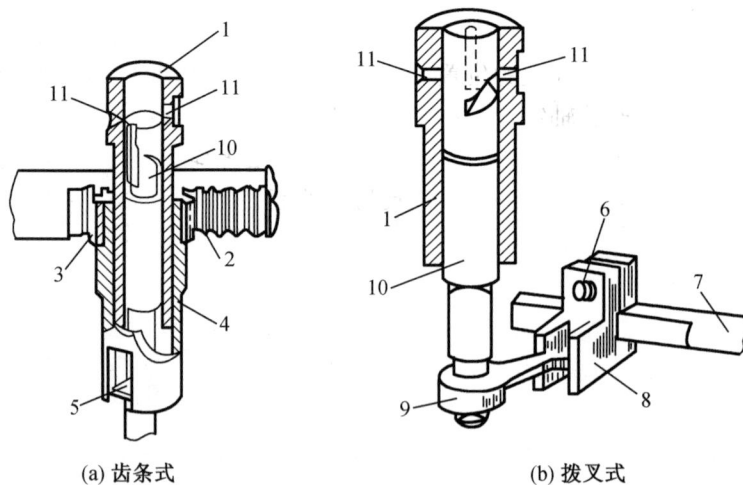

(a) 齿条式　　　　　　　　　(b) 拨叉式

1—套筒;2—齿条(齿杆);3—齿圈;4—传动套;5—柱塞定位舌;6—锁紧螺钉;
7—拉杆;8—拨叉;9—柱塞转臂;10—柱塞;11—油孔。

图4-7　油量调节机构

（4）喷油泵传动机构

喷油泵的传动机构由凸轮轴1、凸轮2、滚轮3、顶头4、调节螺钉5和锁紧螺母6等组成，如图4-8所示。其功用是变凸轮的旋转运动为自身的直线往复运动，驱动柱塞上行压油。柱塞的下行吸油则是靠柱塞弹簧弹力来完成的。

喷油泵的凸轮轴是由曲轴传动的，二者之间保持一定的相位关系和传动比。顶头上设有调节螺钉5调节其高度，以调整柱塞前导程，也可用以微量调节供油提前角（微调）。但应注意，切勿使顶头的高度增加过大，否则柱塞上行时会撞击到排油阀座。

4.组合式喷油泵的结构

组合式喷油泵是将各缸的喷油泵组件（简称分泵）并列组装在一个泵体内，其喷油凸轮也安装在一根凸轮轴上。各分泵按编号用高压油管与对应缸的喷油器相连。其结构和工作原理与上述单体泵基本相同。

图4-9所示为6135型柴油机Ⅱ号系

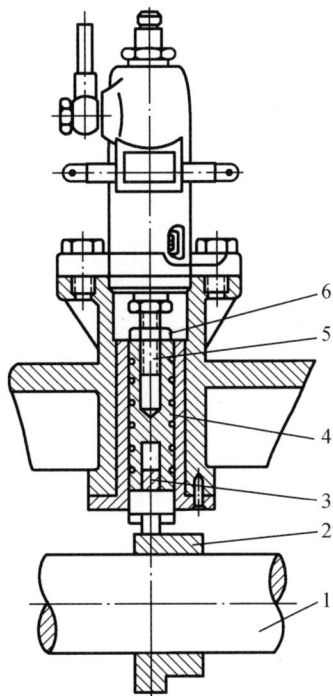

1—凸轮轴；2—凸轮；3—滚轮；4—顶头；
5—调节螺钉；6—锁紧螺母。

图4-8　传动机构

列组合泵。泵体由上体8和下体21通过双头螺栓连接构成。油泵上体有一储油室与各分泵套筒的进、回油孔相通。储油室的左端通过油管由输油泵供油，并由右端的溢油阀部件20保持油压的稳定。当低压燃油压力超过0.1 MPa时，溢油阀开启，燃油经回油管回到燃油滤清器。在泵体上体的两端各有一个放气螺钉19。油量调节机构为拨叉式，改变调节叉6在拉杆5上的位置，可以调节各分泵的供油量。泵体下体内安装喷油凸轮轴23和轴承的凸轮轴室。凸轮轴上的凸轮通过滚轮体部件22推动柱塞上行供油，滚轮体高度可通过调整垫块7的厚度进行调节。凸轮轴通过联轴器和定时齿轮由曲轴驱动。凸轮轴室兼作润滑油室，用油尺检查油面高度。

4.3.2　回油阀调节式喷油泵

回油阀式喷油泵的特点是柱塞上没有油槽，但泵体上设有进、回油阀以调节柱塞的有效行程。与回油孔式喷油泵相比，回油阀调节式喷油泵的柱塞与套筒偶件密封性好，能保证较高的喷射压力，且磨损小、使用寿命长，但体积大、结构复杂、管理麻烦。其通常用于大型低速柴油机上，如WinGD低速柴油机多使用此种喷油泵。

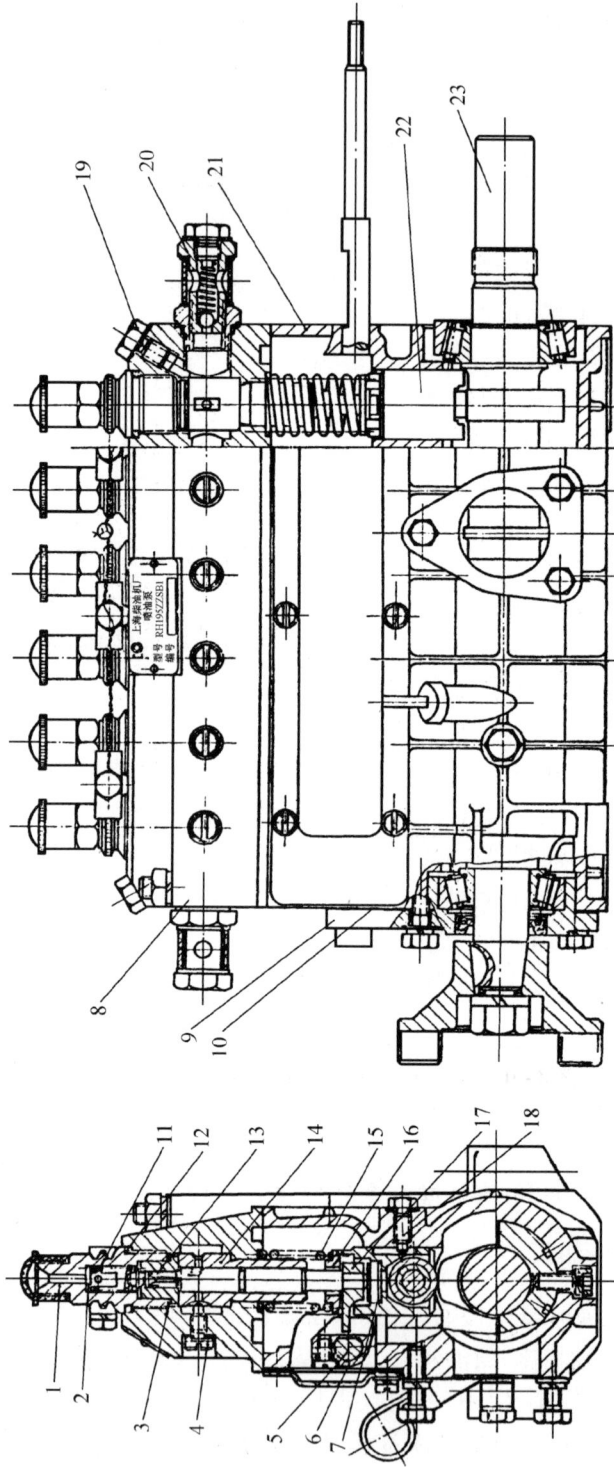

图4—9 6135型柴油机Ⅱ号系列组合泵

1—出油阀紧座；2—减容器；3—出油阀垫片；4—套筒定位钉；5—拉杆；6—调节叉；7—垫块；8—油泵上体；9—轴盖板部件；10—调整垫片；11—出油阀弹簧；12—密封圈；13—出油阀偶件；14—柱塞偶件；15—柱塞弹簧；16—弹簧下底座；17—调节臂；18—定位钉；19—放气螺钉；20—溢油部件；21—油泵下体；22—滚轮体部件；23—凸轮轴。

　　回油阀调节喷油泵的供油量是靠回油阀启闭的早晚来改变的。它根据回油阀顶杆支点位置的不同,有始点调节、终点调节及始终点调节三种方式,如图4-10所示。

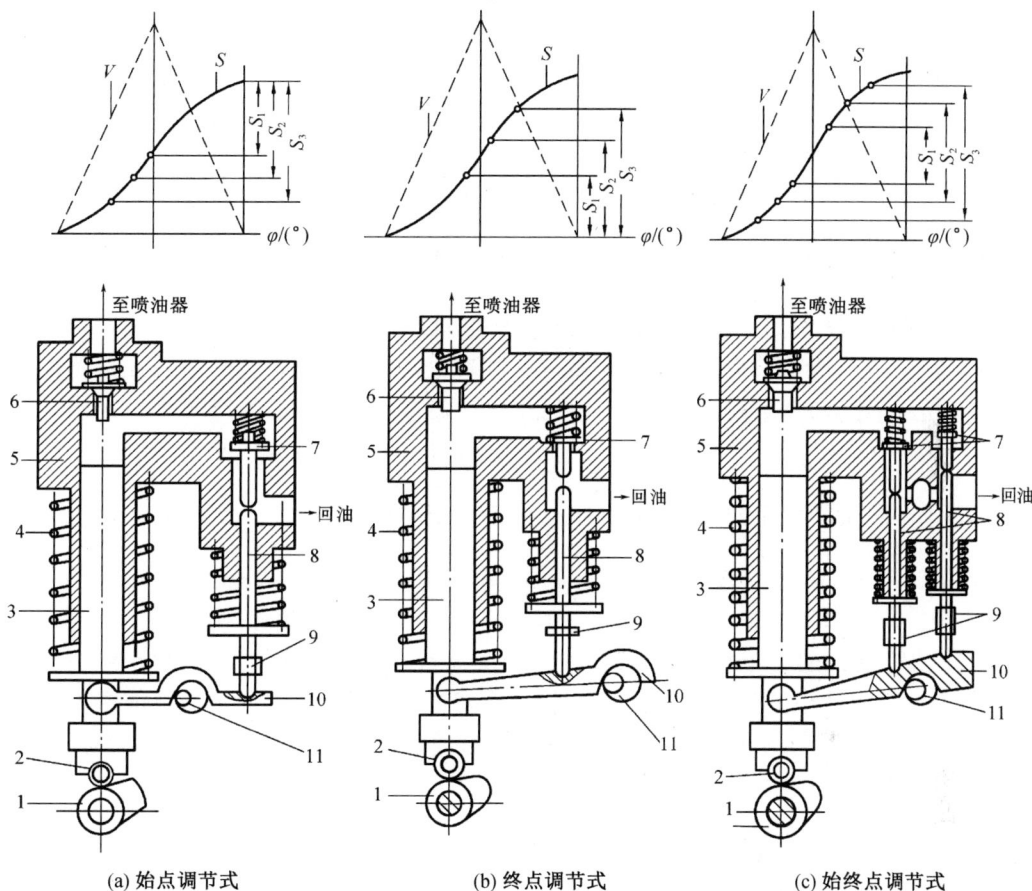

(a) 始点调节式　　　　　(b) 终点调节式　　　　　(c) 始终点调节式

1—凸轮;2—滚轮;3—柱塞;4—弹簧;5—泵体;6—排油阀;
7—进、回油阀;8—顶杆;9—调节螺钉;10—摆杆;11—偏心轴。

图4-10　回油阀调节式喷油泵

1. 始点调节式

　　图4-10(a)所示为始点调节式,其柱塞与顶杆位于偏心轴的两侧。当柱塞从最低位置上行到一定位置时,摆杆10的右端和顶杆8下降到刚刚脱开进、回油阀7时,进油阀在弹簧力作用下关闭。这时柱塞上部的燃油开始被压缩,这就是喷油泵的几何供油始点。当柱塞上升到最高位置时,泵油终止。此时,摆杆右端和顶杆均处于最低位置,在进油阀和顶杆之间出现间隙。当柱塞处于最高位置时,此间隙越大,表示柱塞有效行程越长,油泵供油量越大。

　　调节顶杆和进油阀的间隙就可以调节喷油泵的供油量。其调节方法有两种:一是转动偏心轴11,即改变摆杆的偏心支点的高低位置使顶杆上升或下降,顶杆与进油阀之间的间隙会变小或增大,这是总调。操纵台上的调油手柄就是通过油量调节杆与各喷油泵的偏心轴相连,移动调油手柄以使偏心轴转动一个角度。二是转动调节螺钉9,也可改变顶杆与进油阀的间隙。将调节螺钉按顺时针方向旋入,使顶杆8降低,间隙增大,供油量增大;反之,若将调节螺钉逆时针旋出,则顶杆8升高,供油量减小,即是各缸的单调。

柱塞到达最高位置便是供油终点。无论怎样调节供油量,供油终点是不变的,而供油始点却随着有效行程的增长而提前。供油量大,喷油提前角亦随之增大。

2. 终点调节式

图 4-10(b)所示为终点调节式,柱塞与顶杆在偏心轴的同侧。当柱塞从最低位置开始上升,泵腔内的燃油即被压缩,因此其几何供油始点是不变的,即供油提前角不变。柱塞继续上行至一定位置而刚刚接触回油阀时,即为几何供油终点。供油终点取决于顶杆与进油阀间隙的大小,随着供油量的增大而滞后。

3. 始终点调节式

图 4-10(c)所示为始终点调节式,有两个进(回)油阀、两个顶杆和两个调节螺钉,分别布置在偏心轴的两侧。左侧的进油阀控制着供油终点,右侧的进油阀控制着供油始点。供油始终点都随柱塞的有效行程的变化而改变,其供油量的调节是上述两种的综合。

4.3.3 可变喷油定时机构

为了适应柴油机工况变化对供油定时的要求,在当代新型船用低速二冲程柴油机的喷油泵上均配备了可变喷油定时(variable injection timing, VIT)机构。

VIT 机构受柴油机调速器输出轴的控制,在调节喷油泵供油的同时,自动地按最高爆发压力的要求调节喷油泵的供油提前角。当柴油机在部分负荷运行时,能提高最高爆发压力,改善了部分负荷(多为常用负荷)的经济性能。当柴油机在高负荷时,又能控制最高爆发压力,使之不超过标定值。

VIT 机构根据喷油泵不同而有不同类型,现以 MAN L-MC/MCE 型柴油机所使用的 VIT 机构为例介绍其结构和工作原理。如图 4-11 所示,它由位置传感器、位置伺服器、喷油正时调节齿条和齿套螺母等组成。齿套螺母内部与喷油泵套筒下部的梯形螺纹相啮合,外部与供油正时调节齿条相啮合。

该机型使用回油孔终点调节式喷油泵,喷油泵调节机构有两根齿条,一根在油泵下部为油量调节齿条,另一根在油泵上部为定时调节齿条,并都由调速器输出轴控制。当调速器输出调节动作时,在拉动油量调节齿条调节喷油量的同时,通过杆件改变位置传感器控制空气输出气压(控制空气由气源单独供应),输出控制空气使位置伺服器(每缸一个)中的活塞动作,从而拉动定时调节齿条动作。在定时齿条移动的同时,通过齿套螺母使喷油泵套筒上升或下降,从而改变了供油定时。

这种 VIT 机构的调节特性如图 4-11(b)所示。当柴油机在 $50\%P_b$(标定功率)以下时,供油提前角 θ 最小,VIT 机构不起作用,当负荷处于 $(50\% \sim 78\%)P_b$ 范围内,θ 随负荷的增大而增大,最大爆发压力 p_z 也随之增至最大值;当负荷在 $(78\% \sim 100\%)P_b$ 时,θ 随负荷增大而减小,以保持 p_z 不变。

此外,船用小缸径系列低速柴油机多采用回油孔式喷油泵,因结构所限,没有采用单独的 VIT 机构,而在柱塞头部上边缘使用特殊双斜槽,使得在改变供油量的同时自动调节供油定时。这种方法结构简单,只需更换柱塞套筒偶件即可,但需对斜槽的线型进行优化设计和特殊的加工。

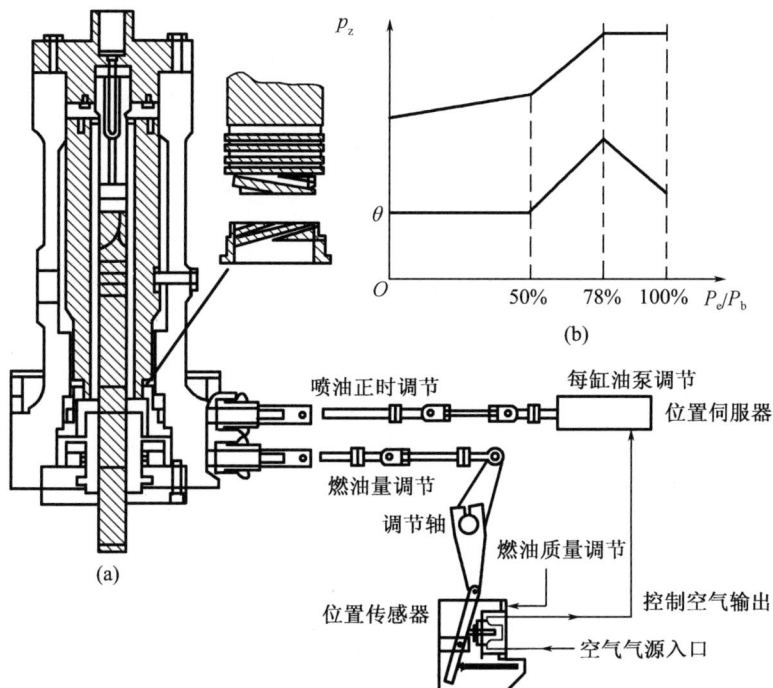

图 4-11　MAN L-MC/MCE 型柴油机的 VIT 机构

4.3.4　喷油器

喷油器的作用是将来自喷油泵的高压燃油以雾状喷入气缸,与燃烧室形状匹配以利于形成可燃混合气。对喷油器的要求主要有:保证良好的雾化质量和合理的油束形状,喷油开始和结束时应迅速、无滴漏和二次喷射等异常喷射现象。

喷油器是利用液压启阀原理,当作用在喷油器针阀承压锥面上的油压超过弹簧预紧力时针阀开启,才开始喷油,所以也称液压启阀式喷油器。喷油器可保证良好的雾化质量,停油时又能迅速断油防止燃油滴漏,因而广泛应用于船用柴油机。

1. 喷油器结构及工作原理

图 4-12 所示为 135 型柴油机采用的喷油器。它由本体 4、精密偶件针阀 1 和针阀体 2、推杆 13、弹簧下座 12、弹簧 11、弹簧上座 9、调压螺钉 8、锁紧螺母 10 以及高压滤器 15、进油管接头 5 等部件组成。

针阀体中空部分为储油腔,喷油嘴均布着 4 个直径为 0.35 mm 的喷孔,喷射锥角 150°。针阀体顶部有环形槽,为保证密封,此面与本体下端面精细研磨配合。针阀体内有斜孔将环形槽与储油腔相通。针阀与针阀体精密配合,允许有少量燃油经针阀体的导向部间隙回流,以润滑和冷却针阀偶件。调压弹簧通过推杆将预紧力传至针阀,将针阀紧压在阀座上。弹簧的弹力可由调压螺钉控制,并用锁紧螺母锁紧。针阀尾柄插入推杆底部中孔,针阀升程受到本体端面限制,正常值为 0.45 mm。

喷油器基本
结构(动画)

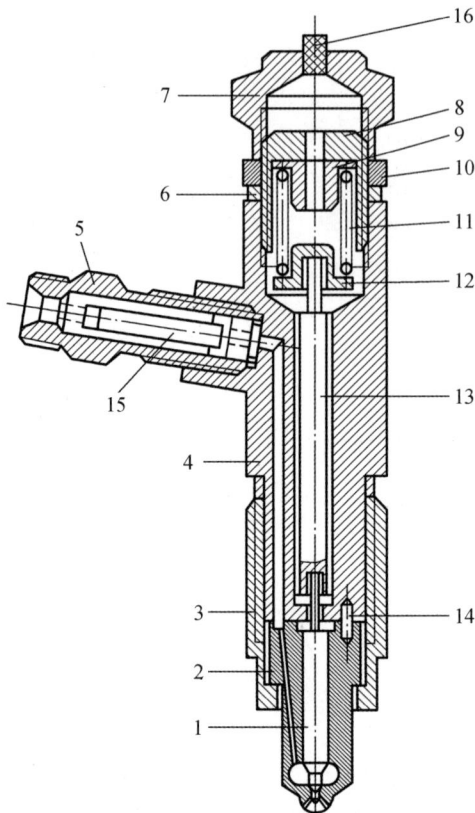

1—针阀;2—针阀体;3—紧帽;4—本体;5—进油管接头;
6—垫圈;7—护帽;8—调压螺钉;9—弹簧上座;10—锁紧螺母;11—弹簧;
12—弹簧下座;13—推杆;14—定位销;15—高压滤器;16—防污塞头。

图4-12　135型柴油机喷油器

　　高压燃油自进油管接头经本体内孔进入储油腔,作用在针阀的锥面上,克服弹簧的预紧力将针阀抬起。当针阀一离开阀座,其承压面突然增大,使针阀快速升起,减小了节流损失,使燃油果断地经喷孔喷入气缸。喷油泵停止供油后,储油腔油压突然降低,针阀在弹簧的作用下迅速关闭,喷油便断然停止。此时,针阀把高压油空间与燃烧室隔开,所以把这种喷油器称为闭式喷油器。

　　燃油喷射过程的压力不会低于某一个最低燃油压力,这就消除了喷射过程始末的低压喷射现象。燃油抬起针阀的最低压力叫作启阀压力。

　　2. 油嘴结构形式

　　喷油器结构形式很多,但彼此间的主要区别是喷油嘴(本体以下部件的总称)。喷油嘴的结构与燃烧室形状有关。闭式喷油器的喷油嘴形式很多,其基本类型如图4-13所示。

　　(1)单孔式喷油嘴

　　图4-13(a)所示为单孔式喷油嘴。喷孔在喷油嘴中央,孔径最小为0.2 mm,供油量大的孔径也增加。孔内座面与针阀的密封锥角为50°~60°。燃油雾化锥角随孔径及长度而变化通常在5°~15°之间。这种喷油嘴由于孔径大不易堵塞,喷出的油束穿透力强,雾化油粒较大,故多用于采用分隔式燃烧室的小型柴油机。

（2）多孔式喷油嘴

图 4-13（b）所示为多孔式喷油器。喷孔数目为 4~12，孔径为 0.15~1.0 mm。其孔径相对较小，雾化质量好，且喷孔角度使喷出的油束与燃烧室形状有良好的配合，但喷孔容易堵塞，适用于直接喷射式燃烧室。

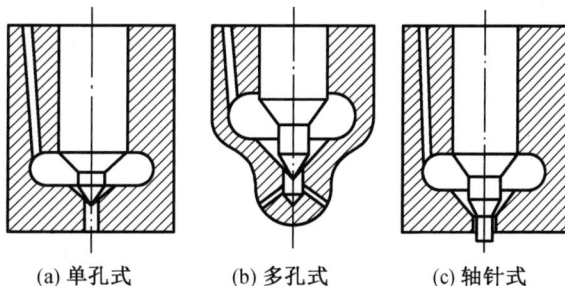

(a) 单孔式　　(b) 多孔式　　(c) 轴针式

图 4-13　喷油嘴的基本形式

（3）轴针式喷油嘴

图 4-13（c）所示为轴针式喷油嘴。在针阀下端有一小轴针，插入喷孔中，轴针有圆柱形和锥形两种，喷出的油束成空心柱状或空心锥状。这种喷油嘴不易产生积炭堵塞等故障，常应用于分隔式燃烧室。

当代船用二冲程长（超长）行程柴油机中使用了一种非冷却、尺寸小、质量小的喷油器，如 MAN MC/MCE 型和 WinGD RTA 型柴油机使用的喷油器。这两种机型使用的喷油器在具体结构上有所不同，但共同的特点是使燃油系统中的燃油经喷油泵进入喷油器本体内循环，最后排至日用油柜。在该缸喷射期间，高压燃油首先使燃油循环回路中断，然后进入针阀的油腔内，待达到启阀压力时针阀开启进行喷油。供油结束，油压降低，针阀落座。当油压降低至某规定值时，上述燃油循环回路重新接通，喷油器本体的燃油循环重新恢复。这种结构不但省略了单独的冷却系统，而且通过燃油循环在柴油机备车时可对喷油器进行预热，并在运转期间对喷油器冷却并兼有驱气作用。

图 4-14 所示的喷油器启阀压力由主弹簧 4 的安装预紧力和有关零件尺寸预先确定，使用中不能进行调整，如需调整则应解体喷油器并换用备用主弹簧或更换专用弹簧垫片。

近年来，在某些船用大型柴油机中还采用了一种可控启阀压力式的喷油器。这种喷油器的启阀压力可以随负荷或转速而自动调节。这种喷油器的针阀弹簧上方设有一气动活塞，当速度降低时，通过气压控制信号使空气作用在气动活塞上，下压气动活塞下移，提高启阀压力，保证了柴油机低速时的雾化质量，改善了柴油机的低速性能。

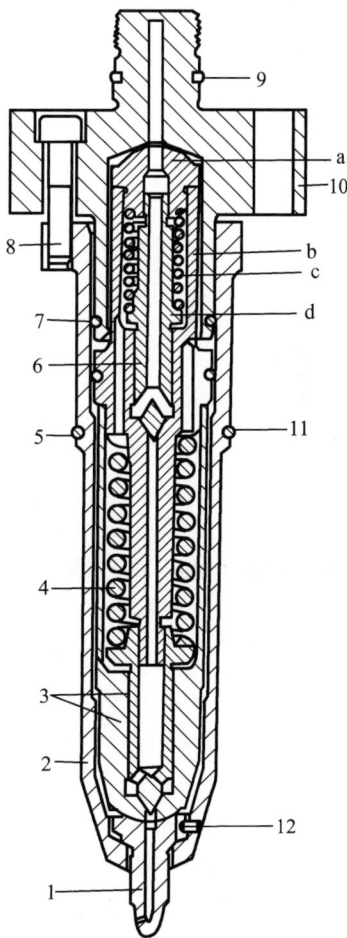

非冷却式
多孔喷油器
（动画）

1—喷油嘴;2—喷油器本体;3—针阀偶件;
4—主弹簧;5,7,9,11—密封圈;6—止回阀;
8—螺钉;10—喷油器头;12—定位销。

图 4-14　非冷却式多孔喷油器

任务 4.4 燃油喷射过程和喷油规律

4.4.1 燃油喷射过程

燃油喷射过程是柴油机燃烧过程中极为重要的一个组成部分。喷射过程组织的好坏将直接影响油束与空气在燃烧室中的配合,进而影响燃烧过程的组织,最终决定柴油机的整机性能。

图 4-15 所示为燃油喷射过程示意图。图 4-15(a)(b)(c)分别为喷油泵出口压力、进口压力和喷油器针阀升程随曲柄转角的变化关系曲线。根据这些曲线的特征,喷射过程分为喷射延迟、主要喷射、滴漏三个阶段。

1. 喷射延迟阶段 Ⅰ (供油始点 O_H 到喷油始点 O_u)

该阶段是由于燃油的可压缩性、高压油管的弹性和高压系统的节流等方面原因,使喷油始点落于供油始点,造成的喷射延迟。根据实验资料,当压力变化 0.1 MPa 时,燃油容积变化 1/25 000 ~ 1/20 000。所以,喷油泵开始供油后,系统中的燃油被压缩,高压油管膨胀,直到喷油器中的燃油压力大于针阀的启阀压力 p_ϕ 时,针阀才开始升起。

由于喷油泵的供油始点和喷油器的喷油始点不在同一时刻,所以

图 4-15 喷射过程示意图

有两个提前角:一个是相对于喷油泵供油始点的几何提前角 $(\varphi_{OA})_H$(下称供油提前角);另一个是相对于喷油器喷油始点的实际提前角 $(\varphi_{OA})_\varphi$(下称喷油提前角)。对柴油机燃烧有直接影响的是喷油提前角,但它在柴油机管理中无法直接进行检查和调节,能够进行检查和调节的是供油提前角,故习惯上常将供油提前角称为喷油提前角。

高压油管愈长、直径愈大、柴油机转速愈高、针阀启阀压力愈高,则喷射延迟愈长。

2. 主要喷射阶段 Ⅱ (喷油始点 O_u 到供油终点 K_H)

在这一阶段中喷油器中压力较高,大部分燃油喷入气缸。此阶段的长短与柴油机的负荷有关:负荷愈大,此阶段愈长,反之则短。

3. 滴漏阶段 Ⅲ (供油终点 K_H 到针阀落座 K_u)

喷油终点落后于供油终点是因为回油孔的启闭受柱塞控制,当柱塞斜槽边刚打开回油孔时,由于节流作用喷油泵供油压力并不立刻下降,在回油孔开启较大时,泵端压

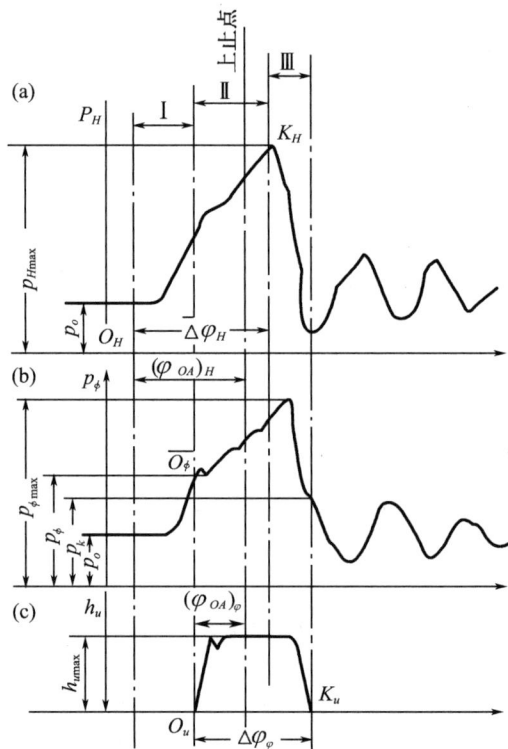

力才急剧下降,使喷油器端压力下降较喷油泵端迟。

当喷油器端压力下降到低于针阀落座压力 p_k 时,针阀关闭,喷油才停止。在这一阶段中,喷油器中压力从最高喷射压力 $p_{\phi max}$ 一直下降到高压油管中的残余压力 p_o。由于喷油压力急剧下降,燃油雾化不良,甚至有滴漏现象发生,因此应力求使喷油器断油迅速,将此阶段缩短到最小。

4.4.2 喷射过程的压力波

在燃油喷射过程中,喷油泵排油阀至喷油器针阀的高压系统中,燃油压力发生很大变化,产生较强的压力波。压力波的存在,不但使喷油器的喷射状况和喷油泵的供油产生差异,还将引起一系列的不正常喷射,并使喷射系统的某些零件发生破坏。

在燃油喷射过程中,高压油管中瞬时最高压力一般为 60~70 MPa,甚至更高,而喷射结束后油管中的残余压力不足最高压力的 1/10,每一次喷射都要经过压力的巨变过程。此外,柴油机每循环的喷油量远少于高压系统内所充满的燃油量(一般循环量为喷油量的 2~3 倍),在此情况下,燃油的可压缩性对喷射过程将产生很大影响。

在喷油泵开始供油使排油阀打开的瞬间,高压油管中泵端的燃油受到来自喷油泵燃油的冲击,但因为燃油的惯性和可压缩性以及高压油管的弹性,喷油泵柱塞所排挤出的燃油量与高压油管中的燃油量之间不平衡,造成燃油瞬时堆积,致使压力继续升高。这种局部压力的瞬时升高都以压力波的形式以声速沿高压油管向喷油器端传播,如图4-16所示。

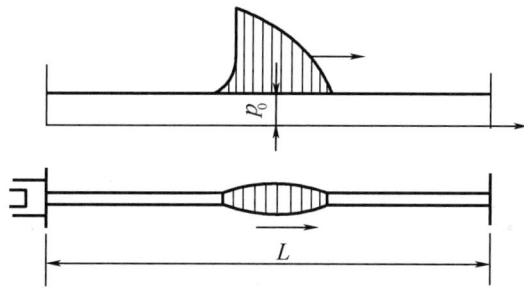

图 4-16 压力波传播示意图

压力波传播的速度就是燃油介质中的音速,其值为 1 400~1 600 m/s。设油管的长度为 L,燃油中的声速为 a,当排油阀开启时,泵端高压油管中的燃油产生的压力波经过时间 L/a 到达喷油器端。如果此压力波不足以将针阀抬起,则压力波又经 L/a 后全部被反射回喷油泵端,反射波到达泵端并与该处的另一压力波叠加起来,再次向喷油器端传播,直至针阀抬起,压力波仍要部分地反射回去。所以,在整个供油与喷射过程中,压力波往复传播、多次反射,高压油管中的压力随着时间和地点而变。在针阀关闭后,高压油管中的压力仍会往复波动。如果压力波的峰值大,就可能使针阀再次开启,造成不正常喷射并引起燃烧恶化。

4.4.3 喷油规律

燃油喷射过程的喷油规律,对柴油机燃烧过程的进展情况和经济性、动力性和可靠性有很大的影响。

1. 供油规律和喷油规律

喷油泵的单位转角供油量 $dg_p/d\varphi$ 随喷油泵凸轮转角 φ(或时间 t)的变化规律称为供油规律,它完全取决于柱塞的直径和凸轮型线的运动规律。单位转角喷入气缸的喷

油量 $dg_n/d\varphi$ 随凸轮转角 φ(或时间 t)的变化规律称为喷油规律。

图 4-17 所示为某高速大功率柴油机的供油规律和喷油规律曲线。由图可见,喷油开始时刻比供油开始时刻滞后约 9°凸轮转角,喷油持续时间比供油持续时间延长约 4°凸轮转角,而且曲线形状有较大的变化,喷油速率的峰值小于供油速率的峰值,这些差异正是燃油喷射延迟的结果。供油规律和喷油规律之间有一定的内在联系,直接影响燃油燃烧过程的是喷油规律,而喷油规律则受供油规律的影响。

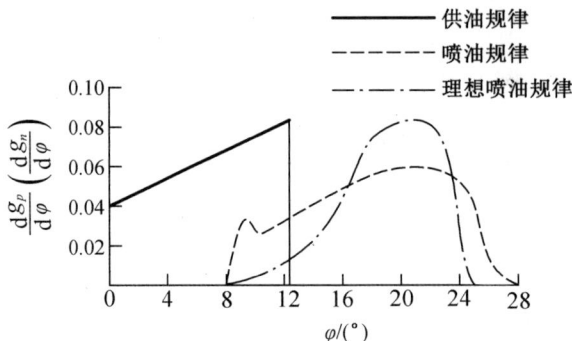

图 4-17 供油规律和喷油规律曲线

2. 影响喷油规律的因素

(1)凸轮型线和有效工作段

喷油泵凸轮型线决定了柱塞运动规律,而柱塞的速度变化规律决定喷油泵的供油规律,从而影响喷油规律。图 4-18 所示为凸轮外形对喷油规律的影响。在柱塞有效行程和供油始点相同的情况下,凸轮外形越陡,油压上升越快,供油速度越大,喷油延迟角和喷油持续角就越小。理想的喷油规律(图 4-17)是"先缓后急",如双峰凸轮。

当凸轮外形确定后,就要选择凸轮有效工作段的位置。为了获得较短的喷油时间和必需的喷油压力,一般将凸轮的有效工作段选在柱塞运动的高速部分,以提高供油速率,减小喷油持续角,提高雾化质量。

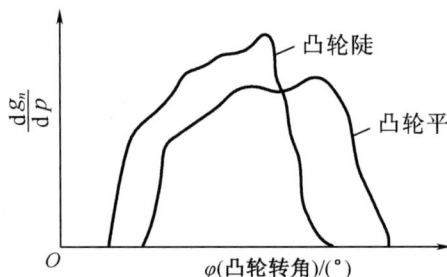

图 4-18 凸轮外形对喷油规律的影响

(2)柱塞直径和喷孔直径

在不改变供油量而增大柱塞直径时,供油速度增大,喷油延迟角和持续角均减小,有利于燃烧在上止点附近结束,柴油机经济性变好。但初期的喷油速率提高,会使燃烧粗暴。

当喷油器的喷孔数目不变而喷孔直径减小时,由于喷油阻力的增加使喷油持续角增大,而单位凸轮转角的喷油量减小。此时,由于高压油管中的压力增高,弹性变形及波动增大,容易产生重复喷射。

(3)高压油管尺寸

高压油管愈长,喷油延迟角越大,即实际喷油提前角变小,而喷油持续角基本不变。如果各缸高压油管长度不相等,则将使各缸喷油规律有所差别,这也是影响多缸柴油机工作不均匀的原因之一。为了使各缸喷油规律一致,应尽可能使各缸的高压油管长度相同。

油管内径愈小,燃油流动阻力愈大,喷油延迟角也愈大,循环供油量减少。

（4）柴油机转速和负荷

当柴油机的负荷及喷油正时不变而转速增高时,喷射延迟阶段和喷油持续角加大,单位凸轮转角的喷油量减少,如图4-19所示。当柴油机转速和喷油正时不变而增加负荷时,其喷油始点基本不变而终点后延,使喷油持续角增大。

对于负荷与转速同时改变的柴油机工况,其喷油规律的改变应做综合分析。

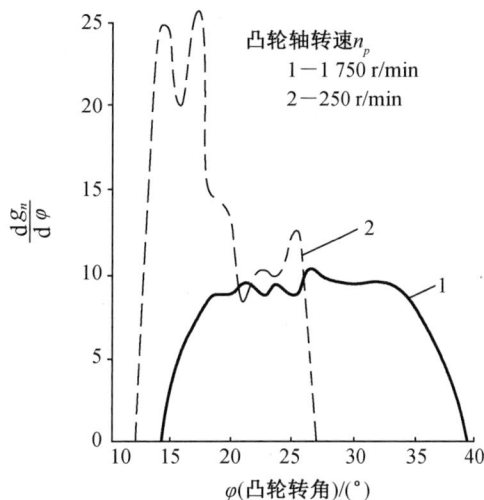

图4-19　柴油机转速对喷油规律的影响

4.4.4　最低稳定转速

在多缸柴油机中,当柴油机低速运转时,会出现各缸供油量严重不均匀现象。这主要由于各缸喷油泵柱塞偶件、喷油器偶件的间隙和喷孔孔径间的差别,以及喷油泵调节杆系安装间隙的不同。在柴油机低速运行时,由于各缸喷油量很少,上述差异会对各缸喷油量产生显著影响,致使各缸喷油量显著不均匀,严重时导致个别缸熄火,使柴油机转速不稳定,甚至自动停车。因此,任何柴油机都有一个使各缸都能均匀发火燃烧的最低转速——最低稳定（工作）转速。

按国标规定,最低工作稳定转速是柴油机油门在出厂的标定功率位置上带负荷运转所达到的稳定转速。船用主机则指按推进特性运转时的最低稳定转速。我国对船用主机的有关规定:船用低速机最低稳定转速应不高于标定转速 n_b 的 30%;中速机不高于 n_b 的 40%;高速机不高于 n_b 的 45%。

任务4.5　喷射系统检查与调整

对喷射系统的科学维护管理,能够延长喷油设备的使用寿命,减小故障发生的频率,从而保证良好的喷油规律和放热规律,使柴油机平稳高速地运行。除进行日常的清洁、检查等维护工作外,还应在定期拆检的过程中特别注意喷射系统的定时、定量的调节方法及设备的工作参数。

喷射系统
检查与调整
（PDF）

4.5.1　喷油泵的检查与调整

喷油泵的功用是定时、定量地向喷油器提供一定压力的燃油,所以对它的检查也应着重在密封性、供油定时及供油量这三方面。

1. 密封性检查与要求

喷油泵密封性检查包括柱塞偶件,排油阀偶件及进、回油阀偶件的密封性检查。如其中之一的密封不良,就会影响喷油泵的高压供油性能及供油量。

（1）综合检查

在喷油泵高压油管接头处装压力表，手动泵油至达到说明书规定的泵油压力时停止泵油，按住泵油手柄不动，观察压力表指针。此压力读数若能在说明书规定的时间（一般不少于 30 s）内保持不降，则认为密封性良好。若发现压力下降很快或不符合说明书的要求，则说明有密封不良处，应根据喷油泵的构造按以下顺序继续进行。

（2）排油阀密封性检查

操作过程基本同上，区别在于停止泵油时应放松泵油手柄，柱塞自然下行，这时若压力表读数基本保持不变，则认为排油阀密封性良好，否则排油阀应予换新或取出排油阀。

（3）进、回油阀密封性检查

取出排油阀后重复第（1）项检查。若压力下降很快，则说明进、回油阀或柱塞偶件漏油。鉴别方法是在研磨进、回油阀并取得满意效果后再重复此项检查，若密封性明显改善，则说明原进、回油阀密封性不良；若密封性仍无改善，则说明柱塞偶件密封性不良，应予以换新。

此外，套筒与泵体之间的密封性可通过泵体下部是否有漏油来检查。

2. 供油定时检查与调整

供油定时的检查方法因机型而异，以下介绍几种在船舶上使用的方法。

（1）冒油法

首先将柴油机盘车至喷油泵供油点附近，拆下喷油泵上的高压油管，并接上用于观察的玻璃管接头；再将燃油手柄置于标定供油位置，手动柱塞泵油使燃油在玻璃管中上升到一定可见高度；缓慢盘车，待玻璃管内燃油液面位置刚一上升的时刻，立即停止盘车，此时曲轴飞轮上的指示刻度即为相应的供油提前角。对多缸机可按发火顺序依次检查。

（2）光照法

对大型回油孔终点调节式喷油泵，若套筒上进、回油孔在同一高度，可拆下与之相对的螺钉，缓慢盘车，从油孔中观察柱塞的运动，并在对侧螺孔处用手电筒照射，如图 4-20 所示。当柱塞上行到刚好将回油孔封住而遮断光线时立刻停止盘车，此时飞轮上的刻度即为该泵的供油提前角。

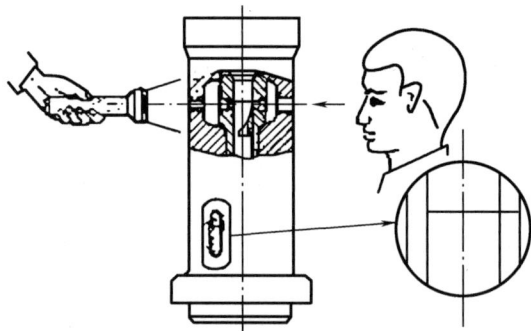

图 4-20 用光照法检查供油定时

（3）标记法

有些柴油机在喷油泵泵体上和柱塞导程筒外表面分别有刻线，如图 4-20 所示。盘车时，两刻线正对平齐的瞬间，飞轮上的刻度即为该泵的供油提前角。

3. 喷油泵供油定时的调整

根据喷油泵的工作原理和传动机构的结构，调整供油定时的方法一般有三种。

（1）转动凸轮法

各种类型的柴油机，安装凸轮的凸轮轴与曲轴按 1：1 或 1：2 速度比传动。无论齿轮传动或链传动,只要改变凸轮轴的相位,即改变了燃油凸轮的相位,喷油泵的供油正时均发生变化。

整体式凸轮轴(小型机)调节整机的供油正时,可松脱油泵凸轮轴连接法兰盘,转好调节角度后再重新连接。此法的规律是在凸轮轴相对曲轴超前时,供油提前;反之,则滞后。对于装配式凸轮轴(大、中型机),调节单缸供油正时,可直接转动燃油凸轮的安装相位。

图4-21所示为大、中型柴油机广泛采用的一种燃油凸轮安装方法。结合器1套在凸轮轴上,由键2周向定位,销钉3轴向定位。燃油凸轮由5和6两部分组成,凸轮的一个端面铣有径向细齿(360个或240个),结合器的端面也有同样多的细齿。锁紧螺母4将凸轮紧压在结合器上,固定销7对锁紧螺母止动防松。调整供油定时,只需松开固定销和锁紧螺母,即可沿轴向脱开凸轮进行调节。顺着凸轮轴正车转向旋转凸轮,供油提前角增大;反之,则减小。调节好后,将锁紧螺母和固定销紧固。

(2)升(降)柱塞法

此法多用于中、小型柴油机回油孔式喷油泵,是通过调整调节顶动柱塞的顶头螺钉的高度来实现的。在顶头上装有调节螺钉,螺钉的旋入(柱塞降低)或旋出(柱塞升高)改变顶头的高度,柱塞相对升高供油定时提前;反之,则滞后。调节后须紧固锁紧螺母。

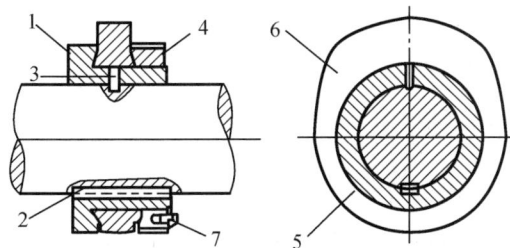

(3)升(降)套筒法

1—结合器;2—键;3—销钉;4—锁紧螺母;
5,6—凸轮;7—固定销。

图4-21　喷油泵凸轮安装图

喷油泵检查与调整(微课)

此法多用于大、中型柴油机回油孔式喷油泵。套筒上升时,正时滞后;反之,则提前。套筒的升降有以下三种途径。

①套筒上端设有一组调节垫片,减少垫片即提升套筒。

②泵体下端设置多个调节垫片。增加垫片,套筒升高,柱塞前导程增加,供油提前角减小;反之,供油提前角增大。

③套筒上设有螺旋套,用定时齿条拉动使套筒升降,此即为MAN L-MC/MCE机型的VIT机构。

在上述三种供油正时的调节中,均未改变柱塞有效工作段,亦即没有改变供油量。但是采用②③两种方法调节供油时,由于前导程的变化,在改变供油时间的同时也改变了凸轮的有效工作段,使喷油泵的供油规律受到影响,故通常仅用于对喷油提前角的微量调节。

4.供油量的检查与调整

在多缸柴油机中,当油量手柄置于标定供油位置时,应使各缸供油量均等,以保证各缸负荷均匀。按我国有关规定,在全负荷时各缸供油量的不均匀性应小于2%。当柴油机长期运转后或柴油机的喷油系统拆检后,各缸供油均匀性将发生变化,需进行调整,通常供油量的检查包括停油位置和供油均匀性检查。

(1)停油位的检查与调整

停油位的检查与调整是确保当油量手柄置于停车位置时,各缸喷油泵的供油量为

零,以保证可靠、迅速停车。

回油孔式喷油泵的油量调节齿条上有刻度,表示供油量多少。当齿条在小于刻度"2"时,就应保持供油量为零。如齿条刻度不符合要求,可通过齿条与油量调节杆连接处的调节螺钉调节。

回油阀式喷油泵的停油位置判断:柱塞上行的全行程中进、回油阀不同时关闭就可停车。为此,应先测定进、回油阀的关闭和开启时刻,再检查或调整其零位。如零位不正确,则通过进、回油阀杆下的调节螺钉进行调节。

(2)各缸供油量均匀性的检查与调整

供油量均匀性检查是指当燃油手柄置于标定供油量位置,测量并保证各泵柱塞的有效行程相等并符合说明书规定。当单体泵燃油手柄置于标定油门位置时,可通过量杯法(测量每个泵相同转数的供油量)、单缸断油降速法(每缸断油后的柴油机速度降相等)和测量运行参数法(各缸最大爆发压力和各缸排气温度的一致性)等方法间接检查供油不均匀性。而组合式喷油泵则在专用实验台上对各缸供油量进行直接测定,以检查供油均匀性。

如单体泵的供油不均匀性过大,可调节供油齿条和供油拉杆的连接位置进行调整。而组合式喷油泵则需通过调节传动套和其上的调节齿套的相对位置来进行调整。

4.5.2　喷油器的检查与调整

喷油器的检查与调整是在喷油器试验台上进行的,包括启阀压力、针阀偶件密封性和雾化质量三项。

1. 密封性的检查

喷油器的密封性检查包括针阀与针阀体的柱面和针阀与阀座两处密封性的检查。检查时,泵油油压控制在略低于启阀压力,停止泵油,观察该油压降落的速度(如某机型要求在5 s内压降不超过5 MPa)。若超过规定标准,则说明针阀与针阀体柱面间隙大,密封性不良。同时,亦可检查针阀与阀座处密封性,即在停止泵油时,若喷孔处只有轻微潮湿而无燃油滴漏,则密封良好。

2. 启阀压力的检查与调整

启阀压力是保证喷油器开始喷射时的最低喷射压力,它对燃油雾化质量有很大影响。在柴油机说明书中规定了喷油器的启阀压力,对不同的机型,其值一般为20 ~ 35 MPa。喷油器长期使用后,会因调节螺钉松动、针阀和阀座磨损、弹簧损坏等原因使启阀压力降低,因此必须经常检查。

检查时,将喷油器与试验装置的高压油管接好,如图4-22所示。先排除喷油器油路中的空气,然后手动泵油,并观察压力表开始喷油时的启阀压力。若此值与规定值不符,则拧动调节螺钉,直到合格为止。

3. 雾化质量检查

在手动泵油时,应仔细观察喷柱的形状、数目、油滴细度和分布情况,查看在启阀之前和喷射之后喷孔处有无燃油滴漏。良好的雾化质量应是喷柱符合要求,喷孔无滴漏,整个喷射过程伴有清脆的"吱吱"声。

4.5.3 喷射系统的维护与管理

前述喷油泵和喷油器的检查和调节应属喷油设备日常管理的最重要内容,此外,喷射系统尚应注意下列事项。

(1)对喷油设备需要适时进行拆检和试验,查出隐患和缺陷,及时排除。拆检时须注意清洁,清洗只准使用轻柴油(或煤油),擦拭时不得使用棉纱。装复时注意正确定位,注意各密封面处的结合,注意有关装配记号。

(2)备车时应对各缸油泵逐个进行手动泵油,以便润滑柱塞偶件并观察柱塞及其相关运动件的灵活性。此外,还应检查喷油泵油量调节机构动作的准确性和可靠性。

(3)长期停车之后或喷油设备经拆检重新装复之后,应注意喷油设备及燃油系统放气。喷油设备各处不得有燃油渗漏。

(4)运转中应注意高压油管的脉动状态。脉动突然增强,喷油泵有异响发出,则多为喷油器喷孔堵塞或针阀在关闭位置咬死所致;若高压油管无脉动或脉动微弱,则系柱塞或针阀在开启位置咬死或喷油器弹簧折断所致;若脉动频率或强度不断变化,则柱塞有卡阻现象发生。

(5)在柴油机运转中如需单缸停油,则应使用喷油泵专门停油机构抬起该油泵柱塞。不可关闭喷油泵燃油进口阀,以免柱塞偶件断油缺乏润滑而卡死。

(6)应注意喷油器冷却系统的工作状况,确保喷油器可靠冷却,防止过热。定期检查喷油器冷却水循环柜内的水质变化,如混有油,则表明喷油器内有漏油现象。

(7)喷油器装入气缸盖前应检查其与缸盖配合座面的密封性,必要时需清洁与研磨,以防止燃气漏出烧毁喷油器;喷油器在缸盖上的紧固螺母不可预紧过度,应按说明书规定的预紧力预紧,否则喷油器可能不能正常工作,气缸盖配合座面可能产生裂纹。

(8)注意缸内燃烧过程的变化。如从排烟颜色、排气温度、示功图等的不正常变化,判断喷油设备的工作状况,必要时应酌情进行调整。

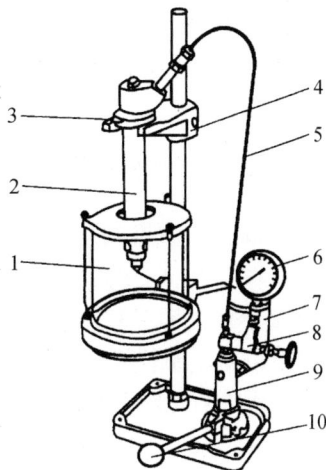

1—玻璃罩;2—喷油器;3—支承环;
4—支架;5—高压油管;6—压力表;
7—盛油容器;8—截止阀;
9—手摇泵;10—杠杆。

图4-22 喷油器试验装置

任务4.6 电子控制柴油机

为了满足环境保护的要求,控制排放与噪声,目前正在大力发展各种高压、电控燃油喷射系统。随着电子/数字技术在船用低速柴油机上的应用日益广泛,基于燃油共轨技术和电子/数字控制技术的船用低速电子控制柴油机已投入营运,电子控制柴油机将代表21世纪船舶柴油机的发展方向。

电子控制柴油机又称智能柴油机,电喷柴油机。智能柴油机取消了传统的柴油机的凸轮轴以及相关的机械控制零部件,将燃油喷射、气阀启闭以及柴油机的启动、换向、停车和气缸润滑等功能全部由电子控制实现。它可以通过对相关参数的设定和修改,

电子控制
柴油机
(PDF)

调整柴油机的运行状态和工作参数,达到使柴油机保持在最佳状况下工作的目的。此外,还可对柴油机的运行情况及零部件的状况进行实时监测,并与船上的控制系统、报警系统相连接,对柴油机进行全方位的控制。目前智能柴油机已在新装船舶中得到广泛运用,并逐步成为船舶柴油机的主流机型。

4.6.1 电子控制柴油机的原理和优点

电子控制柴油机就是通过电子控制系统实现对燃油喷射始点、喷射压力、喷油持续时间的有效控制,以达到优化燃烧过程,降低燃油消耗率和降低柴油机排放,改善柴油机的启动、换向、加速和降低稳定转速等性能。它的核心系统是一个微处理器,柴油机的转速和转角作为输入信号,温度、压力及相关设定参数等作为附加输入信号;输出信号用以自动修正喷射正时,以实现在变工况、变使用条件下的最佳运转。其主要优点如下。

1. 优化燃烧过程

电控喷射系统在调节喷油正时的同时,也改变喷射压力,并使喷射压力在高负荷时比传统喷射系统显著降低,在低负荷时则显著升高。同时也可以改变燃油喷射规律,控制喷射过程不同阶段的喷油量,优化燃油雾化和燃烧,降低燃油消耗率。

2. 适用多种燃油

采用电控喷射后,通过控制装置输出一个简单信号,可根据燃油的品质给出相对理想的喷油始点和喷射压力特性,使它们燃烧时都有较好的放热规律,以利于降低油耗和减轻磨损。

3. 适应不同环境温度

用电子控制喷射始点,可通过提高最高爆发压力来修正环境温度的不利影响,使船舶柴油机适应不同环境温度的能力明显提高。

4. 转速微调化

控制装置把电子信号直接传输到电液驱动的喷油器中,使转速调节迅速而准确。电控喷射可以使柴油机的最低稳定转速降至标定转速的1/6左右,相应的最低运转转速随之降低,改善了船舶的操纵性能。

5. 操纵灵敏化

该装置可以控制气缸启动阀和喷油器的动作,启动、停车、正车、倒车等均由操纵机构的位置来确定,可取消传统的机械式启动和换向机构。用操纵杆将设定转速和转向输入柴油机,各种动作指令脉冲一旦触发,实际的运转程序便可自动进行。

4.6.2 WinGD RT-flex 系列柴油机结构

瓦锡兰公司率先将共轨技术应用于大功率船用低速柴油机,它在20世纪80年代初就开始从事电子控制式柴油机的研制。继1981年的RTX-1型和RTX-2型之后,1998年将燃油共轨喷射技术应用于RTX-3型技术示范机并取得成功;在此基础上,开发出全电子控制、采用共轨喷射技术的RT-flex船用低速柴油机,并在实船上开始使用;2008年,该公司已经正式开始了RTX-4最新一代电喷机的研发工作。

相对常规柴油机而言,WinGD RT-flex型柴油机取消了机械式凸轮轴系统及其传动机构,增设了供油单元、共轨平台和WECS-9520控制系统,如图4-23所示。

排气阀动作执行器

WECS控制系统

曲轴转角检测器

喷油器

排气阀动作控制单元

容积式燃油喷射控制单元

100 MPa重油/轻油

20 MPa伺服油

3 MPa启动空气

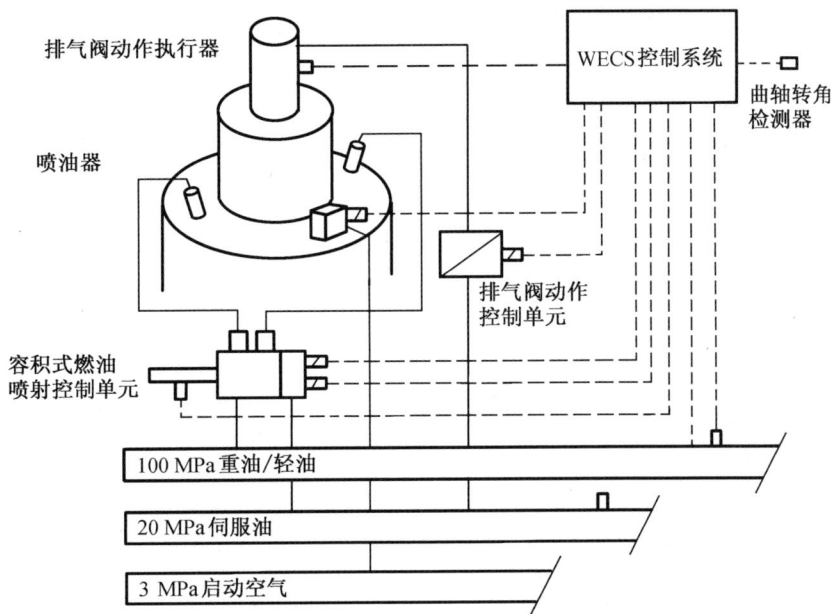

电子控制喷射柴油机（动画）

图4-23 WinGD RT-flex共轨控制系统

供油单元由柴油机曲轴输出端的齿轮组带动燃油柱塞泵和滑油斜盘泵。高效的燃油泵向共轨管提供100 MPa（通常使用60~90 MPa）的燃油，轴向柱塞泵提供20 MPa的伺服液压油用于排气阀驱动执行器（exhaust valve control unit，VCU）的启闭和燃油喷射控制单元（injection control unit，ICU）的驱动。共轨平台由WECS-9520控制系统分别控制容积式燃油喷射控制单元ICU、排气阀驱动执行器VCU和启动空气控制装置，通过安装在主机自由端的曲轴角度编制码器来判断曲轴位置及各活塞在气缸中的位置后，完成燃油喷射、排气阀启闭和柴油机的启动功能。

1. WECS柴油机控制系统

WinGD RT-flex柴油机的电子控制设备由凸轮轴替代部分、控制部分和安全系统三部分组成。凸轮轴替代部分主要是用来代替凸轮轴实现燃油喷射、排气阀和启动空气分配器的驱动；控制部分根据柴油机的负荷和转速控制燃油和伺服油共轨内的压力；而安全系统主要是对共轨阀的功能、传感器及各参数值进行监测和诊断，保证系统安全工作。WECS控制系统通过传感器检测曲轴位置从而判断出柴油机气缸中活塞位置后由20 MPa伺服油控制100 MPa的燃油喷射进入柴油机的气缸，根据柴油机设定油门WECS控制系统进行喷油定时、喷油时间和喷油量的控制。

2. 燃油共轨

WinGD RT-flex的燃油共轨系统如图4-24所示，供油单元有2~8个高效的机带柱塞泵（又称共轨泵，由三作用凸轮或者凸轮控制），将已加热的燃油压力提高到100 MPa左右，送至高压共轨油管。在柴油机启动前和启动时，燃油泵的执行器将油泵齿条伸到最大刻度。一旦主机转动（如冲车动作），共轨压力就调到期望值70 MPa。柴油机在工作时，由低压燃油泵将燃油输送到燃油共轨泵，共轨泵将燃油加压送入高压共轨油管，高压共轨油管中的压力由WECS控制系统根据共轨压力传感器测量的共轨压力以及燃烧的需要进行调节,高压共轨油管内的燃油经过高压油管,根据机器的运行状态,由WECS控制系统确定合适的喷油定时、喷油持续期;由喷射控制单元将燃油喷入气缸。

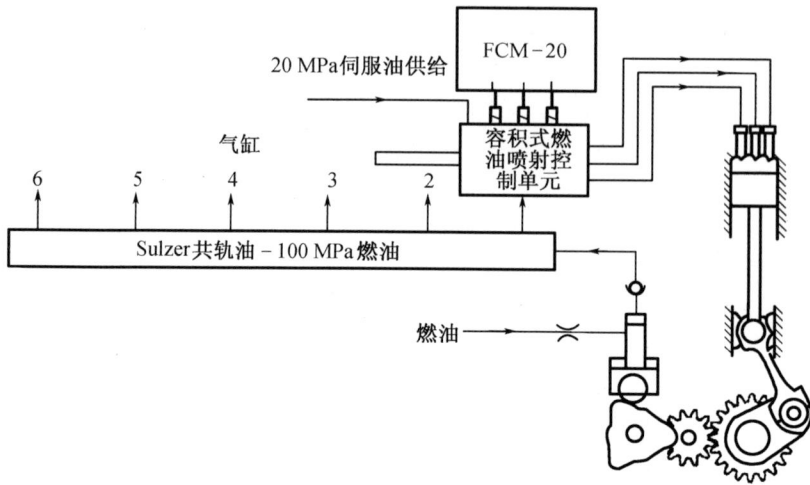

图4-24 WinGD RT-flex 共轨燃油系统

燃油喷射控制单元如图4-25所示,由 WECS 通过电磁阀控制。20 MPa 的伺服液压油通过电磁阀,使燃油喷射控制单元动作,让90 MPa 燃油进入喷油器。每个气缸有 2~3 只喷油器,而每个喷油器由各自安装在 ICU 的电液阀控制,可以根据 WECS 柴油机控制系统的指令控制燃油喷射的定时和喷油量,也可以实现在低负荷单只喷油器的循环喷油。由于共轨系统的压力很高,因此对该阀的密封性和承压能力的要求都非常高。

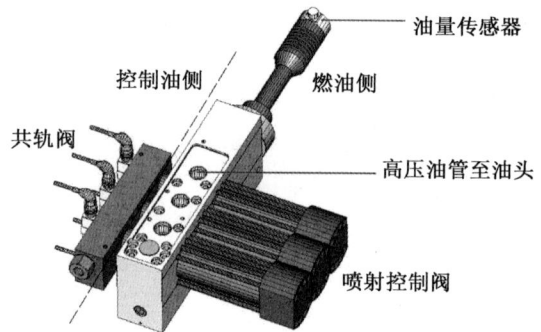

图4-25 容积式喷射控制单元

在高压燃油共轨油管上还安装了压力传感器、燃油压力调节阀和安全阀。压力传感器向 WECS 提供高压共轨油管的实时压力信号;燃油压力调节阀和安全阀确保在高压共轨油管在出现压力异常时,迅速将高压共轨油管中的压力进行泄放以保证安全。

3. 伺服油共轨

柴油机的伺服油共轨原理:伺服液压油由机带伺服油泵供给的 20 MPa 液压油,然后由 WECS 控制单元根据曲轴角度编码器判断柴油机各缸的工作状态而控制排气阀驱动控制单元 VCU,启闭气缸的液压排气阀。伺服油压力随柴油机负荷变化而变化,部分负荷时压力降低而适应的排气阀开启速度。当柴油机停车时,由电动泵向伺服油共轨提供约 8 MPa 的压力油。电子控制的驱动单元能灵活机动地控制排气阀的开/关定时。排气阀阀杆的升程由两个位置传感器检测后反馈给 WECS 控制系统。

4. 启动控制

气缸启动阀与 RTA 型机用的启动阀大致相同,只不过现在由 WECS 来根据当前的曲轴角度和功能,正车、倒车、慢车、吹车,来激活主启动阀电磁阀以及单缸启动阀上面的电磁阀,实现相应的功能。

5. 曲轴的转角

在曲轴的自由端有两个独立的曲轴转角传感器,由曲轴通过带齿轮皮带带动,它们产生精确的曲轴转角数字信号送到气缸电子单元,分辨率为 0.1°CA。对柴油机的运行它们是绝对不可缺少的,至少其中一个必须工作,如果两个都坏了,就是需要及时地更换备件以便重新启动。

4.6.3 MAN ME 系列柴油机结构

作为世界上最大品牌的大型低速二冲程柴油机开发商,MAN 公司早在 1993 年就开始研制电子控制柴油机,在不断地研制和完善软硬件的基础上,于 2003 年,MAN 公司以其最成功的 MC 系列柴油机为原型机,开发出全电子控制的 ME 系统柴油机。

1. ME 柴油机的液压系统

ME 柴油机的液压系统如图 4-26 所示,由自动冲洗精滤器、电动液压泵和机带液压泵组成。主要是用来提供足够的动力用于驱动燃油喷射、排气阀的启闭及气缸润滑。在柴油机启动前,用电动液压泵供给系统 17.5 MPa 的液压油来启动主机;在柴油机启动之后,则由机带的轴向柱塞泵向系统供给压力为 20 MPa 的驱动油。当柴油机转速达到最大持续运行功率(MCR)的 15% 时,两台电动液压泵会自动停止。

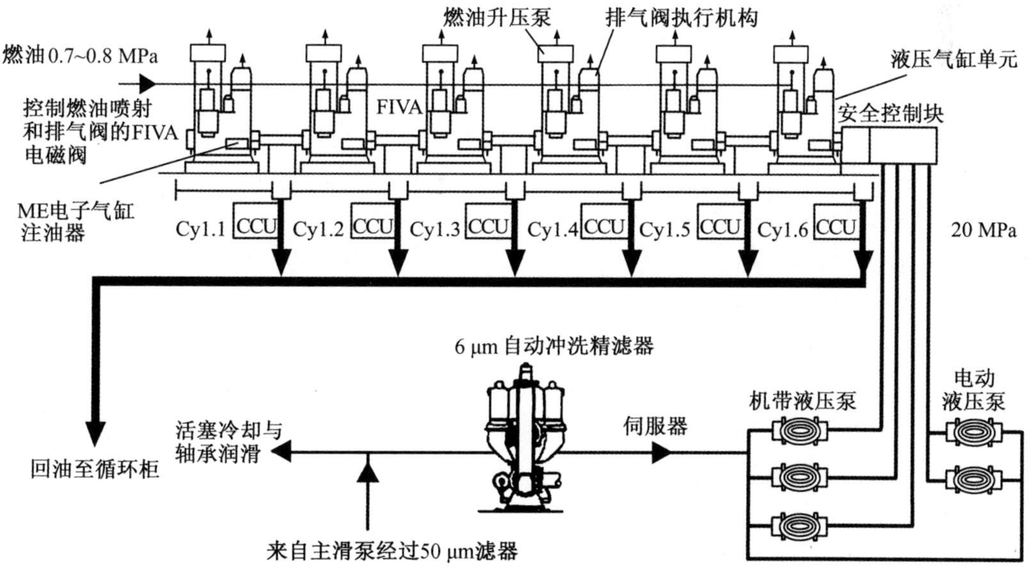

图 4-26 ME 型柴油机液压系统图

2. ME 型柴油机的控制系统

ME 型柴油机的控制系统包括一组多功能控制器,信号状态装置,如图 4-27 所示。控制器的功能简述如下。

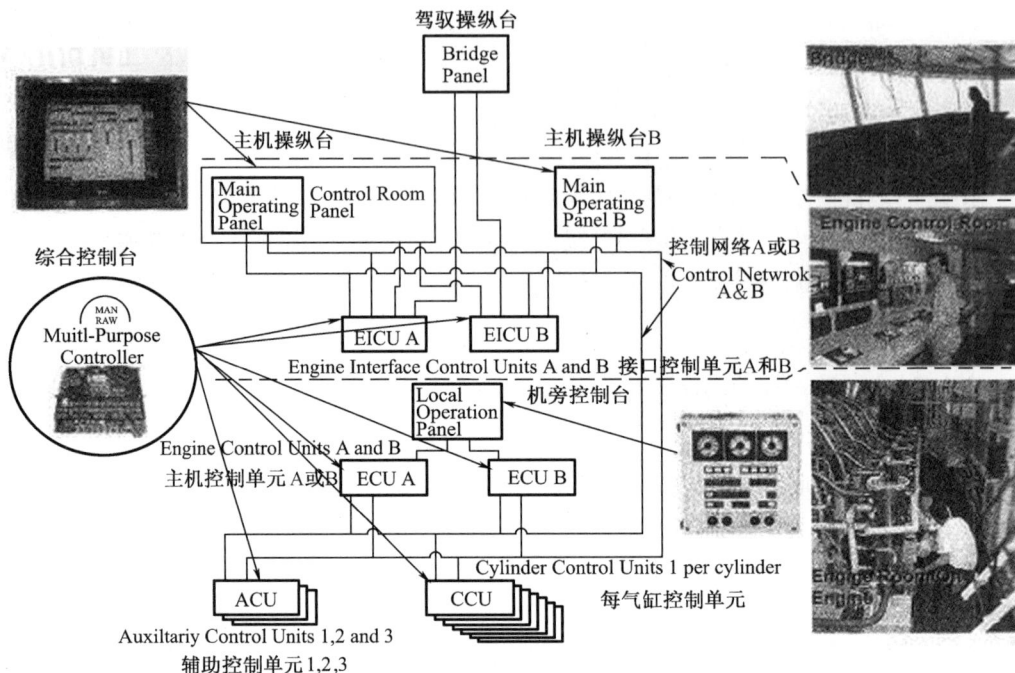

图4-27 ME型柴油机控制系统图

（1）EICU为柴油机接口控制单元处理与外部系统接口。

（2）ECU为柴油机控制装置,以实现柴油机的控制功能,即柴油机速度、运行模式和启动顺序。

（3）ACU为辅助控制单元控制泵的液压动力供应单元和辅助鼓风机。

（4）CCU为气缸控制单元控制电子燃油喷射(FIVA)和电子控制排气阀以及气缸启动阀。

（5）控制站:ME型柴油机的电子控制系统由三个不同的控制区域接收输入——驾驶台、柴油机集中控制室和柴油机机侧(机旁控制)。

3. 液压动力单元(HPS)和气缸液压油驱动单元(HCU)

液压动力单元如图4-28所示,标准的设计包括两台电动液压泵、三台机带轴向变向变量柱塞泵、安全蓄压装置,所有的这些零部件都密封在一个油密的装有漏泄报警装置的封闭空间里。气缸液压油驱动单元每缸一个,用于控制各缸的燃油喷射、排气阀和启动阀的启闭。气缸液压驱动单元有一个非常重要的电磁阀(FLVA),用来控制燃油喷射和排气阀的动作。

0.8 MPa的低压燃油由低压燃油泵送至高压油泵(也称燃油升压器)入口,由液压动力供给单元提供20 MPa伺服油经双壁供油管道送至液压气缸单元,通过电磁阀控制各缸的喷油正时中喷油量。在不进行燃油喷射时,由于电磁阀封闭,高压油泵不工作,低压燃油在油泵处循环流动。如果达到喷油时刻,电磁阀被触发,20 MPa液压油进入高压油泵下方的驱动活塞,使高压油泵产生200 MPa的高压,通过高压油管送入喷油器,进行喷射和雾化,如图4-29所示。

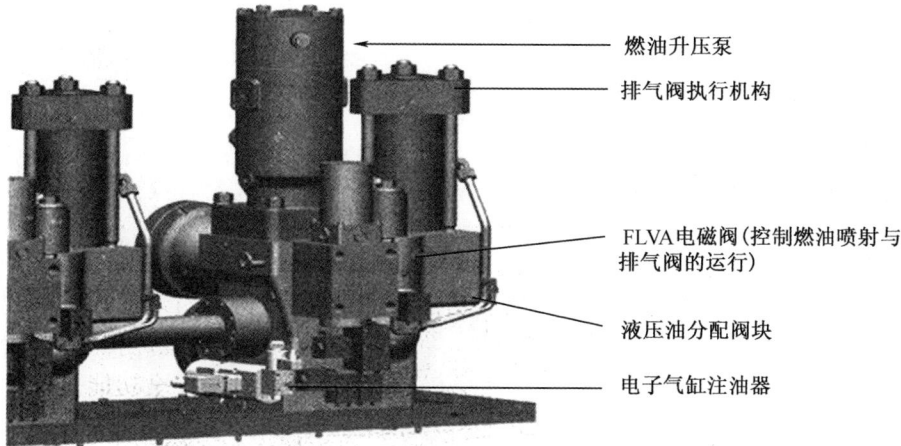

图 4-28　ME 型柴油机气缸液压动力单元

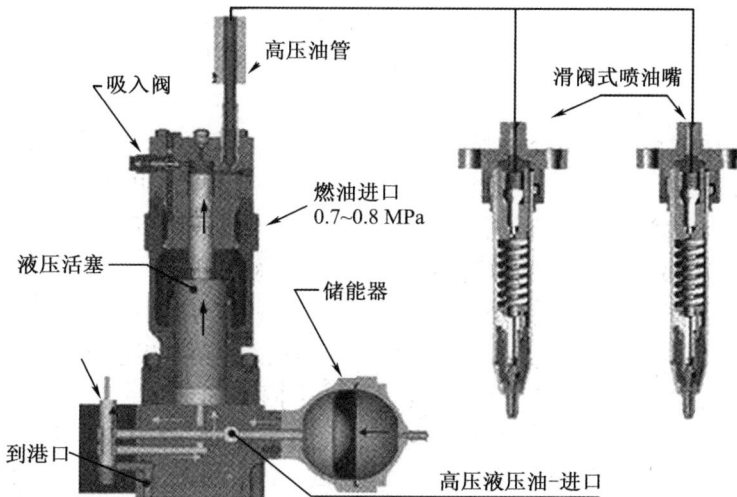

图 4-29　ME 型柴油机的燃油喷射系统

ME 型柴油机的排气执行器的动作由电磁阀控制伺服油驱动,如图 4-30 所示,电磁阀根据气缸燃烧状况,由微处理器控制程序系统 ECSP 对各缸排气阀的启闭进行优化控制,以达到最佳的扫气和压缩效果,并满足燃烧与排放要求。

此外,与 RT-flex 柴油机类似,ME 型柴油机的启动系统也是由电磁阀控制、伺服油驱动的,如图 4-31 所示为 ME 主机的启动系统。

4.6.4　RT-flex 系列与 ME 型船用智能柴油机的比较

1. 共轨

WinGD RT-flex 共轨有两个,一个是 20 MPa 伺服油轨,因为电子控制系统所输出的能量有限,该伺服油用来驱动排气阀、气缸启动阀和喷射控制单元;另一个是燃油轨,100 MPa 燃油在油轨中等待喷射。MAN ME 机型的公共油轨仅是一个是 20 MPa 的伺服油轨,其作用与 WinGD RT-flex 相同,也是作为动力油用于驱动。

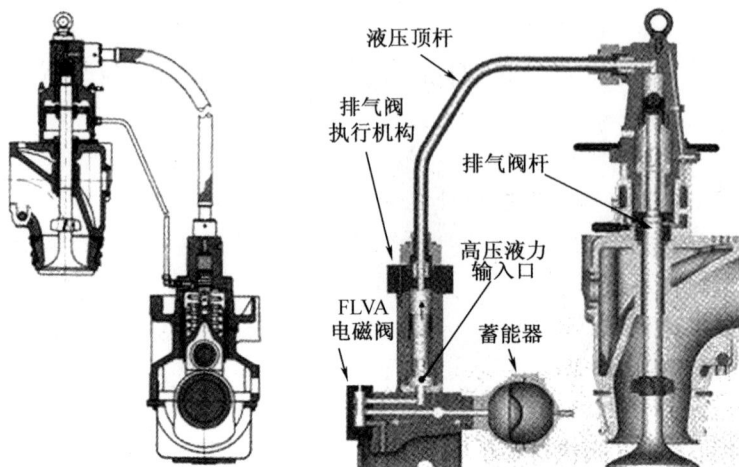

图4-30　ME型与MC型柴油机的排气阀控制对比

2. 原始动力

WinGD RT-flex 机型采用曲轴带动的复合凸轮来带动柱塞式燃油泵,使油轨保持 100 MPa 的油压,从而以预定的高喷射压力把足够量的燃油输送到气缸盖水平位置的高压燃油管(共轨)等待。伺服油泵同样也由曲轴通过传动齿轮带动,保持伺服滑油 20 MPa 的油压。ME 机型的伺服油泵也是轴带的,伺服油泵是双头活塞泵,将 20 MPa 高压油送至每个缸的气缸

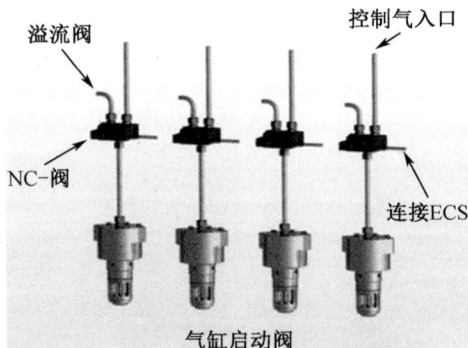

图4-31　ME柴油机的启动系统

液压驱动控制单元的储压器中的等待电磁阀信号,储压器作用使高压滑油保持恒压。电控电磁阀是由微处理器控制程序系统 ECSP 根据柴油机状况分析系统 ECA 和控制操作系统 OMCP 的综合信息发出指令而动作的。

3. 高压油泵

WinGD RT-flex 机型的高压油泵是轴带柱塞式增压泵,是通过凸轮的传动使燃油泵柱塞上下运动产生压力的;ME 机型采用的是液压驱动高压油泵,即 20 MPa 伺服油作为高压油泵的驱动动力。

4. 喷油控制

WinGD RT-flex 机型在控制喷油时,是由控制系统发出信号给电磁阀,电磁阀控制伺服油,从而打开燃油喷射阀,使在燃油共轨等待的燃油完成喷射过程;ME 机型在控制喷油时,同样是控制系统发出信号给电磁阀,电磁阀控制伺服油驱动高压油泵使燃油增压,完成喷射过程。

5. 燃油的来源

WinGD RT-flex 机型燃油喷射控制单元的燃油来自 100 MPa 的油轨;ME 机型的高

压油泵进口的燃油是由低压燃油泵供给为 0.8~1.0 MPa 的燃油。

任务 4.7　船舶柴油机排放与控制技术

柴油机燃烧排出的废气是主要的大气污染源之一。由于大气污染日益严重，人类生存环境的日趋恶化，各国对船舶柴油机废气排放的限制越来越严格。

柴油机排出的废气是由燃烧产物与剩余空气组成的，可分为有害成分和无直接危害（简称无害）成分两类。其中，无害成分有二氧化碳（CO_2）、水蒸气（H_2O）、过量空气以及残余氮（N_2）等；有害成分又称污染物，包括一氧化碳（CO）、氮氧化物（NO_x）、碳氢化合物（HC）、二氧化硫（SO_2）、三氧化硫（SO_3）、臭氧和微粒物质等。我国有关标准把废气中的有害成分及 CO_2 和碳烟微粒等统称为排放物，简称排放。

船舶柴油机排放控制新技术（PDF）

4.7.1　柴油机排气物及其危害

1. 氮氧化物（NO_x）

柴油机排气中的氮氧化物 90% 以上是 NO，少量是 NO_2，合在一起用 NO_x 表示。NO 是无色气体，本身毒性不大，但在大气中会缓慢氧化成 NO_2。NO_2 是一种棕色的刺激性气体，对肺脏和心肌有很强的毒害作用，NO_2 是在地面附近形成光学烟雾的主要因素之一。

2. 碳氢化物（HC）

HC 包括未燃和未完全燃烧的燃油、润滑油及其裂解和部分氧化的产物，如烷烃、烯烃、芳香烃、醛、酮、酸等数百种成分。烷烃基本上无味，对人体健康不产生直接影响；烯烃略带甜味，有麻醉作用，对黏膜有刺激，它是与氮氧化物一起在太阳光的紫外线作用下形成有毒的光学烟雾的罪魁祸首之一；芳香烃对血液和神经系统有害，特别是多环芳香烃（PAH）及其衍生物有致癌作用；醛类是刺激性物质，对眼、呼吸道、血液有毒害。

3. 微粒（particulate matter, PM）

柴油机排出的微粒物质主要有黑烟、蓝烟和白烟。黑烟是燃油不完全燃烧生成的碳烟，黑烟不但影响视线，对人的呼吸系统产生危害，而且由于在碳烟微粒的孔隙中吸附有 SO_2 和多环芳香烃，有致癌的危险；蓝烟和白烟往往发生在柴油机启动和低负荷运转时，它们都是燃油或润滑油的微粒，但粒度不同，蓝烟颗粒更细小，在蓝烟和白烟排出的同时，由于有燃烧中间生成物（如甲醛等）排出，故有刺激性与臭味。

4. 一氧化碳（CO）

CO 是无色无臭的有毒气体。吸入人体后能与血红蛋白结合成碳氧血红蛋白，导致人体组织缺氧，产生恶心、头晕等症状，严重时窒息死亡。在柴油机的排气中 CO 含量较少，只在高负荷运转时排放量较高。

5. 二氧化硫（SO_2）

SO_2 是燃油中的硫分在燃烧时的产物。它具有刺激性，直接危害人的眼鼻和喉黏膜，引起呼吸器官炎症。另外，它进一步氧化的产物 SO_3 与水分作用产生硫酸并形成酸雨。

4.7.2　船舶柴油机的排放法规

为限制和控制船舶向大气排放有害物质,国际海事组织(IMO)在 MARPOL73/78 公约的基础上,于 1997 年新增了附则Ⅵ《防止船舶造成大气污染规则》,其中第 13 条和第 14 条分别对船用柴油机 NO_x 排放和 SO_x 排放做出了相应的规定。2008 年 10 月,国际海事组织海洋环境保护委员会(MEPC)对 MARPOL73/78 公约附则Ⅵ重新进行了修订,对于船舶的废气排放提出了更严格的要求。

1. NO_x 的排放控制

根据 2008 年 10 月通过的修订的 MARPOL73/78 公约附则Ⅵ第 13 条的要求,对于每台安装船上的输出功率超过 130 kW 的船用柴油机,和每台 2000 年 1 月 1 日或以后经重大改装的、输出功率超过 130 kW 的船用柴油机的 NO_x 排放都要进行限制,但不同时期建造的船舶以及柴油机的 NO_x 排放的限制值有不同的规定。如图 4-32 所示。

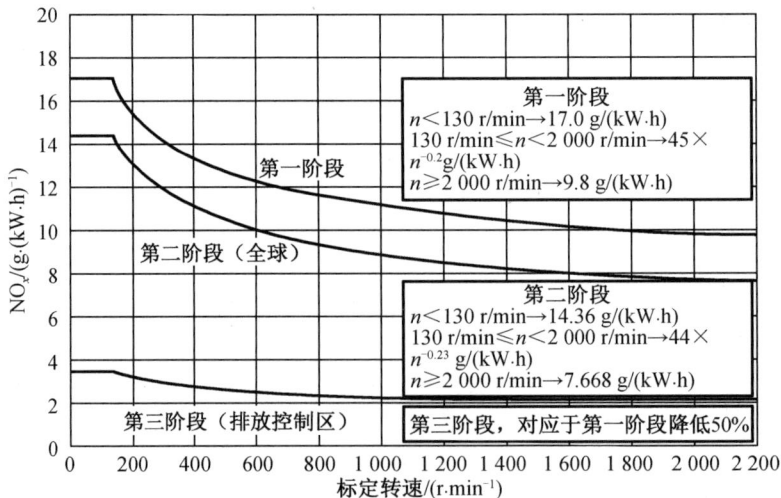

第一阶段
$n<130$ r/min→17.0 g/(kW·h)
130 r/min≤$n<2\ 000$ r/min→45×$n^{-0.2}$g/(kW·h)
$n≥2\ 000$ r/min→9.8 g/(kW·h)

第二阶段
$n<130$ r/min→14.36 g/(kW·h)
130 r/min≤$n<2\ 000$ r/min→44×$n^{-0.23}$ g/(kW·h)
$n≥2\ 000$ r/min→7.668 g/(kW·h)

第三阶段,对应于第一阶段降低50%

图 4-32　柴油机 NO_x 排放量的限制值

对 2000 年 1 月 1 日或以后至 2011 年 1 月 1 日以前建造的船上安装的船用柴油机,其 NO_x 排放量的限制值按第一阶段标准要求。

对 2011 年 1 月 1 日或以后建造的船上安装的船用柴油机,其 NO_x 排放量的限制值按第二阶段标准要求。第二阶段 NO_x 排放量的限制值约为第一阶段标准的 80%。

对 2016 年 1 月 1 日或以后建造的船上安装的柴油机,当船舶在排放限制区内航行时,其 NO_x 排放量的限制值按第三阶段标准要求。第三阶段 NO_x 排放量的限制值约为第一阶段标准的 20%。即:

(1)当转速 $n<130$ r/min 时,$NO_x≤3.4$ g/(kW·h);

(2)当 $130≤n<2\ 000$ r/min 时,$NO_x≤9×n^{-0.2}$ g/(kW·h);

(3)当 $n≥2\ 000$ r/min 时,$NO_x≤2.0$ g/(kW·h)。

第三阶段 NO_x 排放量的限制标准只要求在 NO_x 排放控制区执行。目前 NO_x 排放控制区尚未确定,但现存的硫排放限制区——波罗的海、英吉利海峡和英国北海以及美国东西海岸将会成为 NO_x 排放控制区,地中海地区、澳大利亚沿海以及世界许多国家的沿海都在积极争取获得批准成为 NO_x 排放控制区。因此,为了确保船舶在排放控制区内的通行,船舶主机必须通过技术手段达到 NO_x 排放量限制值的第三阶段标准。

2. SO_x 的排放控制

《防止船舶造成空气污染规则》的第 14 条中规定了关于 SO_x 排放的限制。目前国际海事组织确定的 SO_x 排放限制区为波罗的海,英吉利海峡、北海以及北美东西海岸区,还有很多国家和地区在考虑建立排放控制区。规则对船舶柴油机使用燃料的硫含量进行了限制,国际海事组织及美国加州地区燃料的硫含量限制及实施时间如图 4-33 所示。

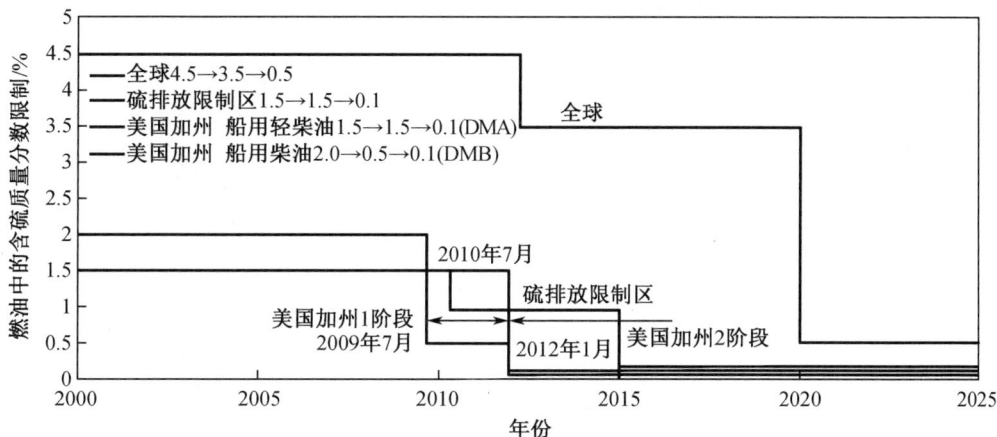

图 4-33 IMO 及美国加州地区燃料的硫含量限制及实施时间

2018 前,要由燃油专家以及海事、环保、科研和法律相关专家组成的国际海事组织专家组,完成对全球燃油状况的评审,如果判定船舶条件无法符合,上述标准 3 将推迟到 2025 年 1 月 1 日生效。

除 MARPOL73/78 公约附则Ⅵ《防止船舶造成空气污染规则》外,美国、欧洲等国家和地区也制定了本国或本地区的排放法规,这类排放法规虽然只在本国或本地区内适用,但往往比国际法规更加严格。

不仅如此,针对目前船用柴油机不同的排放状况,欧洲各国如瑞典、挪威等还制定了不同的排放收费标准,其基本原则是以 MARPOL73/78 公约附则Ⅵ《防止船舶造成空气污染规则》所规定的限制指标为基准制定港口、航道费用的收费标准,对于排放量低的船舶予以减免,而对于排放量高的船舶予以重罚。

4.7.3 船舶柴油机排放控制措施

1. NO_x 排放的控制措施

船舶柴油机 NO_x 排放的控制措施主要是根据针对影响 NO_x 排放的各种因素,而相应采取的减少 NO_x 排放的各种方法。大量研究表明,要有效地控制柴油机有害物的排放,必须从柴油机燃烧过程的改进、排气后处理及改善燃油品质入手。根据所采取的控制措施与柴油机工作过程的关系可将其分为机前处理、机内处理和机后处理三大类,如图 4-34 所示。

机前处理主要采用清洁燃料,在燃烧过程中不产生或少产生有害排放物,这涉及新型燃料和燃料处理问题;机内处理是在有害排放物生成之前采取措施,通过改变柴油机的结构参数或运行参数控制柴油机的燃烧过程来减少缸内有害排放物的生成量;机后处理则是在有害排放物生成之后对废气进行物理、化学处理,以降低有害排放物的排放量,也称为排气后处理方法。

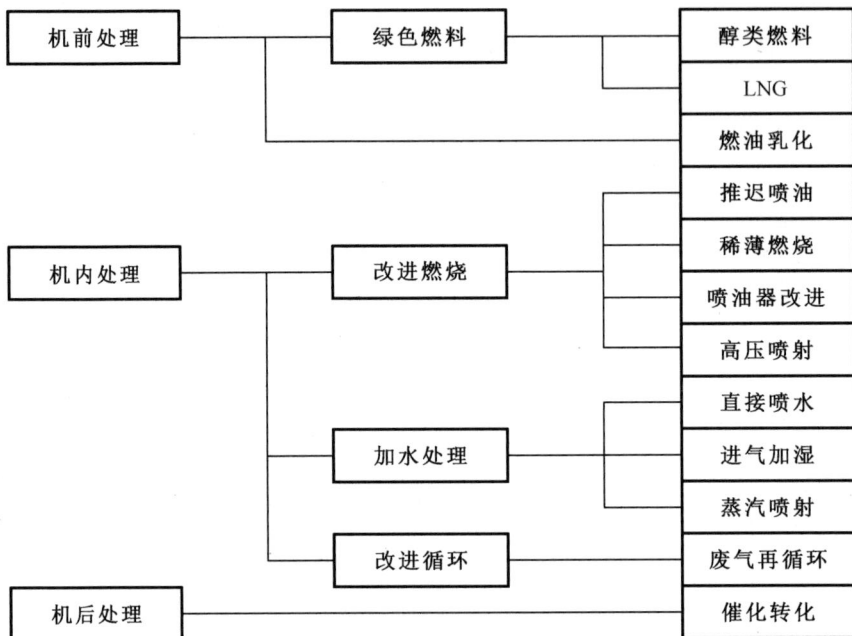

图4-34 柴油机有害排放的控制措施

2. SO_x 排放的控制措施

目前,对于 SO_x 排放的控制主要通过两个方面来实现,一是控制燃油中的硫含量,使用低硫燃油;另一个方法就是水洗,通过在排气管路上安装的水洗器除去废气中的 SO_x。使用水洗除去废气中的 SO_x 是目前许多大公司的研究开发项目。主要利用喷淋等方法除去排气中的 SO_x 和颗粒,据目前的试验情况看,可以除去废气中98%的 SO_2 和78%的颗粒物质,还可以节省大笔的燃料费用。当前使用的方法主要有海水直接水洗法和淡水水洗法。

做一做

分小组对柴油机的喷油泵、喷油器进行检查与调整。

想一想

1. 柴油机的燃油系统有何功用,它由哪些部分组成?

2. 柴油机喷射系统有哪三对偶件?对喷射系统有何要求?

3. 喷油泵出油阀按卸载方式可分哪两种形式,它们的优缺点是什么?

4. 试分析供油规律与喷油规律存在的主要差别,影响燃油的喷油规律的因素有哪些?

5. 喷油泵的检查与调整主要有哪些内容?如何用标记法检查喷油定时?

6.某四冲程柴油机,喷油定时检查发现某缸喷油定时滞后 6°CA,该机凸轮端面有240 个齿,现欲恢复其正常定时,应如何用转动凸轮法正确调整?

7.柴油机某缸压缩压力正常,但与其他缸相比,最高爆发压力降低,排气温度升高。应如何调整该喷油泵的供油量,还是供油定时? 为什么?

8.为什么检查喷油器启阀压力? 如何调整喷油器的启阀压力?

9.电子控制柴油机有哪些特点? 试比较 WinGD RT-flex 与 ME 型柴油机的差异。

10.柴油机排放控制主要有哪些技术措施?

项目 5 润滑与冷却

【任务目标】

1. 掌握润滑的作用、分类,液体润滑形成方式及影响因素,了解润滑油各项性能指标及品种,掌握气缸润滑的工作条件和润滑方式、主要设备。
2. 识别润滑系统、冷却系统的分类、组成、布置路线,并正确维护管理。

任务 5.1 润滑和润滑油

5.1.1 润滑的作用

润滑与冷却
系统(PDF)

当一个固体表面在另一个固体表面上滑动或滚动时,其运动必然受到两表面间摩擦力的阻碍,同时产生热量。在无任何润滑条件下的摩擦(干摩擦)必然引起表面严重破坏和擦伤。在柴油机中,减少两相对运动表面之间干摩擦的主要方法是在两表面之间用一层完整油膜隔开,使两表面间的干摩擦变成液体分子间的液体摩擦。通常使用润滑油作为运动表面的润滑剂。

在柴油机中润滑油有以下作用。

(1)减磨。在相互运动表面保持一层油膜以减小摩擦和磨损,这是润滑油的主要作用。

(2)冷却。带走两运动表面因摩擦而产生的热量以及外界传来的热量,保证工作表面的适宜温度。

(3)清洁。冲洗运动表面的污物和金属磨粒以保持工作表面清洁。

(4)密封。产生的油膜同时可起到密封作用,如活塞与缸套间的油膜除起到润滑作用外,还有助于密封燃烧室空间。

(5)防腐蚀。润滑油膜隔绝了空气及酸性物质与零件表面的直接接触,防止金属锈蚀。

(6)减振降噪。润滑油形成的油膜可起到缓冲作用,避免两表面直接接触,减轻振动与噪声。

(7)传递动力。如推力轴承中推力环与推力块之间的动力油压。

5.1.2 润滑的分类

柴油机润滑中,按表面的润滑情况可分为液体润滑、边界润滑和混合润滑。

1. 边界润滑

两运动表面被具有分层结构和润滑性能的薄膜分开,薄膜厚度通常在 $0.1\ \mu m$ 以下,称为边界膜。边界润滑中其界面的润滑性能主要取决于薄膜的性质,其摩擦因数只

取决于摩擦表面的性质和边界膜的结构形式,而与滑油的黏度无关。相对于摩擦来说,边界润滑的摩擦因数较低,能有效减少零件磨损,大幅度提高表面的承载能力。

润滑边界膜可由滑油中的极性分子吸附在零件表面形成(吸附膜),或由滑油添加剂中的某些元素,如硫、磷、氯等与摩擦表面的化学反应所形成(反应膜)。当润滑剂分子靠偶极子之间的相互作用力(范德华氏表面力)吸附在摩擦表面上,就是物理吸附。当润滑剂的极性分子靠化学键吸附在金属表面上时,会产生化学吸附膜。在滑油中加入油性添加剂可提高形成吸附膜的能力;加入极压添加剂可提高形成反应膜的能力。

2. 液体润滑

两运动表面上被一层一定厚度(通常为 1.5~2 μm)的滑油液膜完全隔开,由液膜的压力平衡外载荷。运动表面不直接接触,摩擦只发生在液膜界内的油膜内,使表面间的干摩擦变成液体摩擦。其润滑性能完全取决于液膜流体的黏度而与两表面的材料无关,它的摩擦阻力低、磨损少,可显著延长零件使用寿命,这是一种理想的润滑状态。

3. 混合润滑

摩擦表面上同时存在着液体润滑和边界润滑(又称半液体润滑)或存在着干摩擦和边界润(又称半干摩擦)都叫混合润滑。在柴油机中多指前者,如气缸润滑即属此类。

5.1.3 液体润滑的形成方式

柴油机润滑中,按液体润滑液膜压力的产生方式可将其分为液体动压润滑、液体静压润滑和弹性液体动压润滑三种。

1. 液体动压润滑

动压润滑由摩擦表面的几何形状和相对运动,借助液体的动力学作用,形成楔形液膜产生油楔压力,以平衡外载荷。只要供油连续,轴颈就会完全被由润滑油动力作用而产生的油楔抬起,同时在轴承与轴颈之间形成一偏心度,轴颈所受负荷由油楔中产生的油压所平衡。轴承中的油楔压力分布如图 5-1 所示。润滑油楔的形成与其产生的压力主要取决于下列因素:

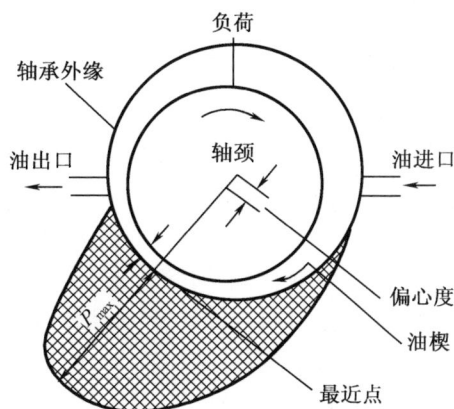

图 5-1 轴承中的油楔压力分布

(1)摩擦表面的运动状态(回转或滑动)。转速愈高,愈容易形成油膜。而在柴油机刚启动或低速运转时,难以形成完整的油膜。

(2)滑油黏度。黏度适当时容易形成油膜,若因润滑油牌号不当或润滑油变质而黏度过小,使得润滑油不易被轴颈带动,且易从轴承的轴向两端流出;黏度过大,则难以涂布且运动阻力增加。

(3)轴承负荷。轴承负荷越高,则越难以形成油楔,特别是在冲击负荷的作用下,有可能破坏已形成的润滑油膜。

(4)轴承间隙。若轴承间隙过小,则润滑油不易进入接触表面使轴颈浮起;间隙过大,则润滑油易从轴承两端溢出。此外,图 5-2 所示为油槽对油膜压力的影响,轴承的油槽位置也会影响油膜压力,应当尽可能避免在润滑油膜的高压区开设油槽。

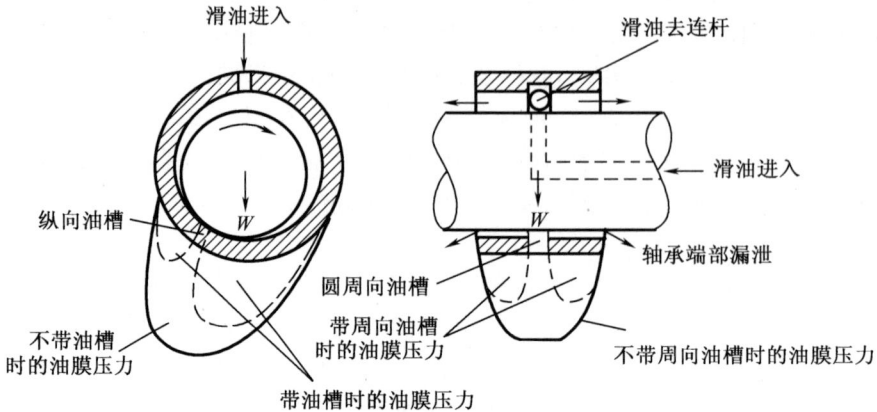

图5-2 油槽对油膜压力的影响

(5)表面加工粗糙度。工作表面加工光洁程度高,则很薄的油膜就能完全隔开两个摩擦面,易形成楔形油膜。

2. 液体静压润滑

静压润滑依靠外部向摩擦表面供给一定压力的润滑液,借助液体的静压产生油膜以平衡外载荷。其主要特征为造成两金属表面脱离的油膜压力不是由运动副的运动产生的,而是由外界特设的油泵供应的压力油所产生的,如大功率低速机的十字头轴承处的润滑。

3. 弹柱液体动压润滑

呈点(线)状接触的相对运动表面(如滚动轴承和啮合齿轮的接触点)间的润滑,在接触点产生暂时的弹性变形,其中产生极薄的挤压油膜,从而避免金属材料间的直接接触。

5.1.4 润滑油性能指标

为了能够正确地选用润滑油,必须对其性能有所了解,滑油的有些性质与燃油相同,下面仅介绍与润滑性能密切相关的几个指标。有些指标的含义已在燃油指标中做了介绍,在此不予重复。

1. 黏度和黏度指数(VI)

黏度是滑油最重要的指标,它在很大程度上决定着两个摩擦表面楔形油膜的形成。国外广泛采用按润滑油的黏度来分类的美国汽车工程师学会(Society of Automotive Engineers,SAE)分类法,将内燃机用润滑油按黏度分成10个等级。ISO将润滑油按40 ℃时的运动黏度的数值分成18个等级,即ISO-VG(viscosity grade)。

润滑油的黏度随温度升高而降低,这种性能称润滑油的黏温特性。船舶通常在不同的季节航行于不同的纬度航区,环境温度变化很大。此外,柴油机在冷车启动和正常运转时,润滑油的工作温度不同,其黏度大小也不相同,这将对保证可靠润滑造成不利影响。因此,仅以测量温度下的黏度来判断润滑油的品质是不够的,还必须注意黏度随温度的变化规律。若润滑油的黏度随温度变化程度小,它就能在比较大的温度范围内满足使用要求,则此种润滑油的黏温特性就好。

在国外,常用黏度指数(viscosity index,VI)来说明润滑油的黏温特性。黏度指数大,则表明温度变化时其黏度变化小。一般,黏度指数在80以上为高黏度指数,小于35为低黏度指数,介于35~80之间称中间黏度指数。加入增黏剂的润滑油黏度指数可高达200以上。

我国曾用黏度比来评定黏温特性,它是该滑油在50 ℃和100 ℃时的运动黏度的比值。黏度比小,表示它在规定温度范围内的黏度变化小,质量好。若已知润滑油黏度比,可由曲线法求出相应的黏度指数。

2. 酸值和水溶性酸或碱

润滑油中的酸可分为有机酸和无机酸两种。有机酸含量少时,对金属无多大腐蚀作用。但含量较多时,它会对一些轴承材料(特别是铅)产生腐蚀作用。无机酸指硫酸,对金属有强烈腐蚀作用,润滑油中一般不允许有硫酸存在。使用中的润滑油由于含硫燃油的燃烧产物漏入曲轴箱,而可能出现硫酸。我国用"酸值"表示润滑油中的有机酸含量,其计量单位为mgKOH/g,表示中和1 g润滑油中的酸所需要的氢氧化钾质量。另用"水溶性酸或碱"表示无机酸或强酸的有无,水溶性酸或碱指能融入水中的无机酸或因污染而生成的碱,它只说明油品呈酸性或碱性,仅用于定性检查。

国外用总酸值(total acid number,TAN)表示无机酸和有机酸的总和;用强酸值(strong acid number,SAN)表示润滑油中无机酸(即硫酸)的含量,单位均为mgKOH/g。强酸可溶于水,因此又称水溶性酸,可用水洗法除去。

3. 总碱值

总碱值(total base number,TBN)表示润滑油碱性的高低。它的单位和酸值相同,也用mgKOH/g表示,但意义相反,即总碱值表示1 g润滑油中所含碱性的物质相当于氢氧化钾的质量。润滑油中的碱性因加入碱性添加剂才呈现。在使用过程中,随着添加剂的损耗,总碱值将逐渐降低。

4. 抗乳化性

海水或淡水漏入滑油经搅拌后,会使滑油形成乳浊液并生成泡沫,即乳化过程。乳浊液影响润滑性能,加速滑油变质,并在两相界面上吸附机械杂质,污损摩擦表面,加剧部件磨损,影响滑油压力。所以抗乳化性能是滑油的重要品质之一。滑油的抗乳化性指滑油在乳化后自动分层(油层和水层)所需的时间(min),即滑油的破乳化时间。破乳时间短,抗乳化度就好,反之则差。

5. 热氧化安定性和抗氧化安定性

这两个性质都是用来衡量在使用条件下滑油抵抗空气氧化能力的。只是两者试验方法和应用对象不同,前者属于薄油层在高温条件下的氧化试验,用氧化形成漆膜所需的时间(min)来表示。我国规定在高温250 ℃的条件下,空气自由流过薄油层试验油,测定试验油由氧化而生成50%的漆状物所需时间(min),用此时间来评定试验油的热氧化安定性。这种试验方法是模拟气缸壁上的油膜工作条件进行的,应用于柴油机润滑油。

抗氧化安定性属于较低温度条件下的厚油层氧化试验,以氧化后生成的沉淀物酸值来表示。我国标准规定,在 125 ℃ 条件下,向试验油中通入一定流速的空气或纯氧,经过 4 h 或 6 h,测定氧化后生成的沉淀物量(%)和油的酸值(mgKOH/g)。如氧化后沉淀物少,酸值小,则油的抗氧化安定性就好。这种试验方法模拟的液压系统中滑油的工作条件,故适用于液压油和汽轮机油等油品。

6. 腐蚀度

腐蚀度是衡量高温条件下工作的滑油与氧气充分接触时,对金属(铅)的腐蚀程度,是柴油机润滑油的一个重要指标。柴油机中的铜、铅等合金轴承材料对腐蚀十分敏感,只要滑油中有少量酸就能严重腐蚀轴承。

我国标准规定腐蚀度试验时,把试验油加热到 140 ℃,用特制的一定面积的金属片以每分钟 15~16 次的速度交替地浸在油中和露置于空气中,经过 50 h 后,测定金属片减少的质量(g/m^2),金属片减少质量越大,滑油的腐蚀性越强,品质越差。

7. 浮游性

表示含添加剂滑油清洗零件表面胶质炭渣,使之分散为小颗粒而悬浮携带的能力。通常是在专用试验机上规定条件下进行一定时间的试验,然后根据活塞上的漆膜情况,按 0~6 七个级别进行评定。0 级为活塞非常清洁,没有漆膜形成;6 级为严重脏污,活塞完全为漆膜覆盖。

8. 抗泡沫性

表示在规定试验仪器内以专用泡沫头并通入一定数量的空气,测量试验油的起泡体积和消泡时间。滑油在运转时受激烈搅动,使空气混入油中形成泡沫,泡沫过多除损失滑油外,还会使油泵和轴承引起空泡腐蚀,润滑效能降低,造成轴承烧毁。

5.1.5 润滑油的品种和选用

船舶柴油机使用的润滑油种类繁多,这就要求轮机人员能正确地选择润滑油,管理好用好润滑油。下面介绍柴油机润滑油的品种和选择方法。

1. 曲轴箱油

曲轴箱油又叫作柴油机油或系统油。通常,曲轴箱油润滑主要指对柴油机曲轴箱内各轴承的润滑,这种润滑油在使用中的最大特点是可循环使用,因而其在使用中将逐渐污染变质。柴油机曲轴箱油按使用条件不同分为十字头式和筒形活塞式柴油机曲轴箱油两种。

(1)十字头式柴油机曲轴箱油

十字头式柴油机中的曲轴箱与气缸是隔开的,所以曲轴箱油的工作条件比较缓和。其正常的消耗率约为 0.1~0.3 g/(kW·h)。它主要用来润滑各轴承和导板等,在某些柴油机中还用来冷却活塞或兼作操纵机构液压控制油使用。

(2)筒形活塞式柴油机曲轴箱油

筒形活塞式柴油机曲轴箱油还要兼作气缸润滑油使用,故其工作条件较十字头式柴油机曲轴箱油恶劣。其正常的消耗率约为 1.07~1.60 g/(kW·h)。

综上所述,十字头式柴油机和筒形活塞式柴油机曲轴箱油的工作条件不同,因而要求的质量等级也不同,见表 5-1。

表5-1 曲轴箱油的选用等级

机型	使用燃油	曲轴箱油		TBN
		黏度等级 SAE	质量等级 API	
筒形活塞式非增压	轻柴油含硫量 $S<0.35\%$	20,30	CA	6~8
筒形活塞式非增压	船用柴油含硫量 $S>1.0\%$	30	CB	6~10
十字头式	燃料油	30	CB	6~10
筒形活塞式低增压	船用柴油、硫分不限	30,40	CC	9~14
筒形活塞式高增压	船用柴油,硫分不限	30,40	CD	10~16
筒形活塞式高增压	燃料油	30,40	CD	22~34

在选用曲轴箱油时,应首先根据制造厂的推荐牌号选用曲轴箱油。若无法获得推荐牌号滑油时,可选用一种与推荐用油的黏度等级和质量等级相近的滑油,而且要注意不可随意与其他油品混兑。

2. 汽轮机油(透平油)

汽轮机油主要用于汽轮机的轴承和减速齿轮箱的润滑和冷却。它在柴油机中用来润滑废气涡轮增压器和调速器,也可代替液压油用于舵机和起重机的液压系统,还可代替齿轮油用于轻负荷的齿轮箱。

3. 气缸油

在下节中我们将对气缸润滑及气缸油的使用和选择进行专题介绍。

任务 5.2　气 缸 润 滑

柴油机气缸润滑是一个复杂而重要的问题。在大型十字头式柴油机中,气缸润滑是一个独立的润滑系统,其润滑设备、润滑油品质以及运转管理均需特殊考虑。在当代柴油机高强化、燃油劣质化的发展中,对气缸润滑提出了愈加苛刻的要求。

气缸润滑
(PDF)

5.2.1 气缸润滑的必要性

气缸润滑的必要性首先体现在高温的工作条件。由于气缸壁与高温燃气接触,一般气缸套上部表面温度为 $180\sim220\ ℃$,缸套下部表面温度为 $90\sim120\ ℃$,活塞环槽表面温度根据测点位置不同和活塞顶的设计差异在 $100\sim200\ ℃$ 之间。高温会降低润滑油的黏度,加快润滑油氧化变质速度,并使缸壁上的部分油膜蒸发。

其次,活塞在往复运动时,其运动速度在中部最大,在上、下止点处为零。因此,只有在活塞行程的中部能实现液体动压润滑,而在上、下止点处则不可能。尤其在上止点处,气缸中的温度最高,活塞环对缸壁的径向压力最大,即使润滑油能承受住这里的高温,也仅能保证边界润滑条件。

柴油机使用劣质燃油后给气缸润滑带来了新问题。由于劣质油的高硫分、高灰分、高残炭值和沥青值将导致气缸产生低温腐蚀、固体颗粒磨损、结炭增多以至引起活塞环胶着和气口堵塞等故障。另外,活塞顶与环带部分变形也使气缸润滑的难度增加。

由于上述原因,气缸套特别是它的上部,很难形成连续完整的油膜,气缸套上部磨

损特别严重。如图 5-3 所示是一台二冲
程直流扫气柴油机的气缸套磨损量随行
程变化规律曲线,该柴油机使用劣质含硫
燃油,下曲线表示使用高碱性气缸油,上
曲线表示使用低碱性气缸油。可见,气缸
套最大磨损量均发生在气缸套上部。高
碱性气缸油可大大降低气缸套腐蚀量,两
曲线之间的影线部分即表示因酸性腐蚀
所引起的磨损。

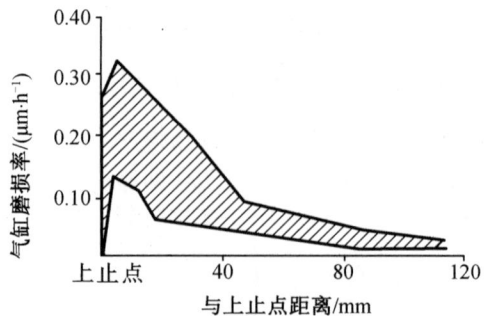

图 5-3 气缸套磨损量随行程变化规律

5.2.2 气缸润滑的方式

气缸润滑的方式可分为飞溅润滑和气缸注油润滑两种。

1. 飞溅润滑

这种润滑靠从连杆大端甩出并飞溅到缸壁上的滑油来实现,不需专门的润滑装置,
所用油品即曲轴箱滑油且循环使用。飞溅的油量不可控,在活塞下部需装设刮油环,
以刮除缸壁上过多的滑油。此种润滑方式仅适用于中、小型筒形活塞式柴油机。

2. 高压注油润滑

气缸注油润滑使用专用的润滑系统及设备(气缸注油器、注油接头),把专用气缸
油经缸壁上的注油孔(一般均布 8~12 个)喷注到缸壁表面进行润滑;其注油量可控,注
出的气缸油不予回收,为"一次过润滑"(once through)。这种润滑方式可保证可靠的气
缸润滑,且可选择不同质量的气缸油以满足不同要求。目前在十字头式柴油机中均使
用此种润滑方式。如图 5-4 所示系某柴油机的气缸注油润滑系统图。

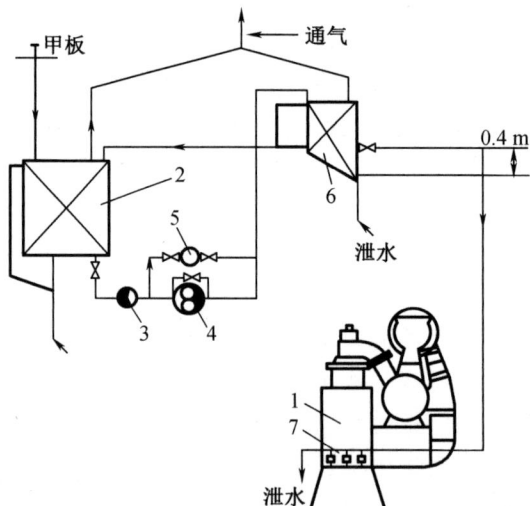

气缸润滑
(动画)

1—主机;2—气缸油储存柜;3—气缸油滤器;4—气缸油输送泵;
5—手动泵;6—气缸油日用油柜;7—气缸油注油器。

图 5-4 气缸注油润滑系统图

在某些中速筒形活塞柴油机中,气缸润滑除采用飞溅润滑方式外,同时采用注油润
滑作为气缸润滑的辅助措施。

5.2.3 气缸油的选择和应用

现代的气缸油都是选用优质矿物润滑油作为基础油,再加入各种效能的添加剂而制成。其中,碱性添加剂占有最重要的地位。20世纪50年代的碱性添加剂多为水溶性,由此类添加剂制成的气缸油属乳化气缸油;之后发展了一种虽不溶于油,但能以极细颗粒分散到基油中的添加剂,制成所谓分散型气缸油。近代使用的碱性添加剂均属于油溶性,由于具有良好的储存稳定性而得到广泛应用。

1. 气缸油的选择

选择气缸油时,一般应根据所用燃油的硫分来选择气缸油的总碱值。根据经验,当使用含硫量 $S>2.5\%$ 的高硫分燃油时,气缸油的 TBN 应为 65~70 的气缸油;当使用含硫量 $S<2.5\%$ 燃料油时,TBN 约为 40;当使用船用柴油时,TBN 为 10~14(可用国产 14号柴油机油代替)。一些柴油机制造厂曾根据燃油的硫分,推荐出理论上的气缸油总碱值,但在实践中却不易执行。目前一般石油公司都出售高、中、低几种不同总碱值的气缸油以供选择。为此一般推荐按表5-2选配。

表 5-2 燃油含硫量与气缸油总碱值的一般匹配关系

燃油含硫量	≤0.5%	0.5%~1.0%	1%~1.5%	1.5%~2.5%	2.5%以上
TBN	5	5~10	10~20	20~40	40~75

若燃油的含硫量较低,仍使用高碱性气缸油,则会引起所谓的"低硫"问题,它将引起气缸、活塞的过度磨损或拉缸。使用中要经常检查气缸油是否有足够的碱性,检查方法有两种。

(1)直观判断。若气缸油碱性较低,则在各注油点之间的缸套表面上出现漆状沉积物,使铸铁缸套表面被腐蚀发暗,镀铬缸套表面会出现白斑;若气缸油碱性过高,有可能出现由过量碱性添加剂所形成的大量灰白色沉淀物(通常为含钙盐类)。

(2)化学分析判断。取气缸中刮下的残油油样(从活塞杆填料函取样)进行化学分析,可避免吊缸检查。若残油仍呈现一定的碱性(TBN>10),则说明气缸壁上的油膜有足够的碱性储备。

2. 气缸注油孔的数量及位置

气缸注油孔的数量以及注油孔两侧的人字形布油槽形状,对注油润滑有很大影响。气缸注油孔多为8~10个,沿缸套圆周均匀分布,注油孔太多易引起注油不稳定。

注油孔的位置因机型而异。近代大型二冲程柴油机的注油孔多分布在缸套的中上部(高位注油孔),而四冲程柴油机的注油孔多分布在缸套下部。

3. 气缸油的注油定时

通常希望当活塞上行至缸套上的注油孔位于第一、二道活塞环之间位置时,向气缸注油,但注油器通常难以满足。试验表明,只有当气缸中的气体压力低于注油管中的油压时,气缸油才注入气缸内。在短活塞柴油机曲轴一转之中,这种机会一般只有两次:一次是活塞上行到上止点附近,活塞的下边沿打开了缸壁上的注油孔;另一次是活塞下行到下止点附近,气缸内正在扫气时。而在长裙活塞柴油机曲轴一转之中,这种情况只有一次,即当气缸内正在扫气时。注油次数随机型而异,通常约在 2~40 个活塞行程注油一次。

4. 注油率的选择

气缸注油率应该适当。注油过大,不但浪费而且将使过剩的气缸油在活塞顶面、环槽和排气阀等处形成沉淀物,引起活塞环和排气阀黏着,并使气口与气阀通道因积炭堵塞而变窄,严重时将导致扫气箱着火;若注油率过小,则难以形成完整的油膜,使活塞环与气缸套磨损加剧,燃气漏泄严重,环面有磨痕,倒角消失导致拉缸事故发生。因而,存在一个最佳注油率。

因气体的流动形式和活塞裙长度不同,直流扫气柴油机的气缸油分布特性与弯流扫气式不同,因而弯流扫气柴油机的最佳注油率一般较直流扫气式大。实际使用中的最适宜注油率应根据推荐注油率、活塞环的状态、缸套磨损率以及柴油机的拆检周期综合考虑确定。其大致范围为:直流扫气柴油机为 $0.6~0.8$ g/(kW·h),弯流扫气柴油机为 $1~1.4$ g/(kW·h),筒形活塞式中速柴油机为 $1.3~2$ g/(kW·h)。若缸壁内表面湿润、干净,首环半干半湿,其余环湿润,活塞环在环槽内活动灵活,环外圆面光亮,倒角尚在,则表明气缸注油率适中。

处于磨合期的气缸活塞组件,为了加速磨合,通常采用无添加剂的精炼润滑油,其牌号应与所用燃油含硫量相匹配。因为该滑油具有较强的承载能力而又不阻碍硫分对工作表面的腐蚀(一定的腐蚀有利于磨合)。在任何条件下均不应使用高碱性气缸油,避免磨合期加长且无法控制剧烈的磨损和擦伤,而在整个磨合期的各个不同阶段还应适时换用不同碱值的气缸油。

磨合期的气缸注油率目前尚无一致的标准,比较公认的做法是增加注油率 20%~100%,随着负荷的提高逐渐减少过量滑油。通常认为在磨合期使用硫分大于 1% 的燃油对磨合有利。在这方面各生产厂家的具体做法不同。图 5-5 所示为某一种注油率的调整规范。

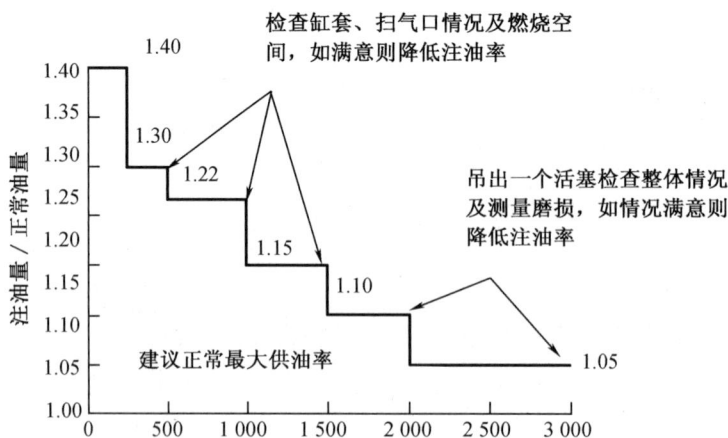

图 5-5　磨合期气缸注油率调整规范

5.2.4　注油设备

气缸注油的主要设备是注油器和注油接头。

气缸注油器由多个柱塞式油泵单元组成,其驱动方式有机械式和液压式两种。机械式由凸轮轴或其他运动部件带动,其结构简单可靠,使用广泛。液压式使用较少,仅用于 WinGD RLB 和 RTA 型柴油机。

注油器注油量的调节方式有"随转速调节"(等速率调节)与"随负荷调节"两种。前者注油量与柴油机转速成正比,后者注油量随负荷变化而自动调节。由于后者可改善随转速调节在低负荷运转时注油量过大的弊病,因而新机型多采用,如 RTA 型机注油方式,如图5-6所示,注油器5由液压马达4驱动,而液压马达4由负荷指示轴3控制。

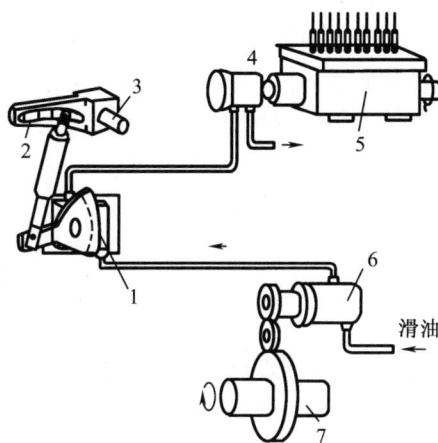

气缸注油润滑有脉动式和蓄压式两种。

在脉动式注油方式中,注油器中柱塞泵的柱塞在加压行程中向气缸注油器接头压送滑油。为了保证活塞上行通过注油点时能定时供油,柱塞与活塞的运动是相对应的。实际上,滑油只有当气缸内压力低于注油器出口管内压力时,注油接头处的止回阀才开启向气缸内注油。

1—流量调节阀;2—调节手柄;3—负荷指示轴;
4—液压马达;5—注油器;6—齿轮泵;7—凸轮轴。

图5-6 液压马达驱动的注油方式

蓄压式注油方式中,柱塞泵出口的油进入各注油接头处的蓄压器内,在该压力与气缸内压力差作用下自动注入气缸。注油接头穿过气缸冷却水空间安装在气缸套各个注油孔内,图5-7为蓄压式注油接头。蓄压器储存气缸油并使注油接头内维持一个恒定压力。注油器每次排油量很小,仅使系统内压力升高 0.15~0.20 MPa。止回阀防止缸内燃气倒冲入注油接头,当缸内压力低于蓄压器内压力时,止回阀开启,气缸油自动注入气缸。

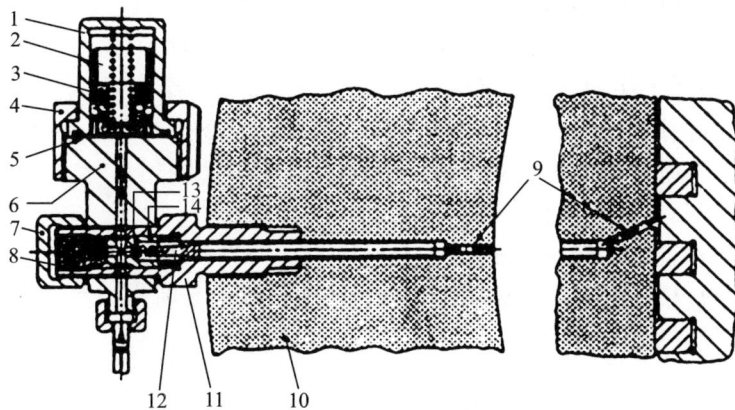

蓄压式
注油接头
(动画)

1—蓄压器缸套;2—弹簧;3—活塞;4—螺母;5—膜盒;6—座;7—螺母;8—缓冲螺栓;
9—注油管;10—主机气缸套;11—接头;12—顶销;13—止回阀;14—止回阀座。

图5-7 蓄压式注油接头

如图 5-8 所示是 MAN S60ME-C 型柴油机电子气缸注油系统。它由气缸油柜、油泵、控制板和各缸电控气缸油注油器组成。气缸油经油泵增压后排至分布各缸径向的注油点。主控站上气缸油油量控制面板根据活塞杆填料函放残管的气缸油分析数据、气缸注油量、柴油机负荷和气缸磨损速率进行综合控制。气缸油的注油率在一定范围内与燃油中硫的含量成正比例函数关系,而当柴油机使用某一固定标号燃油时,其中硫分含量固定,此时注油器注油量取决于缸内燃油供应量。同时由活塞杆填料函放残管的气缸油分析数据发送一个反馈信号,此反馈信号可对气缸油供油量进行修正。

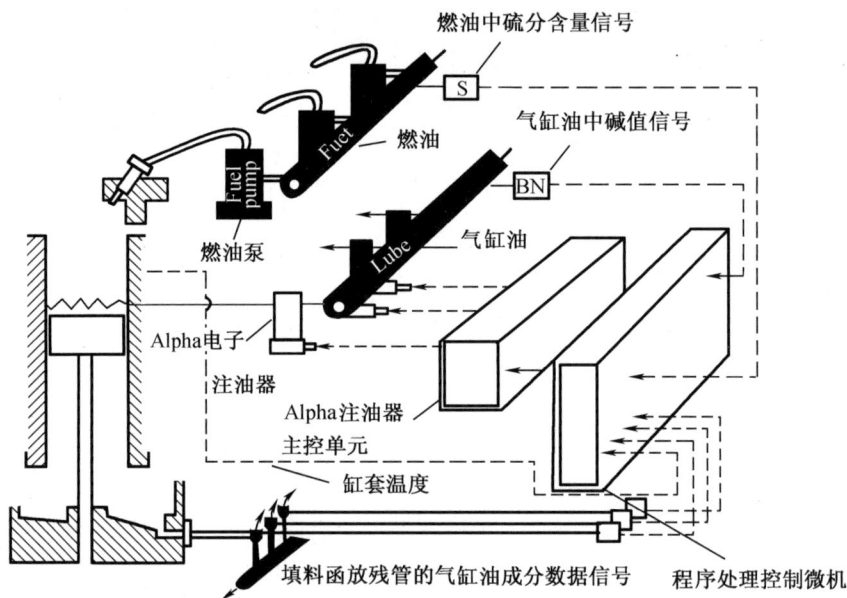

气缸电子
润滑系统
(动画)

图 5-8 电子气缸注油系统

Alpha 电子注油器注油单元如图 5-9 所示。在接到注油信号时,电磁阀受控、AT连通,由电动油泵提供的 4~5 MPa 高压油作用到执行活塞上,通过活塞推动注油器内每个小的柱塞泵向各个注油点,每个注油点的注油量是相当均匀的,并且能够提供最佳的安全余量保证每个注油器接头不发生堵塞。当注油信号结束时,电磁阀 A-P 接通,执行活塞下面的油压被释放,注油过程结束。注油量是通过调整注油行程的长度来调节,注油行程可以通过调节螺钉进行调整,还有一个定距垫圈用来对注油器的行程进行基本设定。

Alpha 电子注油器一般每 4 转向气缸注油一次,根据柴油机的工作情况,也可以每5~6 转注油一次,精确的定时保证了全部气缸油都能在需要时直接注到活塞环带,因而可以大大降低气缸油的消耗量。

来自控制单元的注油信号

控制柱塞位移

喷油柱塞

到气缸油注油管接口

电磁阀

行程动力柱塞基本垫片设定

调节螺钉

动力柱塞

气缸油回油口

4.5 MPa气缸油气口

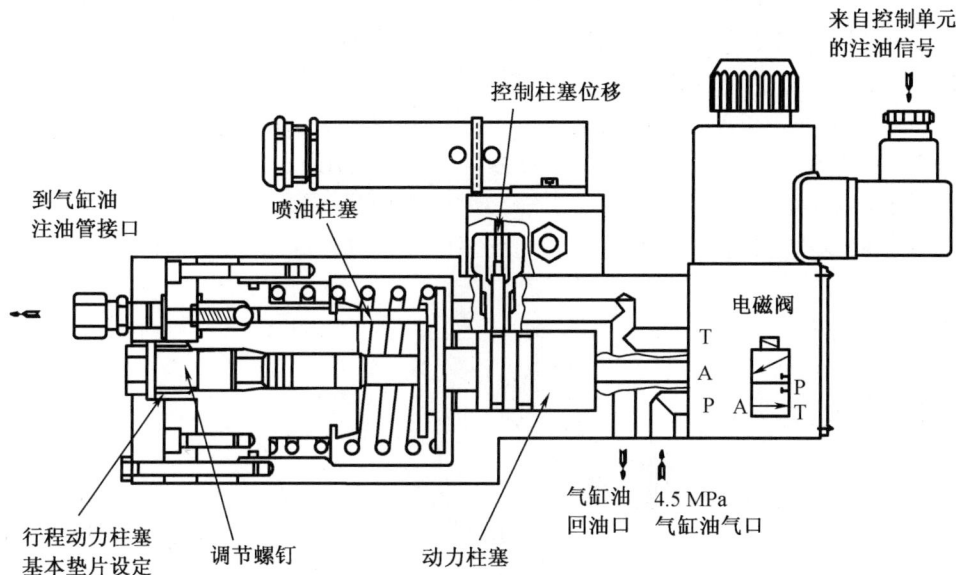

图5-9　Alpha 电子注油器注油单元

任务5.3　润滑系统和维护

柴油机的润滑系统通常由曲轴箱油强制润滑、废气涡轮增压器润滑和曲轴箱油净化等系统组成。其任务是供应足量的满足质量要求的润滑油。在某些机型中还作为活塞冷却之用。涡轮增压器使用透平油润滑时,则另设一个单独润滑系统;大功率中速柴油机及大型低速柴油机的气缸润滑还需另设单独的润滑系统,即高压注油润滑系统。

润滑系统和维护（PDF）

5.3.1　润滑系统的组成和布置

柴油机曲轴箱油的强制循环系统也称为低压循环润滑系统,按滑油储存场所的不同,可分为湿式曲轴箱和干式曲轴箱两种形式。

1. 湿式曲轴箱润滑系统

湿式曲轴箱润滑系统中,全部滑油储存在油底壳中,油底壳起循环油柜的作用。系统只设一台滑油泵,柴油机整体布置简单紧凑,在中小型柴油机中应用普遍。但是,湿式曲轴箱系统在运行中,油面将随船舶摇摆而波动,影响柴油机正常润滑,且滑油易氧化变质,使用周期短。在这种润滑系统中,气缸壁与活塞之间的润滑是利用曲柄-连杆机构高速运动时飞溅起来的油滴或油雾进行润滑的。

如图5-10是135系列柴油机的湿式曲轴箱润滑系统。滑油的流动路线如下:滑油泵5从油底壳1经粗滤器2将滑油吸入,再压送到滑油滤器,在此分为两路:一路滑油进入离心式精滤器6滤清杂质后流回油底壳;另一路则经金属刮片式或绕线式粗滤器9,水冷式滑油冷却器10后进入柴油机。精滤器与粗滤器并联的优点是:始终有部分滑油经过精滤而保持洁净,而使润滑系统的阻力增加不多;当粗滤器堵塞时,一部分滑油仍被过滤,可保证柴油机继续工作。

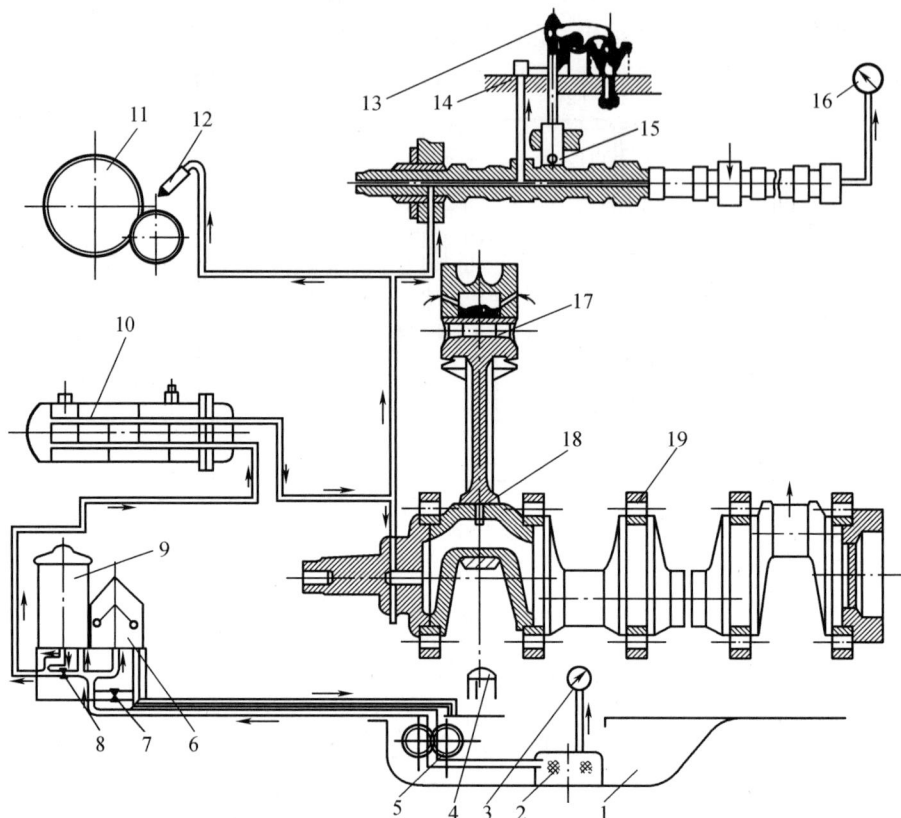

1—油底壳；2—粗滤器；3—油温计；4—加油口；5—滑油泵；6—离心式精滤器；7—调压阀；
8—旁通阀；9—绕线式粗滤器；10—水冷式滑油冷却器；11—齿轮系；12—装于盖板上的喷嘴；
13—摇臂；14—气缸盖；15—顶杆套筒；16—压力表；17—活塞销；18—曲柄销；19—主轴承。

图 5-10　135 系列柴油机湿式曲轴箱润滑系统

进入柴油机的滑油分三路：第一路进入曲轴内油道去润滑连杆大端轴承，然后从轴承两侧流出，借离心力飞溅至缸套与活塞配合面。刮油环从缸壁刮下的滑油又滴入连杆小端两油孔内，以润滑连杆小端轴承和活塞销轴承。主轴承 19 则靠油雾和飞溅润滑；第二路去润滑气阀配气机构。进入凸轮轴内油道的滑油润滑凸轮轴承后，再经缸盖内油道和滑油管去润滑摇臂轴承和气阀导管，泄回的滑油再润滑气阀顶杆、挺柱和凸轮工作面，流回至油底壳；第三路经盖板上的一个喷嘴口 12 喷到各传动齿轮 11 的工作面润滑各齿轮，随后也流回油底壳。

2. 干式曲轴箱润滑系统

干式曲轴箱润滑系统的特点是滑油单独存放在柴油机外部的油柜内，由油底壳或机座收集的滑油经循环油泵不断地抽出（或依靠重力）送至滑油柜。目前，大多数船用主机和辅机广泛采用干式曲轴箱润滑系统，它有下列优点：

（1）润滑可靠，可避免柴油机运行中因油面波动而导致的润滑失常；

（2）减少曲轴箱内高温气体对滑油的影响，延长滑油的使用时间；

（3）油底壳容积小，使柴油机高度降低。

如图5-11所示为大型中、低速柴油机的干式曲轴箱润滑系统。滑油循环柜1中的滑油经粗滤器2由滑油泵3抽出，经细滤器4和滑油冷却器5输送到柴油机6的滑油总管中。滑油总管中接有若干支管，滑油经各支管流至主轴承、连杆轴承、十字头销轴承、滑块以及凸轮轴轴承等处进行润滑。对于用滑油冷却活塞的柴油机，则有专门的管系供应冷却滑油，一般与润滑油用管系分开。

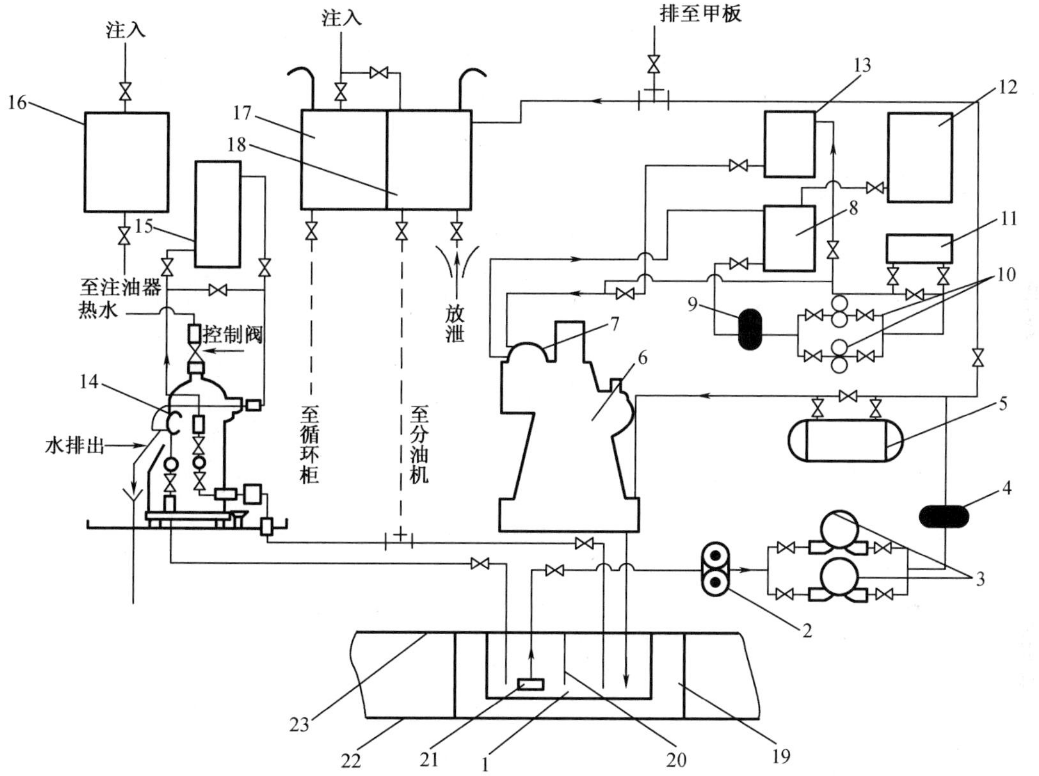

1—滑油循环柜；2—粗滤器；3—滑油泵；4—细滤器；5—滑油冷却器；6—柴油机；7—增压器；8—增压器循环油柜；9—滤器；10—透平油循环泵；11—透平油冷却器；12—透平油柜；13—透平油重力油柜；14—分油机；15—加热器；16—气缸油柜；17—滑油清油柜；18—日用滑油柜；19—隔舱；20—纵向隔板；21—吸入口；22—船体；23—双层柜顶。

图5-11　干式曲轴箱润滑系统

干式曲轴箱润滑系统（动画）

MAN十字头式柴油机润滑系统（动画）

所有润滑与冷却用的滑油在完成其任务后，经专门的管系或孔道溢流汇集于油底壳，并进入循环柜以便循环使用。循环柜中一般都有加热设备，以保持滑油有适当的黏度，保证油泵正常工作。循环油柜内还设中间隔板，以减少滑油扰动，便于杂质沉淀。

系统中还设有装油管路，以便由岸上或供油船上通过甲板上的装油管系将滑油装入各贮油柜。位于双层底的滑油柜及回油柜、污油柜，除设有隔离空舱与邻舱和船体外板隔离外，还装设通气管、溢流管和液位指示器等。

为了对滑油进行净化处理，系统中还设有分油机14及相应的管系。有时为提高系统的正常工作能力，还装有自动清洗和自动切换的滤器装置。当滑油流经滤器前后的压差超过规定值时，即可自行切换冲洗。

如图5-12所示是RTA型柴油机的曲轴箱润滑系统图。主滑油泵1自循环油柜(图中未示出)吸油分两路:一路滑油压力为 0.3~0.4 MPa 送至主轴承和推力轴承等处,各轴承润滑回油经油底壳流入循环油柜;另一路经增压泵 4 将压力提高到 1.6 MPa 后送入十字头、换向伺服器等处,并经减压阀 10 减压为 0.8 MPa 送至排气阀液压传动机构 8。

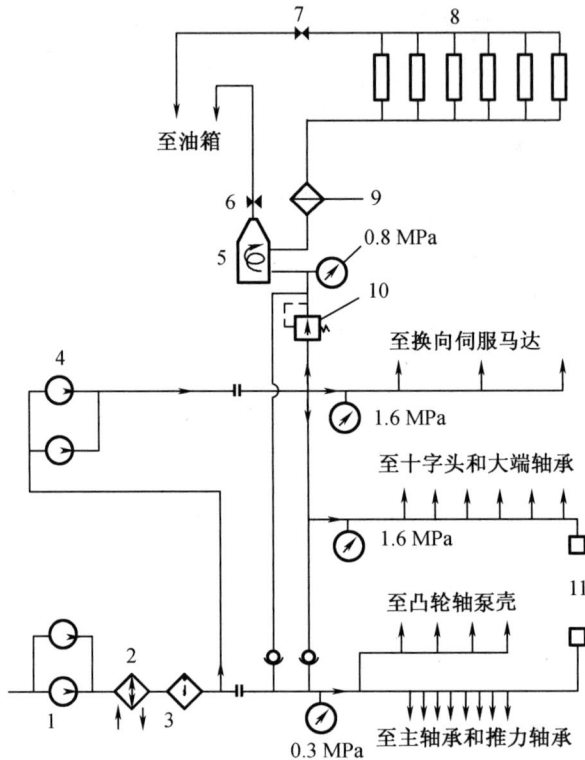

1—主滑油泵;2—滑油冷却器;3—滤器;4—增压泵;
5—除气器;6,7—节流阀;8—排气阀液压传动机构;9—滤器;
10—减压阀;11—最低油压指示器。

图 5-12　RTA 型柴油机曲轴箱润滑系统

3. 涡轮增压器润滑系统

由于工作条件不同,增压器需使用汽轮机(透平)油。其润滑系统有两种方式:自身封闭式润滑(不需另设润滑系统)和重力-强制混合循环润滑。图 5-11 中增压器循环油柜 8 中的滑油由透平油循环泵 10 经滤器 9 和冷却器 11 送入增压器中润滑冷却,然后又流回循环油柜。透平油重力油柜 13 的作用在于当循环系统发生故障时,依靠重力凭借单向止回阀将滑油送入增压器中,以保证增压器在短期内不致因缺油干摩擦损坏并发出警报。

若柴油机选用的曲轴箱油能够满足涡轮增压器的要求,则增压器与曲轴箱可共用一个润滑系统,但需增加一个细滤器、重力油柜和溢流管、观察镜等部件。

4. 曲轴箱油净化系统

在柴油机运转中可连续对滑油循环柜中的曲轴箱油进行分离净化处理,排除曲轴

箱油使用中混入的各种杂质和氧化沉淀物。对中、小型柴油机的曲轴箱油,因其油量较少,一般采用全部滑油换新。

如图 5-13 所示为某大型柴油机曲轴箱油的净化系统。滑油分油机的泵 3 经污油吸入管 2 从滑油循环柜 1 中吸入曲轴箱油,经加热器 4 预热后送至分油机 5 进行净化处理,净油重新返回循环柜。净油中分离出的水分和污油分别从 14 和 15 处排出,污渣最后可由污油泵排出。分油机的净化速率随油质而异,对纯矿物曲轴箱油,其净化速度能保证在一天内净化油量为循环柜储油量的2~3 倍,为清净型曲轴箱油量的2~5 倍。

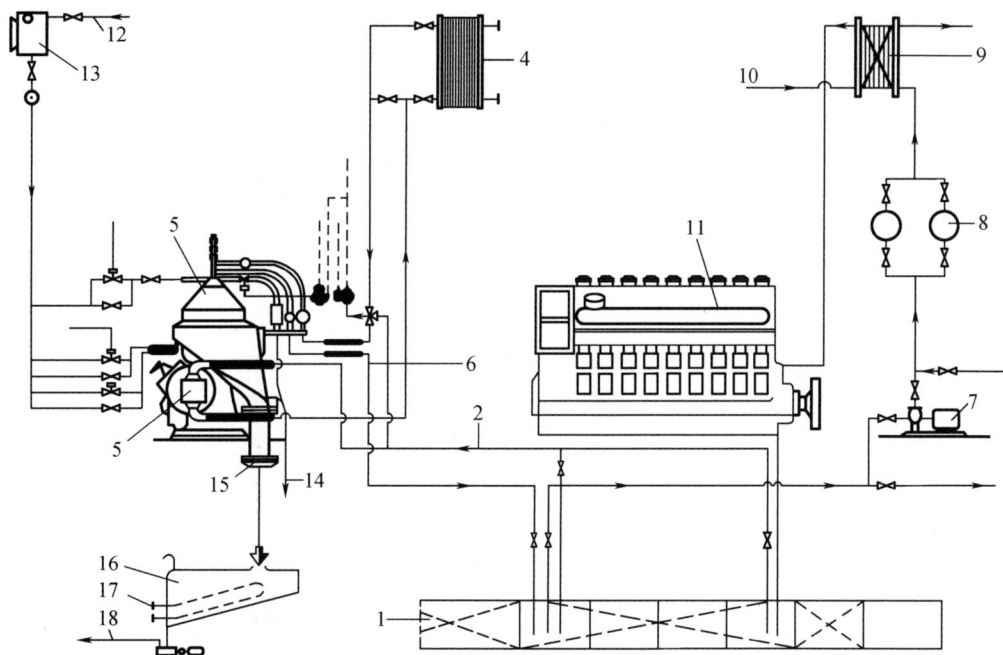

1—滑油循环柜;2—污油吸入管;3—泵;4—加热器;5—分油机;6—净油;7—滑油泵;
8—滤器;9—冷却器;10—冷却水进口;11—柴油机;12—冷却水;13—工作水箱;14—水出口;
15—污油出口;16—污油箱;17—加热管;18—污油泵出口。

图 5-13　曲轴箱油净化系统

5.3.2　润滑系统的主要设备

1. 滑油泵

滑油泵一般采用回转泵。为保证滑油压力稳定和流动均匀,常采用螺杆式或齿轮式油泵。常设有两台,其中一台备用。在泵的吸入端管上一般装有真空表,真空度不超过 33.3 kPa。泵的排出管上装有安全阀和调节压力、流量的旁通阀。

2. 滤器

滤器有粗滤器和细滤器两种,一般为双联式。粗滤器可过滤较粗的(0.025 ~ 0.12 mm)机械杂质,装在滑油泵的进口端以保护油泵;细滤器一般可滤掉 0.01 ~ 0.04 mm 的杂质,装在滑油泵的出口端,具有过滤效果好、通过能力大、结构简单等优点。滤器前后装有压力表用以表征滤器的清洁程度。

按照滤清方式可将滑油滤器分为过滤式滤器和离心式滤器两种。离心式滑油滤器应用较广泛,其工作原理如图5-14所示。它主要由转子组和壳体两部分组成。滑油从进油口6进入转子轴内孔,通过空心转子轴侧壁上的油孔进入转子组2的内部密封空间。充满在转子组内具有一定压力的滑油通过滤网3上的油孔压送到喷嘴4处。滑油从喷嘴上的喷孔喷出,产生高速喷射油流,并产生切向反作用力,作用于转子组上。转子组上的两个喷油嘴喷孔方向相反,两股喷射油流形成一个力偶,于是推动转子组高速旋转(可达5 000 r/min以上)。

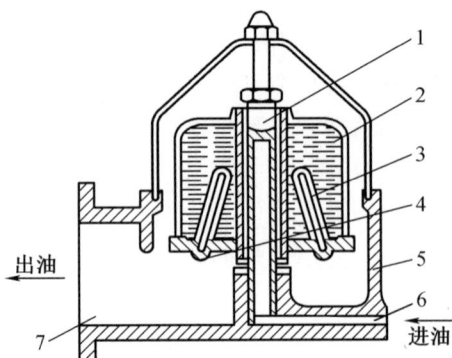

1—转子轴;2—转子组;3—滤网;4—喷嘴;
5—滤清器座;6—进油口;7—出油口。

图5-14 离心式滤器工作原理图

这样,转子内的滑油也随之转动,于是滑油中的机械杂质在离心力的作用下,被甩向转子内腔四周壁上,而清洁的滑油通过滤网从喷油嘴喷出,经过出油口7流回油底壳中。

离心式滤器滤清效果好,使用维护保养方便、成本低。但流通阻力很大,从喷嘴喷出后的滑油压力很低,因此只能并联在润滑系统中,一般离心式滤器的流量只占柴油机总循环滑油量的5%~8%,常用作细滤器。

滑油细滤器极易脏堵,从而使柴油机不能正常运行。为了避免对滤器频繁地人工清洁,甚至停车清洗,目前船舶上普遍采用自动清洗滤器,不仅可以节省人力和减少滑油的消耗,而且保证了船舶的航行安全。

如图5-15所示是一种较常用的压缩空气滑油自动反冲洗滤器,是一种可用于过滤滑油和燃油的自动滤器,有多个过滤腔室,其中有一个为备用腔室,每个腔室内有多个滤芯元件。中间为一个由伺服电机带动的转轴阀。此外,还配有专用的压差显示器和压缩空气(0.4~1.0 MPa)反冲洗系统。

过滤过程如图5-15(a)所示,待过滤的介质由进口经转轴阀流入滤器进口腔室,进入滤芯部件。当介质通过滤芯后,介质中的杂质就留在滤芯的滤网上,清洁的介质就流出滤器。来自空气瓶的压缩空气通过电磁阀使杂质泄放阀关闭,同时准备下一次的自清循环。随着过滤过程的进行,在滤芯上滤出杂质的增加使得进出口的压差不断增大。这会在压差显示器上显示出来,当压差达到设定值时,将自动运行反冲程序。

反冲洗过程如图5-15(b)所示,当反冲洗程序启动时,在电气接触器的控制下,伺服电机带动转轴阀至反冲洗位置,介质不再进入反冲洗室,而是通过转轴阀进入备用的腔室,来自空气瓶的压缩空气经转轴阀反向进入滤芯,在空气压力的作用下,将附着在过滤元件上的杂质冲下,同时通过电磁阀打开泄放阀,将冲洗的污物通过开启的泄放阀排出。

自清过程的空气冲洗只持续很短的时间,就会通过电磁阀关闭泄放阀。同时也通过控制系统的切断反冲空气,停止对滤器的冲洗。然后将清洁过的过滤腔室重新充满洁净的介质,并达到正常的工作压力。此时电控的延迟被取消,准备下一次的自清运转。自清滤器还备有旁通滤器,可以在自清滤器工作不正常时投入使用。

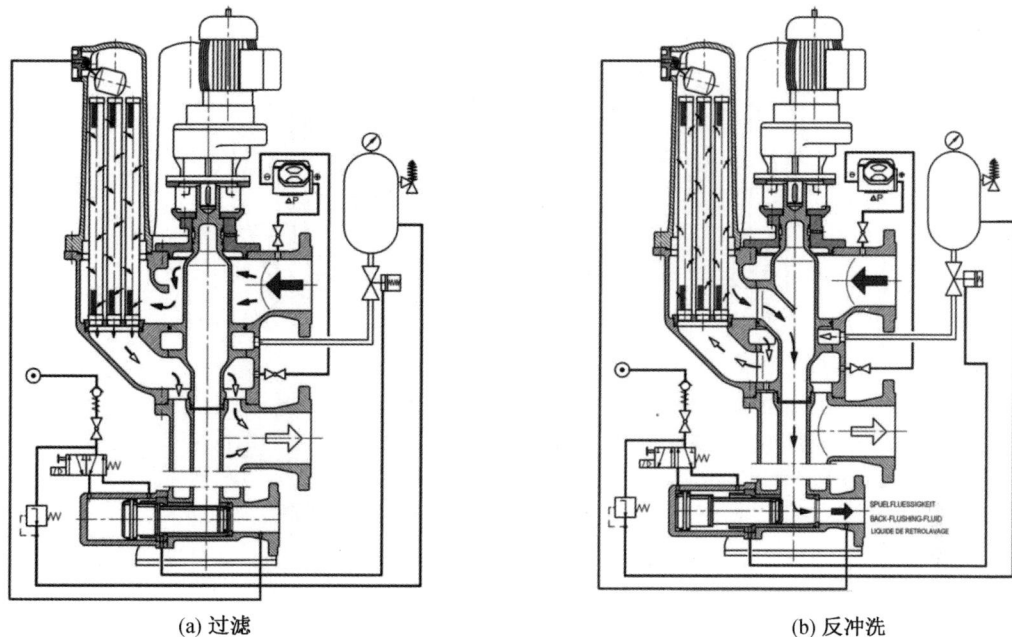

(a) 过滤　　　　　　　　　　　　　　(b) 反冲洗

图 5-15　压缩空气滑油自动反冲洗滤器

3. 滑油冷却器

滑油冷却器是用水来冷却润滑系统中温度升高的滑油;淡水冷却器是用海水来冷却封闭循环的淡水;空气冷却器是用水来冷却增压后温度升高的空气。从热交换的角度来看,它们都是热交换器。船舶柴油机的滑油冷却器绝大多数都采用水冷式,按结构形状不同可分为管壳式、板式两类。

(1)管壳式热交换器

目前,船上使用的滑油冷却器和淡水冷却器多为管壳式热交换器。它具有结构坚固、易于制造、适应性强、热容量大、压力损失小、密封性较好等优点。

如图 5-16 所示的是 6135 型柴油机的管壳式滑油冷却器。滑油自进油管接头 18 进入,因受隔板 8 限制而在管外呈曲线形从左至右流动,以增大滑油速度和流程,提高冷却效果。冷却水在冷却管 7 内从左至右流动,管外密布的散热片 9 也用来增加滑油向冷却水传热的效果。若用水直接冷却滑油的冷却器,应加装防腐锌棒,以防电化腐蚀。

(2)板式热交换器

板式热交换器 20 世纪 60 年代初期开始在船舶上使用,它有多种用途。海船上使用的钛板式热交换器表面能防止海水的侵蚀,具有换热系数高、结构紧凑、质量小、体积小等优点,易于清除污垢和维修,通过改变板片数目可方便增减热传导面积,初投资费用较高,密封垫片损坏时容易泄漏。

板式热交换器主要由架座和板组件组成,如图 5-17 所示。板组件由若干换热板片组成。换热板片通常由不锈钢片压制成型,厚度为 0.6~0.8 mm,板面有直波凹凸和球面突起花纹的传热面及四个分配液体的孔。各板片和分配孔周围都装有密封垫圈,使液体隔开,并将其限制在板组件内。而垫圈的设计和配置方式,使热交换器内的两种液体做反向流动,并保证两种液体不渗透混合。

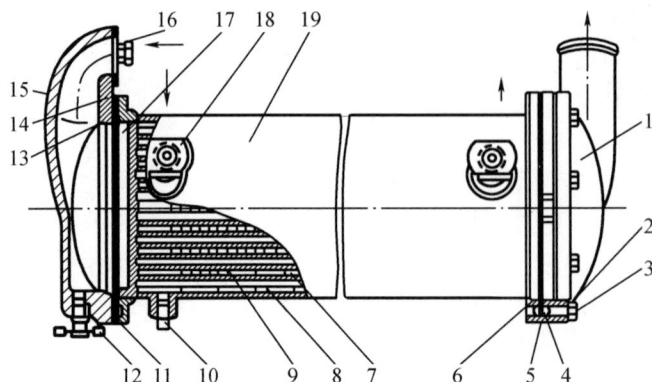

1—前盖;2—弹簧垫圈;3—螺钉;4—芯子法兰;5,11—垫片;6—外壳;
7—冷却管;8—隔板;9—散热片;10—方头螺塞;12—放水阀;13—封油圈;
14—封油垫圈;15—后盖;16—冷却水接头;17—芯子底板;18—接头;19—外壳。

图5-16　6135型柴油机的管壳式滑油冷却器

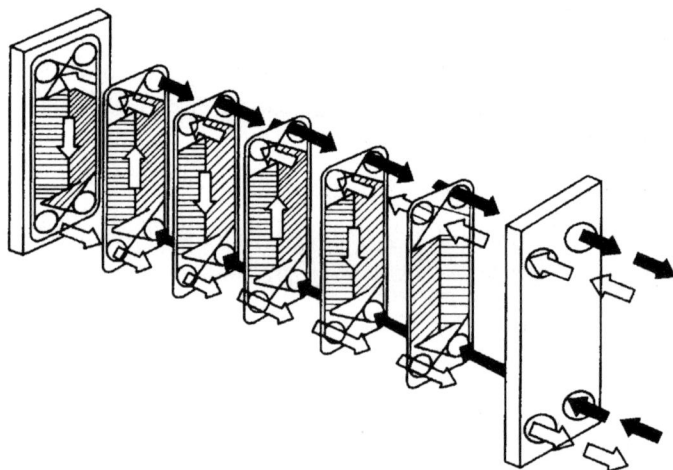

图5-17　板式热交换器流动原理图

5.3.3　曲轴箱油的变质和检验

1. 曲轴箱油变质的原因

曲轴箱油在循环使用中其性质不可避免地会发生变化。当它变化到不能满足使用要求时,需进行处理与更换。在正常使用条件下,滑油变质速度较慢,如管理不当、操作失误或长期工作不良,滑油变质速度就会加快。

滑油变质原因很多,主要有外来物的混入和滑油本身氧化两种。

(1)外来物的混入

混入润滑油的外来物主要有海水、淡水、灰尘,燃油和气缸中的燃烧产物,各种金属磨料和焊渣等硬质颗粒,油漆、石棉、面纱等软质杂物。

海水、淡水的混入使滑油乳化,破坏了其润滑性能,腐蚀金属表面,加速部件磨损,同时还能加速滑油的氧化,使滑油过早变质。

燃气漏入会降低滑油的黏度和闪点,使滑油难以形成油膜,并使曲轴箱内存积大量油气,易引起曲轴箱爆炸。

燃烧产物漏入将使滑油的酸值和炭渣增加,燃烧产物中的硫酸与滑油反应生成含硫和氧的固体沉淀物,加速滑油的变质。此现象在筒形活塞式柴油机中尤为明显。

(2)本身氧化

滑油在使用条件下与空气接触将逐渐氧化而生成油漆、树脂和有机酸等不溶于水的沉淀物。此时,滑油的颜色变暗,总酸值增加,黏度和相对密度增加,滑油的氧化速度随温度的提高而增大。在正常使用温度(不超过 65 ℃)下,滑油氧化并不明显。但若由于工作不正常,如燃气大量漏入或轴承过热等,导致滑油温度升高,则其氧化速度会大幅度提高。此外,铁锈和涂漆渗入滑油会起到催化作用而加速滑油的氧化。

2. 曲轴箱油的检验

为了能及时掌握滑油变质规律以便采取相应有效措施,需对曲轴箱滑油进行定期检验,通常有以下几种方法。

(1)经验法

根据轮机人员的使用经验,通过对曲轴箱油的直接观察,摸(黏度)、嗅(气味)、看(颜色)以及检验滑油分油机中沉积油泥观察溅在曲轴箱壁面的滑油颜色、活塞冷却腔内的积炭等,可大致定性判断滑油的变质情况。

(2)油渍试验法

这种方法是把待检滑油滴在特殊的试纸上,待该油滴干燥后,根据其扩散状况、颜色的变化与提供的标准图像(或新油的扩散和颜色)比较,可大致判断滑油的变质情况。如油渍中心黑点较小,颜色较浅,四周黄色油渍较大,则表面滑油仍可使用;如黑色较大,且黑褐色均匀无颗粒,则表示滑油已变质。

(3)化验法

化验法可对滑油进行定量分析。根据使用要求可分为船上简易化验和实验室化验两种。目前,化验项目及各指标允许限值还没有统一标准,一般多由各石油公司拟定。

5.3.4 润滑系统的维护管理

1. 确保滑油的工作压力

运转中滑油压力应保持在 0.15~0.40 MPa 之间,以保证各轴承的连续供油。滑油压力应高于海水压力和淡水压力,以防冷却器泄漏时水漏入滑油中。滑油压力可借滑油泵的旁通阀来调节。

滑油压力过低时,将导致轴承供油不足。滑油压力也不宜太高,压力太高了不但增加滑油泵的负担,滑油会溅出,接合面易漏油,而且从轴承间隙漏出的滑油形成雾状细滴,在曲柄箱中易受热氧化而变质,也增加滑油的消耗量。

2. 确保滑油的工作温度

滑油进口温度一般大型低速机应保持 40~45 ℃,中、高速机保持 50~55 ℃;出口温度不超过 65 ℃,中、高速机为 70~90 ℃,进出口温差一般为 10~15 ℃。滑油温度一般可通过滑油冷却器的旁通阀来调节。

滑油温度过高,黏度降低,润滑性能变差,且滑油易氧化;滑油温度过低,黏度增大,摩擦阻力损失及滑油泵耗功增加。

润滑系统的
维护(微课)

3. 确保足够的油量

应经常检查循环柜的油位,及时补充滑油,使之保持足够的油量。油量过少,油温升高,容易使滑油在曲柄箱中挥发,另外在单位时间内滑油的循环次数过多,均会使滑油加速氧化变质,而且杂质也无法在循环柜中得到充分的沉淀时间,且易造成供油中断。如油位过高则当船舶摇摆时可能会溢油而造成损失。

一般,正常油位应位于循环柜顶板下方 15~20 cm 处。若油位突然升高,则可能是有冷却水漏入;油位突然下降,可能是管系或油底壳破裂所致,应及时查明原因予以排除。

4. 备车暖机和停车时的管理

备车时,应对滑油柜加温,使滑油温度提高到 38 ℃ 左右。冷天预热滑油,还可减轻滑油泵启动时的负荷。加热后即可开动滑油泵,使滑油预循环,防止柴油机启动时发生干摩擦。停车后,应继续让滑油系统运转 20 min 左右,使发动机各润滑表面继续得到冷却。

5. 确保滑油的质量

应定期取油样进行化验分析,保持滑油清洁。航行中还应定期用分油机对曲轴箱油进行旁通净化分离。

6. 定期检查和清洗滑油冷却器

滑油冷却器长期使用后,传热表面会由于滑油中的泥渣、污垢的污染,而降低传热效果,严重时会造成滑油的温度超过正常运转温度,为此应该定期打开清洗。

任务 5.4　冷却系统和维护

冷却系统
和维护
(PDF)

柴油机中燃油燃烧放出的热量约有 30% 要经过气缸、气缸盖和活塞等部件散向外界。为了能够散出这些热量,需有足够数量的冷却液连续流经受热件,通过冷却保证受热部件的工作温度稳定。从能量利用观点来看,柴油机的冷却是一项应予避免的能量损失,但从保证柴油机正常工作来考虑它又是必需的。

5.4.1　冷却的作用与方式

柴油机冷却有以下作用:

(1)保持受热部件的工作温度不超过材料所允许的限值,保证在高温状态下受热部件的强度;

(2)保证受热件内外壁面有适当的温差,减少受热件的热应力;

(3)保证运动件如活塞与缸套之间的适当间隙和缸壁工作面上滑油膜的正常工作状态。

在管理中既不使柴油机因缺乏冷却而导致机件过热,也不使柴油机因过分冷却而造成不良后果,应有所兼顾。从尽量减少冷却损失以充分利用燃烧能量出发,国内外正在进行绝热发动机和低排热发动机的研究,并相应发展了一批耐高温的受热部件材料,如陶瓷材料等。

目前,柴油机的冷却方式分强制液体冷却和风冷两种,绝大多数柴油机使用前者。

5.4.2　冷却介质

柴油机强制液体冷却系统中的冷却介质通常有淡水、海水、滑油等三种。淡水的水质稳定,传热效果好,并可解决腐蚀和结垢的缺陷,是目前使用最广的一种理想冷却介质。柴油机对水质要求一般为不含杂质的淡水或蒸馏水。

海水的水源充裕,但水质难以控制且其腐蚀和结垢问题比较突出,为减少腐蚀和结垢应限制海水的出口温度不应超过 50 ℃,因而目前很少使用海水直接对柴油机进行冷却。

滑油的比热小,传热效果较差,在高温状态易在冷却腔内产生结焦,但它不存在因漏泄而污染曲轴箱油的危险,因而适于作为活塞的冷却介质。

5.4.3　冷却系统的组成和布置

柴油机冷却系统一般是淡水强制冷却柴油机,采用闭式循环;然后用海水强制冷却淡水和其他载热流体(如滑油、增压空气等),海水系统属于开式系统。两者组成的冷却系统称闭式冷却系统。

1. 闭式淡水冷却系统

由于受热部件工作条件不同,所要求的冷却液温度、压力等也各不相同。因此,各受热件的冷却通常由单独的系统组成。一般分为缸套和气缸盖、活塞、喷油器三个闭式淡水冷却系统。

在气缸冷却水循环系统中,淡水流动的路线有两种方案,如图 5-18 所示。

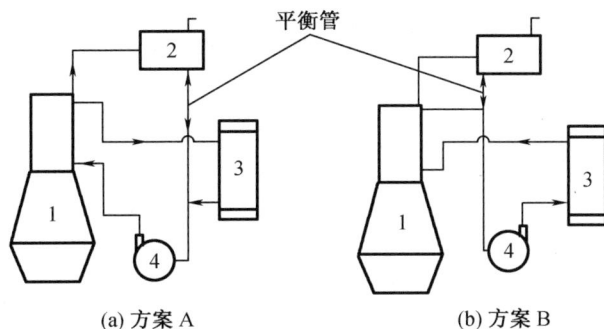

1—柴油机;2—膨胀水箱;3—冷却器;4—淡水泵。

图 5-18　缸套冷却系统布置方案

(1)方案 A,如图 5-18(a)所示。方案 A 中,淡水泵供应的淡水先进柴油机,然后去淡水冷却器,可以防止缸套穴蚀和冷却水汽化。

(2)方案 B,如图 5-18(b)所示。方案 B 中,淡水泵供应的淡水先去冷却器,然后再到柴油机。由于柴油机淡水冷却腔内的压力较低,易造成死角、出现局部的蒸发、冷却不良并引起穴蚀或局部过热。

如图 5-19 所示为 MAN MC 系列柴油机缸套冷却水系统。缸套冷却水泵出口的淡水由缸套水的进口总管进入各缸套下部,沿缸套→气缸盖→透平增压器路线进行冷却。各缸出水管汇总后一路经制淡机和缸套水冷却器冷却,重新进入缸套冷却水泵进口;另一路进入淡水膨胀水箱。在淡水膨胀水箱和缸套冷却水泵之间设有平衡管用于给系统补水并保持淡水泵吸入压头。系统中有温度传感器检测柴油机冷却水出口温度的变化,并通过热力膨胀阀控制其进口温度。通常,缸套冷却水泵设有两台,皆为离心泵。缸套冷却水系统中均设高置膨胀水箱,通过平衡管与淡水泵的吸入口相连,起着十分重要的作用。膨胀水箱的作用是:排放系统中的空气;使淡水受热后有膨胀的余地;自动向系统中补充因蒸发和泄漏而损失的水量,保证淡水泵有足够的吸入压头;便于向系统投放化学药品进行水处理;若没有蒸汽管,可添加热淡水进行暖缸,此外还可装水位表,以便观察系统中冷却水量的变化情况。

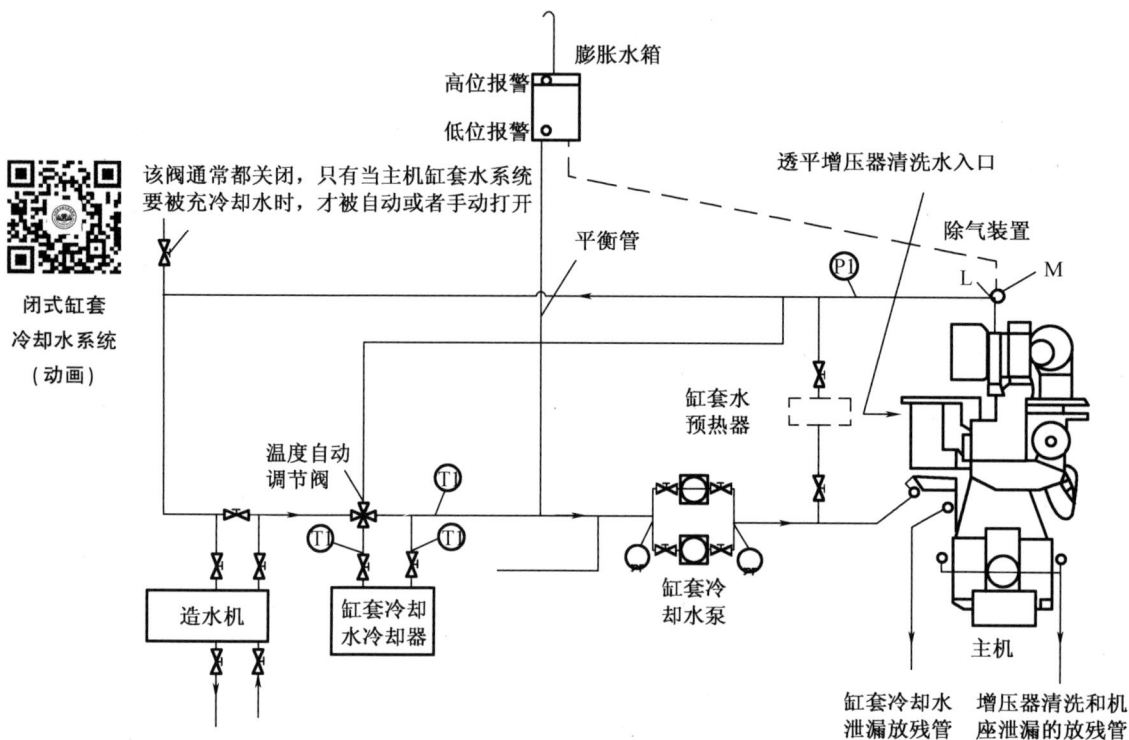

图 5-19 MAN MC 系列柴油机缸套冷却水系统

喷油器冷却系统的组成及原理与缸套冷却系统基本相同,冷却剂可用淡水或柴油。目前,大、中型柴油机普遍采用燃油经喷油器循环的措施,利用燃油冷却喷油器,不设专门的冷却系统。活塞冷却系统已在第二章陈述,在此不再重复。

2. 开式海水冷却系统

开式循环冷却系统是直接利用舷外水(海水或河水)冷却各受热部件,然后再排至舷外。所以,开式循环冷却系统仅用于技术指标不高的中、小型柴油机中。随着船用柴油机强化程度的不断提高,很少再采用开式循环冷却系统。

开式海水冷却系统是用海水来冷却淡水、滑油、增压空气和空气压缩机等。系统的基本组成是海底阀(海底门)和大排量海水泵。其系统如图 5-20 所示。从海底阀来的海水经滤器而抽入海水泵,然后被送往滑油、淡水冷却器和空气冷却器后排至舷外。系统中还装设感温元件 6 和自动调温阀 11,使部分使用的海水回流至海水泵进口,保证进冷却器的海水温度不低于 25 ℃。由于海水中含有大量盐类、杂质和气体,受热后会在冷却表面沉积成水垢,降低冷却效果,故海水的出口温度不得高于 50 ℃。

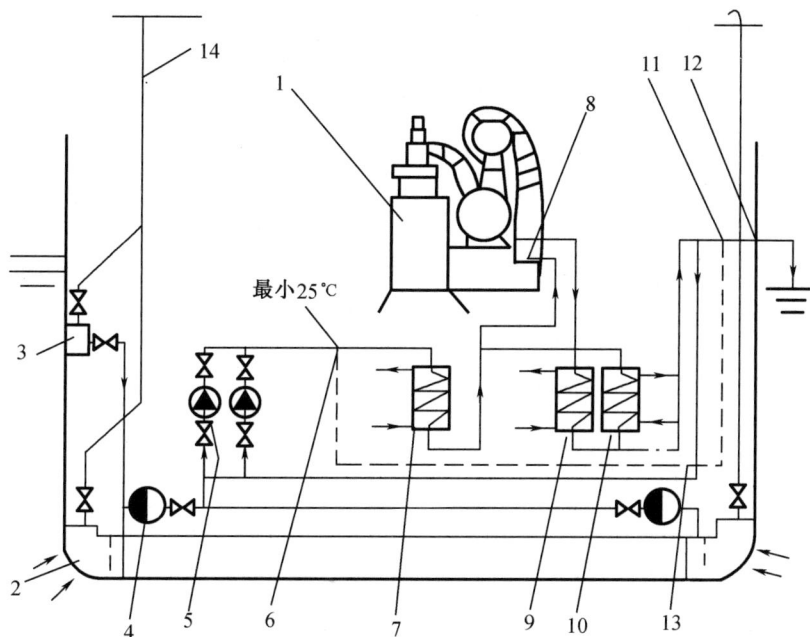

1—主机;2—低位海底阀;3—高位海底阀;4—海水滤器;5—海水泵;
6—感温元件;7—滑油冷却器;8—增压空气冷却器;
9—活塞水冷却器;10—缸套水冷却器;11—自动调温阀;
12—海水出口阀;13—温海水回行管;14—通气管。

图5-20 开式海水冷却系统

海底阀一般设置两个以上,分高位和低位,分别置于船舶的两侧舷旁。高位海底阀于空载水线下约300 mm处,低位海底阀设在舱底(靠双层底附近)。当船舶在浅水道、港口航行或停泊时,为避免水下泥沙污物堵塞海水系统,使用高位海底阀;而在海上航行时,为防止因风浪而造成空吸,使用低位海底阀。当停靠码头时,一般停用靠近码头一侧的海底阀,而改用外侧海底阀,以防污物阻塞海底阀。

海水泵一般设置两台,一台为备用。有些船上还把备用海水泵兼作备用淡水泵。海水泵排量很大,常在吸入管接一应急舱底吸口,以备机舱进水时应急排水。

3.中央冷却系统

近代新型柴油机动力装置大多采用中央冷却系统。其特点是使用不同工作温度的两个单独淡水循环系统:高温淡水(80~85 ℃)和低温淡水(30~40 ℃)闭式系统。前者用于冷却主机,后者用于冷却淡水和各种冷却器(如滑油、增压空气等)。受热后的低温淡水再在一个中央冷却器中由开式海水系统进行冷却。因此,只有中央冷却器使用海水作为冷却介质,简化了机舱内与海水直接接触的设备和管系。

中央冷却系统较传统的冷却水系统有下述明显优点:

(1)海水管系及中央冷却器的维修工作量减至最少;

(2)冷却水温度稳定,不受工况变化的影响,使柴油机始终在最佳冷却状态下运转;

(3)淡水循环可多年保持清洁,维修工作量少。

中央冷却系统由于增加了中央冷却器及其辅助设备与管系,故投资费用较高;并且附加管系的阻力损失使泵送耗功也有所增加。

图5-21所示为大型柴油机的中央冷却系统。主机缸套冷却水为高温淡水系统，发电副机缸套水为低温淡水系统。主机活塞采用滑油冷却，喷油器为非冷却式。低温淡水由中央冷却泵3泵出，分别冷却主机滑油冷却器4、空气冷却器5、主机缸套水冷却器8，其回水经总管汇集后流至中央冷却泵3(共3台)入口处。此低温淡水同时兼作发电副机缸套水，其出口水在航行时(阀A开启，阀B关闭)流至单设的中央冷却泵3入口处。在停泊期间(阀A关闭，阀B开启)，发电副机缸套冷却水可用于主机暖机。受热后的低温淡水可在中央冷却器2中由主海水泵1过来的海水进行冷却。在系统中还装有多个温度传感器及相应的热力控制阀，可根据水温变化来调节旁通水量。

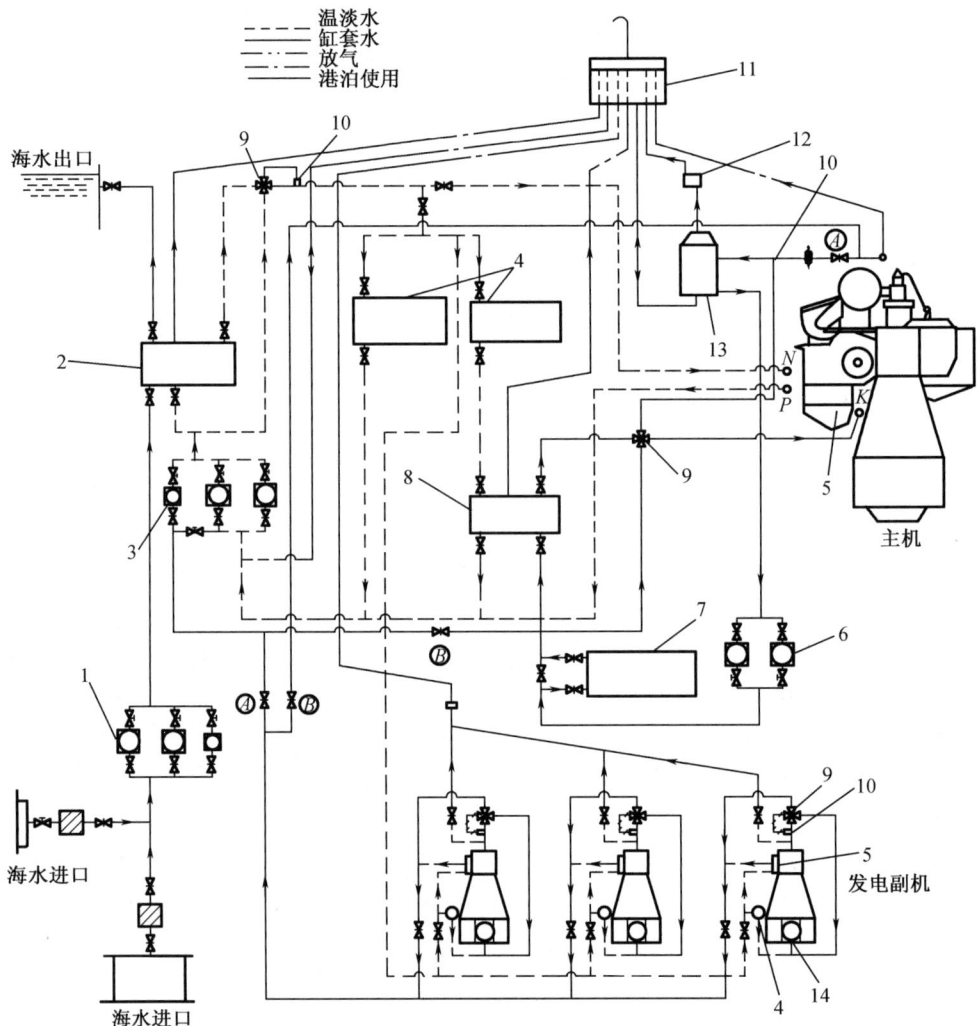

中央冷
却系统
(动画)

1—主海水泵；2—中央冷却器；3—中央冷却泵；4—滑油冷却器；5—空气冷却器；
6—缸套冷却水泵；7—制淡水机；8—缸套水冷却器；9—热力控制阀；10—温度传感器；
11—膨胀水箱；12—空气分离器报警器；13—空气分离器；14—副机带淡水泵。

图5-21 大型柴油机中央冷却系统

5.4.4　冷却系统的设备

1. 水泵

水泵的功用是使冷却水有一定的压力,加速循环流动。离心式水泵因其结构简单、尺寸小、排量大、工作可靠、制造容易,以及当水泵由于故障而停止工作时,冷却水仍可进行自然循环,防止柴油机因局部过热而损坏等优点,在冷却系统中被广泛采用。其缺点是吸头低、扬程小。

2. 自动调温器

调温器是柴油机冷却系统中的温度自动调节设备。柴油机运转时,要求冷却水温能维持在一定范围。然而冷却水温是随柴油机的负荷大小和转速高低而变化的,要想维持恒温,必须随时调节冷却水的进口温度,即当水温较低时,使冷却水不流经淡水冷却器冷却,只进行有利于提高进水温度的"小循环";当水温升高到一定数值时,再使冷却水全部通过淡水冷却器,进行有利于降低进水温度的"大循环";或者是一部分冷却水做大循环,另一部分做小循环,使冷却水汇合时得到适宜的进水温度。冷却水的循环路线和流量由自动调温器来控制。

目前调温器的形式较多,但较常用的是波纹管调温器和蜡质调温器。

如图 5-22 所示是波纹管调温器原理图。在波纹管型密封容器 2 内装有易于挥发的乙醇或乙醚与蒸馏水溶液(比例为 1:2)。波纹管浸在冷却水的出水流中,感受着出水温度的高低,并产生不同的伸长或收缩。当水温低于所要求的数值时,主阀 6 关小或关闭,旁通阀 3 打开,使得一部分或全部冷却水直接流向循环冷却水泵的入口,不通过冷却器。如果水温达最大值时,波纹管膨胀到使主阀全开,旁通阀全关,致使冷却水全部流向冷却器。经冷却后再流至循环水泵入口。波纹管调温器结构简单,但是由薄金属片做成的波纹管工作可靠性差,使用寿命也短。

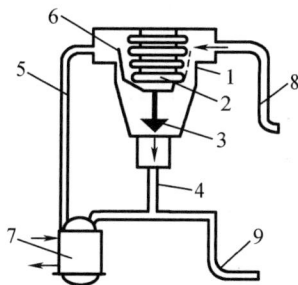

1—壳体;2—波纹管型密封容器;
3—旁通阀;4,5—水管;6—主阀;
7—冷却器;8—柴油机出水管;
9—冷却水泵进水管。

图 5-22　波纹管调温器原理

如图 5-23 所示是蜡质调温器的一种结构形式。它的感温元件由感应器体 8 及密封在其中的石蜡组成,为了提高导热性能,常在石蜡中加入铜粉。石蜡在 82.5~83 ℃熔化成液体时体积膨胀特别大,通过胶管 6 推动推杆 4,控制与推杆相连的主阀 1 和旁通阀 2。当水温达到最高值时,主阀 1 全开,通往循环冷却水泵入口的旁通阀关闭,冷却水全部进入冷却器经冷却后至水泵入口。这种调温器对冷却系统中的工作压力不敏感,工作可靠,使用寿命较长,但结构比较复杂。

5.4.5　冷却系统的维护管理

1. 冷却水的温度和压力

通常海水压力为 0.1~0.2 MPa,淡水压力为 0.2~0.3 MPa,应该保证淡水压力始终大于海水压力,以免海水渗入淡水中。

淡水温度应符合柴油机说明书的规定。对于中、高速柴油机,一般出水温度可控制在

70~80 ℃(不用含硫重油时);低速机可控制在 60~70 ℃,进出水温差应不大于 12 ℃。淡水出水温度过低会造成热损失增加,热应力增大,低温腐蚀加剧;过高则使缸壁滑油膜蒸发,缸壁磨损加剧,冷却腔内发生汽化、缸套密封圈易老化。一般淡水出水温度以接近允许上限为宜。

运转中若淡水温度不正常,则可调节海水管路上的旁通阀,来调节进入淡水冷却器的海水量,或者利用淡水管路上的旁通阀来调节进入淡水冷却器的淡水量,或调节海水温度。现代新型船舶多装设淡水和滑油温度自动调节装置,其调节阀多装在淡水和滑油的管路中,以控制进入冷却器的淡水量和滑油量。

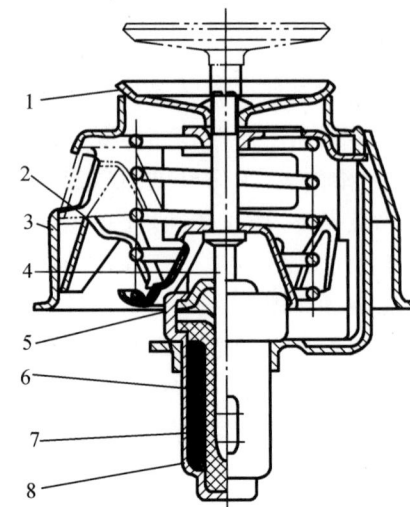

1—主阀;2—旁通阀;3—壳体;4—推杆;
5—密封器;6—胶管;7—石蜡;8—感应器体。

图 5-23　蜡质调温器结构

此外,还要检查各缸冷却水的流动情况,如需调整冷却水流量,必须用淡水出口阀来调节,调节速度应尽量缓慢,以保证水腔里的淡水压力和流动情况正常。进口阀应始终处在全开位置。

2. 水箱水位

水箱水位下降时应及时补足,防止吸空。如果膨胀水箱水量消耗过快,则说明系统中有泄漏处,应查明并进行排除。应定期检查淡水循环柜的水位。

3. 机动操纵

进出港机动操纵时,主机操作频繁,要控制海水系统保证淡水温度不产生过大波动,应提前关掉海水泵或控制其流量。

4. 备车和停车

备车阶段应开动淡水泵,使淡水在系统内循环 15~30 min,对系统驱气以免系统中空气积聚而形成气囊,引起局部冷却恶化。在寒冷地区,还应加高温淡水进行暖缸,使水温达到 40 ℃左右,以改善气缸的热状态,易于启动,使滑油均匀分布,减轻启动时的磨损和热应力,还可减少启动空气的消耗量。

停车后应让冷却水系统继续循环 20~30 min,冷却水的流量则应关小,使气缸温度缓慢降低,以减少热应力,并防止残留在气缸壁上的油膜蒸发或结炭。

5. 保证供水

保证海水的正常供应。当泵不上海水时除泵的故障外,通常还有系统中漏进空气或滤器堵塞的原因。特别是当船舶由深水进入浅水,遇大风浪,以及在较脏的水域航行时,可能会发生海底阀堵塞和吸空,应及时切换使用高位或低位海底阀。

做一做

分小组分析柴油机的润滑系统、冷却系统线路,并维护管理。

想一想

项目5
重点难点解答

1.液体动压润滑的条件是什么？哪些因素影响液体动压润滑？

2.柴油机气缸为什么需要润滑？目前气缸润滑有哪几种方式？

3.选择十字头式柴油机气缸油总碱值的依据是什么？如何判断所用气缸油 TBN 值是否正常？

4.气缸油注油率过小、过大对柴油机有何危害？如何选择气缸油的注油率？

5.柴油机润滑系统主要任务是什么？有哪几种润滑系统？

6.试比较湿式、干式曲轴箱润滑系统优缺点。大型中、低速柴油机需要哪些润滑系统？

7.闭式冷却系统中膨胀水箱一般放置在哪里？有什么作用？

8.中央冷却系统有哪些优点？具体分解为哪三个冷却子系统？

项目6　启动、换向和调速

【任务目标】

1. 了解柴油机常见的启动方式,掌握压缩空气启动的工作原理、组成和启动条件,识别压缩空气启动主要设备。

2. 掌握双凸轮、单凸轮换向的基本原理、换向方法和要求,识别各种换向装置。

3. 了解船舶主机和发电柴油机调速的必要性,掌握调速器的静态、动态性能指标表征的含义,熟悉并联工作的发电柴油机对稳定调速率的要求;掌握液压调速器、电子调速器的工作原理和特点,正确调节典型液压调速器,保持其稳定性。

4. 掌握船用柴油机对操纵系统的要求,熟悉各种操纵系统类型及特点,模拟使用船用柴油机操纵系统。

船舶经常在各种复杂的情况下航行,例如,在进出港和靠离码头时,要求船舶多次改变航速和航向;在江河湖海中正常航行时,要求船舶定速前进;在大风浪中航行时应限制主机的负荷、转速以防主机超负荷或超速;在紧急情况下,为了避碰而要求紧急刹车时,强迫主机迅速停车和倒转。为了满足船舶机动操作的要求,船舶主机应当具有启动和停车、调速、限速、限制负荷、正车和倒车等能力。为此,作为船舶柴油机,必须设置启动、换向和调速装置,以及使上述各种装置联合动作的操纵系统。

任务6.1　启动装置

6.1.1　柴油机启动和启动方式

启动装置
（PDF）

静止的柴油机必须借助外力(矩)的作用来达到启动转速,从而使喷入气缸内的燃油压缩发火、燃烧、膨胀推动活塞并通过曲柄连杆机构使柴油机自行运转,这一过程即为柴油机启动。通常称柴油机启动所要求的最低转速为启动转速,其大小与柴油机的类型、技术状态、燃油品质、环境条件等有关,它是鉴别柴油机启动性能的重要标志。启动转速的范围是:高速柴油机 80～150 r/min;中速柴油机 60～70 r/min;低速柴油机 25～30 r/min。柴油机转速过低时,压缩过程缓慢,气体对气缸壁散热较多,通过活塞环的漏泄亦较多,致使柴油机压缩终点温度较低,达不到燃油压缩发火的要求,柴油机也就不可能启动。

按照柴油机启动所采用外来能源的形式,柴油机的启动方式可分为:

(1)借助于曲轴上的外力矩使曲轴转动起来,如人力手摇启动、电力启动、气马达启动等。船舶中、小型柴油机如救生艇发动机、应急发电柴油机、部分发电柴油机,通常采用电力或气马达启动。

(2)借助于活塞上的外力推动活塞运动使曲轴转动起来,如压缩空气启动。船舶

主柴油机和大多数发电柴油机均采用压缩空气启动方式。

柴油机的启动性能除了与柴油机的构造特点和工作条件有关外,也与启动装置有关。柴油机启动装置应能保证柴油机迅速可靠地启动,使消耗的能量尽可能少,易于实现机舱自动化和遥控。对于船舶主机,还要求当曲轴处于任何位置和机舱温度不低于5~8 ℃时,不需暖机就能迅速可靠地启动。

6.1.2　压缩空气启动装置的工作原理

压缩空气启动就是将具有一定压力的压缩空气(2.5~3.0 MPa)按柴油机的发火顺序在膨胀行程引入气缸,代替燃气推动活塞,使柴油机达到启动转速,完成燃油自行发火。它的主要优点是启动能量大,启动迅速可靠,在正倒车运转时还可以利用压缩空气来实现制动和帮助操纵。但该装置构造较复杂,不适用于小型高速柴油机。

1.启动装置简介

压缩空气启动装置主要包括:空气压缩机、启动空气瓶、主启动阀、空气分配器、气缸启动阀和启动控制阀等。其组成和工作原理如图6-1所示。

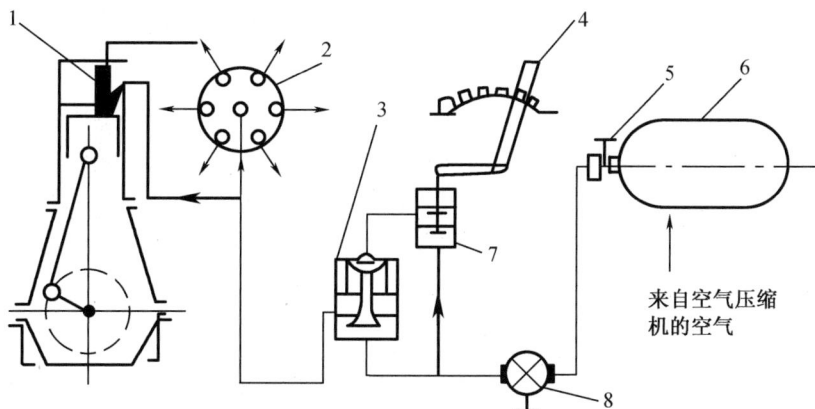

1—气缸启动阀;2—空气分配器;3—主启动阀;4—操纵手柄;5—出气阀;
6—空气瓶;7—启动控制阀;8—截止阀。

图6-1　压缩空气启动装置原理图

启动前,空气压缩机向空气瓶充气达到规定压力。备车时,打开空气瓶上出气阀5和截止阀8,使空气瓶中空气自截止阀8沿管路通至主启动阀3和启动控制阀7处等候。启动时,将操纵手柄4推至"启动"位置,此时启动控制阀7开启,控制空气进入主启动阀3的活塞上面,推动活塞下移使主启动阀开启。于是启动空气分成两路:一路经空气总管引至各缸的气缸启动阀1下方空间等候;另一路为控制用的压缩空气,被引至空气分配器,然后按柴油机的发火顺序依次到达相应的气缸启动阀的顶部空间使其开启,以便原等候在此阀下方的启动空气进入气缸,推动活塞运动及驱动曲轴转动。当柴油机达到启动转速时,随即将燃油手柄推至启动供油位置。待柴油机启动后,立即通过柴油机操纵手柄关闭启动控制阀,切断启动空气。主启动阀随即关闭,气缸启动阀上部空间的控制空气经空气分配器泄放,气缸启动阀关闭,启动过程结束。然后可逐渐调节供油量使柴油机在设定的转速下运转。当无须再次启动时,将截止阀和出气阀先后关闭。

单气路控制
压缩空气
启动装置
(动画)

带通孔式回转
式空气分配器
(动画)

2. 启动条件

为保证柴油机有效、可靠地启动,压缩空气启动的柴油机必须具备三个条件。

(1)压缩空气应具有一定的压力和足够的储量

按我国《钢质海船入级与建造规范》的要求,供主机启动用的空气瓶至少有 2 个,压力应保持 2.5~3.0 MPa,其储量应保证在不补充空气的情况下,对可换向的主机能从冷机正倒车交替启动不少于 12 次,对不可换向的主机能从冷机连续启动不少于 6 次。

通常,空气压缩机上装有压力继电器自动控制,当空气瓶内压力降至设定的数值时,空气压缩机自动投入工作向空气瓶充气;在空气瓶内压力升至设定值后,空气压缩机自行停车。启动空气管应装安全阀,开启压力为 1.1 倍的最高启动压力。

(2)压缩空气供气要适时并有一定的供气延续时间

适当的供气正时既有利于启动又节省空气消耗量。压缩空气必须在活塞处于膨胀行程之初的某一时刻进入气缸,并持续一段时间。启动正时(空气分配器正时)与柴油机的类型、气缸数目、标定转速和启动空气压力等因素有关。

通常,大型低速二冲程柴油机供气始点约在上止点前 5°CA,供气终点约在上止点后 100°CA,供气持续角一般不超过 120°CA;中高速四冲程柴油机供气始点约在上止点前 5°CA~10°CA,供气持续角受排气阀限制一般不超过 140°CA。实际上,启动空气进入气缸的时刻会稍延后。

(3)必须保证最少气缸数

为保证曲轴在任何位置时都能启动,要求曲轴在任何位置时至少有一个气缸处于启动位置。为此,启动所要求的最少气缸数,对二冲程柴油机为 360°/100°,一般不少于 4 个;对四冲程柴油机为 720°/140°,一般不少于 6 个。若缸数少于上述数值,则启动前必须盘车至某缸处于启动位置。

6.1.3 压缩空气启动装置的主要设备

1. 气缸启动阀

气缸启动阀是启动装置中最主要的部件之一。整个操纵系统能否保证柴油机可靠地启动、制动和反转,在很大程度上取决于气缸启动阀的性能。一般对气缸启动阀有启动和制动两个方面的要求。

启动方面的要求:气缸启动阀开关迅速,但落座速度缓慢以减轻阀盘与阀座间的撞击。在缸内发火后即使有控制空气作用在其上方,它也应保持关闭状态,以防高温燃气倒流入启动总管。

制动方面的要求:即使缸内压力稍高于启动空气压力,气缸启动阀仍能保持开启状态,以实现减压制动和强制制动。

柴油机的制动过程由能耗(减压)制动和强制制动两个阶段组成。为使高速运转的柴油机迅速停车并及时开出倒车,首先由换向机构做换向操作,然后空气分配器则按换向的供气正时打开气缸启动阀,而曲轴仍按原方向转动。气缸启动阀开启时活塞正处于压缩行程,被压缩的空气从开启的气缸启动阀排出,从而减小了行程后期留在燃烧室空间的空气量和压力,即减小了空气在膨胀冲程的做功能力,使柴油机转速迅速下降,这一过程称为能耗制动。当柴油机转速降低后,在压缩行程将压缩空气经开启的气缸启动阀送入气缸,以阻止活塞运动,即所谓的强制制动。

启动时要求当缸内压力大于启动空气压力时气缸启动阀应自动关闭,而制动时则要求当缸内的压力稍高于启动空气压力时气缸启动阀应保持开启。显然从启动、制动两方面对气缸启动阀的要求是互相矛盾的。这种不同要求可通过气缸启动阀不同的构造实现,并非所有的气缸启动阀都能满足上述要求。

气缸启动阀按构造原理分为单向阀式和气压控制式两种。前者为简单的单向阀,当启动空气由空气分配器进入单向阀时,该阀开启进行启动;当压缩空气经空气分配器泄放大气后,该阀即在弹簧的作用下关闭,这种单向阀式气缸启动阀适用于中、小型柴油机。而气压控制式气缸启动阀的控制空气来自空气分配器,与进入气缸内启动空气分开输送,故空气分配器尺寸小、空气损失少、启动迅速,适用于大型柴油机。按控制气路的不同,气压控制式气缸启动阀分为单气路控制式和双气路控制式两种。

(1)单气路控制式气缸启动阀

单气路控制式气缸启动阀的结构与工作原理如图6-2(a)所示,图6-2(b)示出柱塞式空气分配器工作简图。

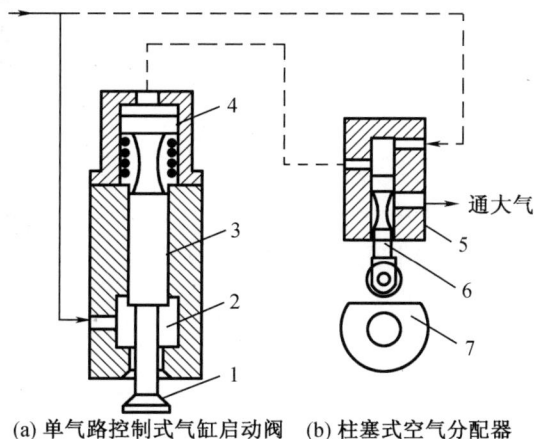

单气路控制气缸启动阀（动画）

凸轮柱塞式空气分配器（动画）

(a) 单气路控制式气缸启动阀　(b) 柱塞式空气分配器

1—启动阀阀盘;2—进气腔;3—阀杆;
4—启阀活塞;5—阀体;6—滑阀;7—凸轮。

图6-2　单气路控制式气缸启动阀和柱塞式空气分配器

单气路控制式气缸启动阀属于平衡式气缸启动阀,即依靠控制空气开启,关阀则由启阀活塞4下部的弹簧控制。其启阀活塞为单级平面式,面积大,开关迅速,启动空气消耗少,且结构简单,被多种柴油机(如 MAN MC/MCE 柴油机)所采用。但它不能兼顾启动和制动两方面的要求,且启动阀关闭时落座速度大,导致阀盘与阀座撞击严重,磨损快,影响启动阀的密封性和可靠性。由于该阀的启阀活塞面积大,故当缸内压力超过启动空气压力时仍有可能开启而发生燃气倒灌,引发空气管爆炸事故。MC 柴油机在每个启动阀的进气管上均装有一个安全防护帽,以防事故的发生。

(2)双气路控制式气缸启动阀

双气路控制式气缸启动阀的结构如图6-3所示,该阀也属于平衡式启动阀。它的启阀活塞是由面积不等、呈阶梯状连成一体的控制活塞 K_1、K_2、K_3 组成,来自空气分配器的两路控制空气控制(开启管 H 与关闭管 J)该阀的启闭。其动作原理如下:

启动时,控制空气由空气分配器经开启管 H 进入控制活塞 K_1 的上部空间 T,下部空间 N 经关闭管 J 与空气分配器的出口相通泄放空气,于是阶梯活塞 2 下行开阀。当控制活塞 K_1 下行打开控制口 S 时,控制空气立即从 T 空间进入控制活塞 K_2 的上部 P 空间。由于作用面积突然增大,使启动阀迅速开启。随着控制活塞 K_3 下行关闭管 J 的气口时,K_3 下部空间 N 变小并被封闭形成气垫,使开阀速度减慢。由此保证启阀速度快,又避免了控制活塞与阀体撞击。

启动结束,空气分配器经开启管 H 释放控制活塞 K_1、K_2 上部的控制空气,并向关闭管 J 供气时,控制空气先进入活塞 K_2 的下部空间 M,使启动阀迅速上行。阶梯活塞 2 上移过程中,控制活塞 K_3 随即切断管 J 与空间 M 的通路,控制空气作用在活塞 K_3 的下表面使关闭速度减慢。当活塞 K_1 关闭控制口 S 时,压力空腔 P 变成密闭空间并随活塞的上行形成气垫,使关阀后期阀盘落座速度大为减慢,避免了关闭时的强烈撞击。待阀落座后通过连接槽 B 使空间 P 和空间 M 间的压力自动平衡。

这种气缸启动阀能较好地满足启动方面提出的要求:速开、速关,但落座速度缓慢。且由于启阀活塞为分级活塞式,控制活塞 K_1 直径较小使初始开阀力较小,当缸内压力较高时阀不能开启,避免了燃气倒冲。另外,当它处于全开状态时,控制空气作用在阶梯活塞 2 的全部工作面积上,向下作用力增大。故在紧急制动时,即使气缸内的气体压力已超过启动空气压力,启动阀仍能保持开启状态,满足了制动方面对启动阀的要求。但其结构复杂,造价较高。

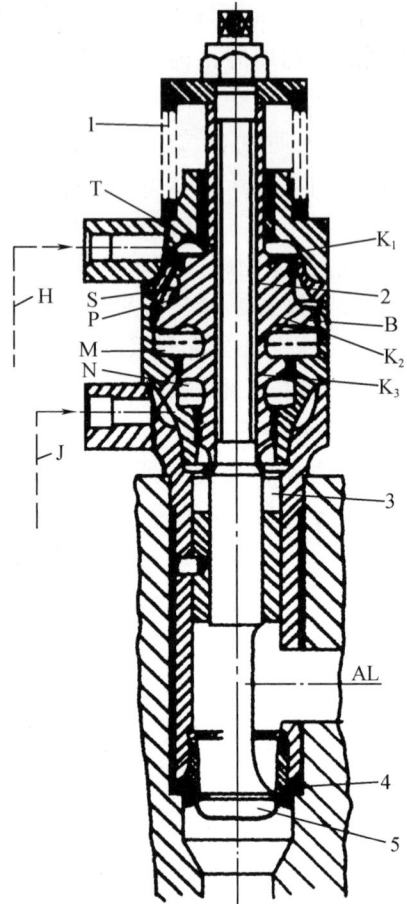

1—弹簧;2—阶梯活塞;3—阀杆;
4—阀座;5—阀盘;K_1、K_2、K_3—控制活塞;
T—上部空间;M—中部空间;N—下部空间;
P—空间;S—控制口;B—连接槽;
H—开启管;J—关闭管。

图 6-3　双气路控制式气缸启动阀

近几年 Sulzer 推出的 RTA 改进型和 RT-flex 型柴油机的气缸启动阀在双气路控制式气缸启动阀的基础上做了改进。启动阀的开关由两位三通电磁阀的气源控制,实质上已经成为单气路控制式气缸启动阀。

2. 空气分配器

空气分配器由凸轮轴驱动,按照柴油机的发火顺序,在要求的启动正时,将控制空气分配到相应的气缸启动阀并将其打开,使压缩空气进入气缸启动柴油机。当启动完毕,柴油机进入正常运转状态,分配器滑阀驱动凸轮自动脱离接触,以减少不必要的磨损。WinGD RT-flex 柴油机取消了空气分配器,由装于各缸气缸启动阀上的启动控制电磁阀取代。

空气分配器按结构形式可分为回转式(分配盘式)和柱塞式两种。回转式如图 6-1 中的 2 所示,它利用凸轮轴驱动一个带孔的分配盘与分配器壳体上的孔(与气缸数目相同)相配合,控制各缸启动阀的启闭,一般多用于中、高速柴油机;柱塞式空气分配器通过启动凸轮和滑阀来控制气缸启动阀的启闭,多用于大、中型柴油机。

柱塞式空气分配器按其排列结构不同,分为单体式和组合式两种。单体式如图6-2(b)所示,空气分配器按各缸分开布置,分别由相应的启动凸轮控制。气缸启动阀的启阀正时与顺序均由各启动凸轮的型线和在凸轮轴上的安装位置来决定。组合式空气分配器由一个或一套启动凸轮控制,凸轮的安装位置和型线决定各缸启动阀的启闭时刻,分配器与启动阀的连接管系布置决定了各启动阀的开启次序。组合式空气分配器按其柱塞的排列形式可分为圆周排列式和并列排列式。

为与气缸启动阀匹配,柱塞式空气分配器分为单气路和双气路两种。单气路式如图6-2(b)所示,它与单气路气缸启动阀相配;双气路式(图6-4)与双气路气缸启动阀配用,双气路控制式气缸启动阀需要两路控制空气,因为分配器必须有两个供气点分别与气缸启动阀的开启管H和关闭管J相连。双气路控制柱塞式空气分配器的各控制滑阀3是按各气缸的发火顺序绕凸轮轴中心线径向布置的,各控制滑阀由一个启动凸轮6控制。如图6-4所示位置,空气分配器没有控制空气时,控制滑阀3在弹簧3a的作用下脱离启动凸轮6不接触(存在1 mm间隙),此时开启管H经放气腔VS通大气,各缸气缸启动阀均处于关闭状态。

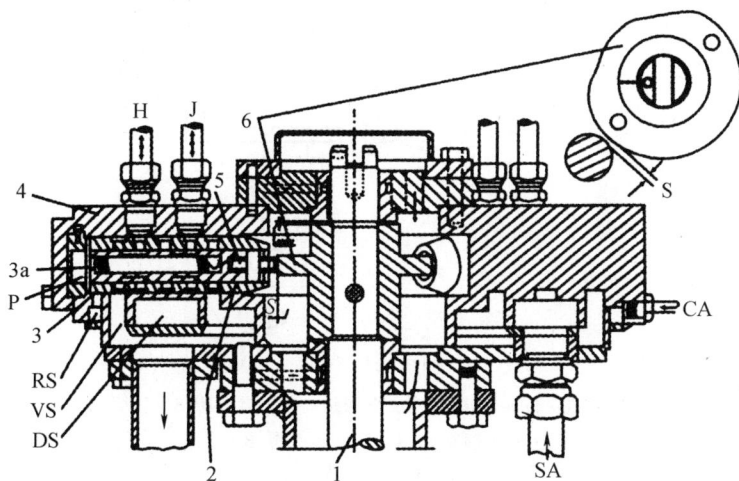

1—凸轮轴;2—滑阀套;3—控制滑阀;3a—弹簧;4—外壳;5—滚轮;6—启动凸轮;
CA—控制空气管;SA—供气管;DS—分配器空腔;VS—放气空腔;RS—空腔;P—压力空腔。
图6-4 双气路式空气分配器

启动操作时,启动控制阀输出的控制空气中的一路经分配器管CA进入空腔RS及压力空腔P,将各控制滑阀3和滚轮5压向启动凸轮6,从而使各滑阀处于凸轮控制状态。当控制空气中的另一路开启主启动阀后,由主启动阀输出的启动空气中的一路经分配器供气管SA进入分配器空腔DS与开启管H相通,而关闭管J与放气腔VS相通放,于是使气缸启动阀下行开启进行启动。随着凸轮轴1的转动,启动凸轮6将控制滑阀3推向外端,将开启管H与放气腔VS相通放大气,来自主启动阀的控制空气经分配器空腔DS与关闭管J相通,使气缸启动阀关闭,而凸轮的基圆又转到另一个滑阀下端,依次启闭另一个气缸的启动阀。当启动按钮或启动手柄复位时,则启动结束,压力空腔 P 和 RS 的控制空气经 CA 泄放,各控制滑阀 3 又在弹簧 3a 作用下拉回到原位,滚轮 5 离开凸轮 6,空气分配器停止工作。

3. 主启动阀

主启动阀是压缩空气系统的总开关,位于空气瓶与启动空气总管之间,用来启闭空气瓶至空气分配器和气缸启动阀间的主启动空气管路。启动操纵时,主启动阀既能满足启动所需的压缩空气量,又能使供气迅速可靠,并减少压缩空气的节流损失。启动完毕后,它还能随时切断压缩空气并使总管中的残余空气泄入大气。大型柴油机的主启动阀尺寸较大,故常采用气动控制,有的机型另装手动机构备用。

主启动阀按动作原理可分为均衡式和非均衡式两种。前者的开启是依靠加在控制缸内启阀活塞上的控制空气破坏原均衡关闭状态来实现的;后者则依靠释放控制缸内的空气来开启。大型低速柴油机多使用后者。

如图 6-5 所示为 MAN 的 MC 系列柴油机采用的一种球阀式主启动阀。它是由主启动阀 4(大球阀)和与其并联旁通的慢转阀 3(小球阀)组成的,两者均由气动控制阀 1 控制启闭的。在主启动阀出口管系中还设单向止回阀 5,以防止燃气倒灌。

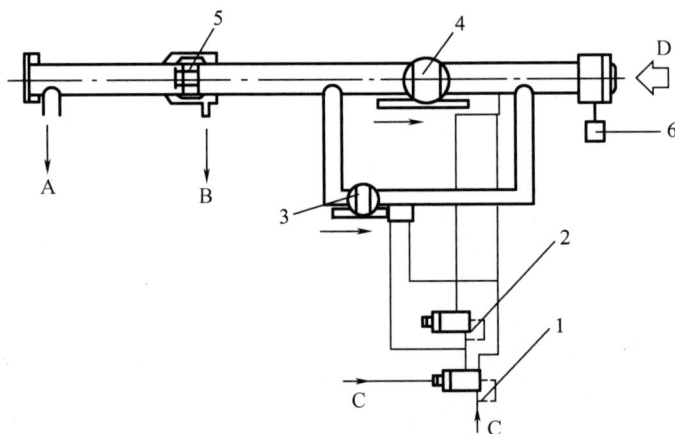

1—气动控制阀;2—电磁阀;3—慢转阀;4—主启动阀;5—止回阀;
6—启动空气压力传感器;A—至气缸启动阀;B—至空气分配器;
C—控制空气;D—启动空气。

图 6-5 球阀式主启动阀

慢转时,按下慢转开关,通过电磁阀 2 使主启动阀 4 锁闭,慢转阀打开做慢转动作。正常启动时,慢转电磁阀断电复位,控制空气经电磁阀 2 后再将主启动阀 4 打开,柴油机进入正常启动程序。如果柴油机停车超过 30 min,再次启动前,应先操作控制台上的慢转开关使主机慢转,至少要使主机慢转一圈后才能复位,使电磁阀释放对主启动阀的锁闭,然后在控制空气作用下气动推动装置打开主启动阀,继续启动过程。

任务6.2 换向装置

6.2.1 柴油机换向方法

换向装置
（PDF）

根据航行要求,如果船舶要从前进变为后退(或相反),常用方法有两种:其一是改变螺旋桨的旋转方向(直接换向),其二是保持螺旋桨转向不变而改变螺旋桨的螺距角使推力方向改变(变距桨换向)。目前,多数船舶使用第一种方法换向。改变螺旋桨转向的方法,除了某些间接传动推进装置采用倒顺车离合器外,一般都直接依赖于改变柴油机旋转方向。因此要求主柴油机具有换向性能,即能按需要改变柴油机曲轴的旋转方向以适应船舶航行的要求。

柴油机只有按照规定的进气、排气和喷油正时及发火顺序工作,才能以恒定的方向连续运转。换向时,首先应停车,然后将柴油机反向启动,再使柴油机按反转方向运转。为满足上述要求,必须改变启动正时、喷油正时、配气正时,以满足反向启动和反向运转对正时的需求。这些正时均由有关凸轮来控制,所以柴油机的换向就是如何改变空气分配器、喷油泵、进排气阀等凸轮与曲轴的相对位置,以适应换向后的工作要求。为改变柴油机的转向而改变各种凸轮相对于曲轴位置的机构称为换向装置。

柴油机换向时需改变其凸轮与曲轴相对位置的设备随机型不同而异。在四冲程柴油机中有空气分配器凸轮、进排气凸轮、燃油凸轮等;在二冲程直流扫气柴油机中有空气分配器凸轮、燃油凸轮、排气阀凸轮。目前,换向装置的种类繁多,但对装置的要求大致相同,主要有:

(1)准确、迅速地改变各种需要换向设备的正时关系并保证正、倒车的正时相同;

(2)换向装置与启动、供油装置间应设有必要的连锁机构以保证柴油机的运行安全;

(3)需要设置防止柴油机在运转过程中各凸轮正时相对曲轴上、下止点位置发生变化的锁紧装置;

(4)按《钢质海船入级与建造规范》的规定,换向过程所需时间应不大于15 s。

6.2.2 双凸轮换向原理和装置

双凸轮换向的特点是对需换向的设备均设置正、倒车两套凸轮。正车时正车凸轮处于工作位置,倒车时轴向移动凸轮轴使倒车凸轮处于工作位置,使柴油机各缸的有关正时和发火顺序符合倒车运转的需要。

1.二冲程柴油机的换向原理

以二冲程直流扫气柴油机为例来说明双凸轮换向原理。如图6-6所示,图中实线为正车凸轮,虚线为倒车凸轮,正、倒车凸轮对称于曲柄上、下止点位置时的纵轴线 ob。当柴油机正转时,凸轮轴顺时针转动。凸轮升起点 α 即为供油始点,图示曲柄位置正处于上止点,则供油提前角为11°,如果从这一位置正转,气缸内处于燃烧和膨胀过程的初始阶段。当曲轴按正车方向继续转动上止点后104°,即下止点前76°,正车排气凸轮也转过104°曲轴转角,经传动机件排气阀被凸轮顶起,排气过程开始,接着进行换气过程。如果柴油机换向后从同一位置倒转,则倒车凸轮也将保证气缸内以同样次序进行上述各过程。图中未示出空气分配器的凸轮,其正倒车凸轮的布置原则与燃油凸轮相同。

(a) 燃烧凸轮　　　　　(b) 排气凸轮

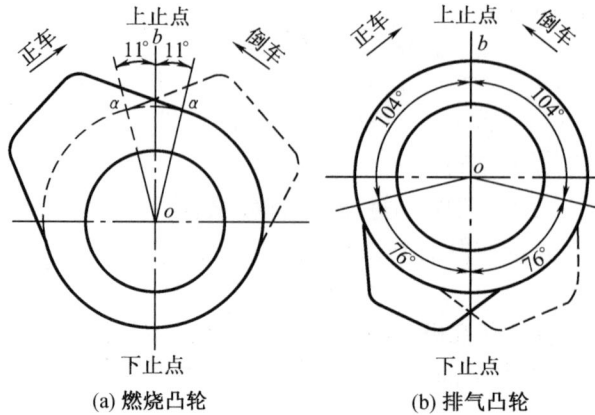

图 6-6　双凸轮换向原理图

正车运转时,正车凸轮使活塞正处于膨胀行程的某缸启动阀开启。换向后,倒车凸轮使活塞处于正车压缩行程的某缸启动阀开启,压缩空气进入此缸迫使活塞下行,曲轴因而倒转。在多缸柴油机中,当各缸由按正车正时转变为按倒车正时倒转时,发火次序也由正车发火次序变为倒车发火次序,两者相反。如二冲程6缸柴油机的正车发火次序为1—6—2—4—3—5,则倒车发火次序为1—5—3—4—2—6。

2. 换向装置

双凸轮换向装置根据其轴向移动凸轮轴所用能量与方法有不同的结构形式,一般有机械式、液压式、气压式等。如图6-7所示为气-液式换向装置,它正处于倒车位置。由倒车换向为正车的操作时,利用换向阀使压缩空气进入正车油瓶2,并将油顶入活塞右方的换向油缸3内,使换向活塞4带动凸轮轴5向左移动。与此同时,油缸左端的油被活塞压入倒车油瓶1,倒车油瓶中的压缩空气则泄入大气中。当换向活塞移至左面极端位置时,空气分配器正车凸轮、燃油正车凸轮正好处于各从动件下面,换向过程至此结束。

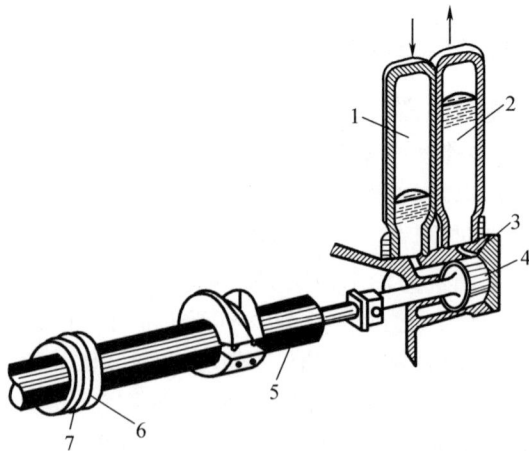

气-液移轴
装置(动画)

1—倒车油瓶;2—正车油瓶;3—换向油缸;4—换向活塞;
5—凸轮轴;6—正车凸轮;7—倒车凸轮。

图 6-7　气-液式双凸轮换向装置

6.2.3 单凸轮换向原理和装置

单凸轮换向的特点是每个需要进行换向操作的设备(如喷油泵、排气阀、空气分配器等)都各自由一个轮廓对称的凸轮来控制,正倒车兼用。换向时凸轮轴并不轴向移动,只需使凸轮(轴)相对曲轴转过一个角度。柴油机换向时因改变正时使凸轮(轴)相对曲轴转过一个角度的动作称为凸轮轴的换向差动,所转的角度为换向差动角。差动方向如果与换向后的新转向相同,称为超前差动;差动方向如果与换向后的新转向相反,则称为滞后差动。

单凸轮换向装置所使用的凸轮线型有两种:一般线型和鸡心形线型。前者适用于各种柴油机的凸轮,后者仅适用于直流阀式换气的燃油凸轮。

1. 一般线型的单凸轮换向原理

单凸轮换向原理如图6-8所示。图6-8(a)是二冲程柴油机的燃油凸轮,凸轮轮廓在作用角2φ的中心线两边互相对称。凸轮转至图示位置时,对应气缸的曲柄正处于上止点,这时正车凸轮的对称线oo_1落后于曲柄一个角度$\alpha_s=\varphi-\beta$,凸轮轴的这种布置保证了喷油泵有一个适当的喷油提前角(在终点调节式喷油泵中即为β角)。由正车换为倒车时,为了保证有同样的喷油提前角,必须使倒车凸轮的对称线也落后于曲柄一个角度α_s,如图中点划线所示位置。因此,在曲轴不动的前提下,必须使凸轮从原来的位置沿正车方向转一个角度$2\alpha_s=2\varphi-2\beta$,或者在凸轮轴不动的前提下,使曲轴沿倒车方向转动一个差动角$2\alpha_s$。燃油凸轮换向对于换向后的新转向来说是滞后差动。

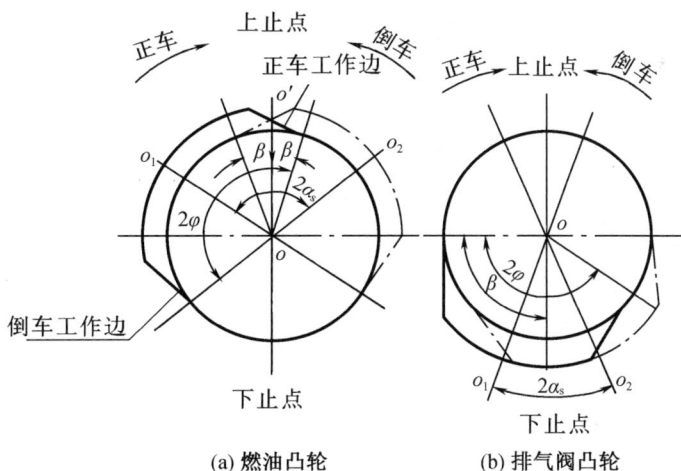

(a) 燃油凸轮　　(b) 排气阀凸轮

图6-8 单凸轮换向原理

如图6-8(b)所示为二冲程直流式柴油机的排气阀凸轮,换向是超前差动,换向差动角$2\alpha_s=2\beta-2\varphi$,该凸轮换向方向、换向差动角与燃油凸轮都不同。因此,两者无法同轴差动,只能分别装在两根凸轮轴上实现双轴单凸轮差动换向,因而使柴油机结构复杂。

2. 鸡心凸轮换向原理

为了解决燃油凸轮和排气阀凸轮差动方向不相同、差动角不相同的矛盾,采用一种鸡心凸轮代替一般线型的燃油凸轮,这样就可以使燃油凸轮和排气阀凸轮装在同一根凸轮轴上实现差动换向。单轴差动换向必须满足下列三个条件：

（1）两组凸轮的差动方向相同；

（2）两组凸轮的差动角相同；

（3）差动后同名凸轮的正倒车正时基本相同。

鸡心凸轮、排气阀凸轮换向差动原理如图6-9所示。图6-9(a)中实线为鸡心燃油凸轮正车位置，点画线为倒车位置。鸡心凸轮外廓呈鸡心状，oo'为鸡心凸轮对称线。凸轮基圆o_1o_2处的半径最小，从o_1、o_2点向两侧伸展外轮廓按相同规律变化，至a_1、a_2点处半径最大并与顶圆衔接。正车（顺时针）运行时，a_1—o_1为喷油泵的吸油段，a_2—o_2为喷油泵的泵油段，供油提前角为β。倒车（逆时针）运行时，其吸油段与泵油段与上述相反。

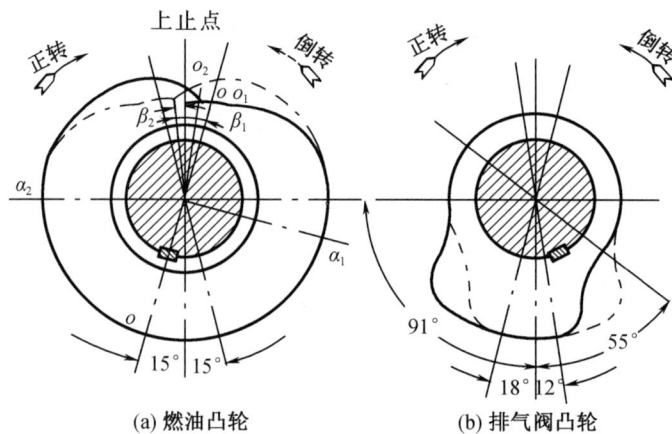

图6-9　鸡心凸轮、排气阀凸轮换向差动原理

在图6-9(a)中，鸡心凸轮对称线oo'相对于该缸曲柄上止点提前15°。当由正车改为倒车时，只要把鸡心凸轮朝倒车方向转过差动角30°，到达点画线的位置即可。差动方向对新转向（倒车、逆时针）而言为超前差动。这样，燃油凸轮的差动方向与排气阀凸轮的差动方向相一致，满足了上述第一个同轴条件。按照排气阀凸轮的正时关系其换向差动角应为18°×2=36°，但由于上述第二个同轴条件的限制，差动角只能取30°，如图6-9(b)所示。由此，倒车时排气阀的正时稍有变化：排气提前角由正车的下止点前91°变为85°；排气滞后角由正车的下止点后55°增大至61°，即正时滞后6°。由此，解决了差动方向和差动角度的矛盾，同时基本上满足了上述三个条件，实现了燃油凸轮和排气阀凸轮装于同轴的单轴换向差动，但柴油机受排气定时影响倒车工况稍差。

3. 单凸轮换向装置

现代新型柴油机均采用直流扫气。由于采用新型高效率废气涡轮增压器，活塞的有效行程得以增加，即排气阀可以晚些打开。因而柴油机燃气膨胀的有效行程允许加长，从而得到较多膨胀功，使燃油消耗率下降。柴油机排气阀的最佳正时恰好使排气凸轮对称轴位于下止点附近，倒转时没有必要差动排气凸轮的位置，而只需改变燃油凸轮的相对位置。按使用工质和能量不同，换向装置可以分为以下两种。

（1）液压差动换向装置

采用液压差动换向伺服器并使用滑油系统中的中压滑油(0.6 MPa)作为工质,实现差动换向动作,其液压差动换向原理如图6-10所示。换向伺服器 4 外壳上的链轮 1 通过链条 2 由曲轴驱动,伺服器的内腔有一转板 5 并用键固定在凸轮轴 3,转板将伺服器内腔分隔成正车与倒车两个空间,此两个空间分别用滑油管与换向操作阀的有关油路连通。正车时,压力油由 B 孔进入正车空间,倒车空间的油从 C 孔泄油,转板两侧顶在伺服器内的两个对称布置的扇形止动块上,见图示位置。换向时,曲轴不动,通过操作换向阀改变正、倒车空间的进、排油方向,将压力油改为由 C 孔进入倒车空间、正车空间从 B 孔泄油,转板在滑油压力作用下相对于曲轴转过一个差动角,并带动凸轮轴从正车位置转至倒车位置,完成差动换向动作。这种装置用于 Sulzer RD、RND 型柴油机上,为滞后差动。

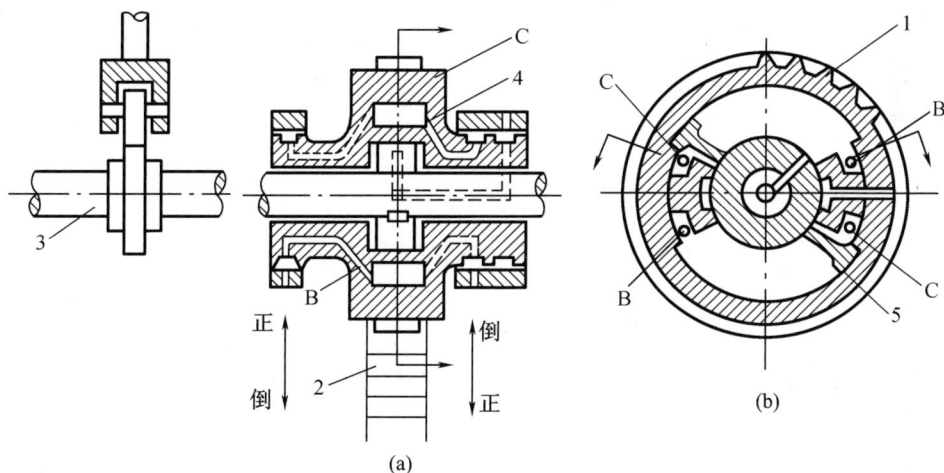

1—链轮;2—链条;3—凸轮轴;4—换向伺服器;5—转板;B、C—油孔。

图6-10 液压差动换向原理

Suzler RTA 型柴油机采用一种新型的液压换向装置。该柴油机每段凸轮轴都装配一个换向伺服器,其凸轮固定在换向伺服器的外缘,每个伺服器上装有两个燃油凸轮,凸轮轴上装有不需换向的排气凸轮。凸轮轴与伺服器不是刚性连接,而是通过凸轮轴上的两个转翼带动换向伺服器按规定方向转动。换向时凸轮轴和曲轴均不动,而是通过控制滑油进、排方向,使换向伺服器及其外缘凸轮绕凸轮轴在两转翼之间转过一个差动角来实现差动换向动作。换向伺服器采用由十字头滑油泵提供的 1.6 MPa 液压油。

（2）气动机械差动换向装置

以压缩空气为动力来轴向拉动花键轴,使凸轮轴实现差动。正常运转时,空气缸被定压空气固定在正车位置或倒车位置,曲轴经链轮并通过花键轴、推力法兰等带动凸轮按一定方向旋转。换向时,改变空气缸中活塞两侧压缩空气的流向,使活塞轴向移动从而带动花键轴做轴向移动。由于花键轴上的螺旋花键是左、右螺旋彼此相反,通过推力法兰带动凸轮轴相对于曲轴产生周向差动(为超前差动),实现差动换向动作。

近年来,MAN 公司采用一种简易、新颖的气动机械换向装置。换向时曲轴与凸轮轴均无差动动作,通过改变各缸喷油泵传动机构中的滚轮在凸轮轴上的角度位置完成换向动作,如图 6-11 所示。图示为正车位置,换向时用压缩空气拉动滚轮连杆的顶头,使滚轮连杆的倾斜方向发生改变,即改变滚轮与凸轮的相对位置以实现超前差动换向。

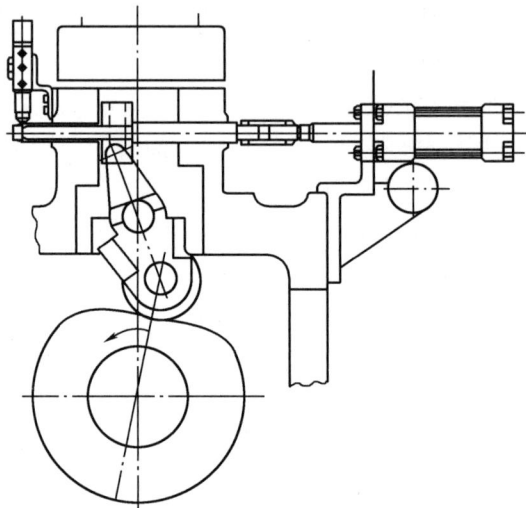

图 6-11　MAN 新型换向装置

任务 6.3　柴油机调速和性能指标

6.3.1　调速的必要性

柴油机运行中的不同转速和负荷是通过改变循环供油量来实现的。通过改变油量调节机构,使柴油机转速调节到规定的转速范围内称为柴油机调速。为了使柴油机在选定的转速下稳定运行,因此必须装设专门的调速装置即调速器,以便根据柴油机负荷的变化自动地调节供油量,维持其规定的转速。

由于船舶推进主机与发电柴油机的运转条件和工作特性不同,当外界负荷变化时,其自身的适应能力也不同,因而对调速的要求不同。

1. 船舶发电柴油机的调速

船舶发电柴油机要求在外界负荷(用电量)变化时能保持恒定的转速,以保证发电机电压和频率恒定,满足并车及供电需要。如果不装调速器,会出现两种倾向:当用电量增加时,柴油机原有供油量所发出的功率就小于电网负荷的功率,柴油机转速会下降,导致输出功率的减小,使输出功率与负荷之间进一步不平衡,最后导致柴油机停车;反之,当用电量减小时,也会由于输出功率与负荷之间不平衡,导致柴油机转速不断提高,直至"飞车"。

可见,为使柴油机在外负荷变化时仍保持恒速稳定运转,必须在转速随外负荷变化时相应地调节其供油量,以使其有效功率与外界负荷的变化相适应。即发电柴油机须装设定速调速器,确保负荷变化时始终能以规定的转速稳定运转。

气压差动换向装置(动画)

柴油机调速和性能指标(PDF)

180

2. 船舶推进主柴油机的调速

作为船舶推进的主柴油机的运转条件和工作特性与发电柴油机不同。船舶主机(直接驱动螺旋桨)因航行要求而需改变转速时,其工作特性为柴油机推进特性($P = Cn^3$),它与螺旋桨配合工作的特性曲线如图6-12所示。图中曲线 I 为90%标定负荷速度特性,曲线 II 为推进特性。B 点为稳定工作点,柴油机有效功率与螺旋桨的阻力功率相等。若外界负荷不变而增加供油量,使其速度特性曲线变为 I′,由图可见,

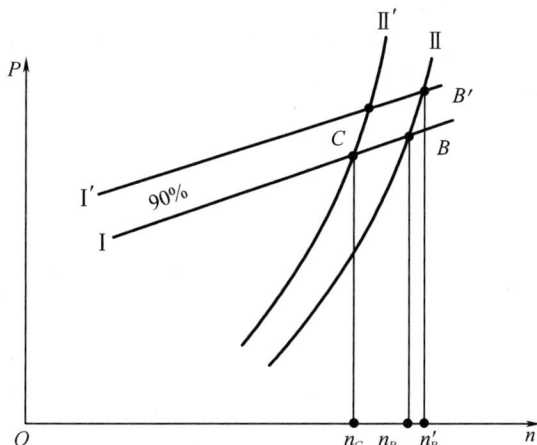

图6-12　柴油机与螺旋桨的配合特性曲线

供油量增加瞬时,柴油机的有效功率大于在原运行点 B 时桨的阻力功率,使柴油机转速增加。当达到新的稳定运转点 B' 时,两者功率又达到平衡,即柴油机重新在较高的转速下稳定运转。反之,若减小供油量,则柴油机将在较低的转速下稳定运转。因此改变柴油机供油量可有效地对柴油机实现调速。

若柴油机供油量不变,外负荷(船舶阻力)增加,受装载、风力、波浪及水流等影响,外负荷(船舶阻力)增加,使曲线 II 移至 II′,与曲线 I 的交点为 C,在曲线 II 变更的瞬时,螺旋桨的阻力功率大于有效功率,使柴油机转速降低至 n_C,两者的功率又达到平衡而稳定运转。反之若外负荷降低,则柴油机将在较高的转速下稳定运转。

可见,船舶主机具有自动变更转速以适应外界负荷变化的能力。即使不装调速器,转速仍可自动恢复稳定,即柴油机具有自动调速性能。所以若对柴油主机的转速不是严格地要求恒定不变,则无须装调速器。但是,为了防止主机运转中由于断轴、螺旋桨失落或出水等造成柴油机超速"飞车",根据我国有关规范规定,主机必须装设"极限调速器"(简称限速器),使主机在超过115%标定转速时,自动切断燃油供给,使主机停车。

另外,考虑到主机转速随外界负荷变化的上下波动,对其可靠性、寿命和经济性带来的不良影响,所以现代船舶主机通常都装设"全制式调速器",使转速保持稳定。

6.3.2　调速器的分类

1. 按调速范围分类

(1)极限调速器(限速器)

极限调速器用来限制柴油机的最高转速不超过规定值,以防止"飞车"而在转速低于规定值时不起调节作用的调速器。这种调速器仅用于船舶主机,但目前已很少单独使用。

(2)定速调速器(单制式调速器)

定速调速器是指负荷变化时直接调节供油量以保持柴油机在设定转速下稳定运转的调速器。此种调速器常用于发电柴油机上。为满足多台柴油机发电机并联运行的要求,通常调速器有±10%标定转速的可调范围。

（3）双制式调速器

双制式调速器指能维持柴油机的最低运转转速并可限制其最高转速的调速器。其中间转速由人工手动调节。此种调速器用于对低速性能要求较高或带有离合器的中小型船用主机。

（4）全制式调速器

全制式调速器指在柴油机全部转速范围内，均能自动调节油量，以保持任一设定的转速不变的调速器。这种调速器广泛用于船舶主机及柴油发电机组。

2. 按执行机构分类

（1）机械调速器（直接作用式）

机械调速器指直接利用飞重产生的离心力与调速弹簧张力之间的不平衡力去移动油量调节机构，以调节柴油机的转速。

（2）液压调速器（间接作用式）

液压调速器通过液压伺服器将飞重的离心力与调速弹簧之间的不平衡力加以放大，然后使用放大后的液压动力去移动油量调节机构以调节柴油机的转速。

（3）电子调速器

电子调速器指转速信号监测或执行机构采用电气方式的调速器。

6.3.3 超速保护装置

为防止在调速器损坏时造成柴油机超速损坏，除按规定和使用要求需装设上述调速器外，我国有关规范规定，凡标定功率大于 220 kW 的船用主机和船用柴油发电机还应分别装设超速保护装置，以防主机转速超过 120%标定转速和柴油发电机转速超过 115%标定转速。

超速保护装置是一种运转安全装置，它与调速器不同，它只能限制柴油机转速，本身无调速特性，在正常运转范围内不起作用，只在转速达到规定限值时才做出响应使柴油机立即停车或降速。按规定，超速保护装置必须与调速器分开设立而独立工作，无论柴油机的操纵机构处于什么状态，该装置的保护性动作必须迅速而准确。

超速保护装置由转速监测器、伺服机构和停车机构等三部分组成。转速监测器对柴油机转速随时进行测定与鉴别。当转速达到规定限值时，发出信号，触发伺服机构动作。伺服机构的动作具有足够的强度与幅度，保证在任何情况下均能带动停车机构立即切断燃油供应或停止气缸进气，使柴油机迅速停车。

6.3.4 机械调速器

机械调速器主要部件由飞重 3、滑动套筒 4 及调速弹簧 5 等组成，如图 6-13 所示。飞重 3 安装在飞重座架 2 上，通过转轴 1 由柴油机驱动高速回转。飞重 3 和调速弹簧 5 组成的转速感应元件按平衡原理工作。当柴油机发出的功率与外界负荷恰好平衡时，其转速稳定，飞重产生离心力与调速弹簧 5 的预紧力相平衡，油量调节机构 8 保持在某一供油位置，如图中实线所示。

若外界负荷突然减小，则柴油机发出的功率就大于外负荷，使转速升高，这时飞重离心力将大于弹簧的预紧力而使滑动套筒上移，增加调速弹簧 5 的压缩量，通过角杆 9 拉动油量调节机构以减少油量。当调节过程结束时，柴油机的功率与外负荷在彼此都减小的情况下达到平衡,调速器的飞重则稳定在图示之虚线位置,其离心力和调速弹簧的作用力也在彼此都增大的情况下达到新的平衡。

当外界负荷突然增加时,调速器的动作与上述相反,飞重离心力与弹簧作用力在彼此都减小了的情况下达到新的平衡状态。

上述可见,机械式调速器不能使柴油机在调速前后的转速保持不变。当外负荷减小时,调节后的转速要比原转速稍高;而当外负荷增加时,调节后的转速要比原转速稍低。引起这种转速差的根本原因在于感应元件与油量调节机构之间采用刚性连接。当外负荷减少时,供油量必须相应减少才能保持转速稳定,因此调油杆必须右移减油,这就必然同时增大了调速弹簧的压缩量而使弹簧压力变大,于是与弹簧力平衡的滑动套筒推力以及飞重离心力也必须相应增加。而这些平衡条件只有在柴油机的转速稍高于原转

1—转轴;2—座架;3—飞重;4—滑动套筒;5—调速弹簧;
6—本体;7—调节螺钉;8—油量调节机构;9—角杆。

图6-13　机械调速器原理简图

速时方能达到。反之,当外负荷增加时,上述平衡条件只有在柴油机的转速稍低于原转速时方能达到。

转动调节螺钉7可改变调速弹簧5的预紧力,从而改变柴油机的设定转速。此种调速器调节油门的动力来自飞重的离心力,故其工作能力较小,且不能实现恒速调节,灵敏度和精度较差,但结构简单,维修方便,多用于中小功率柴油机。

6.3.5　调速器性能指标

调速器的性能直接影响着柴油机运转的稳定性和可靠性,调速器装机后,在柴油机性能鉴定时应对柴油机进行突变负荷试验,同时用转速自动记录仪记录柴油机的转速随时间变化的曲线(即调速性能试验),用以分析调速器性能。

如图6-14所示为柴油机突变负荷试验时得到的调速过程的转速变化曲线。柴油机在最高空载转速 n_{0max} 下稳定运行,在瞬时突加全负载,转速立即下降,最低瞬时转速达到 n_{min}。此时由于调速器相应增加了供油量,转速又回升,经过一段时间 t_s 后并经历数次收敛性波动后,至某点才稳定在全负荷标定转速 n_b 下运转。试验还可以从其后某点突卸全负荷开始,转速立即升高,达到最高瞬时转速 n_{max}。由于调速器相应减少供油量,转速又下降,经过 t_s 时间后,又稳定在最高空载转速 n_{0max}。

1.调速器的动态指标

当外负荷突然变化时,调速器与柴油机组成的系统从一个稳定工况过渡到另一个稳定工况,其间经历多次转速波动才达到稳定,即调节的过渡过程。过渡过程中转速大

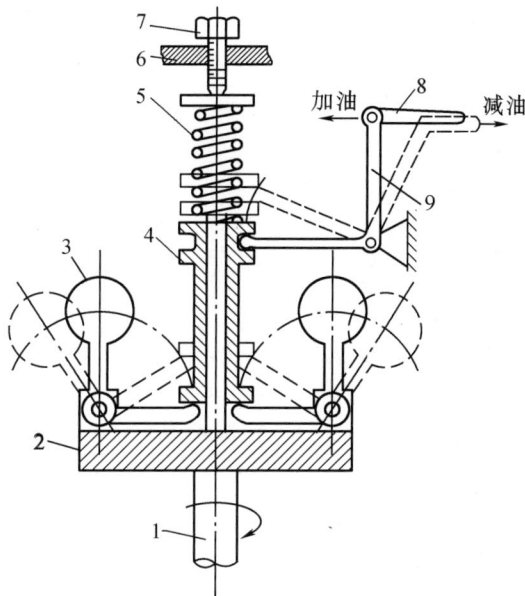

幅度波动与调速系统各部件的惯性及负载的特性有关。动态指标是用来评定调速系统过渡过程的性能指标——稳定性。

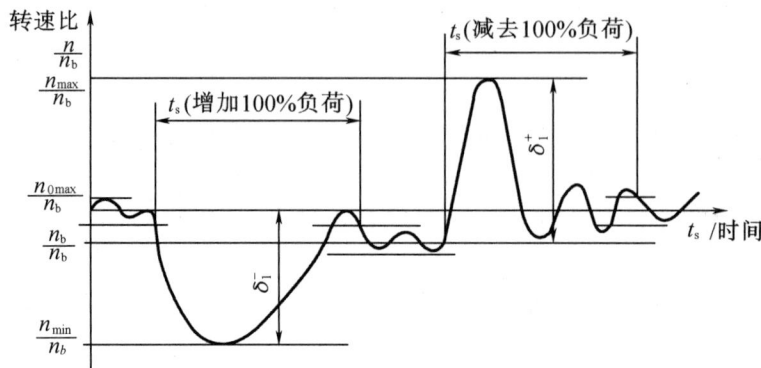

图6-14 调速过程的转速变化曲线

（1）瞬时调速率 δ_1

柴油机先在标定工况下稳定运转，然后突卸全负荷，测定转速随着时间的变化关系。突卸全负荷瞬时调速率 δ_1^+ 定义为

$$\delta_1^+ = \frac{n_{max} - n_b}{n_b} \times 100\% \qquad (6-1)$$

式中　n_{max}——标定工况时突卸全负荷时的最高瞬时转速，r/min；

　　　　n_b——标定转速，r/min。

柴油机先在最高空载转速下稳定运转，然后突加全负荷，测量转速随着时间的变化关系。突加负荷瞬时调速率 δ_1^- 定义为

$$\delta_1^- = \left| \frac{n_{min} - n_{0max}}{n_b} \right| \times 100\% \qquad (6-2)$$

式中　n_{min}——标定工况时突加全负荷时的最低瞬时转速，n/min；

　　　　n_{0max}——最高空载转速，r/min。

我国有关规范要求：船用发电柴油机要求 $\delta_1^+ \leq 10\%$，δ_1^-（突加50%后再加50%全负荷）$\leq 10\%$。船用主机一般要求 $\delta_1 \leq 10\% \sim 12\%$。

（2）稳定时间 t_s

稳定时间指从突卸（或突加）全负荷后，转速刚偏离最高空载转速的波动范围（或刚偏离标定转速的波动范围）到转速恢复到标定转速的波动范围（或刚偏离最高空载转速的波动范围）为止所需时间。它表示过渡过程的长短。

稳定时间 t_s 越短，则调速器的稳定性越好。t_s 一般限制在 $5 \sim 10$ s，交流发电柴油机要求 $t_s \leq 5$ s。

2.调速器的静态指标

柴油机在运转过程中，由于某种原因使原来的平衡转速被破坏，在调速器作用下，经过一段时间后又在新的平衡转速运行。调速器起作用前和起作用后，在稳定转速状态下所反应的调速系统特点称为调速器的静态特性。调速器常采用以下三项静态

指标。

（1）稳定调速率 δ_2

调速器标定工况下的稳定调速率 δ_2 是指当操纵手柄在标定供油位置时，最高空载转速 n_{0max} 与标定转速 n_b 之差与标定转速 n_b 比值的百分数，即

$$\delta_2 = \frac{n_{0max} - n_b}{n_b} \times 100\% \tag{6-3}$$

稳定调速率用来衡量调速器的准确性，其值愈小就表示准确性好。δ_2 在国外称为速度降（speed drop）。对于单台柴油机允许 $\delta_2 = 0$，它表示柴油机的转速不会随外界负荷变化而保持恒速运转。但当几台柴油机并联工作时，为使各机的负荷分配合理，各机的稳定调速率 δ_2 必须相等且不为零。

对 δ_2 的要求应根据柴油机而定。我国《钢质海船入级与建造规范》规定，船用主机稳定调速率 $\delta_2 \leq 10\%$，交流发电柴油机 $\delta_2 \leq 5\%$。

（2）转速波动率 Φ 或转速变化率 φ

转速波动率或转速变化率用来表征柴油机在稳定运转时转速的变化程度。这种转速波动主要由柴油机的回转力矩不均匀引起的。

柴油机在稳定运转时，转速也会产生微小的波动，转速的变化程度可用"转速波动率 Φ"或"转速变化率 φ"来评价，两者定义不同，均用来衡量调速器的稳定性。一般让柴油机在某转速稳定运行 15 min，测定期间的转速波动情况。

转速波动率 Φ 定义为

$$\Phi = \left| \frac{n_{cmax}(n_{cmin}) - n_m}{n_m} \right| \times 100\% \tag{6-4}$$

转速变化率 φ 定义为

$$\varphi = \frac{n_{cmax} - n_{cmin}}{n_m} \times 100\% \tag{6-5}$$

式中　n_{cmax}——测定期间的最高转速，r/min；

　　　n_{cmin}——测定期间的最低转速，r/min；

　　　n_m——测定期间的平均转速，$n_m = (n_{cmax} + n_{cmin})/2$，r/min。

转速波动率 Φ 表征柴油机在稳定工况下转速波动的大小，转速变化率 φ 表征转速变化的大小。一般在标定工况时，$\Phi \leq 0.25\% \sim 0.5\%$，$\varphi \leq 0.5\% \sim 1\%$。

（3）不灵敏度 ε

柴油机在一定负荷下稳定工作时，由于调速机构中的间隙、摩擦及阻力，若转速稍有变动，调速器不能立即改变供油量，直至转速变化足够大时，调速器才开始响应调节供油量。此现象称调速器的不灵敏性，国外称为盲区（dead band）。通常用不灵敏度 ε 来表示不灵敏区域的大小，不灵敏度 ε 定义为

$$\varepsilon = \frac{n_2 - n_1}{n_m} \times 100\% \tag{6-6}$$

式中　n_1——柴油机转速减小，调速器开始起作用的转速，r/min；

　　　n_2——柴油机转速增加，调速器开始起作用的转速，r/min；

　　　n_m——柴油机的平均转速，$n_m = (n_1 + n_2)/2$，r/min。

例如，柴油机运行转速为在 1 000 r/min，当转速在 980~1 020 r/min 范围内，调速

器都无响应。则该柴油机的调速器在 1 000 r/min 的不灵敏度为

$$\varepsilon = \frac{1\,020 - 980}{1\,000} \times 100\% = 4\% \tag{6-7}$$

不灵敏度过大会引起柴油机转速不稳定,严重时会导致调速器失去作用,甚至使柴油机产生飞车。一般规定在标定转速时 $\varepsilon \leqslant 1.5\% \sim 2\%$,在最低稳定转速时 $\varepsilon \leqslant 10\% \sim 13\%$。

以上可知,柴油机对调速器的调速性能的要求是:有尽可能小的瞬时调速率、稳定时间、转速波动率及不灵敏度;有合适的稳定调速率,其值越小,表示调节过程的静态精度越高;并应能在一定的转速范围内进行调节。

任务 6.4   液压调速器

液压调速器
(PDF)

对于大功率柴油机,移动油量调节机构需要较大的力。因此在感应元件和油量调节机构之间插入由控制滑阀和动力活塞组成的液压放大元件(液压伺服器),利用放大的作用力去移动油量调节机构,所以它属于间接作用式调速器。同时为提高液压调速器调节过程的稳定性,改善其动态特性,还必须具有反馈(补偿)机构。液压调速器具有广阔的转速调节范围,调节精度和灵敏度高,稳定性和通用性好,广泛应用于船舶大中型柴油机,但其结构复杂,管理要求较高。

6.4.1   液压调速器的工作原理

1. 无反馈液压调速器

如图 6-15 所示为无反馈液压调速器的工作原理。转速感应元件由飞重 3、调速弹簧 4 和速度杆 2 组成,由柴油机驱动轴 11 带动旋转,伺服放大机构由滑阀 7 及液压伺服器 6 组成,调速器内高压工作油由齿轮泵 8 供给。

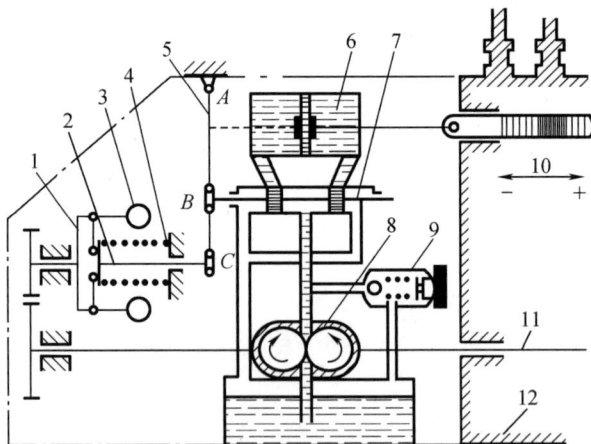

1—转盘;2—速度杆;3—飞重;4—调速弹簧;5—连接摇杆;6—液压伺服器;7—滑阀;
8—齿轮泵;9—溢流阀;10—喷油泵调节杆;11—驱动轴;12—喷油泵。

图 6-15   无反馈液压调速器工作原理图

柴油机稳定运行时,飞重3的离心力和调速弹簧4的预紧力平衡,由速度控制杆控制的连接摇杆5(AC)位于图示垂直位置。滑阀7封闭液压伺服器的左、右控制孔。液压伺服器6内的动力活塞保持静止,喷油泵齿条不动,于是柴油机按该调速弹簧4所设定的转速稳定运转。

柴油机的负荷减小时,驱动轴11的转速将升高,飞重3离心力增大向外张开,推动速度杆2右移,连接摇杆5以A点为中心逆时针摆动,使节点B带动滑阀7右移,从而压力油进入伺服器油缸的右腔,左腔与低压油路相通,在压差作用下,油压使伺服活塞左移并带动喷油泵齿条减油,柴油机转速下降。当转速恢复至原设定转速时,速度杆和滑阀又回到原平衡位置,切断伺服油缸的工作油通路。动力活塞停止在新的位置,调节过程结束。

当柴油机负荷增加时,转速将降低,调节过程按上述相反方向进行。

实际上,调速系统的惯性使滑阀和动力活塞的动作总是滞后于发动机转速的变化。当负荷减小需减少供油量时不能达到根据负荷的减小程度适度调节,导致油量减少过分,柴油机减速过度。类似地,当柴油机负荷增加时,供油量将增速过多,柴油机增加过度。于是如此不断重复减速、加速的调节过程,使转速波动调节过程不稳定,无法满足使用要求。这种无反馈装置的调速器在实际中是不能使用的。

为了实现稳定调节,液压调速器中需加一个反馈机构(或补偿装置),反馈环节在动力活塞移动的同时反作用于滑阀,使其向平衡位置方向移动,从而使滑阀提前恢复至平衡位置。反馈环节对滑阀产生的反作用动作称为反馈(或补偿)。液压调速器中反馈机构有刚性反馈和弹性反馈两类。

2. 刚性反馈液压调速器

刚性反馈液压调速器基本结构与无反馈液压调速器相似。若将图6-15中连接摇杆5的固定支点A改为与动力活塞杆铰接,即构成刚性反馈机构,如图6-15图中虚线所示。

由图6-15可见,当柴油机负荷减小时,驱动轴11的转速将升高,飞重向外张开使调速弹簧4压缩,同时使速度杆向右移动。由于此时动力活塞尚未动作,故反馈杠杆AC的上端点A此时作为固定点,杠杆AC绕A点向右(逆时针)摆动,带动滑阀右移,将控制孔打开。高压油进入伺服器油缸的右腔,左腔则与低压油路相通,推动活塞带动喷油泵调节杆10左移,减少柴油机的供油量。

动力活塞左移的同时,杠杆AC绕C点向左摆动并带动与B点相连接的滑阀7也左移,从而使滑阀向相反方向移动。并且柴油机此时由于减油而转速下降,也使滑阀左移。在两者的共同作用下,滑阀就能迅速回复至原来位置。于是调节过程的波动很快被衰减,使调速器实现稳定调节。

调节过程结束时,滑阀回到原位,关闭控制油孔,切断通往伺服油缸的油路。此时动力活塞停止运动,油量调节杆则随其移到一个新的平衡位置,柴油机在相应的新负荷下工作,即A点位置是随负荷而变。而B点在任何稳定工况下均应处于原位,它与负荷无关。由于反馈是通过刚性连接达到的,故C点的位置必须随A点做相应的变动而稳定在新的位置,亦即柴油机不能回复到原有的转速。故调速器的稳定调速率不能达到零,不能实现恒速调节。这是刚性反馈的特点。进一步分析刚性反馈液压调速器可知,当负荷减小时,新的稳定转速将比原转速稍高;当负荷增加时,新的稳定转速将比原转速稍低。

3. 弹性反馈液压调速器

如果既要调速过程稳定,又能保持柴油机转速恒定不变(即 $\delta_2 = 0$),则必须采用带有弹性反馈系统的液压调速器。

弹性反馈调速器是在刚性反馈的基础上增加了一个弹性环节,如图 6-16 所示。它由缓冲器 5、补偿活塞 6、补偿弹簧 7、节流针阀 8 组成。缓冲器油缸内充满了工作油,补偿活塞两侧室间通过管道及节流针阀接通。当缓冲器受力后,缸内工作油从一侧间流向另一空间。针阀的节流作用使补偿活塞的移动比缸体的滞后,起到缓冲作用。

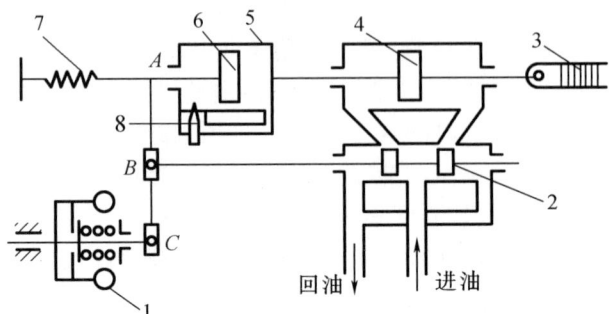

1—飞重;2—滑阀;3—油泵齿条;4—伺服器活塞;
5—缓冲器;6—补偿活塞;7—补偿弹簧;8—节流针阀。

图 6-16 弹性反馈液压调速器原理图

柴油机的负荷减小时,柴油机转速增加,飞重 1 的离心力增大,使滑阀 2 右移,伺服活塞 4 则左移,拉动油泵齿条 3 减油。在调速过程开始时,随着伺服活塞 4 的左移,缓冲器的油缸、活塞及 AC 杆的上接点 A 几乎以相同速度同步左移,使补偿弹簧 7 受压缩,同时带动与 B 点相连接的滑阀也左移。这些动作与刚性反馈相同。

但当调速过程接近终了时,滑阀回到原位遮住了通往伺服油缸油路,此时缓冲器和伺服活塞已停留在与新负荷相应的位置上。而被压缩的补偿弹簧则在弹性力的作用下复原,使 A 点带动补偿活塞相对于缓冲器油缸移向右方,回到原位。补偿活塞右侧油缸中的油经节流针阀流到左侧。于是补偿弹簧及杠杆 AB 均恢复到原来位置,调速器的速度杆也回到起始位置。亦即调速过程结束后,柴油机转速保持原速不变,稳定调速率 δ_2 可以为零。

4. 双反馈液压调速器

并车运行时,除了要求调速器应有良好的稳定性外,还需按正确的比例分配各机的负荷。因此,调速器应具有弹性反馈机构以保证调节稳定性,同时还应具有刚性反馈机构以使其具有一定的稳定调速率,保证各机按比例分配负荷。这种具有双反馈的液压调速器的结构工作原理如图 6-17 所示。

刚性反馈杠杆 EGF 和弹性反馈机构(缓冲器 K、补偿弹簧 S、节流针阀 C)由动力活塞杆带动。当柴油机负荷降低,转速升高时,飞重向外飞开,带动杠杆 AB 以 A 点为支点逆时针摆动,使滑阀杆 D 上移,压力油进入伺服器动力活塞的下方而从其上方泄回低

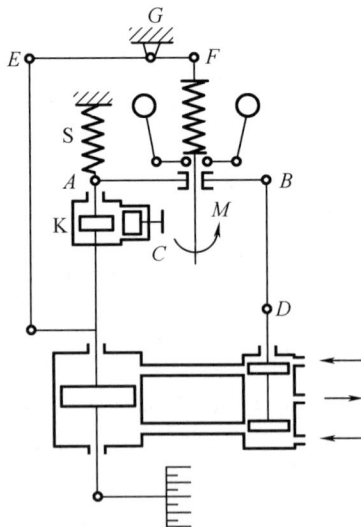

K—缓冲器;C—节流针阀;
S—补偿弹簧;EGF—反馈杠杆。

图 6-17 双反馈液压调速器工作原理

液压调速器
工作原理
(动画)

压空间。于是,动力活塞上行减油。同时,一方面使刚性反馈杠杆 EGF 绕 G 点顺时针转动,F 点下移增加弹簧预紧力,使其稳定后转速较原转速稍有提高(即 $\delta_2 > 0$);另一方面由弹性反馈机构保证恒速稳定调节。

双反馈调速器中,可通过弹性反馈中节流针阀的开度大小调节其稳定性。通过刚性反馈 EGF 的两臂比例调节稳定调速率的大小,如使 F 与 G 重合,则 $\delta_2 = 0$。这种调速器具有广阔的转速调节范围,且稳定性好,调节精度高,灵敏度高,船用柴油机广泛采用这种双反馈液压调速器。

6.4.2　液压调速器的典型结构

船用柴油机使用的液压调速器大多为双反馈全制式。其中以 Woodward UG 和 Woodward PGA 型液压调速器应用最普遍。UG 型分为杠杆式(lever option)和表盘式(dial option)两种;PGA 型为气动遥控式,多用于遥控主机。它们均可按使用者要求附加某些辅助装置以完成控制或安全等方面的额外要求。国产全制式双反馈液压调速器如 TY-111 或 TY-555,其基本结构与性能与 Woodward UG 型基本相似。

1. Woodward UG-8 表盘式液压调速器

UG-8 表盘式液压调速器的输出调节力矩(工作能力)为 10.85 N·m,输出轴转角为 42°,它广泛应用在发电柴油机上。外形如图 6-18 所示,在正面的表盘上有四个旋钮:调速旋钮、速度降旋钮、负荷限制旋钮、转速指示器。

(1)结构

UG-8 表盘式液压调速器的结构原理如图 6-19 所示,它主要由以下部分组成。

①驱动机构

驱动轴 28 由柴油机凸轮轴经伞齿轮传动,通过齿轮泵 22、弹性轴 37、传动齿轮和飞重架等使飞重 39 等转动,从而将柴油机的转速信号传给感应机构。

②转速感应机构

由飞重 39、锥形调速弹簧 8、调速杆 38 组成,用以感受和反映转速的变化。锥形调速弹簧的下端作用在调速杆,调速杆的下端与浮动杆 35 相铰接。浮动杆的右端与小反馈活塞铰接,中间与滑阀 36 的杆端铰接。于是,转速变化时飞重张开或合拢,并通过调速杆和浮动杆使滑阀上下移动。

③伺服放大机构

由滑阀 36、控制阀套筒 34、动力活塞 23 以及有关油路组成,用来放大感应机构的输出能量。控制滑阀套筒 34 由驱动轴 28 带动回转。柴油机稳定运转时,滑阀正好将套筒 34 的控制孔 27 封闭。当转速升高时,飞重飞开,滑阀上移,动力活塞下部空间通过控制孔 27 接通低压油路,动力活塞下移;转速降低时,上述动作相反,动力活塞将上移。

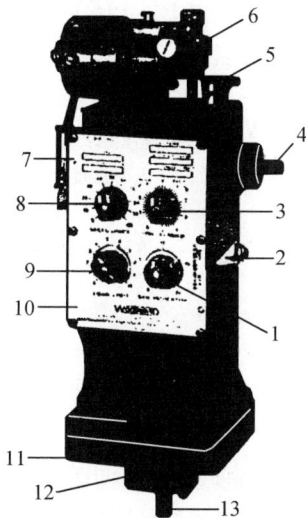

1—转速指示器;2—反馈指针;
3—调速旋钮;4—输出轴;5—加油盖;
6—调速电动机;7—油位表;
8—速度降旋钮;9—负荷限制旋钮;
10—表盘;11—节流针阀;
12—放油塞;13—驱动轴。

图 6-18　表盘式液压
调速器外形图

Woodward 表盘
式调速器
工作原理
（动画）

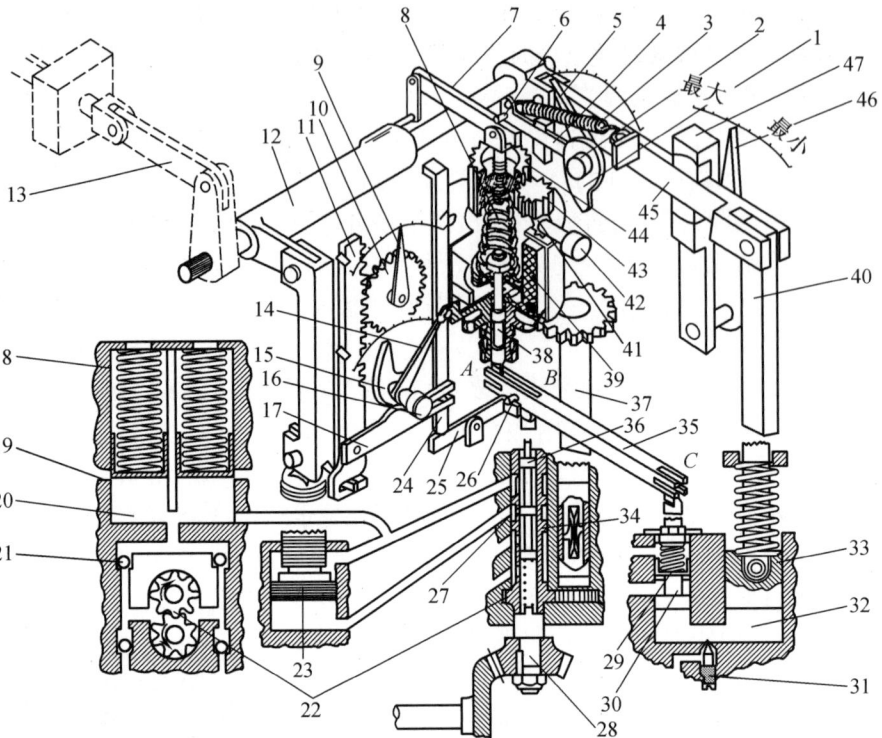

1—凸轮；2—速度降旋钮；3—拉紧弹簧；4—顶杆；5—静速差指针；6—支持销；7—静速差杆；
8—调速弹簧；9—负荷指针；10—齿轮；11—齿条；12—输出轴；13—油量调节杆；14—负荷限制指针；
15—负荷限制凸轮；16—负荷限制旋钮；17—控制杆；18—稳压油缸；19—溢油孔；20—蓄压室；
21—球阀；22—齿轮泵；23—动力活塞；24—紧急停车杆；25—限制杆；26—限制销；27—控制孔；
28—驱动轴；29—反馈弹簧；30—小反馈活塞；31—补偿针阀；32—补偿空间；33—大反馈活塞；
34—控制阀套筒；35—浮动杆；36—滑阀；37—弹性轴；38—调速杆；39—飞重；40、45—反馈杠杆；
41、43—传动齿轮；42—调速旋钮；44—调速齿轮；46—反馈指针；47—活动支点。

图 6-19　UG-8 表盘式液压调速器原理图

④调节机构

由动力活塞23、输出轴12及油量调节杆13等组成。动力活塞上下运动，通过杠杆机构转动输出轴12，用来拉动油量调节杆以调节供油量。

⑤恒速反馈机构

由大反馈活塞33、小反馈活塞30、上下反馈弹簧29、补偿针阀31、反馈杠杆40和45、活动支点47、反馈指针46以及反馈油路等组成，用以保证调速过程中转速稳定。反馈杠杆40和45连接在调速器的输出轴12上，由输出轴驱动。动力活塞23在转动输出轴12的同时，通过反馈机构使浮动杆35绕 A 点摆动，使控制滑阀36上下移动，从而提前复位至中央位置。

⑥速度降机构(静速差机构)

由速度降旋钮2(图6-18中的8)、凸轮1、顶杆4、拉紧弹簧3、支持销6、静速差杆7和静速差指针5等组成。它是一种刚性反馈机构，不但能使调节过程稳定，而且能调节稳定调速率 δ_2，产生一定的静速差，以满足调节稳定性和柴油机并车工作之需要。该机构将动力活塞的调油动作反作用到调速弹簧8上，并根据支持销6的位置按比例地改变调速弹簧的预紧力。预紧力不同，与之平衡的转速也不同，因此对应不同的负荷，

发动机的稳定转速将不同。支持销6在不同位置便可得到不同的δ_2。支持销位置可人工调节,当支持销与调速弹簧轴线重合时,其刚性反馈作用消失,即$\delta_2=0$,可实现恒速调节。

⑦速度设定机构

由两部分组成,通过改变调速弹簧8的预紧力来改变柴油机的设定转速。其一是由调速旋钮42(图6-18中的3),传动齿轮41和43及调速齿轮44组成的。当转动表盘上的调速旋钮42时,通过传动齿轮使调速齿轮44(即上弹簧盘,带内螺纹)转动并同时沿中心螺杆上下移动,以改变调速弹簧预紧力,从而改变柴油机的设定转速,用于调速器前手动调节;其二是装在调速器盖上的调速电动机(图6-18中的6),通过涡轮减速机构和摩擦离合器传动齿轮43,以改变调速弹簧的预紧力,调速电机由配电板上的开关进行控制。表盘上右下方的转速指示旋钮(图6-18中的1)用于指示柴油机选定的转速,自身不可调节。

⑧负荷限制机构

由负荷限制旋钮16(图6-18中的9)、负荷限制指针14、负荷限制凸轮15、控制杆17、紧急停车杆24、限制杆25、限制销26、齿条11、齿轮10、负荷指针9等组成,用来限制动力活塞的加油行程。在图6-19所示位置中,负荷限制指针14位于表盘刻度"10"(最大)处,动力活塞23的位置由齿条11和齿轮10传动的负荷指针9指示为"5"。此时在控制杆17和凸轮15之间具有间隙,故当外界负荷继续增大时,滑阀36的下移不受限制,动力活塞可继续上行增加供油量。当动力活塞上移到最大供油量位置时,负荷指针9转到刻度"10"。此时控制杆17与凸轮15刚好接触,限制控制滑阀36继续下移,动力活塞(即供油量)也被限制在刻度"10"处。同理,若把负荷限制指针14置于刻度"8""6""4"处,则柴油机的供油量亦被限制在"8""6""4"处。

若旋转负荷限制旋钮16使其负荷限制指针14置于"0"刻度,则通过凸轮15、控制杆17而将停车杆24压下,柴油机自行停车。柴油机启动时为防止加速过快应将负荷限制旋钮16置于刻度"5";待启动之后,运转正常再逐渐将旋钮16转至刻度"10"或规定的位置。

如需紧急停车可按下紧急停车杆24。此时限制杆25通过限制销26把控制滑阀36抬起,动力活塞便下移把供油量减为零。此停车杆24是在调速器试验中使用,并非在柴油机运转中使用,但可在其上方安装某安全停车辅助装置(如停车电磁阀等)以保护柴油机。

⑨液压系统

由低压油池、齿轮泵22、稳压油缸18及油缸中的稳压活塞和有关油路组成,用于产生并维持推动动力活塞23运动的油压。齿轮泵22从油池中吸油加压后排送到稳压油缸18及相关空间。稳压油缸、稳压活塞、弹簧和溢油孔19等用来维持系统中稳定的油压(约0.8 MPa)。当油压过高时,稳压活塞升起,滑油从溢油孔19流回油池,从而保持系统中油压稳定。

(2)工作原理

柴油机在某一负荷下稳定运转时,飞重39的离心力与调速弹簧8的预紧力相平衡,滑阀36处于图示中间位置将控制孔27封闭,使动力活塞23下方空间封闭。于是动力活塞稳定不动,输出轴12和油量调节杆13等均固定在某一位置,使柴油机有一个相应于￢负荷的供油量。柴油机在由弹簧8所设定的转速下稳定运转。

当负荷增大时,转速下降,飞重的离心力将小于调速弹簧的弹力,飞重向内收拢,调速弹簧推动调速杆 38 向下移动,使浮动杆 35 以右端 C 为支点向下摆动,推动滑阀 36 下移并打开套筒上的控制孔 27,让高压油进入动力活塞 23 的下腔。由于动力活塞下部面积为上部面积的 2 倍(差动式),油压向上的作用力大于向下的作用力,使动力活塞向上移动,带动输出轴 12 朝加油方向(逆时针方向)旋转,供油量增加使转速回升。

随着动力活塞上移,输出轴 12 逆时针转动的同时,反馈杠杆 45 左端上移,右端以支点 47 中心下移,带动大反馈活塞 33 下移,压缩补偿空间 32 中的滑油,迫使一部分滑油从补偿针阀 31 的小孔流出。由于针阀的节流作用,反馈油路中的油压仍有上升,使小反馈活塞 30 上移,并压缩反馈弹簧 29。此时浮动杆 35 以左端 A 点为支点逆时针转动,带动滑阀 36 上移,使其提前返回原平衡位置,重新封闭控制孔 27,切断压力油,于是动力活塞 23 停止加油。此后,反馈弹簧 29 的作用使小反馈活塞 30 逐渐下移复位,多余的滑油经针阀 31 泄出。此下移速度与调速杆 38 的上行速度相适应,使滑阀 36 处在中央位置不动,柴油机恒速转动。弹性(恒速)反馈动作并非一次完成,而是反复多次,一直持续至油量增加到与负荷增加相适应,且使发动机恢复到原来的工作转速时为止。

为了保证调速过程具有一定的稳定调速率 δ_2,调速器中设有静速差机构(刚性反馈机构)。当外负荷增加时,输出轴 12 向加油方向(逆时针)转动的同时,还带动静速差杆 7 绕支持销 6 也按逆时针方向转动,其右端上移,调速齿轮 44 和中心螺杆随即一起上移,将调速弹簧 8 稍微放松。

同理,当柴油机负荷减小时,调速器的调节过程与上述相反,在此不再重复。

2. Woodward PGA 调速器

PGA 调速器是由原 PG 型调速器与遥控气动速度设定机构组合而成,是一种双反馈、气动速度设定的全制式液压调速器,"PGA"意指压力补偿压缩空气速度设定。它的速度降由刚性反馈机构实现,而弹性反馈机构改用一种阻尼补偿系统。PGA 调速器主要用于气动遥控系统的主柴油机。它具有某些辅助装置,如扫气压力燃油限制器(保证在加大负荷时,其循环供油量与增压空气压力同步增长,以防匹配不当而冒黑烟)、电磁阀切断装置等。

PGA 调速器由调速器主体部分、速度设定部分、速度降机构三部分组成。图 6-20 是其调速器的结构原理图。

(1)调速器主体部分

主体部分包括:油泵 4、蓄压器 1、调速弹簧 29、飞重组件 30、推力轴承 31、滑阀柱塞 8、回转套筒 9、阻尼补偿系统 12 和 10、伺服油缸 17 等。伺服油缸内的动力活塞杆通过输出转轴 16 与柴油机燃油调节机构连接。

柴油机稳定工作时,飞重 30 产生的离心力与调速弹簧 29 的预紧力平衡,飞重处于图示之垂直位置,滑阀柱塞 8 的控制环带 6 封闭回转套筒 9 上通往阻尼活塞 12 左侧的油路,伺服油缸 17 内的动力活塞固定不动,输出转轴 16 静止,柴油机稳定恒速运转。

当柴油机的负荷增大时,转速下降,飞重产生的离心力减小,滑阀柱塞 8 下行。其控制环带 6 开启通向阻尼活塞 12 左方的油路,压力油进入阻尼活塞左侧并推动它向右移动,右侧的油则压入伺服油缸 17 内动力活塞的下部,推动动力活塞上行,加大油门使柴油机加速。与此同时,阻尼活塞 12 左右两侧的油压同时作用在位于滑阀上部的补偿环带7的两侧,且其下侧的油压大于上侧油压,产生向上的补偿力使滑阀柱塞8上移提前复位,即由补偿力产生负反馈作用。于是滑阀柱塞8可在柴油机转速达到原转速之前提前回复至中央位置,关闭控制孔,避免了因调速系统的惯性而导致的过分加油。

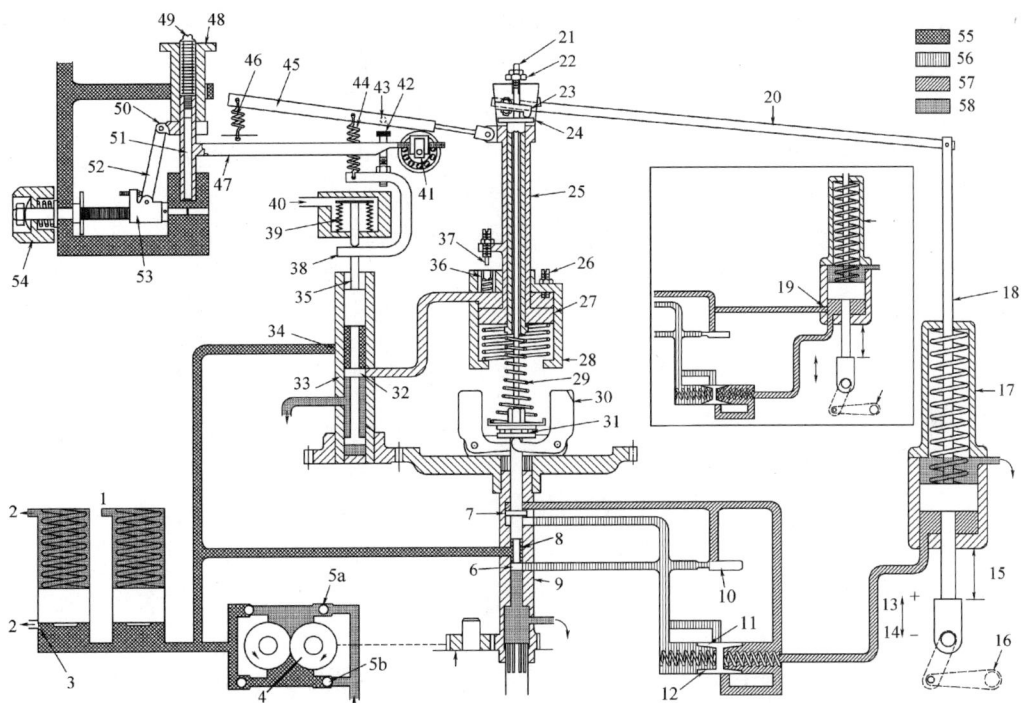

Woodward PGA
调速器
工作原理
(动画)

1—蓄压器;2—储油箱;3—溢油孔;4—油泵;5a—止回阀(开启);5b—止回阀(关闭);6—控制环带;
7—补偿环带;8—滑阀柱塞;9—回转套筒(传动);10—补偿针阀;11—旁通阀;12—阻尼活塞;13—加油;
14—减油;15—间隙;16—输出转轴(选配);17—伺服油缸;18—尾杆;19—选配的补偿切除孔;
20—速度降杆;21—停车杆;22—停油螺母;23—速度降凸轮;24—速度降柱塞;25—活塞杆;
26—活塞止动调整螺钉;27—转速设定伺服活塞;28—转速设定油缸;29—调速弹簧;30—飞重;
31—推力轴承;32—控制环带;33—套筒(转动);34—断续供油口;35—速度设定滑阀柱塞;
36—最高转速限制阀;37—限制阀调整螺钉;38—"C"形框;39—波纹管;40—控制空气;
41—可调支点架;42—调速旋钮;43—停车销;44—复位弹簧;45—复位杆;46—负荷弹簧;
47—速度设定螺钉组件;48—速度设定螺母;49—手动高速停车调整螺钉;50—滑环;51—高速停车销;
52—连杆;53—引导螺母;54—手动速度调节旋钮;55—油泵供油压力;56—中间部分油压;
57—封闭油和伺服油缸中的油压;58—储油箱油压。

图6-20 PGA调速器结构原理图

如果柴油机负荷大幅度增减,滑阀柱塞8移动较大,则阻尼活塞12迅速移向其极端位置,开启旁通阀使高压油直接进出动力活塞下部空间,以大幅度加减油量,此时在补偿环带上下不产生压差,无补偿力,可减少调速器的瞬时调速率δ_1,使调速过程能与负荷的大幅度变化相适应。

(2)速度设定部分

PGA调速器的速度设定机构由气压设定与手动设定机构两部分构成。气压设定的控制空气压力范围为0.049~0.50 MPa,允许的最低压力为0.021 MPa,允许的最高压力为 0.71 MPa,速度设定值与控制空气压力值成正比,而手动设定旋钮可在切断控制空气的情况下任意设定转速值。

①气动式转速设定机构

气动式转速设定机构主要由波纹管 39、速度设定滑阀柱塞 35、单作用弹簧支承的转速设定油缸 28 以及使滑阀柱塞 35 回中的复位机构(活塞杆 25、复位杆 45、可调支点架 41、复位弹簧 44 等)等组成,如图 6-20 所示。

当输入波纹管 39 外侧的控制空气压力增高(即要求设定转速增高)时,波纹管被压缩向下的力大于复位弹簧 44 向上的作用力,波纹管受压使速度设定柱塞 35 下移,工作油进入速度设定活塞 27 的上方推动设定活塞向下移动,增加调速弹簧 29 的预紧力,即设定转速增高。活塞杆 25 相应下移的同时,带动复位杆 45 以可调支点 41 为支点顺时针转动,使复位弹簧 44 与负荷弹簧 46 向上的拉力增大,并与波纹管向下的作用力相互平衡。同时通过"C"形框向上拉动柱塞 35 使它回复到中央位置,封闭速度设定活塞的压力油路,于是速度设定活塞稳定不动,给出一个增加了的设定转速。

为了降低设定转速而减小控制空气压力时,上述速度设定机构按相反过程动作,最后转速设定活塞 27 稳定在某一上移位置不动,设定转速相应降低。若控制空气中断或低于最低值时,可按不同要求立即停车或维持在某一低速下运转,这可通过调节低速调整旋钮 42 的不同位置来保证。

②手动转速设定机构

手动转速设定机构主要由手动速度调节旋钮 54、引导螺母 53、连杆 52、滑环 50、速度设定螺母 48、高速停车调整螺钉 49 及高速停车销 51 以及"T"形带有滚珠轴承支架的手动速度设定螺钉组件 47 等组成。用于在没有控制空气时,可在机旁任意设定柴油机的运行转速。

(3)速度降机构

速度降机构由动力活塞上的尾杆 18、速度降杆 20 以及速度降凸轮 23 等组成。它为刚性反馈机构,其反馈作用的实质是在负荷增加的同时,稍微降低调速弹簧的预紧力。本机构可在增加燃油量的同时,使柴油机的稳定转速成比例地降低以补偿负荷的增加。

6.4.3　液压调速器的调节

液压调速器的调整一般为修理后的调整或性能优化调整。调整工作最好在调速器试验台上进行。如在柴油机上进行调整,必须严防柴油机超速飞车,并应备好紧急停车机构。通常,调整工作随调速器的类型而不同,通常包括稳定调速率的调节、稳定性调节。

1.稳定调速率 δ_2 的调节

(1)稳定调速率 δ_2 的作用和要求

稳定调速率 δ_2 是调速器重要的性能指标。保证一定的 δ_2 不但可以提高调速过程的稳定性和调速的准确性,而且还能对并联运行柴油机间所承担的负荷进行自动调节,保证各机负荷分配合理。不同用途的柴油机对其调速器的 δ_2 要求不同,在柴油机交验时必须经测试与调节以符合有关规范要求。

稳定调速率可在调速特性曲线上示出，如图6-21(b)所示。实测的调速特性曲线并非直线，此处近似地将其视为直线。由图6-21可见，若空载($M=0$)时，转速为$n_空$；随着负荷的增加，柴油机转速相应降低，在标定转矩时，转速下降为标定转速n_b。此转速差($n_空-n_b$)的大小反映δ_2的大小。若($n_空-n_b$)$=0$则表示此时$\delta_2=0$，相当于具有弹性反馈调速器的调速特性，如图6-21(a)所示。

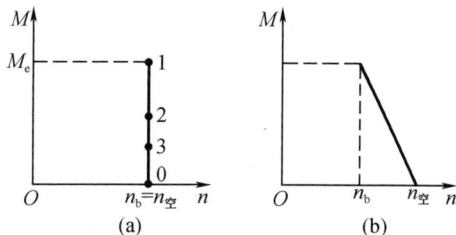

图6-21　柴油机的调速特性曲线

(2)并联运行的柴油机对稳定调速率δ_2的要求

对于并联运行的多台柴油机，要求每台机承担的负荷份额与其标定功率(或转矩)之比均相同。若标定功率相同，则每台承担的负荷亦相同。若彼此的标定功率不同，则承担的负荷与标定功率之值成比例，即标定功率大者多承担负荷，标定功率小者少承担负荷。当总负荷增加至全负荷时，大小两者应同时达到全负荷。

如果两台标定功率相同并联运行的柴油机其稳定调速率δ_2均等于零时，其调速特性如图6-21(a)所示，是一条垂直于n轴的直线。此时总功率虽然一定(0～1)，但两台柴油机之间的负载分配却是任意的，能随时自动地改变，可以是(0～3)与(3～1)的分配，也可以是(0～2)与(2～1)的分配等，这样两台柴油机的工况均不稳定，显然这种δ_2均为零的两台柴油机是不能并联运行的。

若两台具备一定的稳定调速率δ_2，并且$(\delta_2)_1=(\delta_2)_2>0$，则两台机有重合的调速特性，$M$合为两台机合成的调速特性线，如图6-22所示。当$n=n_1$时，每台机都在2点运行，合成工作点为1，两机负荷均匀分布。当外负荷增加时，两机同时加油，但两者转速也同时下降到n_2，每台机运行点为2′，合成工作点为1′。其负荷分配仍然均匀。

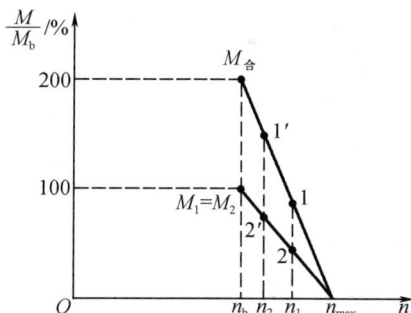

图6-22　两机δ_2相等时的负荷分配

若两台机的δ_2不等，设$(\delta_2)_1<(\delta_2)_2$，如图6-23(a)所示，两条调速特性曲线具有不同的倾斜度，δ_2小者陡峭。当转速为n_a时，两机的运行点分别为1和2，其负荷分配占各自标定功率的份额不等，即负荷分配不均匀，δ_2小者(陡峭)多承担负荷。若此时调节调速器的设定转速，使两台机同时运行在点2，如图6-23(b)所示，即让其调速特性曲线沿n轴平移后的两线交点2，这时两机负荷虽然相同，但这种均衡只是暂时的，只要外负荷一有变化，均衡即遭破坏。如外负荷增加，转速降为n_c，则两机的工作点就分别为3和4，负荷分配不均匀，严重时会一台机超负荷而使全船失电。

综上所述，调速器的δ_2决定了并联运行的柴油机间的负荷分配情况，对于单台运行的柴油机δ_2可以为零。但并联运行的各台柴油机的δ_2值必须相等且均大于零，在满足调速系统稳定性要求的前提下，各机的δ_2值应满足有关规范的规定要求。

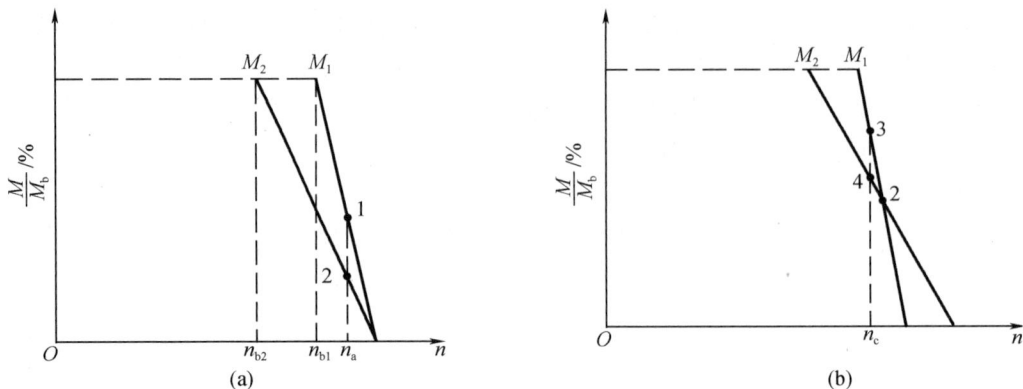

图 6-23　两机 δ_2 不相等时的负荷分配

（3）稳定调速率 δ_2 的调节

液压调速器的稳定调速率 δ_2 可通过速度降机构（刚性反馈机构）进行调节。Woodward 液压调速器一般有以下两种调节方法。

①表盘式调速器可通过其正面表盘上的速度降旋钮 8（图 6-18）进行调节。顺时针转动此旋钮，就可通过速度降机构增大支持销 6（图 6-19）相对调速弹簧 8 轴线的距离，从而增大 δ_2。若使支持销 6 与弹簧 8 轴线重合，则其 $\delta_2 = 0$。如按使用要求将此旋钮旋转至 30~50 之间，则表示相应的 $\delta_2 = 3\% \sim 5\%$。实践中应根据并联运行柴油机的负荷分配比例来调节，如并联机承担负荷小，则应减少该机的 δ_2 数值。

②杠杆式 PGA 型调速器其外部无 δ_2 调节机构。如需调节 δ_2 值，应打开调速器顶盖旋松速度降凸轮 23（图 6-20）上的锁紧螺钉，则速度降凸轮可沿支点销上的槽道滑动。若将速率降凸轮沿槽道向右滑动，即朝动力活塞尾杆 18 的方向移动凸轮，则 δ_2 值增加；反向移动凸轮则 δ_2 值减小。若使凸轮中心线与支点销中心线重合，则 δ_2 值为零。决不允许使速度降凸轮移动超过 $\delta_2 = 0$ 的位置，因为这样会出现负的稳定调速率而使调速器动作非常不稳定。在这些调速器中 δ_2 的调节范围在 0~12%。

机械调速器的稳定调速率与其结构参数有关，除非更换调速弹簧（刚度）或飞重等零件，一般不可调整。若调速弹簧换用刚度小者，则其 δ_2 变小，准确性提高，但稳定性会降低。

2. 稳定性调节

为保证调速过程稳定，在液压调速器中设有反馈系统。通常在调速器换新或修理后应对反馈系统进行综合调节，以获得尽可能小的瞬时调速率 δ_1 和尽可能短的稳定时间 t_s。

反馈系统调节的环节主要有两个（图 6-19）：一是扳动反馈指针 46，借以改变反馈杠杆 45 的活动支点 47 的位置，用以调节反馈行程的大小；二是调节补偿针阀 31 的开度，用以调节反馈速度的快慢。如果反馈指针的位置和补偿针阀的开度调节得正确，控制滑阀 36 提前复位后，在飞重 39 和小反馈活塞 30 的复位过程中，控制滑阀 36 在中央位置上一直保持不动。此时，调速过程的瞬时调速率 δ_1 和稳定时间 t_s 均符合有关规定，即调速器的稳定性良好。

　　调速器稳定性调节,应同时调节反馈指针的位置和补偿针阀的开度。其原则是在尽可能小的反馈指针刻度下,保证针阀开度符合相应说明书的要求。如 UG-40 调速器要求针阀的开度为 1/4～1/2 转;UG-8 调速器要求 1/2～3/4 转;PGA 调速器要求 1/16～2 转。应注意在任何情况下均不得把补偿针阀全部关死。

　　稳定性调节步骤如下(以 UG 型为例)。

　　(1)调整前的准备

　　使柴油机在无负荷下空车运转,当柴油机转速和调速器的滑油温度上升到正常值时,方能进行调节。这时须有专人掌握燃油杆,以备人工切断供油。

　　(2)调速器滑油驱气

　　将反馈指针放在最大位置,补偿针阀旋出几转,使柴油机处于游车状态,松开调速器上的透气塞,让柴油机转速波动 1～1.5 min,此时调速器各油路中的空气从放气塞逸出来,直至空气全部排光后上紧放气塞。

　　(3)无负荷调节

　　将反馈指针置在刻度"3"处,人为地使发动机转速波动并逐渐关小补偿针阀31,直至柴油机转速波动刚好消失为止,检查此时针阀的开度。可先将针阀慢慢地完全关死,然后再回到原来的位置,记住转动的圈数是否符合要求。若开度合适,调节至此完成。

　　若调节中波动不停或开度不符合规定要求,则说明反馈不足,应将反馈指针向"最大"方向增加两格,重复上面的调节。若反馈指针达到 7 格时还不稳定,则应该调节速度降机构,适当增大静速差(即增加稳定调速率 δ_2),再重复调节,直到满意为止。

　　通过上述调节,转速波动会很快停止。如果针阀开度合乎要求,就可继续试验在各种转速下柴油机能否在转速一旦波动后就会迅速停止。如果达到满意,则无负荷反馈调节即完成。

　　(4)有负荷调节

　　有时无负荷时反馈调节已认为满意,但在有负荷时可能又出现转速波动,故还需进行有负荷调整。

　　有负荷调整就是使柴油机承受负荷,在所需要的各种转速下,检查调速器的稳定性。调整的步骤与无负荷时相同。通常只需稍微调整一下反馈指针或补偿针阀即可达到满意的调节。

　　调节完毕后,记下反馈指针位置、针阀开度和静速差的数值。反馈指针的位置应锁紧,不要随便移动。当清洗调速器、更换滑油时,只需重新调整针阀的开度即可,一般无须更动反馈指针的位置。

　　PGA 型调速器没有反馈指针,因而其稳定性调节比较简单,只需从全开针阀到逐步关小针阀调节即可,最后仍需使针阀开度符合 1/16～2 转的要求。应尽量使针阀有较大的开度以保证调速器调节迅速。如在针阀几乎关死的情况下,柴油机仍不能恢复稳定运转,则可换用一个刚度较大的阻尼弹簧(图6-20中阻尼活塞 12 处)。

　　3. 速度设定调节

　　PGA 调速器的速度设定调节主要包括气动低速设定值调节、控制空气压力与相应转速范围调节以及手动设定旋钮的最高转速调节。

　　(1)调节的准备工作

　　启动柴油机,使调速器滑油油温正常。如调速器设有停车电磁阀或压力停车装置,应使它们处在不致使柴油机停车的状态。

逆时针转动手动速度调节旋钮54(图6-20)直至最低速度为止(出现滑动);调整手动高速停车调节螺钉49(图6-20)的上端与T形速度设定螺钉组件47的顶部平齐;调节活塞止动调整螺钉26使其在转速设定油缸28顶部伸出长度约13 mm。

（2）气动低速设定值调节

接通控制空气,并调至与所要求低转速(空车)相应的最低空气压力值;逆时针转动速度设定螺母48,直至在最低控制空气压力下达到所要求的低速。

（3）控制空气压力与相应的调速范围调节

缓慢增加控制空气压力至所需的最大压力值(应注意防止超速飞车)。如果在控制空气压力到达最大值前,柴油机已达要求的高速度,则应向转速设定油缸28方向移动可调支点架41;如相反,控制空气压力已达到最大值而柴油机尚未达到要求的高速时,则向相反方向移动可调支点架41。必须注意:在进行此项调节之后应重新调整低速设定值。

控制空气压力达最大值,使柴油机稳定运转。顺时针转动限制阀调整螺钉37使柴油机转速刚刚开始下降,然后逆时针方向转动螺钉37约1/4~1/2转并锁紧,防止超速。控制空气压力降至最低值,顺时针转动活塞止动调整螺钉26直至刚接触伺服活塞为止。然后逆时针返回3转并锁紧。这样在柴油机启动时能迅速打开油门,以减少启动时间。

（4）手动速度设定的最大速度设定值调节

关闭控制空气,顺时针转动手动速度调节旋钮54,使柴油机达到所要求的高转速;顺时针转动手动高速停车调整螺钉49,直至其刚好与高速停车销51接触为止。

最后,应将手动速度调节旋钮54逆时针转至最低速度位置处,以恢复气动速度设定控制。

任务6.5 电子调速器

电子调速器是一种电子控制系统。凡转速感测元件或执行机构采用电气方式的调速器,通称为电子调速器。它不使用机械机构,动作灵敏,响应速度快,响应时间只有液压调速器的1/10~1/2;动态和静态精度很高;无调速器驱动机构,装置简单安装方便,便于实现遥控和自动控制,是近代发展起来的精密调速器,已在许多新型船用柴油机上应用。

电子调速器还能采用双脉冲调节,即将转速变化信号和负载变化信号两种单脉冲信号叠加起来调节供油量,亦称频载调速器。这种双脉冲调速器能在负载一有变动而转速尚未明显变化之前就开始调节供油量,因而具有很高的调节精度,适用于对供电要求特别高的柴油发电机组。电子调速器通常有以下三种类型:

（1）全电子调速器。信号感测与执行机构均采用电气方式者,如海因茨曼电子调速器、Woodward 8290电子调速器等。此种电子调速器工作能力较小,多用于小型柴油机。

（2）电-液或电-气调速器。信号监测采用电子式,而执行机构采用液压式或气力式。此种调速器的液压或气压伺服器工作能力较大,可满足各种柴油机的使用要求。

如 Woodward 2301 电子调速器执行机构使用 EG3P 型液压伺服器,而 DGS-8800 数字式调速器的执行机构采用气压式。

(3)液-电双脉冲调速器。在普通的液压调速器上加装电子式的负载信号感测装置。该调速器当电子部分发生故障时,可自动转为液压调速器工作。如国产 YTD-40型调速器即为此种调速器。

6.5.1 电子调速器组成和工作原理

1. 组成

如图 6-24 所示为双脉冲电子调速器的基本组成。磁电式转速传感器3 用于监测柴油机的转速的变化,并按比例转换交流电压输出。负荷传感器 5 监测柴油机负荷(如电流、电压、相位)的变化,并按比例转换直流电压输出。速度控制单元 6 是电子调速器的核心,它接受来自转速传感器和负荷传感器的输出电压信号,并按比例转

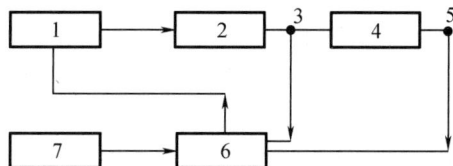

1—执行机构;2—柴油机;3—转速传感器;
4—柴油机负载;5—负荷传感器;
6—速度控制单元;7—转速设定电位器。
图 6-24 双脉冲电子调速器的组成框图

换成直流电压后与转速设定电位器 7 的设定转速(电压)进行比较,并将比较后的差值作为控制信号输出送往执行机构 1。执行机构则根据输入的控制信号以电子方式或液压方式拉动柴油机的油量调节机构进行调速动作。

2. 工作原理

柴油机稳定运行时,其工作转速与转速设定电位器 7 的设定转速相等。转速传感器 3 的输出电压作为负值信号在速度控制单元 6 内与正值的设定转速电压信号相互抵消。此时速度控制单元输送执行机构 1 的控制电压信号使执行机构的输出轴保持静止不动,柴油机供油量固定,转速稳定。

若柴油机的负荷增加,首先负荷传感器的输出电压发生变化,此后转速传感器的输出电压相应变化(数值降低)。两种降低的脉冲信号在速度控制单元 6 内与设定转速(电压)比较,并输出正值电压信号,使执行机构中的输出轴向加油方向转动,以增加柴油机的供油量。

类似地,若柴油机的负荷降低,转速升高,则传感器的负值信号数值将大于转速设定电压的正值信号数值,控制单元输出负值电压信号,使执行机构输出轴向减油方向转动,以减少柴油机的供油量。

6.5.2 典型电子调速器简介

1. Woodward 2301 型电子调速器

Woodward 2301 型电子调速器是一种使用广泛的电子调速器,它属于电-液调速器,其测速传感器采用磁电式,控制单元采用 2301 型电子控制器,控制机构采用 EG3P液压执行器。它有单纯调频型(单脉冲)和调频调载型(双脉冲)两种。前者用于单机运行,其瞬时调速率 δ_1 一般在 5%~7%,稳定时间 t_s 在 3~5 s 范围内;后者用于并联运行机组,其瞬时调速率 δ_1 一般不大于 2%,稳定时间 t_s 不大于 1 s。

图 6-25 为单脉冲 2301 型电子控制器外形图。其正面面板上有四个调节旋钮,自左而右分别有:

怠速(low idle speed)调节旋钮——用于调节滑油低压,保护运转时的最低转速;

设定转速(rated speed)调节旋钮——用于调节设定转速;

稳定度(stability)调节旋钮——用于稳定性调节;

增益量(gain)调节旋钮——用于稳定性调节。

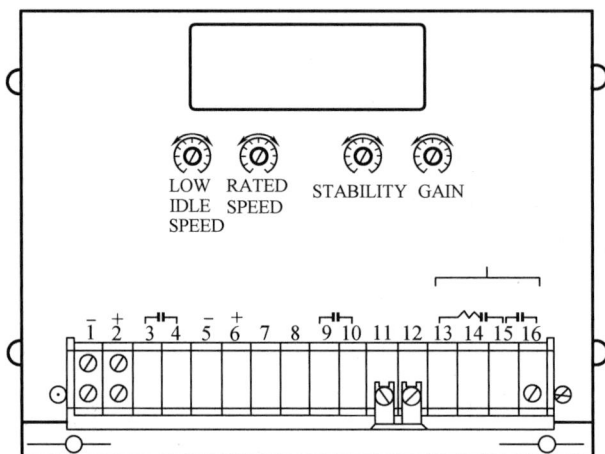

图 6-25　单脉冲 2301 型电子控制器外形图

在上述四个调节旋钮下方有接线端子 1~16,其端子接线如下:

1,2——接 12~40 V 直流电源(经稳压电源转换为 9 V);

3,4——速度失灵保护(当测速传感器损坏时,切断去执行器的调速信号,柴油机停车);

5,6——2301 控制器输出(去执行器调速电压信号);

7,8——电磁式测速传感器测速电压信号输入 1~1.5 V;

9,10——怠速调节电位计(与怠速调节旋钮相连);

11,12——转速设定电位计(与设定转速调节旋钮相连);

13,14——稳定调速率调节电位计(调节范围 0~13%);

15,16——机组加速时间调节电容器(调节由低速到标定转速的加速时间)。

图 6-26 所示为 EG3P 液压执行器工作原理图。由齿轮泵 20 产生的高压油(最大压力为 2.5 MPa)始终作用在负荷活塞 21 的下方,力图使它上行减油,但它的上行受动力活塞 3 下方的油压制约。

永久磁铁 4 固装在滑阀柱塞 16 的上方,并通过中央弹簧 6 与复位弹簧 7 把永久磁铁 4 悬挂在电磁阀线圈 5 内的磁场中。在滑阀柱塞上有两个作用力:一是中央弹簧 6 的向上弹簧力与复位弹簧 7 的向下弹簧力,其合力方向始终向上,而大小随输出轴的不同位置而不同;二是由电磁线圈产生的电磁力,其方向始终向下而大小与输出轴的转角位置成正比。这两种力的相互作用决定了滑阀柱塞的移动方向。

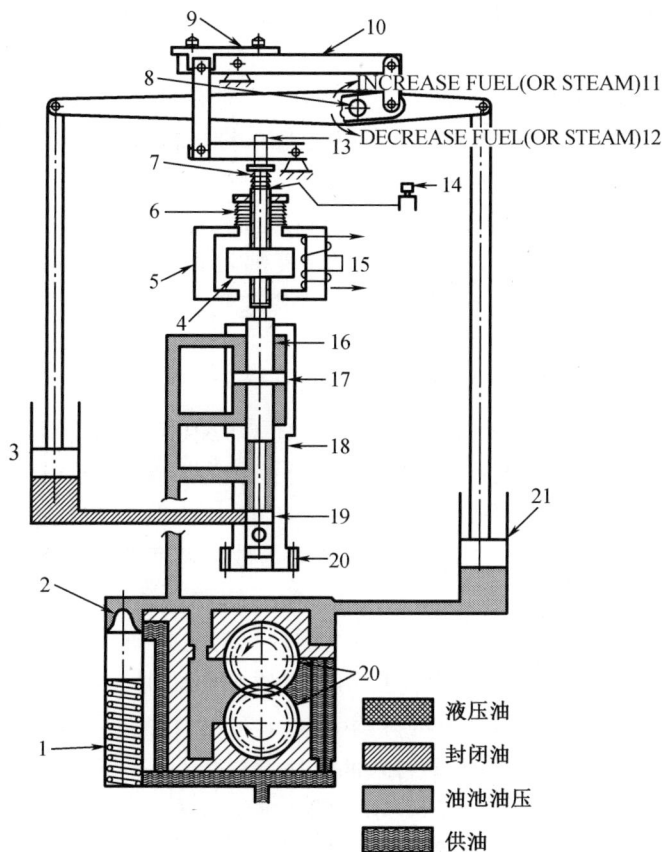

9—可调滑动支架;10—复位杆;

1—安全阀弹簧;2—安全阀柱塞;3—动力活塞;4—永久磁铁;5—电磁阀线圈;
6—中央弹簧;7—复位弹簧;8—输出轴;9—可调滑动支架;10—复位杆;11—加油;
12—减油;13—可调弹簧座;14—中央螺钉;15—电子控制器;16—滑阀柱塞;
17—补偿环带;18—滑阀套;19—控制带;20—齿轮泵;21—负荷活塞。

图6-26 EG3P液压执行器工作原理图

当柴油机在设定转速 n_b 稳定运转时,测速传感器产生的交流电压信号经2301电子控制器内的频率转换器调质整流成直流电压信号,并以负值($-V_b$)输送到控制器内的输出运算放大器的输入端与设定转速正值电压($+V_b$)比较,其差值 $\Delta V=0$,于是输出运算放大器便输出一个与输出轴8转角位置(即负荷大小)成正比的调速电压信号,并送往执行器中的电磁线圈产生一个向下的电磁力。此电磁力在数值上恰与前述的弹簧合力相等,而使滑阀柱塞16在中央平衡位置保持不动,控制带19封闭动力活塞3下方空间,动力活塞不动。输出轴静止不动,供油量不动,柴油机在设定转速 n_b 稳定运转。

当外界负荷减少时柴油机转速升高,测速传感器产生的并经调质整流的直流负电压 $|-V_a|>V_b$,在输出运算放大器输入端与设定转速正值电压($+V_b$)比较后,其差值 $\Delta V<0$,使控制器的输出调速电压减少。电磁线圈产生的向下电磁力降低,滑阀柱塞在过剩的弹簧合力作用下上移。动力活塞下方与低压油相通,负荷活塞上行,动力活塞下行,输出轴逆时针转动而减油。在减油的同时,复位杆10绕可调滑动支架9的支点逆时针方向摆动,增加复位弹簧7的向下作用力使滑阀柱塞下行提前复位,实现负反馈作用,使调速过程稳定。最后,输出轴在减少柴油机供油量的某一位置上,使相应的弹簧

合力(向上)与电磁力(向下)在均有所降低的情况下重新达到平衡状态,滑阀柱塞重新处于中央平衡位置,动力活塞下方恢复密封状态,输出轴固定不动,柴油机在较低供油量情况下重新稳定运转(n_b)。

同理,当外界负荷增加时,转速降低,测速电压信号$|-V_a|<V_b$,其差值$\Delta V>0$。因而输出运算放大器的调速电压信号值增大,在电磁线圈中的电磁力增大。在电磁力与弹簧力差值的作用下滑阀柱塞下移,动力活塞下方与高压油相通,使动力活塞上行,负荷活塞下行,顺时针转动输出轴使柴油机加油。此后的负反馈调节过程与上述负荷减少情况相反。最后在输出轴增加供油量的某一位置,滑阀柱塞恢复平衡状态,动力活塞稳定不动,柴油机重新稳定运转。

2. DGS 8800 型数字式电子调速器

DGS 8800 型数字式电子调速器是挪威 NORCONTROL 公司专门为低速、长冲程柴油机开发的一种数字式电子调速器,其转速调节范围为 300 r/min 以下。

DGS 8800 型调速系统工作原理如图 6-27 所示,它由两个独立的功能块组成,即调节功能块(左)和执行功能块(右)。其核心部分为数字调速单元(DGU),它安放在集控室的控制台面板上,可以进行转速和油泵齿条位置的数字显示。转速的设定可以由驾驶台控制系统和机舱控制系统实现。调节功能块可通过传感器采集转速、扫气空气压力、变距桨螺距值的信号。速度监测采用两套电磁式传感器,可以增加可靠性,并根据监测的速度信号和设定转速的差值进行调节。扫气压力传感器可根据检测的扫气压力值限制燃油的供油量,螺距信号值是对柴油机负荷状态的一种补偿输入,可以使调速过程更加快速、准确。执行功能块以 0.7 MPa 的压缩空气为工作介质,用以调节柴油机的油量伺服机构的位置,使柴油机的转速等于标定转速。在主空气供给管路上并联一个气瓶,用以补偿空气压力的波动。气动执行器安装在柴油机上,由双作用的气缸来控制,拉动柴油机的油量调节机构,同时将油门位置信号送至 DGU。此外,还有一套供电装置和安全系统。

3. DGS 8800e 调速系统控制面板

调速器有六种工作模式,此外还有若干个功能按钮用来实现特殊功能。工作方式选择、参数调整和系统试验等操作主要在调速器面板上进行,分调节(REGULATOR)和执行(ACTUATOR)两大部分,分为工作方式指示(MODE)、运行状态指示(STATUS)、报警指示(ALARM)三个模块,如图 6-28 所示。

(1)调节部分 MODE(工作方式指示)

运行方式有六种,包括正常方式(NORMAL)、准备方式(IDLE)、直接供油方式(SET POINT)、试验方式(TEST)、校正方式(CALIBRATE)和自检方式(SELF TEST)等,同一时刻只能采用一种方式工作。

车钟手柄离开 STOP 位置,系统就自动进入正常方式,在这种方式下工作,系统处于正常控制(包括驾驶台遥控和集控室控制)状态。

准备方式又称"空闲方式"或"STOP"方式。接通装置的电源、车钟手柄处于 STOP 位置时,便自动处于准备方式。在这种方式下,可以进行参数的监视、修改、试验和自检。

直接供油方式(SET POINT)又称"设定值方式"或"直接燃油控制"方式。在这种方式下,调节器被旁通,车钟手柄直接控制油门开度,即车钟信号直接发送到执行器。通常使车钟的 DEAD SLOW 挡对应 0% 油门,FULL 挡(不是 MAX 挡)对应 100% 油门。

这种方式实际上是在比机旁舒适的地方,但能方便、快捷地进行应急操纵,是一种降低功能的操纵。这种方式通常只用于测试执行器的特性或在调节器出故障后使用。在这种控制模式下,各种燃油限制仍然起作用,所以主机不会超负荷,但是容易超速,所以在这种模式下的加/减速操车速度不能太快。

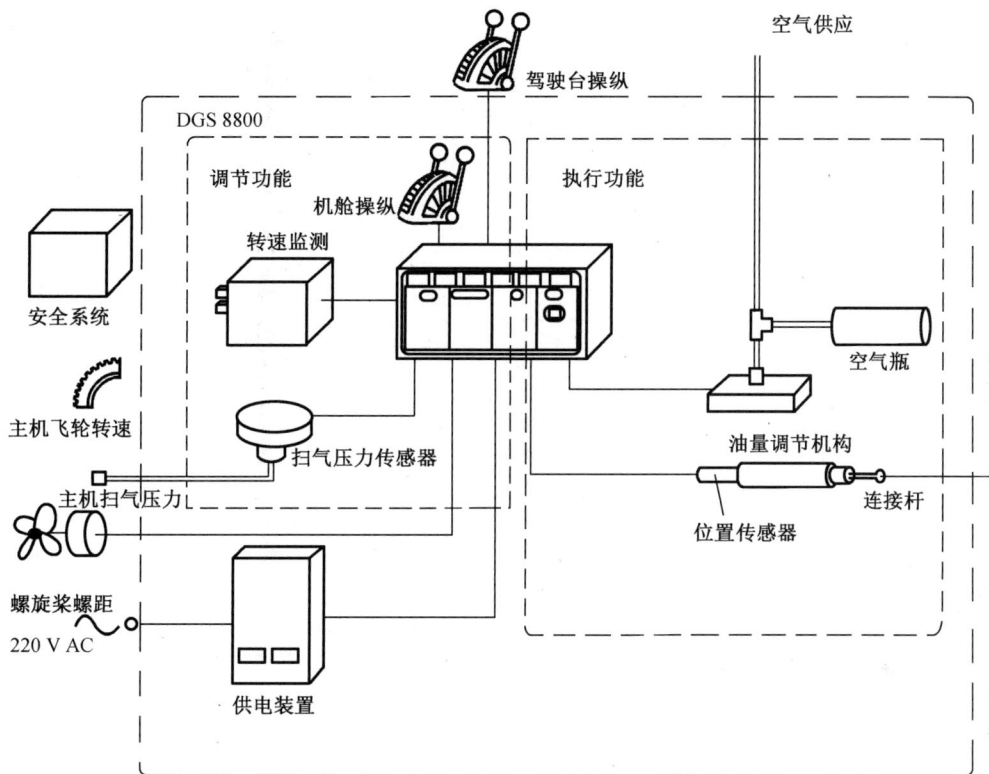

图 6-27　DGS 8800 型电子调速器工作原理

在试验方式(TEST)下,系统的输入值可以直接在面板上模拟设定。系统将对模拟的输入信号做出和实际输入信号相同的反映,并会出现报警。当系统出现故障时,利用试验方式可以分辨到底是外部传感器还是系统内部部件有问题。

校正方式(CALIBRATE),在正常方式和准备方式下,都可转入校正方式。

自检方式(SELF TEST)专门用来检验微机的存储器状况,只有在准备方式下才可进入,属于离线检验。

(2)调节部分 STATUS(运行状态指示)

REGULATOR ON 表示系统处于运行状态,主机燃油在调节器控制之下。

START 表示主机在启动过程中,油门开度处于起动供油位置。

STOP 表示系统处于"主机停车"状态。

RPM LIMIT ON 表示转速设定值受到限制,如手动转速限制、临界转速限制等。

FUEL LIMIT ON 表示燃油调节输出受到限制,诸如手动燃油限制、转矩限制或扫气压力限制等,不能向主机供更多的油。

OTHER 显示通过参数。

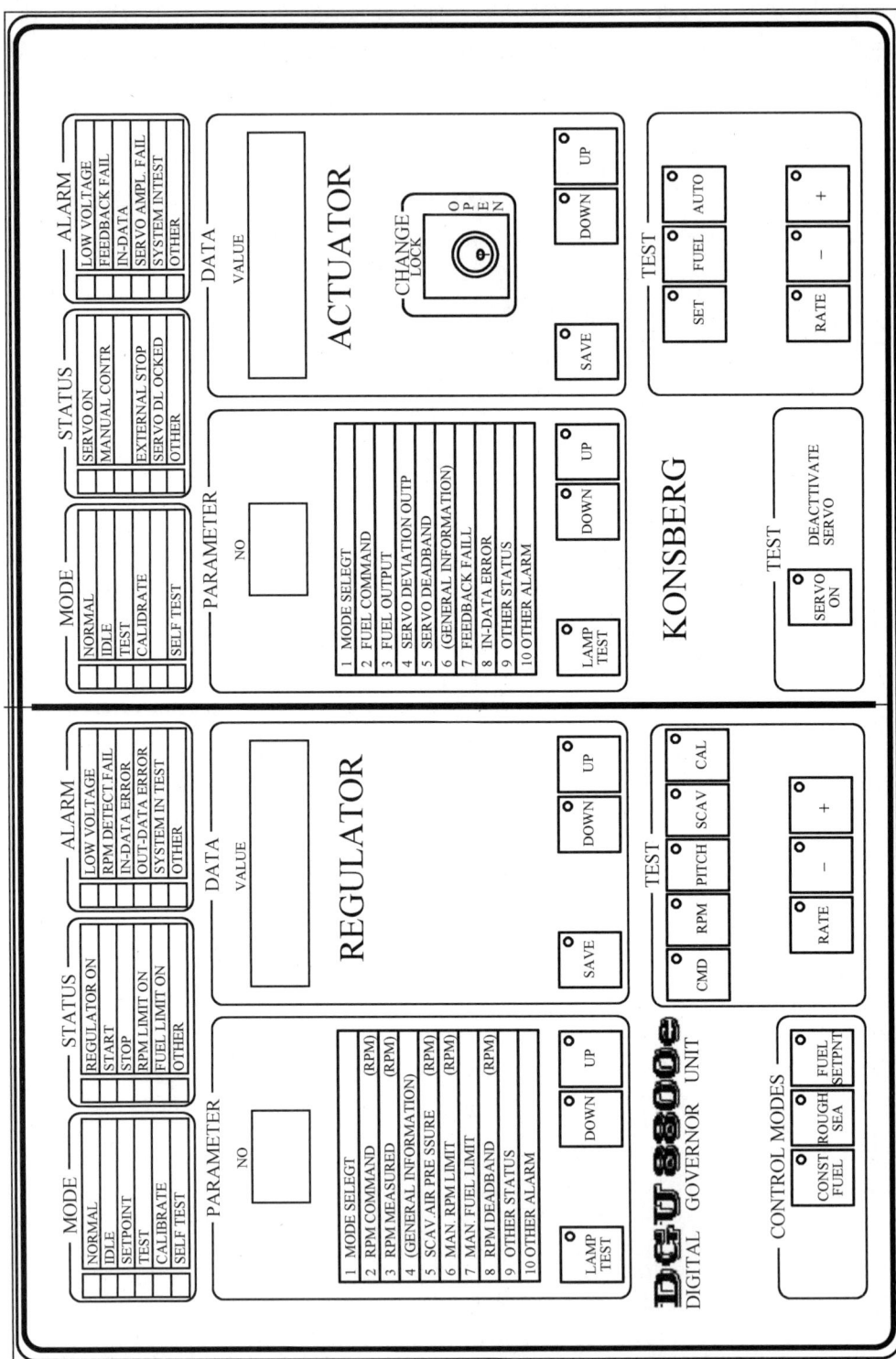

图 6-28 DGS 8800E 调速系统控制面板

（3）调节部分 ALARM（报警指示）

系统具有很强的故障监视与报警功能，当出现故障报警后，可以根据 ALARM 区域显示输入，RPM 表示转速测量值，PITCH 表示螺距（仅对调距桨船舶），SCAV 表示扫气压力，CAL 表示校正。

（4）执行器控制面板

执行器控制面板（ACTUATOR）与调节器在运行模式、转换方法方面大致相同。

①MODE（运行模式指示）：NORMAL 灯亮表示执行器处于正常工作方式，实时处理输入和输出信号。IDLE 灯亮表示执行器处于"运行就绪"状态（即处于准备方式）。TEST 灯亮表明系统处于试验和模拟方式，允许在面板上模拟输入数据，代替实际传感器输入。CALIBRATE 灯亮，表示系统处于校正工作方式。按下"LAMP TEST"按钮后，SELF TEST 灯亮，微机系统进行自检。

②STATUS（运行状态指示）：SERVO ON 在正常的工作条件下，系统处于伺服执行状态。MANUAL CONTR 通过 +、- 按钮对执行器进行手动控制。EXTERNAL STOP 外部停车。由外部的应急停车或 SHUT DOWN/OVER SPEED 等信号作用下产生的输入指令，强制油门为零。SERVO BLOCKED 由于严重的系统错误导致伺服执行机构阻塞。OTHER 表示其他的系统状态标志，选择相应的参数可以显示进一步的附加信息。

③ALARM（报警指示）：LOW VOLTAGE +5 V、+15 V、-15 V、+24 V 等四组电源中的任一组电压偏低。FEED BACK FAIL 由执行器位置测量装置故障导致的反馈故障。IN-DATA ERROR 通过输入数据的定时自检发现的故障。SERVO AMPL FAIL 伺服放大器（DSU）有故障。SYSTEM IN TEST 系统处于试验或校正方式。OTHER 其他的系统报警或警告指示。选择相应的参数可以显示进一步的附加信息。

④PARAMETER（参数显示）：与调节部分相似，按下 PARAMETER NO 区的 UP/DOWN 按钮，显示器显示执行器参数的编号，同时 DATA VALUE 区的显示器将显示该参数的数值或状态。

任务6.6　船舶柴油机操纵系统

6.6.1　对操纵系统的要求

操纵系统是将启动、换向、调速等各种装置联结成一个整体，并可集中控制柴油机运行的机构。轮机人员在操纵台前，通过控制系统就可集中控制机组，以满足船舶操纵的各种要求。随着遥控与自动化技术在操纵机构上的应用，计算机技术和微处理机越来越多地用于主机遥控、巡回检测、工况监测和故障报警等方面，更增加了操纵系统的复杂程度。为了保证操纵系统可靠地工作，它应满足下列基本要求：

（1）能迅速而准确地执行启动、换向、变速和超速保护等动作，并能满足船舶规范相应的要求；

（2）有必要的连锁装置，以避免误操作或事故，如盘车机连锁、启动连锁、换向连锁、运转方向连锁、车钟连锁等；

（3）设有必要的监视仪表和安全保护、报警装置，如超速保护、油水低压保护等；

（4）操纵系统中的零部件必须灵活、可靠、不易损坏；

船舶柴油机
操纵系统
（PDF）

(5)操作、调整方便、维护简单,便于实现遥控和自动控制。

6.6.2 操纵系统的类型

1.按操纵部位和操纵方式分类

(1)机旁手动操纵型

此类型操纵台设置在机旁,采用相应的控制机构操纵柴油机,使其满足各种运行工况的要求。

(2)机舱集控室控制

此类型在机舱适当位置设置专用的控制室,对柴油机工况进行控制和监视。

(3)驾驶室控制

此类型在驾驶室的控制台上由驾驶员直接控制柴油机运行。

机旁手动操纵是整个操纵系统的基础。机舱集控室控制和驾驶室控制统称遥控,即远距离操纵主机。遥控系统是用逻辑回路和自动化装置代替原有的各种手动操作程序。在三个部位的操纵台上均设有操纵手柄、操纵部位转换开关、应急操作按钮和显示仪表等,以便对主机进行操纵和运行状态的监视。尽管遥控技术已相当成熟,但仍然必须保留机旁手动操纵系统,保证对主机可靠、有效地控制。

2.按遥控系统所使用的能源和工质分类

(1)电动式遥控系统

电动式遥控系统以电力为能源,通过电动遥控装置和电动驱动机构进行控制。这种系统控制性能好,控制准确,适于远距离控制,设备简单,易于实现较高程度的自动化,但对管理水平要求高。

(2)气动式遥控系统

气动式遥控系统以压缩空气作为能源,通过气动遥控装置和气动驱动机构进行控制。压缩空气为经过减压、净化处理的控制空气。信号传递距离较远,一般在 100 m 以内可满足系统的控制要求。信号传递受温度、振动及电气的干扰少,动作可靠、维护方便。但对气源的净化处理要求高,否则亦使气动元件失灵。

(3)液力式遥控系统

液力式遥控系统的优点是结构牢固,工作可靠,传递力较大,但易受惯性和液压油黏性的影响而降低传动的灵敏性和准确性。因此这种系统只限于机舱范围内控制,一般不适于远距离传递。

(4)混合式遥控系统

如电-气混合式、电-液混合式、电-气-液混合式遥控系统等都属于混合式遥控系统。从驾驶台到机舱采用电传动,机舱内系统采用气动或液动。混合式遥控系统具有上述各种系统的优点,目前在船上应用较广泛。

(5)微型计算机控制系统

在常规的遥控系统中,程序控制等功能是通过各种典型环节的控制回路来完成的。采用微型计算机遥控是通过软件设计,给出一个计算机执行程序以取代常规遥控系统的控制回路,用软件取代硬件程序。微型计算机在执行时将根据从接口输入的指令和表征柴油机实际运行状态的各种信息进行综合判断和运算,得出需要的控制信息并经输出接口去控制操纵系统的执行元件,实现对柴油机的操纵。这种控制系统体积小、功能强,可实现最佳状态最经济性控制,是目前向综合性自动化方向发展的主要目标和方向。通常,在远距离遥控系统中多采用电传动,近距离多采用液力或气力传动。

主机遥控系统的功能除了根据车钟指令通过各种逻辑回路和自动装置等完成主机启动、换向、调速和停车等的程序操作外,还必须具有重复启动、慢转启动、负荷程序、应急停车、自动避开临界转速、故障自动减速或停车、紧急倒车等辅助功能。但柴油机备车时各系统状态检查和准备等均由轮机人员在机舱内操作,当备车程序完成后再转换至驾驶室遥控。

6.6.3　典型柴油机操纵系统

船用柴油机的操纵系统形式繁多,随机型的不同而各具特点。下面介绍两种典型柴油机操纵系统的组成和特点。

1. MAN MC/MCE 型柴油机的操纵系统

该机采用电-气联合操纵系统,如图 6-29 所示。它具有集控室控制、驾驶室控制、机旁应急控制三种控制方式。为了保证控制部位的转换,在机旁应急操纵台上设有遥控/应急转换阀和手轮进行集控室和机舱应急操纵台的控制部位转换。在集控室设有驾驶台/集控室控制转换阀,用于驾驶台和集控室的控制部位转换。

(1)操纵系统的主要组成

①集控室操纵台与主控制阀箱

操纵台上有回令车钟、操纵手柄、停车控制阀、启动控制阀、调速器控制阀、驾驶室/集控室控制转换阀、主机或遥控系统中某些设备的工况显示、故障报警及安全保护的信息显示,以及若干应急操纵的指令按钮等。在主控制阀箱内有为实现上述主机遥控功能的有关既相互独立又密切相关的功能单元。

②驾驶室控制台及控制阀箱

驾驶室控制台及控制阀箱有遥控发令车钟、集控室/驾驶室控制转换阀、电-气转换阀、主机工况显示、重要的故障报警信息,以及若干应急操纵的指令按钮等,用于驾驶室遥控。

③机旁应急操纵台

机旁应急操纵台有遥控/应急转换阀、启动阀、停车阀、正倒车控制阀、调速手轮,以及若干控制阀件等。主要用于当气动遥控系统、调速器或电子设备发生故障的情况下,可在机旁手动应急操纵主机。

在集控室手动控制期间,主机的启动、停车和调速由集控室操纵台上的操纵手柄以电动、气动或电气联合进行。主机转速由气动设定或电子设定的调速器执行,换向操作由回令车钟手柄进行。在驾驶室自动控制期间,主机完全由发令车钟手柄控制。

在图 6-29 左侧下部为控制空气供给管路。系统控制空气的气源为 0.7 MPa 的压缩空气。一路送入排气阀作为空气弹簧气源,包括排气阀空气弹簧供气管路及止回阀137;另一路经控制空气总阀后把控制空气送至下述控制部位:其一,经遥控/机旁转换阀送至启动、停止及正、倒车控制阀;其二,送至主启动控制阀;其三,送至盘车机连锁阀;第四路通至 VIT 系统控制阀和高压燃油泄漏保护阀。

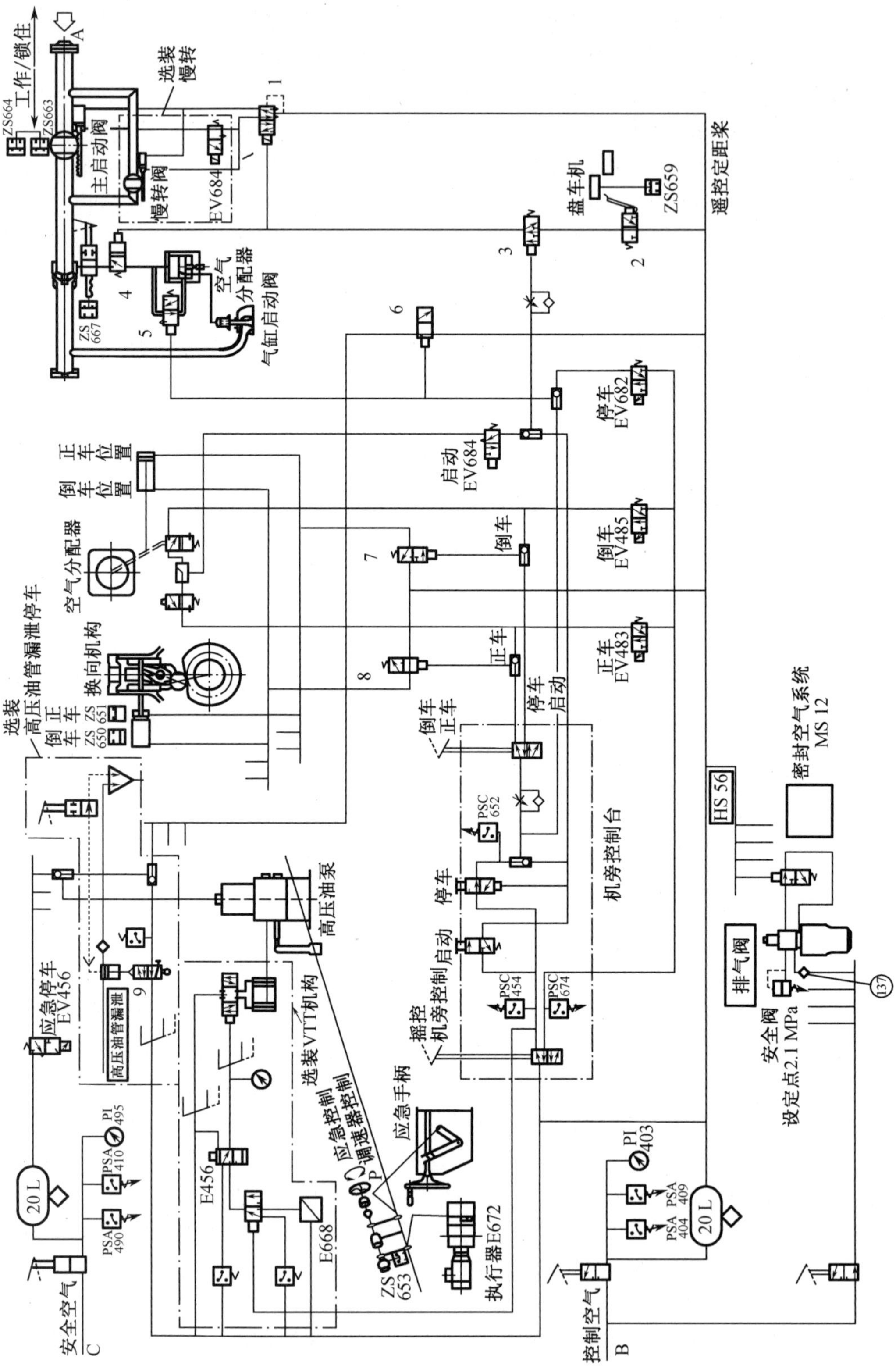

图6-29 MAN MC/MCE 型柴油机操纵系统原理图

MAN 柴油机
操纵系统
（动画）

在图6-29左侧上部为燃油控制和安全系统,主要包括燃油泵、VIT控制机构、高压燃油泄漏保护阀和应急停车。在停车系统或安全系统工作时,压缩空气被送至喷油泵顶部的空气刺破阀,使喷油泵内的燃油"泄压",燃油流回到燃油系统。

在图6-29中间部分为空气分配器和燃油凸轮换向控制部分,包括空气分配器换向机构,燃油凸轮换向机构。右侧上部为启动空气系统,包括主启动阀(有的选配有慢转阀及控制阀)、电磁阀、空气分配器及控制阀气缸启动阀。

该系统配备电子调速器,它由电子调速器本体、电源、执行器、转速传感器和扫气压力传感器组成。执行器、转速传感器和扫气压力传感器装在机旁。

(2)遥控

在遥控期间,控制空气经遥控/机旁转换阀(下部导通)送入系统,由启动、停车、正车和倒车四个电磁阀控制。

①停车

在停车状态时,控制空气通过停车电磁阀EV682,使气动控制阀6左位导通,等候在此的空气被送到喷油泵顶部的空气刺破阀,切断燃油。

②正车启动

当驾驶台发出正车启动命令时,正车电磁阀EV683左位导通。控制空气通过阀8使空气分配器和燃油泵的换向机构换至正车位置。在给出启动信号后,使启动阀EV684左位导通,使气动阀3左位导通。如果此时盘车机脱开,盘车机连锁阀2释放,则启动空气到达启动控制阀1和空气分配器控制阀4,使它们导通。于是主启动阀(如果配设包括慢转阀)打开,将启动空气一路送至气缸启动阀下部等候,另一路经阀4送至空气分配器。空气分配器投入工作,在凸轮的控制下,按发火顺序依次打开各缸启动阀。

③换向及倒车启动

当驾驶台发出换向及倒车启动命令时,倒车电磁阀EV685左位导通。控制空气通过阀7使空气分配器和燃油泵的换向机构换至倒车位置。其他过程与"正车启动"相同。

④紧急停车

在紧急情况通过紧急停车电磁阀,可将压缩空气迅速通入各高压油泵的空气刺破阀,使各缸迅速停油。当主机的转速降低到"换向程度"(取决于主机的规格和船型)$(20\% \sim 40\%)n_b$ 后,可给出反向启动指令。反向启动指令给出后,启动空气进入气缸使主机强制制动至停车。然后在启动空气作用下按指令转向运转到足够高的转速,再给出供油运转的指令。为防止可能发生的严重的船体振动,在进行强制换向启动的最初几分钟应使主机的转速维持在较低的程度。

如果在试图进行应急制动时船速太高,给出启动空气的时间不要持续太长,要再给出停车信号,待转速进一步降低后再给出启动信号。

(3)操纵系统的主要特点

①使用2.5~3.0 MPa压缩空气启动系统。使用单气路控制式气缸启动阀及空气分配器、球阀式主启动阀与慢转阀(图6-5)。当主机停车超过30 min需要重新启动时,必须经慢转阀使主机慢转1圈后,方能启动操纵。

②燃油凸轮和空气分配器凸轮采用单凸轮换向装置(图6-11)。燃油凸轮使用鸡

心形线型凸轮,换向时以 0.7 MPa 控制空气拉动其滚轮连杆即可改变油泵滚轮与凸轮的相对位置。排气阀凸轮不做换向。

③使用 Woodward PGA 气动速度设定液压全制式调速器或电子式调速器,并酌情使用多种辅助装置。如扫气压力燃油限制器等。

④一旦发生下述情况,安全保护系统触发相关机构使柴油机停车。

●主机超速、主滑油系统低压、凸轮轴滑油低压、推力轴承高温,以及控制室手动停车。

●高压燃油管故障保护:当高压燃油管漏泄时,如其漏泄量大于专设节流孔的排放量,将触发相应的控制阀,使该缸喷油泵停油(油齿条“0”位或抬起油泵滚轮)。

●特急倒车操纵中的安全措施:当在控制室进行特急倒车操纵(crash astern)——主机在“港内全速”以上转速运转 4 min 以上而进行倒车操纵,30 s 后调速器扫气压力燃油限制器的限制作用自动取消,保证柴油机迅速倒车运转。

另外,在操纵台上亦设有“扫气限制”开关。当此开关转换至“切断”时,扫气压力燃油限制作用也可取消。

⑤设有必需的连锁机构。

●盘车机连锁:盘车机未脱开时,柴油机不能启动。

●车钟连锁:若尚未回车钟,则无法拉动启动手柄。

●换向连锁:换向时,凸轮轴尚未移动到位时,操纵手轮不能“加油”。

●运转方向错误(wrong way)连锁:当主机转向与车钟指示运转方向不同时,主机自动断油。

2. RTA 型柴油机操纵系统

RTA 型柴油机采用气动遥控系统,用于在机舱集控室(或驾驶室)遥控主机,还能在机旁进行应急手动操纵主机。各操纵部位可以通过转换阀转换。

(1)操纵系统的主要组成

该操纵系统由三部分组成:集控室中的操纵台;安装在柴油机上的控制元件箱;柴油机启动、换向、调速等装置。

该机遥控系统的控制介质主要包括:来自十字头滑油泵提供的 1.2~1.6 MPa 的控制油,用以供给燃油凸轮换向伺服器和空气分配器换向伺服器;来自压缩空气系统的 0.8 MPa 的控制空气,并减压至 0.55~0.6 MPa 的排气阀空气弹簧控制空气;来自启动控制瓶的 3 MPa 的启动空气并减压至 0.6 MPa 的安全系统控制空气。

(2)操纵系统的主要特点

①采用双气路气缸启动阀和空气分配器的启动装置。特殊设计的气缸启动阀在换向程序结束后即可有效地实施能耗(减压)强制制动。

②空气分配器和喷油泵的换向装置为单凸轮液压差动换向,滞后差动。排气凸轮不需换向。

③配置 PGA 气动液压调速器或电子调速器,并装有设定转速燃油限制器、增压空气压力燃油限制器、升压器、超速电磁切断装置等辅助装置。

④在主机超速,主轴承、十字头轴承滑油低压,气缸注油器断油,气缸冷却水、活塞冷却水低压,排气阀空气弹簧低压,应急停车等情况下,通过安全切断装置或断油伺服器切断喷油泵进油,使柴油机停机。操纵系统中还设有“应急强迫用车”(emergency oxerriding)装置。在窄水道或避碰等紧急情况下,若发生自动停车现象时,可按下"应急强迫用车"按钮,强制柴油机继续运转,以确保船舶安全,但此时可能导致主机损伤严重。

⑤设有功能齐全的运转连锁装置,如盘车机连锁、运转方向连锁及启动连锁装置等,以保证柴油机的操纵过程按操纵程序正确安全地进行。

做一做

分小组使用船舶主机模拟操纵系统,进行启动、换向、调速等操作。

想一想

1. 保证柴油机压缩空气可靠启动的条件是什么?

2. 对气缸启动阀有何要求? 比较单、双气路气缸启动阀的优缺点。

3. 何为差动换向? 超前差动与滞后差动有什么区别?

4. 单凸轮换向有什么特点? 喷油凸轮和排气凸轮同轴差动应满足哪些条件?

5. 为什么船舶发电柴油机必须装定速调速器?

6. 调速器中的哪些参数反映灵敏性、稳定性、准确性?

7. 什么叫调速器标定工况的稳定调速率 δ_2,它的作用是什么?

8. 试述 Woodward UG-8 型液压调速器面板上四个旋钮的名称及作用。

9. 什么是电子调速器,与普通的调速器相比有哪些优点?

10. RT-flex 型柴油机操纵系统与 MAN 柴油机操纵系统相比有何区别?

项目6
重点难点解答

项目 7　柴油机特性试验及选用

【任务目标】

1. 正确描述柴油机的工况和特性；熟悉柴油机负荷特性、速度特性、限制特性和推进特性，掌握 WinGD、MAN 两种类型柴油机的选型区域。

2. 能根据柴油机速度特性和推进特性合理选择柴油机与螺旋桨的匹配，能正确选择柴油机工况运行点和允许的使用范围。

任务 7.1　柴油机工况与特性

7.1.1　柴油机的工况

柴油机工况就是指柴油机在拖动各种设备运转时的状况。其中转速和负荷就是柴油机运转工况变化的两个主要参数。柴油机工况的变化是随其所拖动的工作机械的不同而异的。在船上，柴油机主要作为推进主机、发电原动机和应急发动机（应急发电机、空压机和消防泵的原动机）。根据柴油机在船上应用时的不同条件，可以归纳成三类工况：发电机工况、螺旋桨工况、其他工况。

1. 发电机工况

发电机工况要求柴油机的转速 n 始终不变或变化很小，而负荷根据需要从零变化到最大，如图 7-1 中直线 2 所示。

2. 螺旋桨工况

螺旋桨工况，要求柴油机的负荷和转速都能在一定的范围内变化，而且它们之间的变化有一定的规律。通常情况下，柴油机功率 P_e 与转速 n 的三次方成正比，即 $P_e \propto n^3$，如图 7-1 中直线 1 所示。

图 7-1　船用柴油机的各种工况

3. 其他工况

柴油机的负荷及转速都可以在较大的范围内各自任意变化。它们之间没有相互的依赖关系，如图 7-1 阴影线所示的区域，也称面工况。船上用来带动应急空压机或应急消防泵的柴油机以及陆上的车用柴油机都是属于这种工况。

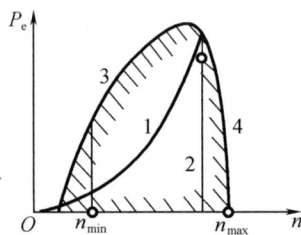

7.1.2　柴油机特性

柴油机特性是指柴油机在不同工况下，其主要性能指标和工作参数随工况（转速、负荷）改变而变化的规律。表征柴油机性能指标主要有：平均有效压力 p_e、有效功率

P_e、有效转矩 M_e、有效耗油率 g_e、有效热效率 η_e 等。柴油机的工作参数主要有:转速 n、进气压力 p_a、增压压力 p_k、最高爆发压力 p_z、排气温度 t_r、增压器转速 n_k、涡轮端废气出口温度 t_T 等。将这些关系在坐标图上以曲线的形式表示出来的就称特性曲线。

分析柴油机各种运转特性的曲线可以指导我们解决以下主要问题:

(1)评价柴油机的性能,对柴油机的动力性、经济性、可靠性和使用范围做出鉴定。对使用者而言,柴油机特性是合理地选型配套和改进产品的重要依据。

(2)合理选择船舶主机与螺旋桨的配合,调整柴油机最佳工作点,合理调试主机,在常用工况下具有良好的经济性能。

(3)检查柴油机运转中的工作状态。通过柴油机实际运转所测得的主要参数与说明书给定特性曲线上的相应工况点下的参数进行比较,以便发现问题,及时调整和检修。

柴油机的有效功率 $P_e = C p_e n i$。其中,C 为气缸常数,与柴油机的大小、形式有关;i 为气缸数,两者属于结构参数。对一台既定的柴油机而言,C 和 i 是固定不变的,柴油机的功率 $P_e = B p_e n$(B 为常数),因此决定柴油机有效功率的运转参数是 p_e 和 n。根据这两个参数的变化情况不同,可以得到不同的柴油机特性,主要有负荷特性、速度特性、推进特性、调速特性、限制特性等。下面将逐一加以介绍。

任务 7.2　柴油机特性试验

7.2.1　负荷特性

负荷特性是指柴油机在转速保持不变时,其主要性能指标及工作参数随负荷(有效功率 P_e 或平均有效压力 p_e)而变化的规律。负荷特性通常是在专门的实验台上或实船测取,并绘制成特性曲线。其具体步骤如下:

(1)启动柴油机,逐步将转速提高至标定转速 n_b,再通过测功器稍加外负荷,使柴油机冷却水温、油温达到所要求的热状态。

(2)依次将负荷从零加至标定功率 P_b 的 25%→50%→75%→100%→110%。每加一次负荷都适当地增加供油量,以维持柴油机的转速不变。记录每次负荷下柴油机的各性能参数,整理后再以负荷为横坐标,其余各性能指标及工作参数为纵坐标的坐标图上标出,就可得到柴油机的负荷特性曲线。

如图7-2所示为国产某四冲程柴油机带动功率为 275 kW 的发电机工作($n_b = 500$ r/min)时,所测得的负荷特性曲线。例如当柴油发电机组在75%标定功率下运转时,可用仪表测出其 p_z、p_k、t_r 和 g_e 等数值,把它们与图中相应于该功率时的数值相比较,如数值相差太大,则应查明原因,及时解决。

如图7-3所示为典型柴油机的负荷特性曲线,其中 R 为排气烟度指数,Δ 为喷油泵齿条位移。图中示出了各种性能参数随负荷(平均有效压力 p_e)而变化的规律。

柴油机特性
试验(PDF)

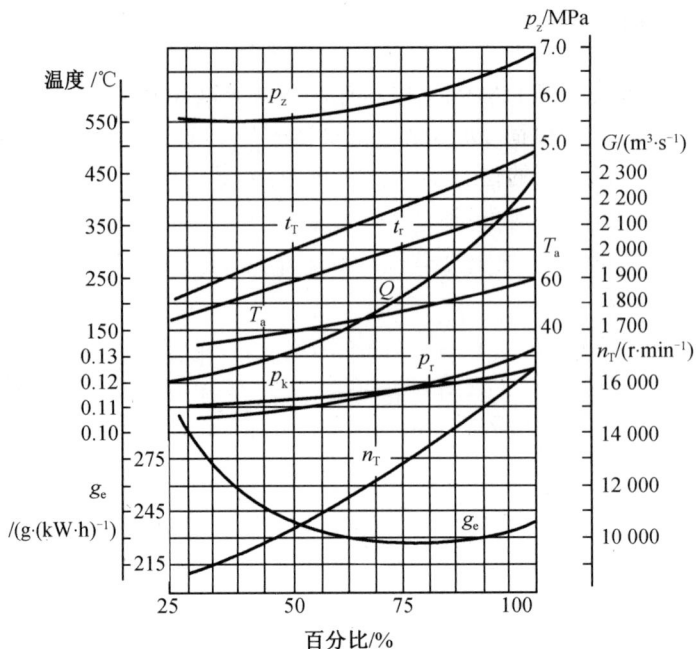

p_z—最大爆发压力；t_T—涡轮端废气出口温度；t_r—排气温度；

t_a—进气温度；p_r—涡轮前废气压力；p_k—增压压力；

n_T—增压器转速；G—进入气缸空气流量；g_e—有效耗油率。

图7-2　某四冲程柴油机负荷特性曲线

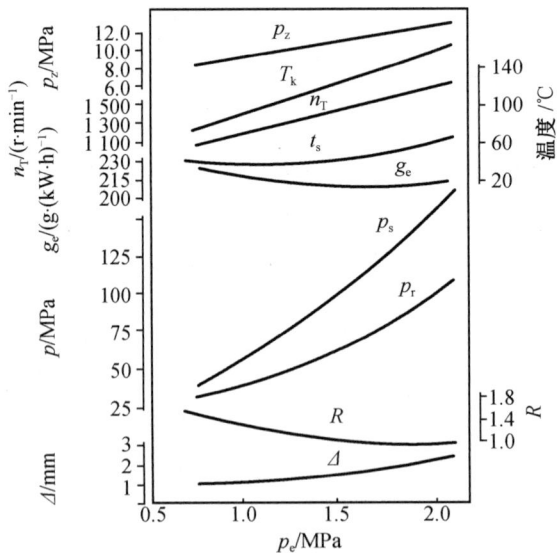

图7-3　典型柴油机负荷特性曲线

7.2.2　速度特性

速度特性是指将油量调节机构(供油齿条或拉杆)固定在某一位置(每循环供油量不变)时,改变柴油机的外负荷,柴油机的有效性能指标和工作参数随转速 n 而变化的规律。按油量调节机构固定的位置不同,柴油机的速度特性又可分为全负荷速度特性、超负荷速度特性和部分负荷速度特性。

柴油机的速度特性是在专用的柴油机试验台上测取的,在实船上无法进行这项试验。

1. 全负荷速度特性试验

将柴油机的油量调节机构固定在标定转速 n_b 下发出标定功率 P_b 的供油位置时,柴油机的主要性能指标和工作参数随转速 n 而变化的规律即为全负荷速度特性,也称外特性。

环境状况直接影响着柴油机的工作性能。测取全负荷速度特性时,应遵循国家确定的统一试验标准:标准试验环境状况和标定功率。

我国国标规定的标准环境为:大气压力 $p_0 = 100\ kPa$,相对湿度 $\varphi_0 = 30\%$,环境温度 $T_{ex} = 298\ K(25\ ℃)$,中冷器冷却介质进口温度 $T_{ex} = 298\ K(25\ ℃)$。对于"无限航区"的船用内燃机,其标准环境应遵循国标船级协会(IACS)规定的环境为:大气压力为 $p_0 = 100\ kPa$,相对湿度 $\varphi_0 = 60\%$,环境温度 $T_{ex} = 318\ K(45\ ℃)$,中冷器冷却介质进口温度 $T_{ex} = 305\ K(32\ ℃)$。当试验环境状况与标准状况不一致时,应按有关规定对试验结果加以修正。

标定功率指标准环境状态下,制造厂根据内燃机的用途和特点规定的标定转速下的有效功率(kW)。国标中规定:标定功率按不同用途分为 15 min 功率、1 h 功率、12 h 功率和持续功率四种。对每一台柴油机都应按用途特点,在柴油机铭牌上标明上述四种标定功率中的两种及其相应的转速。我国《钢质船舶入级与建造规范》(2006 年)规定,最大持续功率作为船用柴油机的额定功率,国外船用柴油机以最大持续功率(maximum continuous ratings,MCR)即为标定功率。

速度特性试验前,柴油机经过试车、磨合和调整,将配气、供油定时调至最佳值,使柴油机具有良好的技术状态,各缸功率达到平衡。在试验时,要保持柴油机稳定运转,润滑油和冷却水的温度和压力应始终处在最佳状态。

测取时,先开空车,使柴油机达到标定转速 n_b,通过测功器逐渐增加外负荷,同时相应地增加供油量,使柴油机在标定转速 n_b 发出标定功率 P_b,此时测量并记录相应的各性能参数值;然后将油量调节机构用专用工具或螺钉锁定。通过测功器逐次增加柴油机的外负荷,以降低柴油机的转速,使柴油机在标定转速 n_b 和最低稳定转速 n_{min} 之间若干点上稳定运行,同时测量并记录各对应转速下的性能参数值;最后整理所得的试验数据,画在以转速 n 为横坐标、其余性能参数为纵坐标的坐标图上,便得到全负荷速度特性曲线。

如图 7-4 所示为 6300C 型柴油机的全负荷速度特性曲线,图中示出了 M_e、P_e、g_e、p_z、T_r 等随转速 n 而变化的规律。

2. 超负荷速度特性和部分负荷速度特性

按我国船用柴油机标准规定,船用柴油机的超负荷功率为标定功率的 110%(与之对应的转速为标定转速的 103%),并且在 12 h 运转期内允许超负荷运转 1 h。

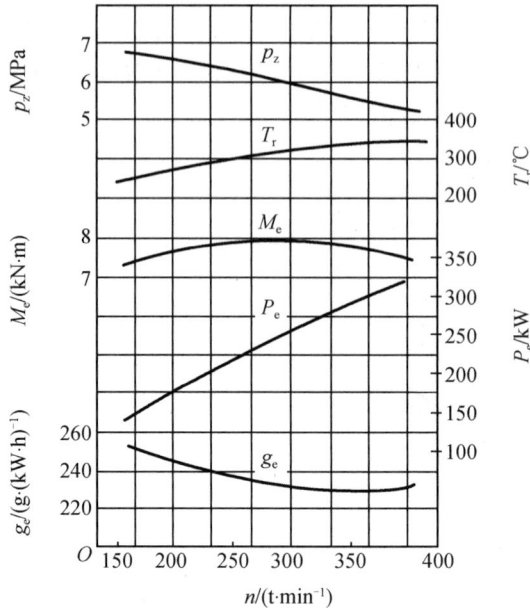

图 7-4 6300C 型柴油机全负荷速度特性曲线

测定超负荷速度特性与全负荷速度特性相同,只是油门固定在 103%标定转速下发出 110%标定功率所对应的供油量的位置上,测得超负荷速度特性曲线如图 7-5 中曲线 1 所示。该曲线显示了柴油机在各种不同转速下工作时可能达到的最大功率。为了使柴油机运转中,供油量不超过这一极限位置,实船上的柴油机均在这一位置上设置限位块。由于此时柴油机处于超负荷状态下工作,气缸内温度、压力都很高,机件受到很大的热应力和机械应力。因此,按超负荷速度特性工作,时间不应超过 1 h,一般只允许在必要时短时间运转。

部分负荷速度特性是将油量调节机构固定在比标定功率供油量小的不同位置上,按全负荷速度特性的试验方法进行测定。一般与全负荷速度特性(外特性)试验连贯地进行。图 7-5 中曲线 2 为全负荷速度特性线,曲线 3,4,5 为部分负荷速度特性线。

从图 7-5 中可以看出,柴油机的有效功率 P_e 和有效耗油率 g_e 随转速 n 变化的总趋势是一致的。循环供油量大、转速高时,有效功率 P_e 越大;而有效耗油率 g_e 的变化规律是:在每种供油量不变的前提下和在柴油机可运转的转速范围内,都存在一个最经济的转速,在同一转速和不同供油量时,以标定供油量的耗油率最小。从 P_e 曲线的分布来看,自上而下依次是 110%、100%、90%、75%、50%标定负荷的速度特性。从 g_e 曲线的分布来看,自上而下的依次是 50%、75%、90%、110%、100%标定负荷的速度特性。由此可

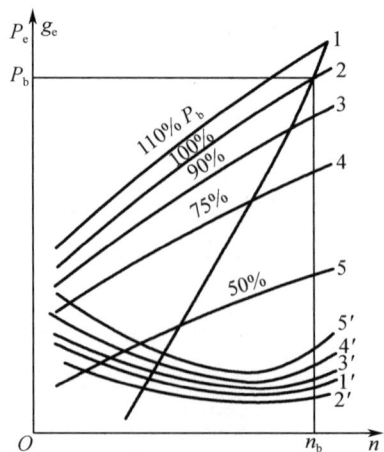

图 7-5 柴油机的各种速度特性

以看出,柴油机按部分负荷特性运行时,燃油消耗率 g_e 的值较大,所以经济性较差。

如图 7-6 所示为柴油机速度特性的一种较典型的表示。其中图 7-6(a)为有效功率 P_e 随转速 n 而变化的规律;图 7-6(b)为有效扭矩 M_e 随转速而变化的规律。曲线 2 为全负荷速度特性线,曲线 1 为超负荷速度特性线,3,4,5,6 为部分负荷速度特性曲线。

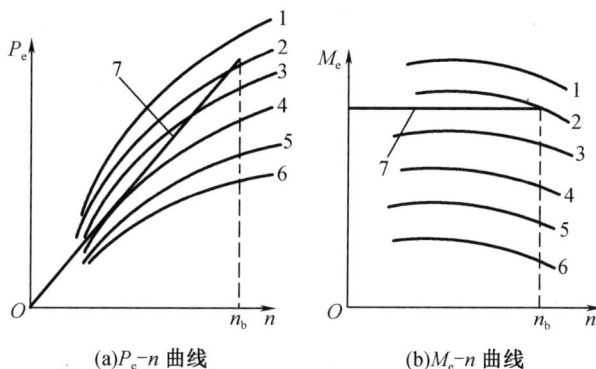

(a)P_e-n 曲线　　　　　(b)M_e-n 曲线

图 7-6　柴油机速度特性曲线

由此可知,速度特性反映了柴油机的动力性、经济性随转速变化的规律,通过全负荷速度特性可以找出柴油机能达到最高性能指标以及对应于最大功率、最大扭矩和最低油耗率时的转速,并可计算出扭矩的储备率以评定柴油机克服超负荷的能力。通过部分速度负荷特性知道不同工况时油耗率的变化规律和最低油耗率所对应的转速,这样可以全面衡量各种不同用途的柴油机适应变工况运转的性能,从而确定最佳转速范围。

7.2.3　调速特性和限制特性

柴油机的调速特性是指当调速器的调速手柄固定于某一工况位置时,使负荷从零逐渐增加到该工况下的负荷,在调速器的作用下,柴油机的功率 P_e、有效扭矩 M_e 或平均有效压力 p_e、有效油耗率 g_e 与转速 n 之间的关系称为调速特性。调速特性与柴油机的其他特性不同,它并不涉及柴油机内部的工作过程,只与调速器的工作性能直接相关。

1. 调速特性试验

若将调速手柄固定在标定工况位置上,使负荷从零逐渐增加到标定工况下的负荷,在调速器作用下则得到标定功率时的调速特性曲线。根据不同用途的需要可将调速手柄分别固定在小于标定功率的不同位置上,分别测取各部分调速特性曲线。

测取调速特性曲线是为了研究带有全制式调速器柴油机的动力性和经济性;验证调速器对柴油机的调速作用及运转性能的影响,检查调速是否满足使用要求。在测取调速特性曲线时,应在完成突变负荷试验的基础上进行(一般进行突卸负荷试验)。

(1)突变负荷试验

启动柴油机,逐步增加转速至标定转速。调节测功器,增加负荷,使柴油机在标定工况下稳定运转,然后将调速手柄固定。突然卸去全部负荷,柴油机达到瞬时最高空载

转速 $n_{0\max}$，在调速器作用下经几秒钟后，柴油机在比突卸负荷前稍高的转速下运转，将突卸负荷前的功率 P_e 和转速 n_1（在标定工况下 n_1 为标定转速）、突卸负荷后的最高瞬时转速 n_a、突卸负荷后的稳定转速 n_b、从突卸负荷到转速稳定下来的时间 t 记录在表中，计算出瞬时调速率 δ_1 和稳定调速率 δ_2。

（2）调速特性试验

在突卸负荷试验的基础上，接着进行标定工况下的调速特性测试。突卸负荷后从调速器控制下的空转稳定转速 n_b 起，以标定功率的 25%→50%→75%→90%→100% 或测功器相应读数的整数值为测量点，调节测功器以增加负荷，每调节一次负荷（一个测量点），待柴油机稳定运转后，测量转速 n、测功器读数、燃油消耗量 G_T 及所需要的时间 t、排气温度 T_r 等参数，如此逐点测定，直到突卸前的工况。将各次测得的参数及计算求得 P_e、M_e、p_e、G_T、g_e 等填入表中，并绘出各参数调速的特性曲线。

如需要测取部分调速特性曲线，则分别将调速手柄固定在低于标定工况下的不同位置，按标定工况调速特性的测取方法和步骤进行。

调速特性与速度特性中的外特性有密切关系，所以往往都画在以转速为横坐标，以为 M_e 或 P_e 纵坐标的同一图上，如图 7-7 所示。图中曲线 1 为全负荷，曲线 2~曲线 6 为调速手柄分别固定于不同位置时的调速特性曲线。

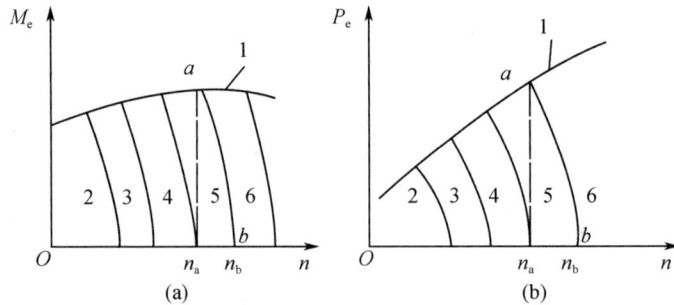

图 7-7　装有全制式调速器的调速特性曲线

由全负荷变化至空载，经调速器调节，转速由 n_a 变化到 n_b。如果 $n_b>n_a$，说明柴油机在负荷变化时，存在转速差（即稳定调速率 $\delta_2\neq0$），调速器的调节称为有差调节；如果 $n_a=n_b$，转速差为零（即稳定调速率 $\delta_2=0$），调速器的调节为无差调节。

2. 限制特性

在柴油机运转中，过热、过载都会导致设备损坏，因此柴油机工作时，其机械负荷和热负荷都进行适当限制，防止出现过大的扭矩、惯性力矩、热应力等。柴油机的限制特性就是限制柴油机在各种转速下的最大有效功率，使柴油机的机械负荷和热负荷不超出规定的允许范围。可以认为限制特性是速度特性的一种。柴油机按限制特性工作时，不同转速下的每循环供油量需要根据限制条件做相应的调整。

现代船用柴油机随着增压度的不断提高，其机械负荷与热负荷已接近可靠工作的允许极限。因此，用限制特性来限制柴油机在各种运转条件下的负荷显得尤为重要。

按照柴油机类型的不同，在确定其限制范围时，通常把最高爆发压力 P_z、平均有效压力 p_e、曲轴转矩 M_e、过量空气系数 α、排气温度 T_r 和涡轮增压器转速 n_T 等参数作为限制因素。其中较为常用的是 M_e 和 T_r。

（1）等转矩限制特性——限制柴油机机械负荷

对于一台既定的柴油机，若不考虑扭转振动所引起的附加应力，柴油机的机械负荷取决于曲轴扭矩 M_e 的大小。而在设计时，是以在标定工况下的转矩 M_b 为依据的。所以，要求柴油机在各种转速下长期运转时，使 $M_e \le M_b$，避免柴油机曲轴因超机械负荷而损坏。

在柴油机各种转速下如果 $M_e = M_b$，根据 $M_e = 9\,550\,P_e/n$ 和 $M_b = 9\,550\,P_b/n_b$，则在任意转速下有

$$P_e = P_b \cdot \frac{n}{n_b} = \frac{P_b}{n_b} \cdot n = cn \tag{7-1}$$

由式（7-1）可知，等转矩限制特性在 P_e-n 坐标图上是一条通过坐标原点和标定工况点的直线，如图 7-6 中的直线 7 和图 7-8 中的直线 2。在等转矩特性线以下的区域全部工作转速范围内，柴油机不会超机械负荷。

（2）等排温限制特性——限制柴油机热负荷

柴油机的热负荷与过量空气系数 α 有直接的关系。如果柴油机在各种转速下保持 $\alpha \ge \alpha_b$（标定工况下的过量空气系数），则它的热负荷就不会超出规定值。但是，柴油机在实际运转中 α 值很难测定，理论推导也难以找出柴油机功率与过量空气系数之间的关系。所以实际上常以平均排气温度 T_r 代替 α 来限制柴油机的热负荷。平均排气温度在实际应用中测量简单、易

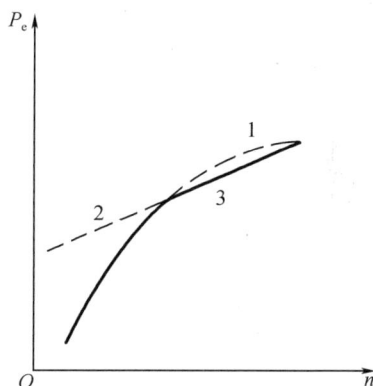

1—等排温限制特性；
2—等转矩限制特性；3—限制特性。

图 7-8　柴油机的限制特性曲线

行，它虽然不能准确反映各缸热负荷的情况，但可以在一定条件下大致反映热负荷的大小。因此作为限制柴油机热负荷的参数来建立相应的限制特性——等排温限制特性，如图 7-8 中的曲线 1。

柴油机的限制特性包括机械负荷和热负荷两个方面的限制，所以是等扭矩限制特性与等排气温度限制特性的综合，取两者中功率限制更严格的区域。在转速从标定转速 n_b 开始下降初期，按等扭矩变化的功率小于按等排气温度变化的功率，而到转速下降的后期则恰好相反。因此，柴油机是在标定转速 n_b 下降初期以扭矩作为主要限制参数，后期（低速范围内）则以排气温度作为主要限制参数。如图 7-8 中的折线 3 即为限制特性曲线。

7.2.4　推进特性

当柴油机作为船舶的主机带动螺旋桨工作时，不管柴油机与螺旋桨是直接连接还是通过减速齿轮箱连接，二者之间总要保持能量上的平衡。当船舶定速航行时，柴油机的输出功率 P_e 和转矩 M_e 总是与螺旋桨吸收的功率 P_p 和转矩 M_p 相等（略去传动损失）。因此柴油机是按照螺旋桨特性工作，故应必须首先了解螺旋桨的特性。

1. 螺旋桨特性

根据螺旋桨理论，可以得知：螺旋桨所需的吸收功率与其转速的三次方成正比，即

$$P_p = Cn_p^3 \qquad (7-2)$$

式中　P_p——螺旋桨的吸收功率,kW；

　　　n_p——螺旋桨的转速,r/min；

　　　C——系数。

螺旋桨吸收的转矩与其转速的平方成正比,即

$$M_p = C_1 n_p^2 \qquad (7-3)$$

式中　M_p——螺旋桨的吸收转矩,N·m；

　　　C_1——系数。

式(7-2)与式(7-3)中系数 C、C_1 与螺旋桨的结构参数及其运转时的动力情况有关。对于选定的螺旋桨,C、C_1 主要取决于进程比 λ_p。

$$\lambda_p = \frac{v}{n_p \cdot D} \qquad (7-4)$$

进程比 λ_p 表示螺旋桨每转一转产生的位移(v/n_p)与螺旋桨直径 D 之比。当船舶定速航行时,λ_p 为定值,C、C_1 为常数。螺旋桨特性曲线如图 7-9 所示。不同的船舶,λ_p 值会不相同;同一条船舶,因航行条件不同,λ_p 值亦不一样。λ_p 越小,螺旋桨的特性曲线越陡。

$\lambda_p = 0$ 时,船速为 0,相当于系泊试验或起航情况,此时螺旋桨特性曲线最陡。如图 7-10 所示为不同 λ_p 值时螺旋桨特性曲线的变化。

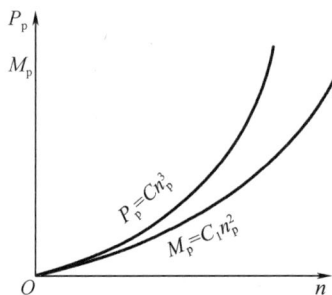

图 7-9　螺旋桨推进特性

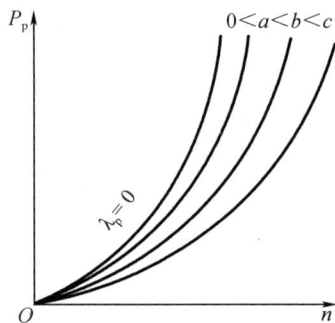

图 7-10　不同 λ_p 的螺旋桨特性

2. 船舶主机的推进特性

柴油机作主机带动螺旋桨工作时,根据主机功率与螺旋桨所需功率相等的原则,主机所发出的有效功率 P_e 与转速 n 的关系也应遵循三次方的规律,即 $P_e = P_p = Cn^3$。柴油机按照螺旋桨特性工作时,各主要性能参数随转速而变化的规律称为船舶主机的推进特性。

船舶主机推进特性是在专门的试验台上进行测试的。根据柴油机的标定功率 P_b 和标定转速 n_b 的值,按公式 $P_e = Cn^3$ 计算出柴油机按推进特性工作时各转速下对应的功率百分数,其值列于表 7-1;再根据表 7-1 所列数据,将柴油机调整到在推进特性的各对应点上稳定运行,测取各对应点下柴油机的各主要性能参数;然后以转速为横坐标,以所测参数为纵坐标绘成曲线,即为柴油机的推进特性曲线。

表 7-1 柴油机推进特性在各转速下的功率百分数值

转速 n_b%	103	100	90	80	70	60	50	40
功率 P_b%	110	100	72.9	51.8	34.3	21.6	12.5	6.4

如图 7-11 为某大型低速机的推进特性曲线图。该机的标定转速为 106 r/min,单缸功率为 1 940 kW,长期运转转速为 100 r/min。

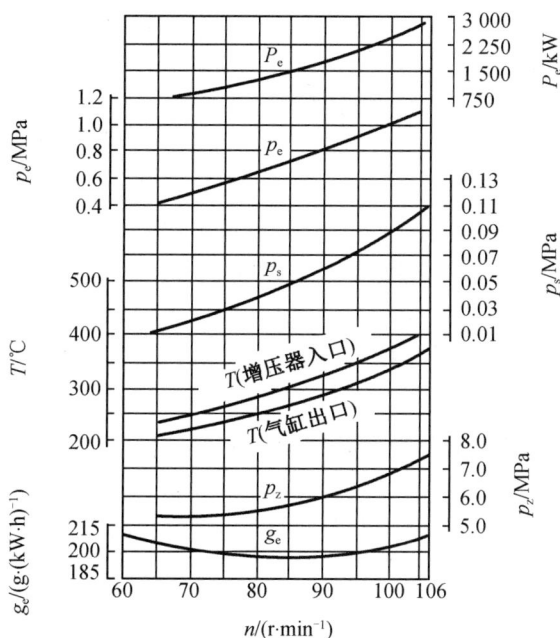

图 7-11 某大型低速柴油机推进特性曲线

从图上 n_b = 100 r/min 工作转速处,作一垂线与各曲线相交,就可以得出该转速下各性能参数的值。将这些参数值与实际运行中所测得的参数值相比较,如果稍有差异,则属正常的,可能是由于测试条件不同而引起。如若发现相差太大,则属不正常情况,应尽快查明原因,及时处理。差值过大的主要原因可能有:①主机或轴系故障;②螺旋桨变形或损坏;③船舶超载或船体污底。

3. 柴油机与螺旋桨匹配

柴油机用作船舶主机时,既要满足速度特性的要求,又要满足推进特性的要求。在进行船舶设计时,是根据主机来选配螺旋桨的。既要使柴油机的功率得到充分发挥,又要使柴油机在全部的工作转速范围内都不超负荷。因此,设计时通常是以柴油机标定功率 P_b 的 85%~95%(一般取 90%)作为配桨功率,目的是使柴油机留有一定的功率储备。如图 7-12 所示,若以主机 90%P_b 部分负荷速度特性线与 100%n_b 线的交点作为配桨工况点 1,所选配的螺旋桨的推进特性曲线 I 经过点 1。假设船舶航行了一个时期后,因船体污底,推进特性曲线会变陡,例如变到曲线 II 的位置,此时曲线 II 在 100%n_b 时与主机 100%P_b(全负荷速度特性曲线)汇交于点 2,仍不至于引起主机超负荷。也就是说,由于配桨正确,即使船舶污底时也不易引起主机超负荷。而当新船下水或经大修后要在103%n_b转速下做1 h的航行试验时,103%n_b线与曲线Ⅰ交汇于工况点3,此时对应的功率约为99%P_b。

如果所选配的螺旋桨特性曲线为Ⅲ,则在100%n_b转速下与曲线Ⅲ汇交于点4,设其对应的功率为80%P_b,则主机的功率不能得到充分发挥。欲使主机的功率得以发挥,则需加大油门,必然造成柴油机超转速运转(点5),此时称配桨"过轻"。反之,如果选配的螺旋桨特性曲线在曲线Ⅱ的左(上)方,柴油机与螺旋桨的配合工作点要比标定转速低,$n < n_b$,即使在标定油门

图7-12 柴油机与螺旋桨配合特性

时,柴油机也达不到标定转速,柴油机的功率同样得不到充分发挥,若一定要开到100%n_b,则要加大油门,柴油机会超负荷,此时称配桨"过重"。

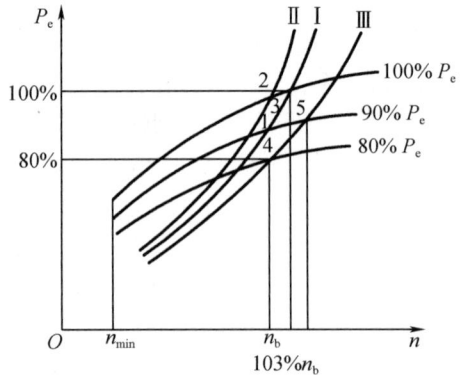

任务7.3 柴油主机选型区域和使用范围

柴油主机选型区域和使用范围(PDF)

对于大多数民用船舶来说,目前绝大多数主机为柴油机。主机工作的好坏不仅取决于主机本身的性能,同时也与船舶设计部门及船东如何选择和使用有密切关系。如果选择和使用不当,即使是一台性能良好的主机,也会造成寿命缩短、事故频繁、经常停航修理等一系列问题。所以在主机选型时,除了使主机在船舶试航时满足设计要求的各项指标以外,还要考虑一定时间后机器性能下降、船体污底情况下,主机和螺旋桨的配合情况,同时还要考虑船舶在复杂海况及不同水域时的适应特性。总之,主机选型应考虑柴油机性能的优化及船舶在整个使用期内的主要运行工况。

7.3.1 柴油主机的选型区域

船舶柴油机设计和生产厂家会根据每种型号的船用柴油主机特性给出其选型区域(lay-out diagram),通常在此区域内选取合适的工况点作为约定最大持续功率CMCR(contract maximum continuous rating)或SMCR(specified maximum continuous rating)。所谓约定最大持续功率,是指由船东和厂方商定的在船上实际使用的最大功率。约定最大持续功率的确定需要考虑各种因素,如推进功率、螺旋桨效率、航行的机动性、功率和转速储备、是否有轴带发电机以及船舶的营运方式等。约定最大持续功率确定后,便可确定柴油机的允许运行范围。

WinGD RT-flex系列柴油机的选型区域是由R_1、R_2、R_3、R_4四个点的连线所围成的,如图7-13所示。其中R_1为柴油机的名义最大持续功率NMCR(nominal maximum continuous rating),它显示出某台既定柴油机能够发出的最大功率;R_2为100%转速与70%MCR的交点;R_3为80%转速与80%MCR的交点;R_4为80%转速与70%MCR的交点。

MAN S60MC-C系列柴油机的选型区域由两条等平均有效压力线L_1-L_3(100%p_e)、L_2-L_4(64%p_e)和两条等转速线L_1-L_2(100%n_b)、L_3-L_4(75%n_b)包围而成,如图7-14

所示。

确定约定最大持续功率,实际上是在寻求船-机-桨三个方面经济效益最佳的匹配。一般来说,选取的工作点越靠下,柴油机平均有效压力越低,而 p_z/p_e 提高,柴油机的燃油消耗量降低,柴油机经济性提高;工作点越往左,柴油机转速下降,螺旋桨效率提高。约定最大持续功率要根据螺旋桨设计工况点(point design),并考虑功率储备两方面具体确定。螺旋桨设计点则根据船舶所需的螺旋桨转速和功率通过理论计算和水池试验得到。功率储备主要包括船体工作储备(sea margin)和发动机工作储备(engine margin)两部分。船体工作储备是考虑到污底、海面风浪的影响需要发动机能够提供比设计点更大的功率。发动机工作储备则是考虑柴油机经过一定时间运转后,机器设备老化,输出功率下降所保留的功率储备。

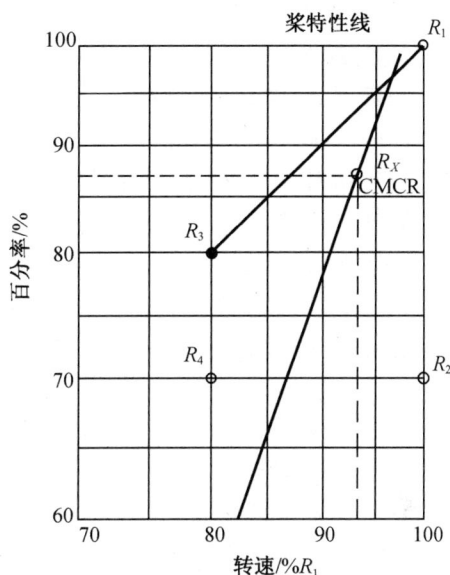

图 7-13 WinGD RT-flex 型柴油机
选型区域

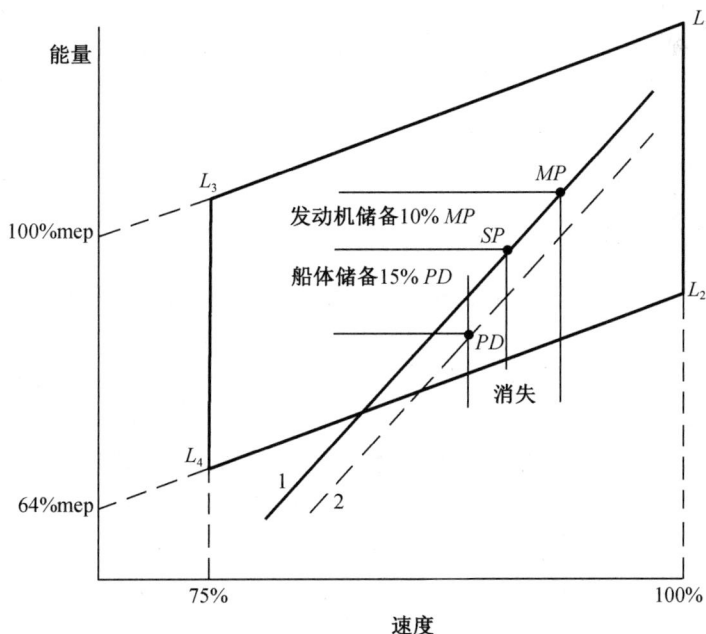

图 7-14 MAN S60MC-C 系列柴油机选型区域

注:mep 为平均有效压力。

7.3.2 约定最大持续功率确定

1. 螺旋桨设计工况点

通常情况下,螺旋桨的转速和它所需的功率是通过对船舶的模拟计算得到的,一般假定船体没有污底,船舶在静止水面航行,船舶操纵处于最佳状态。螺旋桨设计工况点(如图 7-14 中 PD 点)位于螺旋桨轻载特性线(如图 7-14 中虚线 2 所示)上。

2. 船体工作储备

当船舶航行一段时间后,船体表面、螺旋桨表面会附着海生物,导致船舶航行的阻力增加,船舶航行速度就会降低。同时,海面风浪、海洋水流以及航道变窄变浅等因素也会引起船体阻力增加。要使船舶保持原有的航行速度,就必须要考虑增加一部分功率。由于考虑船体工作中阻力增加而留有的功率储备称为船体工作储备。图 7-14 中线 1 显示螺旋桨重载运行时的特性,其上的 SP 点为螺旋桨实际工作点,可见船体工作储备约为 15%PD 指示的功率。

3. 发动机功率储备

除了船体功率储备以外,柴油机经过一定时间使用后,机器部件逐渐磨损、老化。发出的功率会逐渐降低,同时船舶航行在世界各地,工作环境不断发生变化,也会对柴油机的做功产生影响。所以,有必要在机-桨配合时考虑储备一部分柴油机的功率,即在主机选型时要留有一定的功率储备,此功率储备称为发动机功率储备。通常发动机功率储备为 10%MP,如图 7-14 所示,MP 指示的功率即为名义最大持续功率(MCR),考虑到螺旋桨的滑失,所以速度大于螺旋桨设计点的速度值。对于某些推进主机带轴带发电机的船舶,在选择 MP 点时还需要考虑轴带发电机消耗的功率。

柴油机的约定最大持续功率点必须落在柴油机的选型区域之内,否则就需要改变螺旋桨的设计工况点或者更换柴油机。一旦柴油机约定最大持续功率点确定以后,就可以确定柴油机的优化工作点(optimizing point)。对于没有配置可变喷油正时(VIT)机构的柴油主机而言,优化工作点(O 点)就是约定最大持续功率点(M 点),对于带有 VIT 机构的柴油主机而言,O 点位于 M 点以下,功率为约定最大持续功率的 85%～100%。O 点用于配置柴油机的废气涡轮增压器,确定柴油机的各种正时,以及调整合适的压缩比。

7.3.3 船用柴油机使用范围

为了使船用柴油机经济、稳定、可靠地工作并具有较长的使用寿命,必须对运行时可能达到的功率和转速做适当的限制,即确定一个允许运转范围,如图 7-15 所示。

1. 柴油机在各种转速下允许达到的最大功率

在不同的工作条件下柴油机的最大功率分别由超负荷速度特性(曲线 4)、全负荷速度特性(曲线 2)以及限制特性(等转矩限制特性线 3 和等排气温度限制特性限制线 1)来确定。曲线 4 和曲线 2 只有在柴油机台架试验时使用。正常情况下各转速所允许达到的最大功率一般处于限制特性线以下,柴油机在各种转速下的功率如果超过限制特性所规定的上限时,其经济性和可靠性将显著下降。

2. 柴油机在各种转速下的最小功率

柴油机的最小功率由最低负荷速度特性曲线 8 来限制。这是因为当柴油机在过小

负荷下工作时每循环供油量太小,各缸的供
油量不均匀,导致各缸做功显著不均,甚至
个别气缸不喷油或不发火,柴油机运转不稳
定。同时低负荷运行时还会导致低温腐蚀
加剧。最小功率一般规定为长期使用功率
的 10%~25%。

3. 柴油机在各种负荷下可达到的最高
转速

在装有调速器的情况下,由调速特性来
限制柴油机的最高转速。如果在标定功率
下调速器使柴油机在标定转速下稳定运转,
则在负荷减小时,它将使柴油机在调速特性

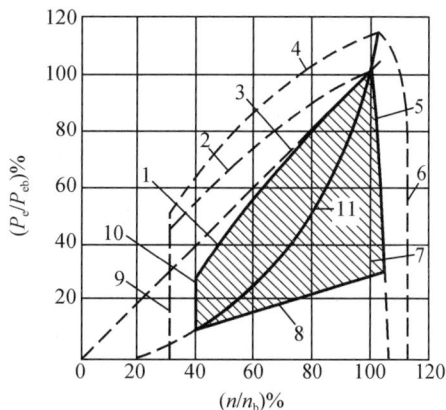

图 7-15 船用柴油机的允许运转范围

线 5 所确定的各个转速下稳定运转。同理,如果在超负荷功率下调速器使柴油机在相
应的最高转速下稳定运转,则在负荷减小时,它将限制柴油机在调速特性线 6 所确定的
各种转速下范围内工作。柴油机在各种负荷下的转速如果超过这种特性规定的范围,
会产生过大的惯性力和惯性力矩,导致机件的振动和磨损加剧,使柴油机不能安全工
作,其经济性也将下降。

4. 柴油机在各种负荷下可能达到的最低转速

柴油机在过低的转速下运转时,油泵柱塞的速度下降,泵油压力降低得过多,致使
燃油雾化不良,混合气形成的质量变差,燃烧恶化。各种定时也将变得不合适,导致柴
油机工作过程不正常,运转十分不稳定。特别是当柴油机按推进特性(曲线 11)工作
时,负荷随转速的降低而迅速减小,每循环供油量很少,从而导致柴油机运转不稳。为
了限制柴油机的最低转速,规定有两个最低工作稳定转速:曲线 9——按全负荷速度特
性工作的最低稳定转速;曲线 10——按推进特性工作时的最低稳定转速。一般低速机
的最低稳定工作转速 n_{min} 不高于标定转速 n_b 的 30%,中速机不高于 40%,高速机不高
于 45%。

综上所述,对于作为船用主机的柴油机来说,其允许的工作范围如图 7-15 上 1—
3—5—8—10 曲线所围成的(即绘有阴影线的那部分)面积。现代船用柴油机一般根据
上述原则规定允许的运行范围。

如图 7-16 所示是 MAN SMC 型柴油机带 VIT 机构的负荷图。它表示柴油机与螺
旋桨的配合情况及柴油机的持续运转范围。该图采用对数坐标,纵坐标为功率的百分
数,横坐标为转速的百分数。图中 M 为约定最大持续功率点(SMCR),A 点为 100%参
照点,通常 A=M。O 点为优化工作点,其功率等于(85%~100%)SMCR。线①是通过优
化工作点 O 的螺旋桨特性线,由螺旋桨特性可知 $P=Cn^3$,故 $\lg P=3 \cdot \lg n+C$。可见线
①为斜率等于 3 的直线;线②是船舶在污底情况下的重负荷推进特性线,通常情况线①
与线②重合;线③为持续运转的最高转速为 105%A;线④为扭矩/速度限制线,由 $M=$
$C_1 n^2$ 可以得到 $\lg M=2 \cdot \lg n+C_1$,故它为斜率等于 2 的直线;线⑤为平均有效压力限制
线,由 $P=B \cdot P_e \cdot n$ 可知,$\lg P=\lg n+B$,故它为斜率等于 1 的直线;线⑥是船舶在船体
表面光滑清洁时的轻负荷特性线,形状与线①相同,斜率等于 3;线⑦为持续运转的最
大功率,为通过 A 的水平直线;线⑧为超负荷限制特性线;线⑨为试航速度限制线,在试

航时,柴油机的最大速度限制在 107%A。

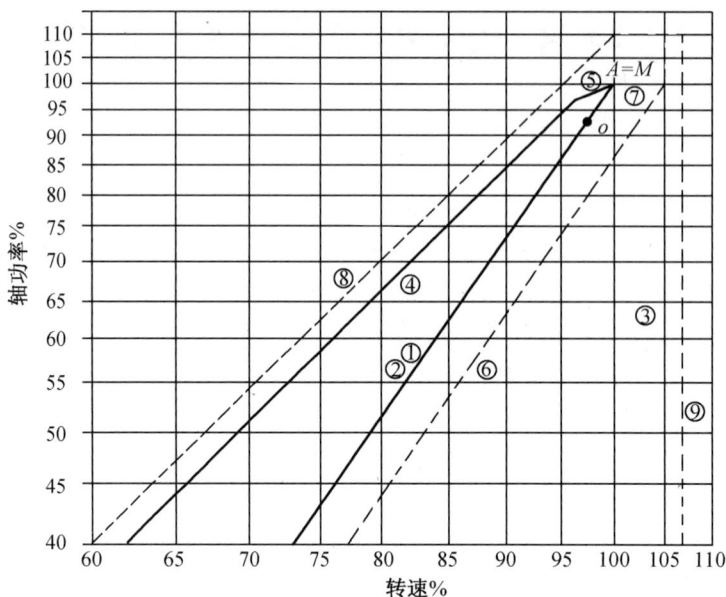

图 7-16　带 VIT 机构的柴油机负荷图

在图中线④⑤⑦③范围之内为柴油机的持续运转区。线①和④之间的区域可用于浅水航道、恶劣天气和加速工况等不稳定航行工况,在此区域运行时,柴油机没有运行时间的限制。船舶航行一段时间之后,船体和螺旋桨可能脏污,螺旋桨推进阻力增加,螺旋桨推进特性曲线逐渐由线⑥向重负荷线②接近,此时为了保持船舶航行速度,就需要增加柴油机的功率输出。图中线④⑤⑦与⑧之间区域用于超负荷运行,柴油机在超负荷运行时受到时间限制(每 12 h 允许工作 1 h)。

做一做

分小组进行柴油机负荷特性、推进特性试验,分析有效功率和有效燃油消耗率的变化规律。

项目 7
重点难点解答

想一想

1. 什么是柴油机工况?船舶柴油机根据其用途有几种工况?
2. 什么是柴油机特性?研究柴油机特性的目的是什么?
3. 什么是柴油机负荷特性?负荷特性曲线是如何测取的?
4. 柴油机全负荷速度特性如何测取的? $P_e = f(n)$ 表征的意义是什么?
5. 什么是柴油机推进特性?怎样实现柴油机与螺旋桨的合理匹配?
6. 简述 WinGD 和 MAN 两种类型柴油机的选型区域。
7. 什么是柴油机的限制特性?如何确定船舶主机的允许运转范围?

项目 8 其他船舶动力装置

【任务目标】

1. 熟悉蒸汽轮机、燃气轮机工作原理、分类,及其应用于船舶的特点和发展趋势。
2. 了解气体燃料进入发动机的方式,掌握目前应用于船舶主流类型的气体燃料发动机。
3. 熟悉船舶电力推进系统的组成、适用船舶特征以及未来突破的核心技术。
4. 比较柴油机、汽轮机、燃气轮机、气体燃料发动机、电力推进系统的特点。

任务 8.1 汽 轮 机

汽轮机(又称蒸汽轮机)是用一定温度和压力蒸汽做功的一种旋转式热力原动机,它的优点是功率大、效率高、结构简单、易损件少、运行安全可靠、调速方便、振动小、噪音小、防爆等。船舶汽轮机作为一种船舶推进用的主推进装置,具有和热力发电汽轮机同样长久的历史。汽轮机作为船舶动力装置,始于 1897 年,"透平尼亚号"在维多利亚女王的观舰式上横空出世,达到了前所未有的 34.5 kn 的航速,使整个世界为之震动。查尔斯·帕森斯的精彩表演向全世界表明,汽轮机这种船舶新动力已经具备了挑战传统往复式汽轮机的能力。

汽轮机

（PDF）

汽轮机如今只能在一小片领域找到立足之地,那就是 LNG 船的推进,因为它们使用从 LNG 中蒸发的天然气作为燃料,但是就是这个小小的市场现在也受到双燃料柴油机以及 LNG 再液化系统的威胁。汽轮机在民用船舶市场已成明日黄花,但在大型军舰上应用较广泛。

8.1.1 汽轮机基本工作原理

汽轮机是将蒸汽的热能转换成机械能的蜗轮式机械。工作蒸汽要在汽轮机内经过两次能量转换:先在喷嘴的部件中把蒸汽的热能转变为蒸汽高速运动的动能,然后高速汽流在转动的工作叶片槽道中把动能转变为机械功,推动螺旋桨或发电机做功。如图 8-1 所示,在汽轮机中,蒸汽在喷嘴 3 中发生膨胀,压力降低,速度增加,热能转变为动能。高速汽流经过动叶片 4 时,由于汽流方向改变,产生了对叶片的冲动力,推动叶轮 2 旋转做功,将蒸汽的动能变成轴旋转的机械能。

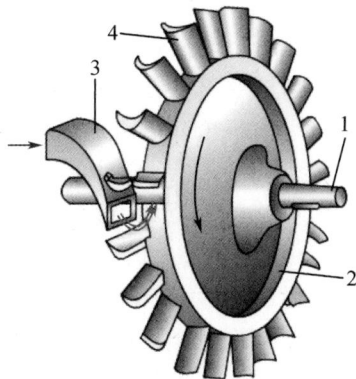

1—轴;2—叶轮;3—喷嘴;4—动叶片。

图 8-1 冲动式汽轮机工作原理图

蒸汽通过喷嘴时,压力下降,体积膨胀形成高速汽流,推动叶轮旋转而做功。如果蒸汽在叶片中压力不再降低,也就是蒸汽在叶片通道中的流速(即相对速度)不变化,只是依靠汽流对叶片的冲击力而推动转子转动,这类汽轮机称为冲动式,也称压力级,在工业中应用广泛。如果蒸汽在叶片中继续膨胀的速度比进口时大,那么这种汽轮机的做功不仅源自蒸汽对叶片的冲击力,而且还源自蒸汽相对速度的变化而产生的巨大反作用力,因此这类汽轮机称为反动式汽轮机。

热能→动能→机械能,这样一个能量转换的过程,便构成了汽轮机做功的基本单元部分,通常称这个做功单元为汽轮机的级。只有一列喷嘴和一列动叶片组成的汽轮机叫单级汽轮机。如图 8-2 所示,蒸汽在喷嘴中发生膨胀,压力由 p_0 降至 p_1,流速从 c_0 增至 c_1,将蒸汽的热能转变为动能。蒸汽进入动叶栅后,改变流动方向,产生了冲动作用力使叶轮旋转做功,将蒸汽动能转变为转子的机械能。蒸汽离开动叶栅的速度降至 c_2。由于蒸汽在动叶栅中不膨胀,所以动叶栅前后压力相等,即 $p_1=p_2$。

由于单级汽轮机的功率较小,且损失大,故若使汽轮机发出更大功率,需要将许多级串联起来,制成多级汽轮机。由几个单级串联起来的叫多级汽轮机。多级汽轮机的第一级又称为调节级,该级在机组负荷变

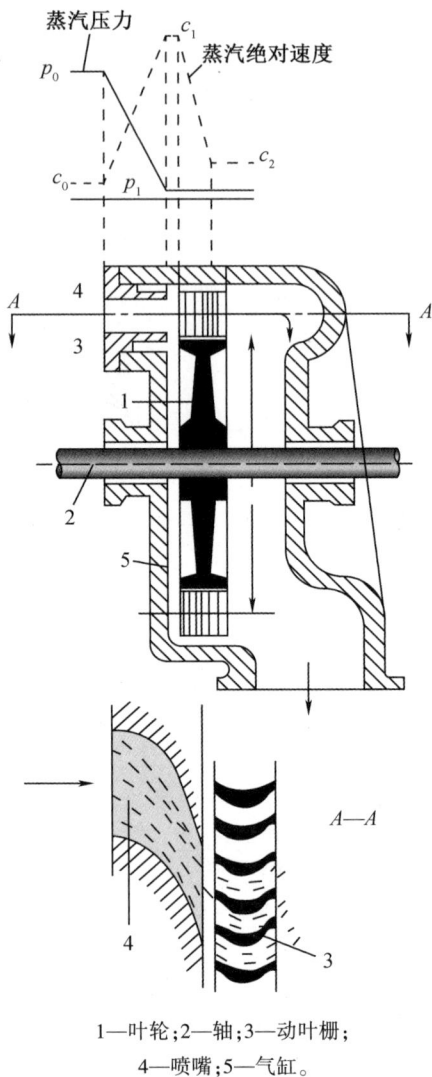

1—叶轮;2—轴;3—动叶栅;
4—喷嘴;5—气缸。

图 8-2 单级冲动式汽轮机工作原理图

化时,通过改变部分进汽量来调节汽轮机负荷,而其他级任何工况下都为全周进汽,称为非调节级。图 8-3 所示为一种具有三个冲动级的多级冲动式汽轮机。整个汽轮机的比焓降分别由三个冲动级加以利用。蒸汽进入气缸后,在第一级喷嘴 2 中发生膨胀,压力由 p_0 降至 p_1,汽流速度由 c_0 增至 c_1,然后进入第一级动叶栅 3 中做功,做功后流出动叶栅的汽流速度降至 c_2,由于蒸汽在动叶栅中不发生膨胀,动叶栅后的压力(即第一级后压力)即等于喷嘴后的压力 p_1,从第一级流出的蒸汽,再依次进入其后的两级并重复上述做功过程,最后从排汽管中排出。

由于高压蒸汽一次降压后汽流速度极高,因而叶轮转速极高,将超过目前材料允许的强度。因此采用压力分级法,每次在喷嘴中压力降都不大,因而汽流速度也不高,高压蒸汽经多级叶轮后能量既充分得到利用而叶轮转速也不超过材料强度许可范围。这就是采用多级汽轮机的原因。

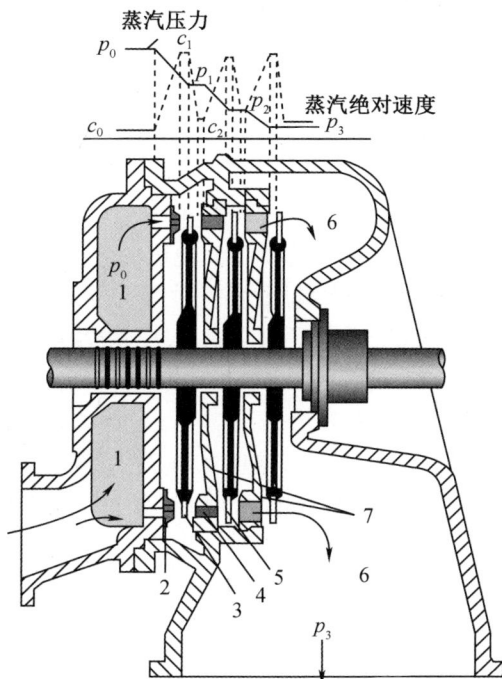

1—新蒸汽室;2—第一级喷嘴;3—第一级动叶栅;4—第二级喷嘴;
5—第二级动叶栅;6—排汽管;7—隔板。

图8-3 多级冲动式汽轮机工作原理图

如果由于蒸汽离开每一级叶片的流速过高,为了充分利用汽流的动能,可用导向叶片将汽流引入第二排叶片中(每一个叶轮可安装二排叶片)进一步推动转轴做功,这称为速度分级,简称速度级(又称复速级)。速度级常用于小型汽轮机或汽轮机的第一级。

8.1.2 汽轮机的种类

汽轮机的种类繁多,根据工作原理、性能、结构特点等,可按如下几方面进行分类。

(1)依其做功原理的不同,汽轮机可分为冲动式汽轮机和反动式汽轮机两种类型。两种类型各具特点,各有发展空间。冲动式与反动式在构造上的主要区别在于:冲动式的动叶片出、入口侧的横截面相对比较匀称,汽流通道从入口到出口面积基本不变;反动式的动叶片出、入口侧的横截面不对称,叶型入口较肥大,而出口侧较薄,汽流通道从入口到出口呈渐缩状。

(2)按工质流动方向的不同,汽轮机可分为工质基本沿汽轮机轴线方向流动的轴流式汽轮机、工质沿汽轮机径向流动的径流式汽轮机。

(3)按转子轴线位置来分,汽轮机可分为水平式汽轮机(或称卧式汽轮机)、垂直式汽轮机(或称立式汽轮机,常用来拖动辅机)。

(4)按气缸数目来分,汽轮机可分为单缸汽轮机组(用作辅机或小功率主机)、多缸汽轮机组(目前舰船主机多采用多缸,大功率电站机组气缸数目可多达4~6个)。

(5)按流路数目来分,汽轮机可分为单流路汽轮机(工质蒸汽只按一个方向流动)、双流路汽轮机(工质按对称方向流动,又分为相向分流和反向分流)。汽轮机做成双流路可以缩小叶片高度,增大排汽口面积而增加机组功率,可以平衡轴向力等。

(6)按传动方式来分,汽轮机可分为直接传动汽轮机(目前只有某些辅助汽轮机和电站汽轮机组是直接传动的)、带有传动机构的汽轮机(发出的功率经传动设备传递给被拖动机械)。

(7)按汽轮机工作转速来分,汽轮机可分为定速汽轮机(工作过程中负荷变化时转速保持不变)、变速汽轮机(转速随负荷变化而变化)。

(8)按新蒸汽参数分类,汽轮机可分为低压汽轮机(新汽压力为 1.2~1.5 MPa)、中压汽轮机(新汽压力为 2.0~4.0 MPa)、次高压汽轮机(新汽压力为 5.0~6.0 MPa)、高压汽轮机(新汽压力为 6.0~10.0 MPa),此外还有超高压、亚临界压力、超临界压力汽轮机等。

8.1.3 汽轮机设备组成

汽轮机主要由转动部件(转子)和固定部件(静子)组成。转动部件包括叶栅、叶轮或转子、主轴和联轴器及紧固件等。固定部件包括气缸、蒸汽室、喷嘴室、隔板、隔板套(或静叶持环)、汽封、轴承、轴承座、机座和有关紧固零件等。套装转子的结构如图 8-4 所示。套装转子的叶轮、轴封套、联轴器等部件和主轴分别制造,然后将它们过盈配合热套在主轴上,并用键传递力矩。

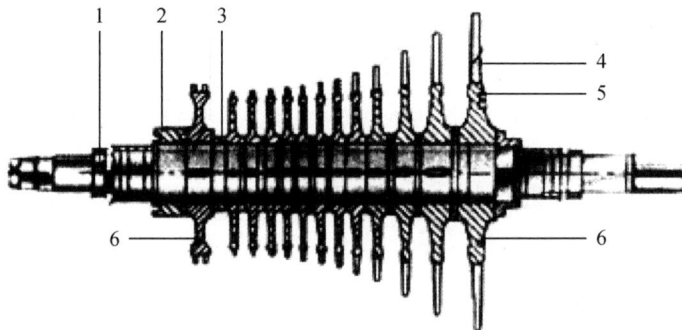

1—油封环;2—油封套;3—轴;4—动叶槽;5—叶轮;6—平衡槽。

图 8-4 套装转子结构

为了保证汽轮机正常工作,需配置必要的附属设备,如管道、阀门、凝汽器等,汽轮机及其附属设备的组合称为汽轮机设备,图 8-5 为汽轮机设备组成图。来自蒸汽发生器的高温高压蒸汽经主汽阀、调节阀进入汽轮机。由于汽轮机排汽口的压力大大低于进汽压力,蒸汽在这个压差作用下向排汽口流动,压力和温度逐渐降低,部分热能转换为汽轮机转子旋转的机械能。完成做功的蒸汽称为乏汽,从排汽口排入凝汽器,在较低的温度下凝结成水,此凝结水由凝结水泵抽出送至由蒸汽发生器构成的封闭热力循环。为了吸收乏汽在凝汽器放出的凝结热,并保护较低的凝结温度,必须用循环水泵不断地向凝汽器供应冷却水。由于汽轮机的尾部和凝汽器不能绝对密封,其内部压力又低于外界大气压,因而会有空气漏入,最终进入凝汽器的壳侧。若任空气在凝汽器内积累,凝汽器内压力必然会升高,导致乏汽压力升高,减少蒸汽对汽轮机做的有用功,同时积累的空气还会带来乏汽凝结放热的恶化,这两者都会导致热循环效率的下降,因而必须将凝汽器壳侧的空气抽出。凝汽设备由凝汽器、凝结水泵、循环水泵和抽气器组成,它的作用是建立并保持凝汽器的真空,以使汽轮机保持较低的排汽压力,同时回收凝结水循环使用,以减少热损失,提高汽轮机设备运行的经济性。

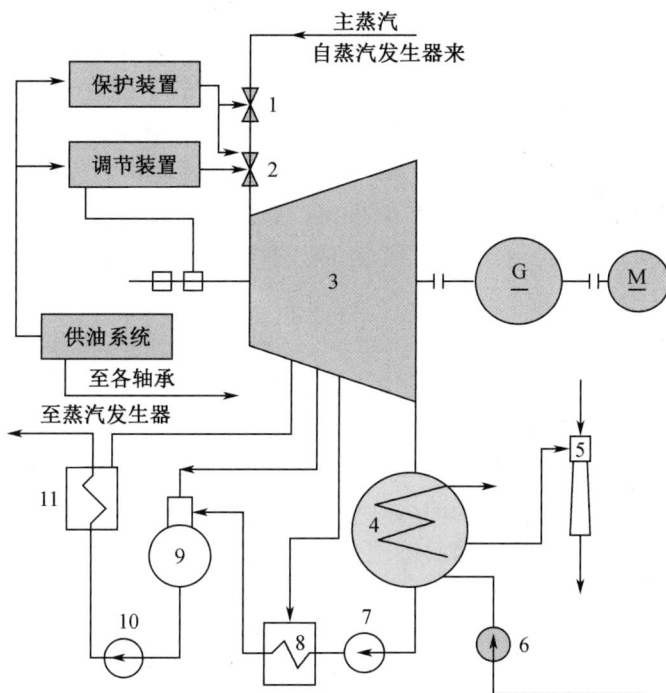

1—主汽阀;2—调节阀;3—汽轮机;4—凝汽器;5—抽汽器;6—循环水泵;7—凝结水泵;
8—低压加热器;9—除氧器;10—除水泵;11—高压加热器;G—发电机;M—电动机。

图 8-5　汽轮机设备组成图

为了调节汽轮机的功率和转速,每台汽轮机有一套由调节装置组成的调节系统。另外,汽轮机是高速旋转设备,它的转子和定子间隙很小,是庞大又精密的设备。为保证汽轮机安全运行,配有一套自动保护装置,以便在异常情况下发出警报,在危急情况下自动关闭主汽阀,使之停运。调节系统和保护装置常用压力油来传递信号和操纵有关部件。汽轮机的各个轴承也需要油润滑和冷却,因而每台汽轮机都配有一套润滑油系统。总之,汽轮机设备是以汽轮机为核心,包括凝汽设备、回热加热设备、调节和保护装置及供油系统等附属设备在内的一系列动力设备组合。正是靠它们协调有序地工作,才得以完成能量转换的任务。

8.1.4　汽轮机的工作特点

汽轮机工作原理和往复式机械不同。汽轮机在国民经济各部门中得到广泛应用,也用来作为舰船动力装置主机。和往复式发动机相比,汽轮机具有下列突出的特点。

(1)汽轮机工作稳定

汽轮机连续工作时温度和应力场稳定、工质流动连续不间断。在稳定工况时,汽轮机各部分压力、温度、应力也都是稳定的,则主要部件的温度场和受力状态都是稳定的,因此材料的使用、强度计算比较简单、可靠。而内燃机或蒸汽机不仅工质流动是脉动的,气缸的工质参数也是周期性变化的,各承力部件受到周期性冲击载荷作用。

（2）汽轮机是高速回转机械

汽轮机的主要运动部件都做高速回转运动。运动部件的高速回转,可以使发动机设计得质量轻、尺寸小。另一方面回转运动是比较简单的运动方式,工作中除了轴承外没有机械磨损部件,工作平稳,振动噪声小。运行中维护操纵简单,需更换部件少,所以工作寿命很长,一般可达 20 年以上,并可在现场进行检修。往复机械则不然,其机件运动复杂,有往复运动,也有回转运动,不仅限制了运动速度,且因受力状态不好,工作时振动、噪声大,易磨损,需要更换的部件也多,维护操纵复杂;机器的工作寿命短,优良的高速柴油机工作寿命有 5 000 h,并必须进厂修理,较差的柴油机工作寿命只有 500 h。虽然大功率低速柴油机的工作寿命较长,但其质量、体积非常庞大,只能在民用船舶上应用。

（3）汽轮机工质流速高

因为工质在汽轮机流通部分内运动是连续不断的,可以实现流动损失较小的高速流动,这样在单位时间进入汽轮机内的工质数量多,汽轮机就可以发出强大的功率,所以汽轮机的单机功率目前可以达到 1 500 MW,这是任何其他种类发动机望尘莫及的。舰船用机组因为受到传动设备和螺旋桨吸收功率的限制,功率一般不超过 52 000～55 000 kW,也远远大于中、高速柴油机的功率。往复机械工作中工质运动是连续的,这就限制了往复机械功率的提高,目前低速柴油机单机功率虽然达到 20 000 kW 以上,但活塞直径也在 1 m 以上。三级式蒸汽机的功率只达到 2 900 kW。

另外,汽轮机设计制造工艺都很成熟,工作安全可靠,可使用普通材料,各国都已标准化。汽轮机组可以燃用各种燃料:重油、渣油、煤、褐煤等,应用核燃料作为能源更是汽轮机应用的新途径,这无疑是其他种类发动机所不能比拟的。但事物的发展都具有两面性,汽轮机也因存在如下一些缺点,限制了其在一些领域的进一步发展,目前在舰船上的应用正受到中速柴油机和燃气轮机的挑战。

（1）汽轮机装置复杂

虽然汽轮机本体结构简单,维护运行方便,但其工作时需要蒸发器或锅炉及大量辅机配合进行,这就增加了运行和维护的工作量,虽然提高动力装置自动化使其得到改善,但与柴油机相比则是一个很大的缺点。

（2）汽轮机装置耗油率较高

目前舰船用汽轮机装置的耗油率比柴油机要高一些。由表 8-1 看出,与燃气轮机装置相比数值上相差不多,但燃气轮机燃用的是价格昂贵的煤油或柴油,而汽轮机装置的燃料是重油,价格要便宜得多,而电站汽轮机装置燃用的主要是煤粉,经济性反而更好些。

表 8-1　各种动力装置经济性比较

动力装置类型	循环效率	耗油率/(kg/(kW·h))
内燃机动力装置(高速)	30%～40%	
内燃机动力装置(中速)		0.17～0.20
内燃机动力装置(低速)		0.145～0.200
燃气轮机装置	30%～41%	0.18～0.35
汽轮机装置	25%～35%	0.22～0.30
核动力装置	10%～31%	

（3）汽轮机装置的相对质量指标较高

与高速柴油机及燃气轮机相比较,目前汽轮机装置的相对质量为 13.6~20.4 kg/kW,中速柴油机约为 16.32~23.12 kg/kW,低速柴油机则达 54.4~95.2 kg/kW,燃气轮机中加速机组为 0.816~27.200 kg/kW。

（4）汽轮机机动性较差

常规蒸汽动力装置正常启动需要 1 h,紧急启动时也需要 20 min 才能离开码头,且不能全负荷工作。而内燃机和燃气轮机的机动性都很好,只需要 3~5 min 就可以达到全负荷工作。

尽管如此,汽轮机装置作为大型舰船的主机仍占有一定的地位。中速柴油机的单机功率小,不能满足驱逐舰以上大、中型舰艇需要;燃气轮机应用也受到世界范围内"能源危机"的影响,特别是在我国燃气轮机的制造工艺、材料、配套装置上还存在不少问题,短时间内还不能成套自给。因此,目前对驱逐舰以上的大型舰艇采用汽轮机装置仍是主要的选择。大型发电厂不论是常规电厂还是核电厂,汽轮机仍是唯一的发动机类型。核动力装置用汽轮机,基本是以饱和蒸汽和具有很小过热蒸汽为工质,因此核动力汽轮机属饱和汽轮机。虽然它和过热汽轮机具有相同的工作原理,但湿蒸汽给汽轮机的工作带来不可忽视的影响,所以两者的设计思想、材料、辅助设备等都有所不同。

任务 8.2　燃 气 轮 机

8.2.1　燃气轮机工作原理

燃气轮机是一种连续回转的叶轮机械式内燃机,主要由燃气发生器和动力涡轮组成,再配以进气、排气控制,以及其他辅助系统。燃气发生器由压气机（compressor）、燃烧室（combustor）、涡轮（turbine,简称"透平"）三大部件构成,如图 8-6 所示。

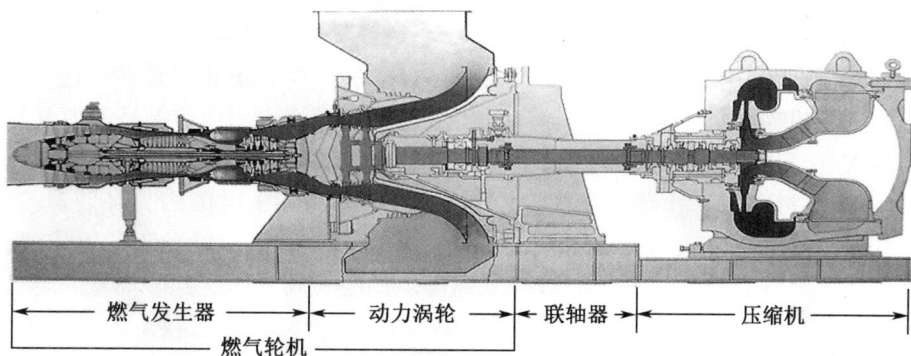

燃气轮机（PDF）

图 8-6　燃气轮机主要组成部件

为了保证燃气轮机的正常工作,除了上面提及的三个主要部件以外,还必须根据不同的技术要求和使用条件设置复杂程度、技术标准不同的附属系统和设备,如燃油系统、滑油系统、附件传动装置、空气冷却系统、启动系统、调节安保系统等。对于船舶燃气轮机推进装置,还应设置进气滤清系统、通流清洗系统等。

如图 8-7 所示,压气机从外界大气环境吸入空气,并经过轴流式压气机逐级压缩使之增压,同时空气温度也相应提高;压缩空气被压送到燃烧室与喷入的燃料混合燃烧,生成高温高压的气体;然后再进入涡轮中膨胀做功,推动涡轮带动压气机和外负荷转子一起高速旋转,使气体或液体燃料的化学能转化为机械功。从涡轮中排出的废气排至大气自然放热。这样,燃气轮机就把燃料的化学能转化为热能,又把部分热能转变成机械能。通常在燃气轮机中,压气机是由燃气涡轮膨胀做功来带动的,它是涡轮的负载。在燃气轮机启动的时候,首先需要外界动力,一般是启动机带动压气机,直到燃气涡轮发出的机械功大于压气机消耗的机械功时,外界启动机脱扣,燃气轮机才能自身独立工作。

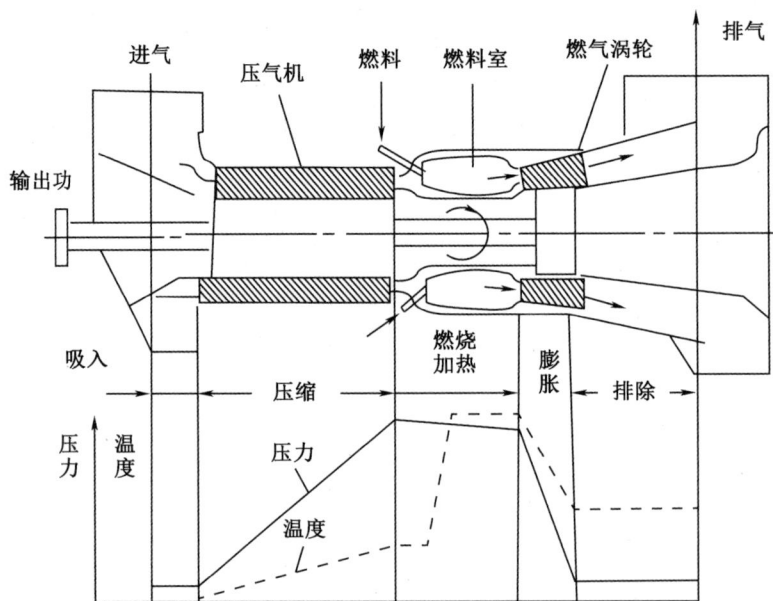

图 8-7 燃气轮机的工作过程

燃气轮机在空气和燃气的主要流程中,只有压气机、燃烧室和燃气涡轮这三大部件组成的燃气轮机循环,通称为简单循环,大多数燃气轮机均采用简单循环。燃气轮机的工质来自大气,最后又排至大气,属开式循环;工质被封闭循环使用的是闭式循环。此外,还有回热循环和复合循环。燃气轮机与其他热机相结合称为复合循环装置。

图 8-8 所示为简单开式等压燃烧的燃气轮机简图。燃气轮机在正常工作时,压气机从外界吸入空气并使之增压,同时,空气温度也相应提高。压送到燃烧室的空气与燃油喷嘴喷入的雾化燃油混合燃烧,形成了高温、高压的燃气。燃气在涡轮中膨胀做功,推动增压涡轮带动压气机和外负荷转子一起高速旋转。这样,燃气轮机就把燃油的化学能转变成热能,又把部分热能转变成机械能。由此可知,它不同于往复式内燃机和外燃式汽轮机,是一种以连续流动的气体工质等压内燃的连续回转叶轮机械式新型热

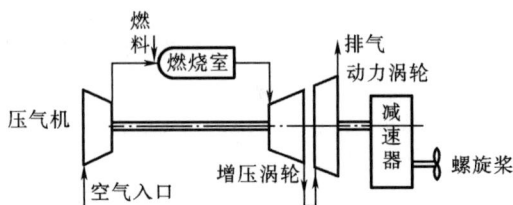

图 8-8 简单开式等压燃烧的燃气轮机简图

机。从涡轮中排出的燃气,或直接排至大气自然放热,或引入余热回收设备中利用部分余热后再排至大气。通常,涡轮发出的机械能约 2/3 用来驱动压气机,其余 1/3 左右的机械能则通过燃气轮机的输出轴和传动装置驱动外负荷(如发电机、螺旋桨等)。

船舶燃气轮机推进装置由进、排气装置、主传动装置(含减速器和轴系等)、船舶燃气轮机、推进器(螺旋桨)和监控系统组成。显然,船舶燃气轮机是船舶燃气轮机推进装置的心脏(核心),燃气轮机产生的轴输出功率推动螺旋桨旋转,实现船舶推进。

用作船舶推进动力的船舶燃气轮机称为主燃气轮机。在船舶各种航速下都投入使用的主燃气轮机称为全工况船舶燃气轮机。在船舶巡航时提供推进动力的主燃气轮机称为巡航船舶燃气轮机。在高速航行或应急机动时开动的主燃气轮机称为加速船舶燃气轮机。此外,燃气轮机也可作为驱动船舶的辅助机械,如发电机、海水泵、风机等,称为辅助船舶燃气轮机。

8.2.2　燃气轮机在舰艇上的应用

燃气轮机船舶动力装置的优点是结构简单、工作可靠、单机功率大、体积小、质量轻、启动加速性好、运转平稳、振动小、水下噪声小、维护使用简单、操作方便、易于实现远距离自动操纵和监控等优点。燃气轮机用作船舶推进主机可大幅度提高和改善现代舰艇的战术技术性能,因而在军用舰艇上得到了广泛应用。但燃气轮机动力装置也具有耗油率偏高(特别是变工况时耗油率更高)、翻修寿命较短(8 000~10 000 h)、排气温度较高,空气流量大,要求的进、排气装置尺寸较大等问题,倒车方面也存在一些技术困难。由于燃气轮机动力装置目前的经济性较差,实际上影响了其在民用船舶上的应用。采用燃气轮机动力装置的舰艇,其推进的应用方式有下列几种类型。

1. 蒸-燃联合动力装置(COSAG)

蒸-燃联合动力装置是主机由汽轮机和燃气轮机组成的联合动力装置。汽轮机和燃气轮机用并车齿轮箱机械地联系在一起,产生推进动力。汽轮机和燃气轮机热力系统是各自独立的。通常用汽轮机巡航,加速时并入燃气轮机与汽轮机共同驱动螺旋桨,以获得舰艇的高航速。这是一种最早出现的联合推进方式。由于汽轮机动力装置质量、尺寸较大,随着全工况燃气轮机的发展,已能满足各种功率要求,为使装置简化,在中、小型水面舰艇中蒸-燃联合动力装置已由柴-燃联合动力装置或全燃联合动力装置所取代。

2. 柴-燃交替联合动力装置(CODOG)

柴-燃交替联合动力装置是主机由柴油机和燃气轮机组成的联合动力装置。针对燃气轮机在低工况运行时经济性差、启动快和单机功率大,柴油机在所有工况下都运行平稳,又便于反转的特点,20 世纪 60 年代各国将柴油机和燃气轮机组成联合动力装置,成为中、小型水面舰艇的主要动力装置应用形式之一。如柴油机在总功率中所占比例较小,约 25%左右,柴油机仅作巡航用,大于巡航航速工况时,柴油机停车,改用燃气轮机工作。

3. 柴-燃并列联合动力装置(CODAG)

柴-燃并列联合动力装置是柴油机和燃气轮机可同时使用的联合动力装置,巡航时使用柴油机,加速时燃气轮机与柴油机同时工作。舰艇的巡航航速较高,即柴油机功率在总功率中所占比例较大,约 50%,则柴油机必须在所有工况下都工作,而燃气轮机只在大于巡航航速时才投入使用。

4. 燃-燃交替联合动力装置（COGOG）

燃-燃交替联合动力装置是燃气轮机和燃气轮机交替使用的联合动力装置。舰艇装备不同型号的燃气轮机，其中功率较小、耗油率较低的燃气轮机作为巡航机使用。功率较大的燃气轮机作为加速机组，两者交替使用。

5. 燃-燃并列联合动力装置（COGAG）

燃-燃并列联合动力装置是燃气轮机和燃气轮机可同时使用的联合动力装置，舰艇装备两台以上相同型号的燃气轮机联合推进。例如，美国 DD963 驱逐舰即装备了由四台 LM2500 船舶燃气轮机组成的联合动力装置、双轴推进，每轴并列安装两台 LM2500 船舶燃气轮机。全速工作时，四台机组同时工作，航速可达 30 kn 以上。巡航时，每根轴上开动一台燃气轮机并在低工况下工作。

6. 燃-蒸联合动力装置（COGAS）

燃-蒸联合动力装置是燃气轮机和汽轮机的复合动力装置。两者不仅在机械上，而且在热力系统上联合在一起。以燃气轮机产生基本功率，而利用余热锅炉回收燃气轮机排气中的部分热能，产生蒸汽，驱动汽轮机，发出附加功率（一般附加功率占总功率的 25% 左右）。这样，可以有效地增加输出功率、减小耗油率，提高装置的经济性。

随着对船舶燃气轮机和联合动力装置的深入探索及研究，必将促进船舶燃气轮机用于船舶推进方式的变革和各种联合动力装置的改进。例如，间冷-回热燃气轮机、平行复合双流程式循环燃气轮机、余热利用进气冷却式燃气轮机等的开发研制，带动船舶燃气轮机推进方式的新变化。

8.2.3 舰船燃气轮机特点

舰船动力装置主要有蒸汽动力装置、柴油机动力装置、核动力装置、燃气动力装置和联合动力装置。前两种装置发展得比较早，广泛应用于各类舰船，后面三种，系近十多年来迅速发展起来的新型动力装置。舰船燃气轮机动力装置是指以燃气轮机为主机的全燃化动力装置，自 20 世纪 50 年代末期起，尤其是 60 年代中期以来，已得到了极其广泛的应用。功率总数日益增长，装舰使用范围日益扩大，已由快艇发展到了护卫舰、导弹驱逐舰、巡洋舰和直升机航空母舰等。

1. 舰船燃气轮机的优势

在军舰动力方案选择上，燃气轮机的主要竞争是舰用柴油机和舰用蒸汽轮机，但是由于燃气轮机先天优势与军舰动力系统性能要求更为吻合，燃气轮机成为各国军舰动力系统发展的唯一选择。老牌海军强国如美国、英国的主力水面作战舰艇早已完成动力燃气轮机化。

（1）燃气轮机比功率极大

一般情况下，同等功率燃气轮机的体积是柴油机的 1/5 ~ 1/3，是汽轮机的 1/10 ~ 1/5。这是由于燃气轮机本身精巧的连续转动热力学循环结构造成的，体积小、功率大，非常适合军舰分舱小、航速要求高的特点。

（2）燃气轮机的启动速度快

虽然燃气轮机的转速是三种动力系统中最高的，但是由于整个转子十分轻巧，在启动机帮助下 1 ~ 2 min 就可以达到最高转速。而柴油机由于转子运动源于活塞的往复，加速较慢,汽轮机更是"反应迟钝",整个系统达到最高功率输出可能需要长达1 h的时间。而启动速度对于军舰的战时出动和反潜作战时加减速性能有着直接的影响。

(3)燃气轮机噪声低频分量很低

由于燃气轮机本身处于高速稳定转动当中,产生的噪声更多是高频噪声。而柴油机的活塞往复产生了大量低频机械振动噪声,恰好迎合了海洋容易传播低频噪声的特点,导致军舰容易被敌方声呐探测。所以柴油机动力尤其不适合反潜军舰作动力系统。

2.舰船燃气轮机的劣势

由于燃气轮机工作时需要吸入大量的新鲜空气,同时排放出大量的废气,因此燃气轮机在军事舰艇中的使用会带来排烟系统占据大量舰艇空间,也就是需要较汽轮机更大的烟囱,从而导致其余设备在空间和结构上的局限性。

3.燃气轮机发展趋势

燃气轮机是一种先进而复杂的成套动力机械装备,是典型的高新技术密集型产品。作为高科技的载体,燃气轮机代表了多理论学科和多工程领域发展的综合水平,是21世纪的先导技术。发展集新技术、新材料、新工艺于一身的燃气轮机产业,是国家高技术水平和科技实力的重要标志之一,具有十分突出的战略地位。

(1)提高燃气轮机的工作效率

关键是提高燃气初温,即改进涡轮叶片的冷却技术,研制能耐更高温度的高温材料;提高压缩比,研制级数更少而压缩比更高的压气机;提高各个部件的效率。

(2)采用高温陶瓷燃料

能在1 360 ℃以上的高温下工作,做涡轮叶片和燃烧室的火焰筒等高温零件时,就能在不用空气冷却的情况下大大提高燃气初温,从而较大地提高燃气轮机效率。适合燃气轮机的高温陶瓷材料有氮化硅(Si_3N_4)和碳化硅(SiC)等。

(3)利用核能

按闭式循环工作的装置能利用核能,用高温气冷反应堆作为加热器,反应堆的冷却剂(氦或氮等)同时作为压气机和涡轮的工质。

(4)发展燃煤技术

重点研制燃煤的燃气-蒸汽联合循环装置,可用沸腾炉燃煤,也可将煤先气化后再燃用。煤气化的煤气-蒸汽联合循环装置能达到更高的效率,颇引人注目。此外,在燃气轮机中直接燃煤也是人们正在研究的新技术。

任务8.3 气体燃料发动机

由于石油价格的走高,导致燃料油的价格上涨,使用燃料油来驱动船舶将不再经济。同时,能源枯竭的危险,加之国际社会对排放要求日益严格,提高船舶的营运经济性和降低废气排放成为21世纪船舶运输业的核心问题。因此,人类不得不探索新能源以代替化石燃料。而天然气作为一种清洁、方便、高效和安全的优质能源越来越受到各国的重视。

双燃料发动机
(PDF)

船用液化天然气燃料因含硫量极少、C/H比低、辛烷值高、来源广泛,可有效减少SO_x、CO_2和微粒排放,满足排放控制区的法规要求,能降低航运成本,减少对石油基燃料的依赖。

8.3.1　气体燃料发动机的类型

随着天然气作为石油替代燃料的推广和普及,燃用天然气的发动机也在快速发展,并衍生出很多种类。通常根据发动机的燃料类型、进气方式和点火方式的不同,对燃气发动机进行大致的划分。

1. 按燃料类型分

根据使用燃料的不同,气体燃料发动机可以分为纯气体燃料发动机(气体机)和双燃料发动机。

气体机是指仅使用天然气作为燃料的发动机。这样就可以完全根据天然气的燃料特性进行发动机的结构优化和设计,包括合理地选择压缩比、优化点火控制并提高点火能量及改进增压技术等,改善天然气的燃烧过程,最终使发动机获得更好的动力性、经济性及排放性。

双燃料发动机是在柴油发动机的基础上改装而成的,一般来说,可根据所能获得的燃料情况,在气体燃料和液体燃料之间进行切换。双燃料发动机可分为两种:一种为"微引燃式",其特点是当发动机处于燃气模式时,缸内可燃气混合气由少量燃油点火,除去这一小部分点火燃油,发动机对外做功的能量全部由气体燃料提供;另一种为"混烧式",其特点是燃油和天然气在缸内一起燃烧,燃油不仅起到点燃气体燃料的作用,同时还提供相当一部分对外做功的能量,发动机可根据工况变化来调整燃油和天然气的比例,以适应负荷的变化。

2. 按进气方式分

气体燃料发动机可按天然气的供给方式,简要地分为两大类:缸外进气和缸内进气发动机。缸外进气又分为总管进气和支管进气,而总管进气又有增压器前进气和增压器后进气两种;缸内进气则通常指缸内直喷,分为低压缸内直喷和高压缸内直喷两种形式。

(1)缸外进气

总管进气类似于传统汽油机的可燃气混合气形成方式,天然气在进入气缸之前与空气在总管内混合形成可燃气,主要包括混合器供气和喷射阀供气两种方式。其中,混合器通常安装在涡轮增压器前,天然气管路和混合气相通,且通往混合器的天然气处于零压状态。发动机运转时,利用压气机进口处空气流动在混合器内所形成的真空度将天然气抽出,与空气形成可燃混合气,并通过空气进气总管进入气缸燃烧做功。而喷射阀通常安装在中冷器后,发动机运转时,燃气喷射阀将略高于增压空气压力的燃气直接喷入进气总管,与空气形成可燃气混合气,随后通过空气进气总管进入气缸燃烧做功。

上述两种总管进气式发动机,由于多个气缸共用一个混合器或燃气喷射阀,故称为"单点喷射"发动机。由于天然气与空气在进气总管内预先混合,故亦称为"预混合"发动机。

总管进气发动机的优点是结构简单,只需安装混合器或燃气喷射阀,并增加一套燃气供应系统,可完全保留柴油机的燃油喷射系统。但也存在诸多缺点:一是总管存在爆炸危险,进气总管内由于始终存在可燃混合气,一旦出现火源,即可能发生燃烧甚至爆炸,因此此类发动机进气总管上一般安装防爆阀。二是爆燃问题,由于采用预混燃烧,可燃混合气参与缸内压缩过程,因此必须对燃气的抗爆燃性提出要求。对于"混烧式"

发动机,为避免爆燃,燃气的比例不能过高,目前一般在70%以下。三是空燃比控制不够精确,由于采用单点喷射方式,只能对整机的空燃比进行调节,不能实现单缸精确控制。此外,气阀重叠期间部分可燃混合气不可避免地会随气流直接经由排气阀排出缸外,从而造成能源浪费以及碳氢化合物排放增加。

支管进气发动机通常在每一空气进气支管的根部安装一个燃气喷射阀,或在每一气缸盖的进气道上安装燃气喷嘴。燃气喷射阀依照电控单元指令定时、定量地向相应气缸的进气支管/进气道喷射天然气,并与空气混合后进入气缸。由于各缸使用单独的燃气喷射装置,故可称为"多点喷射"发动机。

支管进气发动机的主要优点是空燃比可实现单缸控制。由于采用多点喷射技术,可独立调节各缸的燃气供应量,从而实现单缸空燃比控制,有利于提高发动机热效率,降低排放。同时,发生单缸爆燃时可不必停机,只需逐步减少发生爆燃的气缸内的燃气供应量,直至爆燃消失,再逐步恢复该缸燃气供应量至正常水平。此外,发动机可依据各缸配气定时,使燃气喷射阀的开启时刻避开气阀重叠角,从而避免燃气在气阀重叠开启期间随空气直接被扫出,节约燃料。但支管进气发动机仍存在爆燃问题,并且须在进气支管根部安装多套燃气喷射阀,或对缸盖进行加工以安装燃气喷射阀,成本相对较高。

（2）缸内进气

缸内进气即缸内直喷,天然气在活塞上行的过程中通过喷射阀直接喷入气缸。采用此种进气方式时一般先将天然气压缩至规定压力（通常在20 MPa以上）,气体喷射阀在压缩终点附近直接将天然气喷入气缸内的热空气中,通过较高能量的电火花点燃或柴油引燃混合气。

缸内直喷发动机的主要优点是没有爆燃问题,由于燃气不参与压缩过程,因此对其没有抗爆性能的要求,发动机对燃气的适应性好。由于不存在爆燃问题,缸内直喷天然气发动机可采用与柴油机相当的压缩比,因而具有较好的动力性与经济性。缸内直喷发动机的主要缺点在于高压燃气喷射系统复杂、成本高昂。由于要在压缩终点附近将天然气喷入,因而需要采用高压泵,同时由于气体压力很高,对管路的材料、强度、密封性能等均有很高要求,造成成本增加。此外,在气缸盖上同时布置喷油器和气体燃料喷射器十分困难。

3. 按点火方式分

天然气着火温度较高,难以实现压缩发火,一般采用电火花点燃或柴油引燃。

纯气体发动机由电火花点火系统点燃。在将柴油机改装为纯气体发动机时,需要增加电火花点火系统,同时降低压缩比,避免气体在压缩过程中产生爆燃现象。

柴油引燃是指天然气与空气进入气缸后再压缩阶段均匀混合,混合气依靠喷入气缸的少量柴油自燃放出的热量点燃。与电火花点燃式发动机相比,压燃式双燃料发动机具有诸多优点:

（1）保持了柴油机的高压缩比,热效率高,燃料经济性好;

（2）引燃柴油所释放的能量大大高于火花引燃的能量,有利于保证气体燃料的稳定着火和燃烧;

（3）引燃柴油可形成多个着火点,加快气体燃料的火焰传播速度;

（4）柴油机结构改动少,各部件与原机型之间具有良好的互换性,从而降低了制造和配套成本,使用和维修比较方便;

（5）可双燃料运行,也可以在燃油模式下运行。

8.3.2 三种典型的气体燃料发动机

气体燃料发动机具有良好的排放特性,除了取决于燃料本身良好的特性外,还取决于对燃烧的精确控制,这就是所谓的"稀薄燃烧"。

"稀薄燃烧"的燃烧方式如图 8-9 所示。在燃烧室内将燃料的空燃比控制在 2～2.3 之间。在这种方式下运转,发动机可以获得良好的动力性、经济性和排放性能,发动机的热效率可达到 47%,而 NO_x 排放可低于 1 g/(kW·h)。"稀薄燃烧"是处于爆燃和不发火之间的一个狭窄区间,燃料的浓度太高,在燃烧过程中会出现爆燃、效率降低、NO_x 排放高等现象;而燃料浓度太低,则可能出现不发火的问题。特别在高负荷区,爆燃和不发火区非常接近,发动机的工作窗口很窄。因此,各缸燃气浓度精确的电子控制和调整是保证各缸发火燃烧能够达到高效、低排放的关键技术。性能优异的双燃料柴油机对每个缸的燃烧都是单独控制的,气体燃料的供气量是根据发动机的负荷和燃气的热值自动进行调整,并通过调整各缸的进气空气量和燃气相匹配控制各缸的燃气浓度。

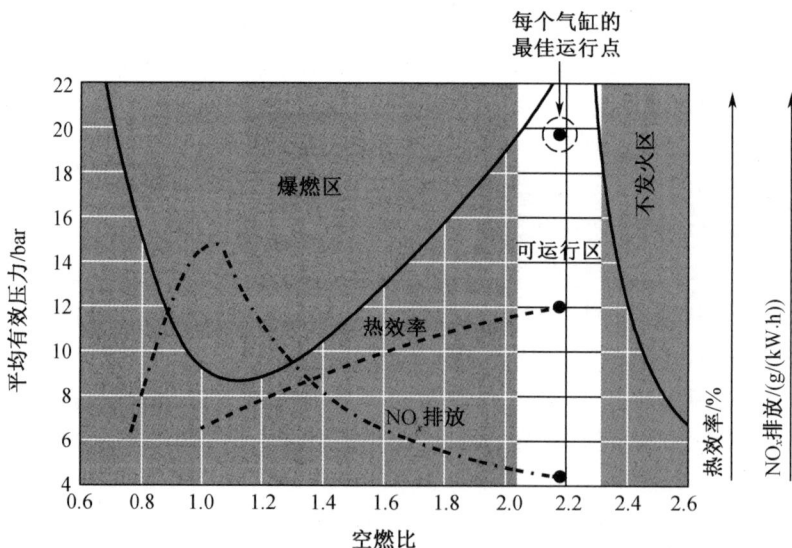

图 8-9 稀薄燃烧的工作窗口

目前运营的气体发动机主要有三种主流类型:电火花点火式发动机、低压双燃料发动机和高压直喷双燃料发动机。

1. 电火花点火式发动机

电火花点火式发动机基于汽油发动机原理设计,以纯天然气为燃料,多用于四冲程发动机。由于汽油机本身就使用挥发性较强的汽油作为燃料,与天然气作为燃料的燃烧模式相类似,其过程是:天然气经过燃气阀单元喷入进气道,与进机空气一同被吸入气缸并进行预混合,天然气和空气的混合气在压缩过程中被压缩,当活塞接近上止点时,被压缩的混合气由火花塞点燃,在膨胀冲程做功,如图 8-10 所示。这类发动机一般只采用天然气作为单一燃料,进气压力很低,一般小于 0.5 MPa。

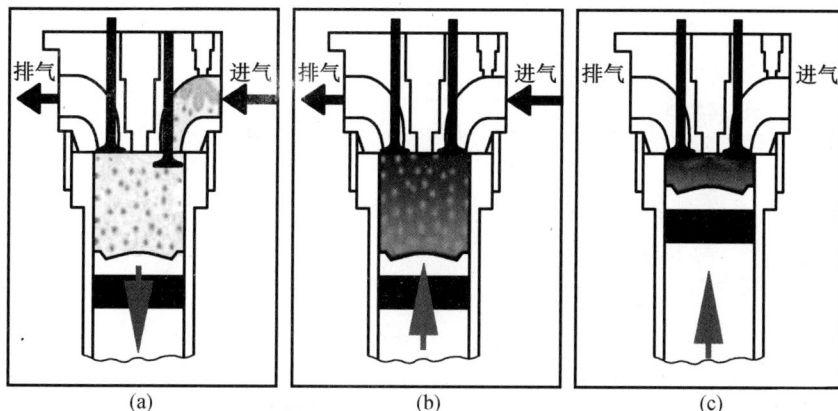

图 8-10 电火花点燃发动机工作原理图

高负荷时会引起发动机敲缸和 NO_x 排放升高,稀薄运行区间狭窄。天然气燃烧速度慢,低负荷或极其稀薄时会引起后燃(甚至失火)、发动机转速不稳定、能耗上升、碳氢化合物和 CO 排放迅速增加。

罗尔斯·罗伊斯公司一直从事气体发动机的研究,率先将以纯天然气为燃料,采用电火花点火式的发动机用于船舶动力装置领域。罗尔斯·罗伊斯公司于 1991 年制造出了第一台稀薄燃烧气体发动机,而第一台船用电力推进气体发动机于 2006 年装船运行。目前已有部分小型实船采用其气体机作为主动力装置。目前罗尔斯·罗伊斯公司的气体发动机的主要型号为 Bergen B32/35：40 和 Bergen C26：33,功率为 1 460~8 750 kW。

罗尔斯·罗伊斯公司气体发动机进排气系统如图 8-11 所示。从图中可见,从燃气总管进气的燃气分为两路:第一路为主进气管路,燃气通过控制阀进入各气缸进气支管,在发动机吸气冲程与增压空气一起进入气缸内,并与空气混合,其燃气的浓度较低(稀薄);另一路为预燃室燃气管路,将燃气送至燃烧室上方的预燃室。即将进入预燃室的燃气由发动机的电控系统控制在压缩终点附近进入预燃室,其燃气浓度较高。预燃室内由火花塞点火,将预燃室内的燃气点燃,再通过预燃室喷孔将火焰传播到燃烧室内,将燃烧室内的混合气点燃膨胀做功。

发动机的各部分都由电控系统集中控制,如燃气开度执行器、预燃室燃气压力、主燃气压力、增压空气节流阀以及可变喷嘴环涡轮增压器(variable turbo geometry,VTG)等。采用 VTG 控制,可以保证在发动机的不同负荷下,燃油和空气的良好配合,确保稀薄燃烧状态,实现发动机各个工况点的最优控制。

2. 低压双燃料发动机

低压双燃料发动机一般由普通的四冲程柴油机改装而成,只是在进气阀处增设了燃气喷射设备,如图 8-12 所示。双燃料发动机分燃油和燃气两种工作模式。在燃气模式,燃气和空气的混合方式与纯气体发动机相似。在进气行程中,燃气经喷射阀喷入进气道并随增压空气一起被吸入气缸,因为采用的是天然气预混合方式,天然气的进气压力较低,一般在 0.5 MPa 以下。随后燃气和空气的混合气在压缩行程中被压缩。当活塞达到压缩终点时,通过引燃系统向气缸内喷入少量引燃柴油。引燃柴油数量很少,一般约为标定负荷喷油量的 1%左右。这些引燃柴油雾化着火后,点燃缸内天然气和空气的混合气,使其燃烧并在膨胀行程中输出动力。燃油模式下的工作原理与常规柴油机相似。

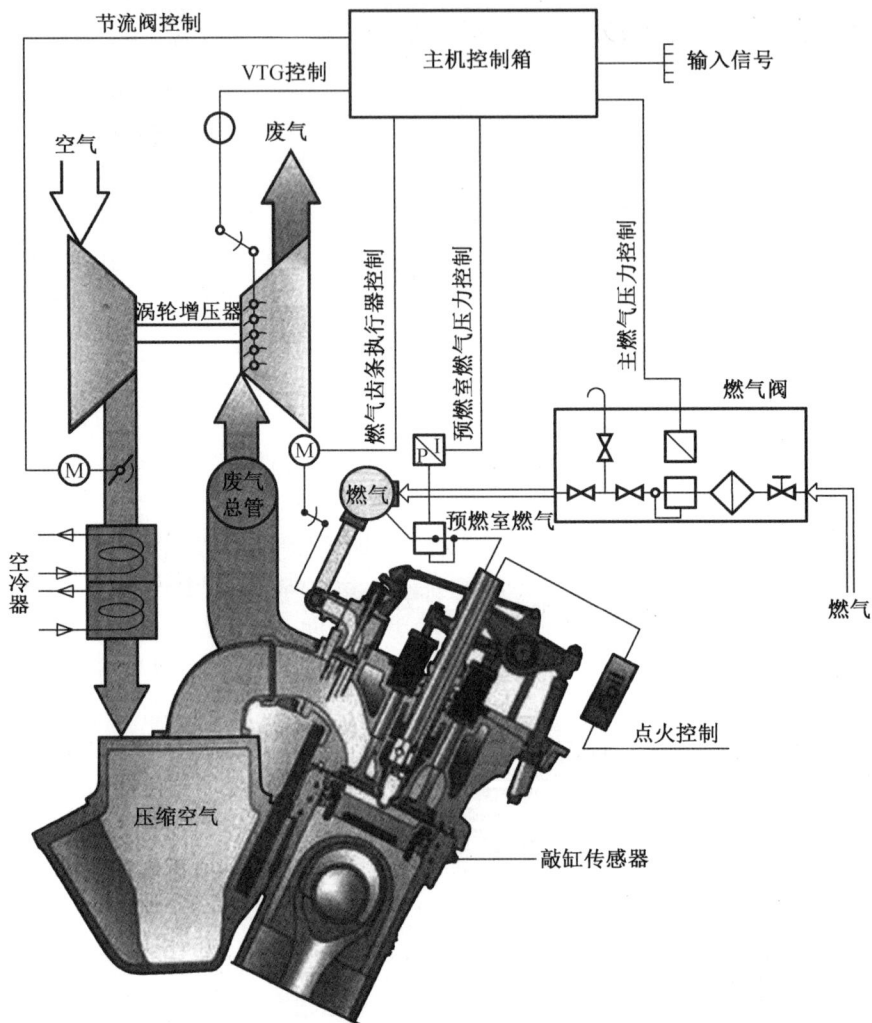

图 8-11　罗尔斯·罗伊斯公司气体发动机进排气系统

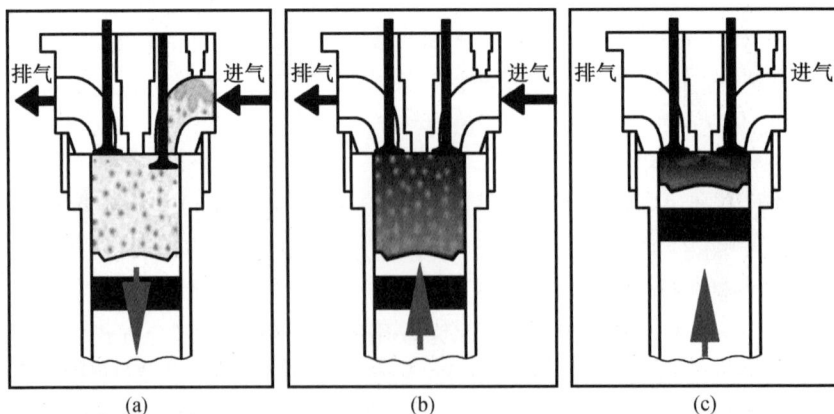

(a)　　　　　　　　(b)　　　　　　　　(c)

图 8-12　低压双燃料柴油引燃(DF)发动机工作原理图(燃气模式)

高温区域容易形成微粒与 NO_x 排放,需要合理组织燃烧保持最佳状态,在各种工况下选择适当的空燃比至关重要。

图 8-13 示为典型低压双燃料发动机两套燃油系统:一套与普通柴油机相同的燃油喷射系统,作为备用系统;另一套是用于气体燃料点火的高压引喷燃油共轨系统。

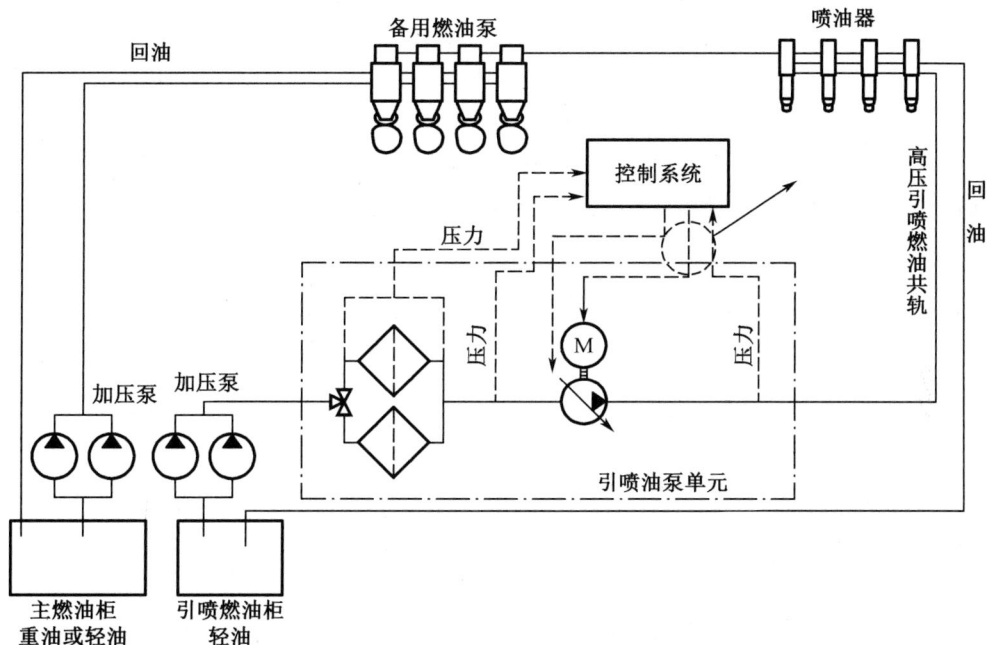

图 8-13 低压双燃料发动机的燃油系统

普通的燃油喷射系统一般用于备用模式,当气体燃料系统因故障或其他原因不能使用时备用。其燃油系统与常规的柴油机相同,燃油由加压泵送至由凸轮控制的高压油管产生高压,然后经高压油管送至喷油器喷射雾化,用于发动机的燃烧。

用于气体燃料点火的高压引喷燃油共轨系统主要组成部分包括引喷油泵单元、供油管、共轨和喷射器。

引喷油泵单元是将引喷燃油泵至所需的压力值,可以采用电动或机械驱动的径向柱塞泵(内置高压旁通阀)。此外,其还包括燃油滤清器和压力控制阀。

高压燃油由引喷油泵单元送至共轨管路。从泵到喷油器之间的所有高压管路都是双壁的。在双壁管路中的环形空间内发生的任何泄漏都会被收集,并导入一个安装有泄漏传感器的收集装置。共轨管路将引喷燃油输送至各个喷油器,同时它还作为一个蓄压器,防止压力波动。

双燃料发动机使用的是双针阀喷油器。大针阀在燃油和备用操作模式下用于主喷射燃油,小针阀是在气体操作模式下用于引喷燃油喷射。引喷燃油喷油器针阀的定时和喷射延迟时间是通过电磁阀来控制的。为了保持引喷燃油针阀的清洁,当双燃料发动机以柴油模式工作时,引喷燃油针阀仍然处于工作状态。

为了使柴油机的性能始终保持在最佳状态,在各种工况下保证适当的空燃比至关重要。WinGD 双燃料发动机使用废气旁通阀来调节空燃比,如图 8-14 所示。废气旁通阀允许一部分的废气旁通。该旁通阀作为一个调节器,将空燃比调节至适当的数值,以保证发动机能在稀薄燃烧条件下工作。该旁通阀可将阀位的反馈信号传至发动机控制系统(WECS)。

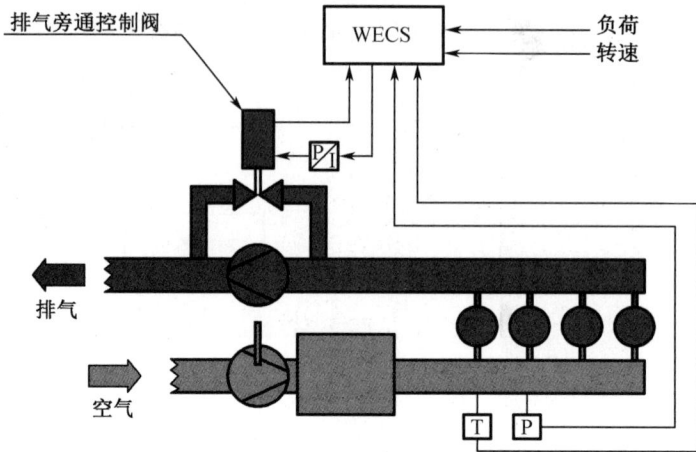

图 8-14　通过旁通阀控制空燃比

　　为了适应航运的需要,近年来 WinGD 公司也在逐步进行低压双燃料低速二冲程发动机的研发工作,其工作过程如图 8-15 所示。该机型燃气进口阀位于扫气口上方的"冲程中部"位置,在活塞上行关闭扫气口后向气缸中喷入燃气,燃气压力小于 1.0 MPa,燃气和空气一起被压缩,在压缩终点附近喷入引燃柴油,点燃混合气体。WinGD 公司柴油引燃(DF)主机应用于 LNG 船舶,该机在燃气模式下满足 IMO Tier-Ⅲ 的排放要求,效率高于四冲程机。

　　低压双燃料技术首次应用于二冲程机,尚有很多不确定性。例如,输出功率是否会受到爆燃的限制、碳氢化合物排放量是否会增加等。二冲程双燃料发动机需要达到的要求包括:在扫气阶段彻底扫除废气;排气阀开启时避免燃气混入废气;空气和燃气能够均匀地混合;降低燃烧速率,避免爆燃和爆压过高。其中燃气喷射系统是二冲程低压双燃料发动机设计的关键。

　　3. 高压直喷双燃料发动机

　　高压直喷双燃料发动机可在不同燃气和燃油比例下运行,或仅在燃油模式下运行,这种缸内高压直喷双燃料发动机的工作原理如图 8-16 所示。和普通柴油机一样,在吸气冲程中只吸入新鲜空气,在压缩冲程中压缩纯空气,这样可以使发动机具有较高的压缩比和较高的热效率。燃气由专用压缩机压缩至 20~35 MPa,当活塞到达压缩终点时,将高压燃气由燃气喷射阀喷入气缸,引燃柴油也同时喷入气缸,通过引燃油的压缩发火点燃天然气,使其燃烧膨胀。此型发动机一般用于大型低速双燃料发动机。

　　采用高压燃气直喷的典型机型是 MAN 公司的 ME-GI 系列双燃料低速二冲程发动机。采用双燃料方式,在达到与传统柴油机相同排放水平(IMO Tier-Ⅱ 规定)的条件下,具有较佳的经济性,达到节能减排的目的,以适应日渐严苛的排放要求。

　　如图 8-17 所示,MAN 公司的 ME-GI 系列柴油机与普通柴油机在结构上没有很大的区别,只是对某些零部件进行了改进,并增设了燃气供给、喷射及安全设备。这些部分包括:

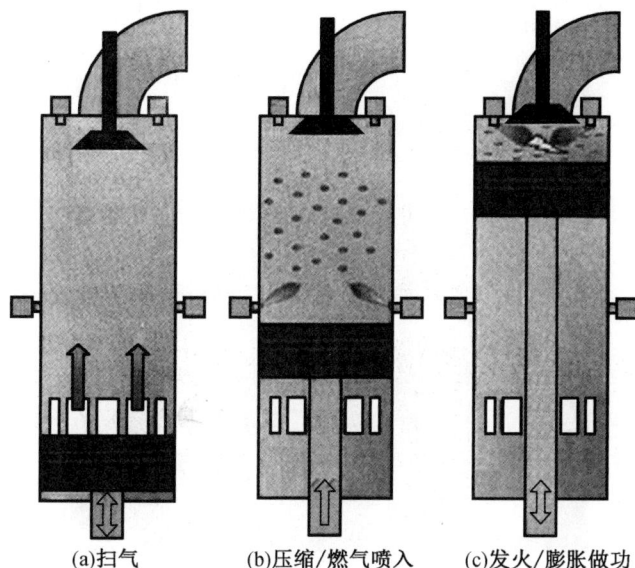

(a)扫气 (b)压缩/燃气喷入 (c)发火/膨胀做功

图8-15 二冲程低压双燃料(DF)发动机工作过程

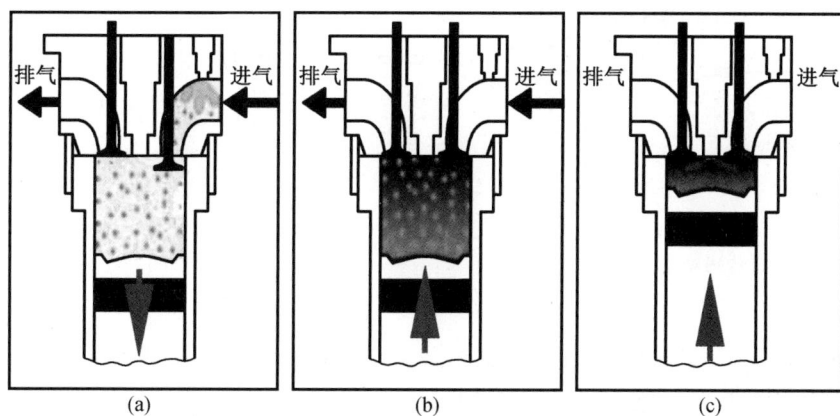

图8-16 高压直喷双燃料发动机工作原理

(1)双层壁燃气供给管路:在双层壁燃气供给管路内增设了通风系统,用于向燃气双层壁管路环形空间通气。

(2)单独的燃气喷射器:该喷射器带有密封油系统,为燃气喷射阀提供密封油来分隔控制油和燃气。

(3)GI控制和安全系统:在气体燃料喷射系统内设有一个检查双壁气体管路中碳氢化合物含量的分析仪。

(4)惰性气体系统:用惰性气体为该气体燃料系统驱气。

MAN公司的ME-GI系列柴油机喷射系统由气体和液体两套喷射系统组成,如图8-18所示,可将两种燃料喷入燃烧室,电控气体喷射器(ELGI)控制气体燃料的喷射,气体喷射压力约为25 MPa;燃油喷射执行器(FIVA)控制燃油的喷射。

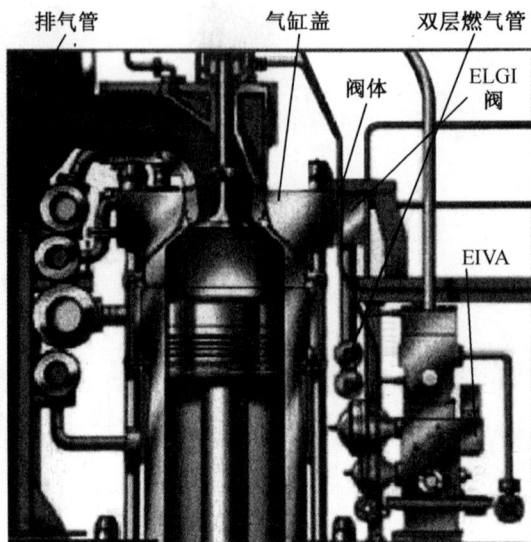

图 8-17　ME-GI 系列柴油机燃烧室结构

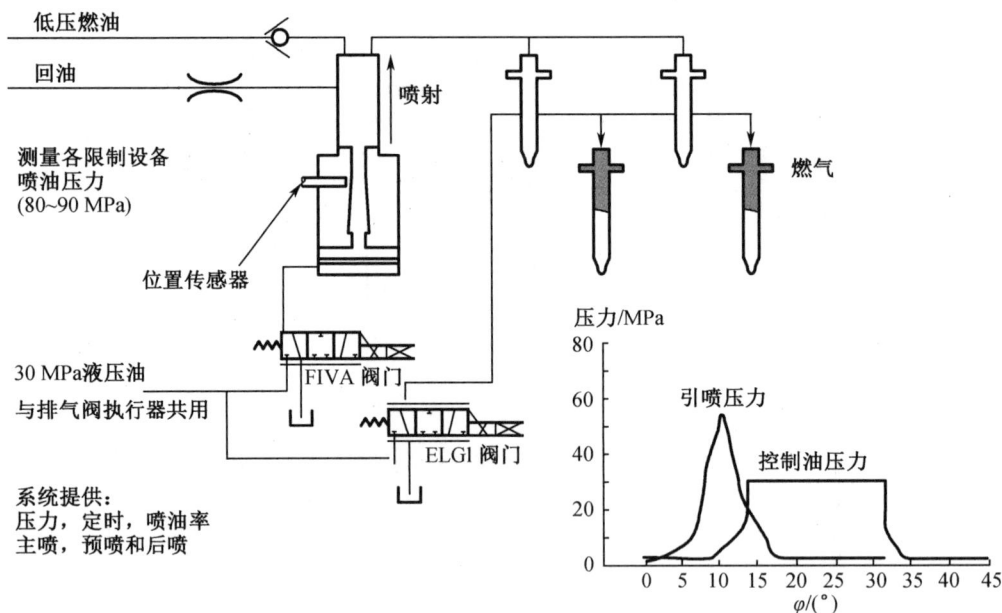

图 8-18　ME-GI 系列柴油机的气体和液体两套系统

双燃料发动机
工作原理
（动画）

　　ME-GI 系列柴油机有三种工作模式，即燃油模式、最小燃油模式和定量燃气模式，如图 8-19 所示。

　　若以燃油模式工作，ME-GI 系列柴油机与普通柴油机完全相同，一旦燃气系统出现问题，可以立即切断燃气，以燃油模式工作。

　　最小燃油模式主要以气体燃料运行，燃油系统只喷入少量的引燃喷油，为气体燃料点火。在此模式下，控制系统可设定最小燃油比例，柴油机在此油/气比例下工作。最

低的燃油比例一般在 5% ~ 8%,但如果柴油机在 30% 负荷以下工作时,按燃油模式工作。

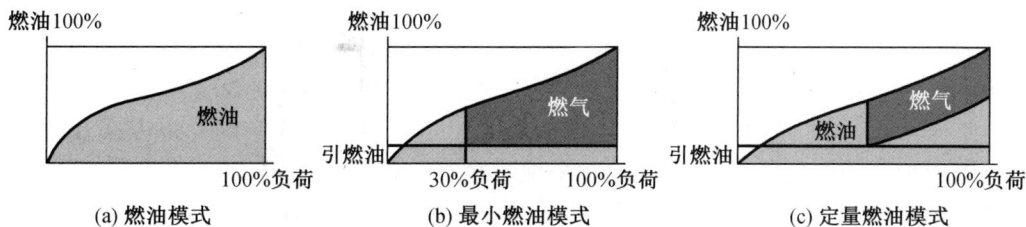

图 8-19　ME-GI 系列柴油机的三种工作模式气体

定量燃气模式是由操作者规定气体燃料的数量,ME-GI 系列柴油机控制系统以燃油加以补充,以达到工作负荷的要求。

目前,LNG 发动机面临的主要问题是:根据燃料供给方不同,LNG 发动机缸内燃烧形式多样——预混燃烧、扩散燃烧以及部分预混燃烧,且整个燃烧过程中多种燃烧模式可能同时存在。深刻理解燃料燃烧过程,实现船用 LNG 的发动机高效清洁燃烧,可为发动机控制策略制定提供重要参考。

8.3.3　气体燃料供给系统

气体燃料发动机的燃料供给系统是一套燃气系统,这是气体燃料发动机与普通柴油机动力系统的最大不同之处,燃气系统主要包括 LNG 储罐、LNG 汽化装置以及燃气控制单元等。燃气系统主要依据供气压力来分类。根据发动机的供气压力,气体燃料供给系统可分为低压系统和高压系统。

低压系统的燃气进机压力约 0.5 MPa。由于低压系统不需要增压泵或压缩机,因此大大简化了燃气系统的布置,降低了系统运行的费用和能耗。较低的进机压力还可以显著地提高系统的安全性,降低了对系统管路阀件的要求。

对于采用气体喷射的燃气发动机,则需要在进机前使燃气达到足够的压力,使其在压缩终点喷入气缸。这是由专用的多级压缩机实现的,高压系统的燃气进机压力为 25~30 MPa。高压系统运行的费用和能耗及对系统管路阀件的要求都比较高。

1. LNG 储罐

LNG 运输船上的气体燃料发动机,一般以 LNG 货物自然蒸发气(natural boil off gas, NBOG)为燃料。如果自然蒸发气数量不足,也可以采用强制蒸发提取强制蒸发气(forced boil off gas, FBOG)在发动机内作为燃料燃烧,为推进装置提供动力,而不需要 LNG 储罐。非 LNG 运输船的气体燃料发动机则需要专门的 LNG 储罐供气。LNG 储罐是一种专用的低温储罐,可以分为立式和卧式两种,立式储罐的优点是占地面积小,而卧式储罐的稳定性好,陆用 LNG 生产和储存设备大多采用立式储罐,而运输设备及船用储罐大多采用卧式储罐,因为对储运过程的安全性要求较高。目前船用 LNG 低温储罐大体分为三种布置形式:开敞甲板(舱外)布置、围蔽处所布置及半围蔽处所布置。目前国内改装的 LNG 动力船普遍选择开敞甲板布置。

LNG 低温储罐通常在外壳的一端焊接一个不锈钢柜(tank room 或 cold box),将相关管路、阀件及汽化器等布置在这个箱柜中,作为发生泄漏事故时的第一道屏障。这种结构设计使系统的布置更加紧凑,方便管理,同时具有围堵泄漏、防止燃气扩散、安全防护及缩小危险区域的作用。

2. 燃气系统汽化单元

为了保证LNG汽化后的温度压力等参数恒定不变,LNG汽化系统必须能够根据发动机的负荷变化,及时改变汽化量,以适应燃料供给量的变化。也就是说,当发动机的负荷发生变化时,来自储罐的液相LNG进入汽化系统的量会发生相应变化,汽化系统就需要识别出这种变化,然后增大或减小加热介质的流量或温度,相应提高或降低汽化器的汽化能力,从而确保汽化器出口的燃气状态参数不变。

对于LNG运输船,一般采用自然蒸发气为发动机的燃料。这是由于在LNG船舶运输中,LNG货物会不断受热产生货物蒸发气,虽然LNG货舱有绝热层加以防护,但仍然无法阻止外热侵入,所以会产生货物蒸发气,即自然蒸发气,通常蒸发率在0.1%～0.15%。采用自然蒸发气作为船舶的主要燃料可以为船东节省相当可观的燃料费用。因此,对于LNG运输船上的气体燃料汽化系统,一般以LNG货物自然蒸发气为主,如果自然蒸发气不足,可以通过强制蒸发部分LNG作为补充,如图8-20所示。

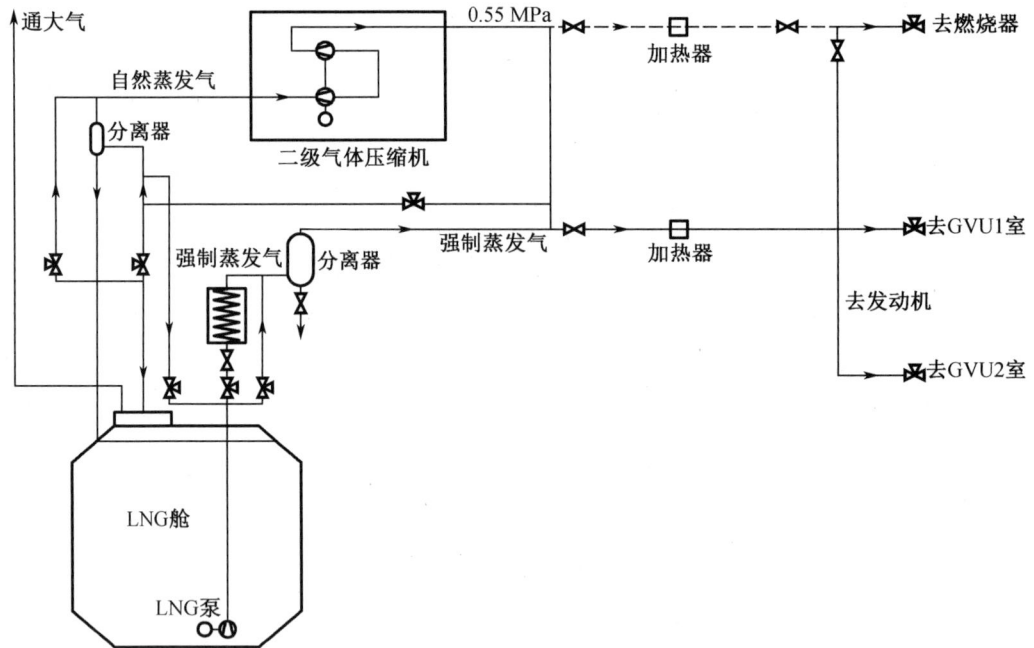

图8-20　LNG运输船舶气体燃料蒸发系统

非LNG运输船需要专门的LNG汽化器。LNG汽化器种类繁多,目前LNG动力船上主要采用水浴式汽化器,也采用空温式汽化器。空温式汽化器结构简单、维护方便、运行费用低,但比热容小、传热系数低、受环境温度影响较为明显,因此不适于较大流量的LNG汽化器。

国外使用较多的LNG汽化器的汽化方式是先让中间传热介质(乙二醇溶液)在低温淡水换热器中吸热,再使加热后的中间传热介质与LNG在汽化器中进行有效换热,最终使LNG汽化并达到要求的温度。进入汽化器的LNG的质量流量根据发动机负荷而改变,对 LNG 的汽化控制是通过自动控制(PID 控制)系统实现的。图 8-21 所示是 WinGD 公司生产的汽化单元简图。

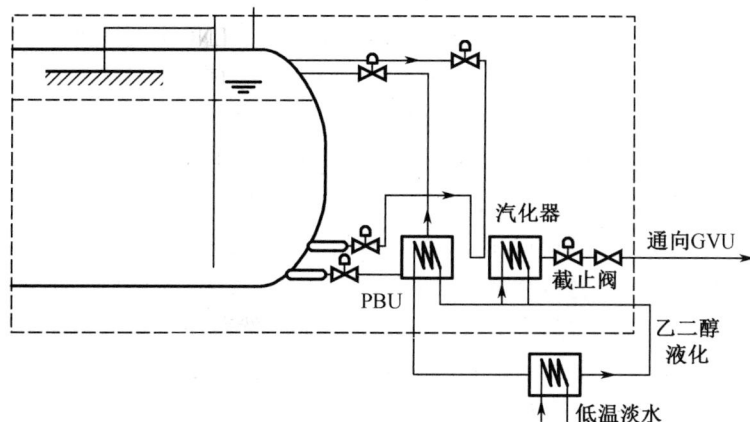

图 8-21　WinGD 公司的汽化单元

3. 燃气供给单元

(1)燃气阀单元

低压系统的燃气供给采用燃气阀单元(gas valve unit,GVU)。从汽化器出来的燃气不能够完全满足发动机的要求,因此在燃气进入发动机之前需要经过燃气阀单元的处理。燃气阀单元由一系列部件组成,如图 8-22 所示,包括手动截止阀、惰性系统、燃气滤器、燃气压力控制阀、截止阀、透气阀、压力表、温度表、压力和温度传感器以及控制单元等。

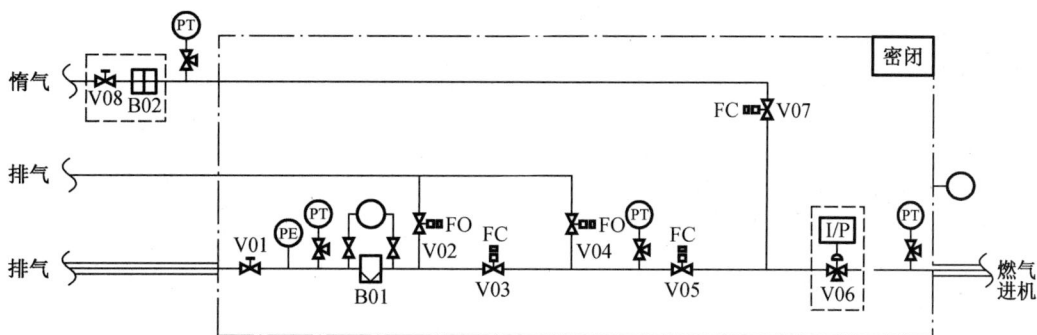

V01—手动截止阀;B01—滤器;V02、V03、V04、V05—截止阀;V06—燃气压力控制阀;V07—惰气阀。

图 8-22　燃气阀单元

燃气阀单元具有如下功能:①在发动机启动之前,由程序控制阀件动作,进行燃气泄漏测试;②通过燃气阀单元内部的压力调节阀根据发动机负荷调节双燃料发动机燃气供给压力;③在发动机模式转换时,可以通过燃气阀单元实现燃气供给的快速切断;④在紧急停止的情况下,可以通过燃气阀单元快速切断燃气供给;⑤可以利用压缩空气对燃气系统及供给管路进行吹洗;⑥在系统维护时可以使用氮气进行吹洗。

手动截止阀 V01 可以切断燃气的供应,滤器 B01 的作用是保持燃气清洁,防止杂质进入发动机。滤器的脏污通过滤器前后的压力传感器经压差控制器显示,当滤器前后的压差达到警戒值时会发出警报。

进气管路上的截止阀 V03、V05 与 V04 形成互锁,互锁结构可以根据主机需求有效地控制燃气的流通和截止。若主机运行于燃气模式,互锁结构可以保证燃气正常平顺地进入主机。当主机运行于燃油模式时,V03 和 V05 处于截止状态,使燃气管路保持锁闭状态,并通过阀 V04 排出两排气阀间管内的燃气,确保运行安全。而在紧急情况下,还需要开启阀 V02 加强系统排气效果,并通过开启 V07 在燃气阀单元与主机之间加装惰气,保证运行安全。燃气压力控制阀 V06 的主要作用是根据船舶发动机的负荷调整进气压力,保证船舶在正常航行时燃气系统管路内的压力处于正常状态。

每台发动机必须有自己单独的燃气阀单元,不能共用。燃气阀单元的设置应尽可能地靠近船舶主机,以便快速地对主机工况的变化做出响应。整个燃气阀单元须采用密封设计,燃气阀单元外部设置吸气风机以保证燃气阀密封单元的压力小于发动机舱室和机舱外部。燃气阀单元的负压设计用于确保天然气发生泄漏时,不至于泄漏至机舱,从而保证机舱安全。

(2)高压气体压缩机

高压气体压缩机是高压系统的气体燃料供给系统的核心。高压气体压缩机要将气体燃料压力提高到 15~30 MPa,由于 LNG 船在装载和压载状况下的 BOG 数量不同,LNG 舱柜中的气体压力不断变化,BOG 会在常温到超低温很大的温度范围内变化,以及每次装载的 LNG 成分不同,燃气压缩机应满足下列要求:①能够在宽广的流量范围内工作;②能够在不同的吸入压力下工作;③能够在宽广的温度范围内工作;④能够适应气体成分的变化。

高压气体压缩机为了保证可靠运行,一般装有两台压缩机,交替使用。在设计上采用高可靠性的迷宫式密封,并采用多级压缩的方式保证达到所要求的喷射压力,一般采用 5 级压缩,如图 8-23 所示。在正常情况下,压缩机根据要求持续运转。备用压缩机只是用工作压缩机出现故障时手动启动。

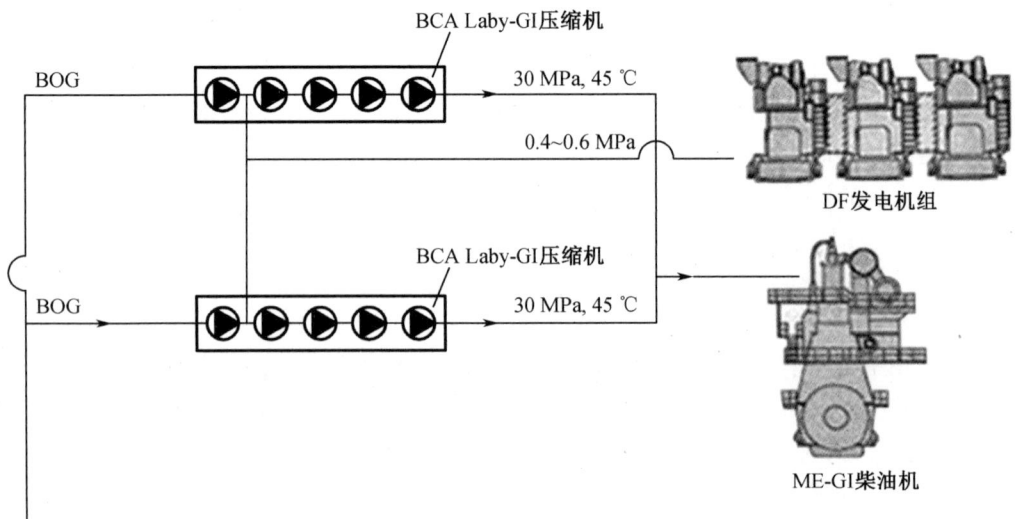

图 8-23　高压系统的气体燃料供应系统

任务 8.4 船舶电力推进系统

8.4.1 电力推进系统的组成

电力推进船舶通常由推进电机驱动螺旋桨，推进电机所需的能量来自发电机。船舶发电机输出电压恒定、频率恒定的三相交流电源，经配电板配电到变压器、变频装置，通过变频装置改变加载在电动机的电压和频率，从而实现灵活控制电动机的动力输出。因此，船舶电力推进系统通常由发电机组、配电屏、变压器、变频装置、推进电机等部分组成，如图 8-24 所示。

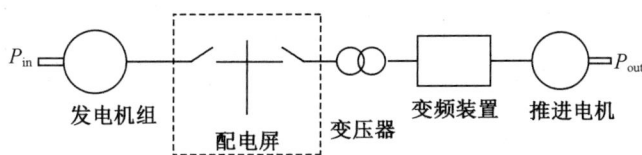

图 8-24 船舶电力推进系统组成

1. 发电机组

电力推进船舶通常由柴油机发动机组给 6.6 kV 的高压电网（频率为 50 Hz 或 60 Hz）供电。对电力需求量较大的船舶，柴油机也可替换成功率更大、结构更紧凑的燃气轮机发动机组。

2. 配电屏

配电屏确保电力的分配，低压配电屏为变压器、变频器和推进电机提供控制用电，6.6 kV 的高压电由配电屏通过推进变压器，输出到变频器。

3. 变压器

变压器分为连续电力供应和推进电力应用两部分，进行升压和调相，为变频器提供 6 脉波、12 脉波或 24 脉波的交流电。

4. 变频装置

交流推进电机的控制或调速依赖变频技术。这就要求向交流电机供电的电源能够同时改变电压和频率。通常采用的 3 种控制有同步变频（交-交变频）、循环变频（交-直-交变频）和脉宽调制变频。

5. 推进电机

推进电机实现电能到机械能的转换，是驱动推进器工作的动力源。电动机可采用直流他励电动机、交流同步电动机、异步电动机或永磁电动机等。随着永磁电动机控制技术的发展，在船舶电力推进系统中趋于采用永磁同步电机。永磁电动机与常规电动机相比具有功率密度大、转矩密度高的特点，由于其构成的推进系统噪声低、效率高、维护性好，因此对于船舶来说更具发展潜力。

8.4.2　电力推进系统的分类

1. 按原动机类型分类

（1）柴油机电力推进

柴油机电力推进是目前船舶电力推进中广泛采用的原动机，特别是中、小型船舶。为了减轻质量和减少体积，电力推进一般采用高、中速柴油发电机组。

（2）汽轮机电力推进

该装置适用于大功率电力推进以及蒸汽耗用量比较大的船舶。可使用低廉的燃料，降低运营成本，但需要蒸汽锅炉，使得动力装置占用空间大，并且增加了质量。

（3）燃气轮机电力推进

燃气轮机功率大、体积小、质量轻、结构简单，但是寿命短，加之工作转速很高（1 000 r/min 以上），故需要加装减速器，这又增加了船舶的质量。

（4）核动力装置电力推进

将核反应堆中产生的热能，通过热交换器，加热蒸汽或惰性气体，然后通过汽轮机发电。此方案可以不需要燃料储备而航行很长时间，特别适合大、中型船舶和舰艇，如破冰船、潜艇、航空母舰、远洋船舶等。

（5）燃料电池电力推进

燃料电池是直接或间接地使用燃料氧化自由能的化学电池，其热效率可达 90%，大大高于现有的一切热机。它与通常的电池不同，只要连续供应燃料，就能不断产生电能。并且其工作可靠，无噪声，可根据需要任意串、并联。这些优势使得燃料电池在电力推进中的应用前景十分广阔。

2. 按电流种类分类

（1）直流电力推进

直流电力推进按系统调节原理可分为恒流电力推进、简单发电机-发动机（G-M）电力推进、恒功率电力推进及恒电流电力推进等。但直流电机存在换向器和电火花的劣势，现在一般不再采用。

（2）交流电力推进

交流电力推进的推进电机采用交流电动机，包括异步电动机、同步电动机、永磁电动机。随着采用变频器的交流调速系统的广泛应用，目前几乎所有电力推进系统都采用交流变频系统。

（3）交-直流电力推进

交-直流电力推进采用电力电子技术将交流电源和直流电机结合成一个系统。

（4）直-交流电力推进

直-交流电力推进采用电力电子技术将直流电源和交流电机结合成一个系统。

3. 按推进功能分类

（1）独立电力推进装置

独立电力推进装置的螺旋桨专由推进电动机带动，如图 8-25 所示，这是最常用的电力推进方式。主发电机除了供电给推进电动机外，还可以将一部分电能供给船舶电网。

（2）混合电力推进装置

混合电力推进装置如图 8-26 所示,还可以细分为以下 4 种工况:①螺旋桨由主柴油机带动(此时推进电动机与螺旋桨脱开);②螺旋桨由推进电动机带动(此时主柴油机与螺旋桨脱开),做低速运行;③螺旋桨由主柴油机和推进电动机共同带动,做高速运行;④在航行时推进电动机由主轴带动,做发电运行,将电能回馈给电网,其作用相当于轴带发电机。

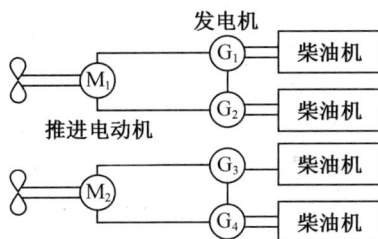

图 8-25　独立电力推进装置

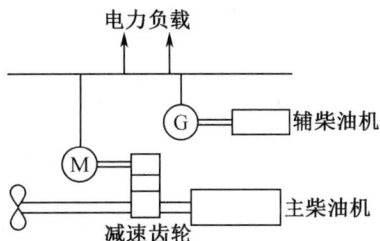

图 8-26　混合电力推进装置

（3）特殊电力推进

特殊电力推进主要包含侧推电力推进、吊舱式电力推进、全方位电力推进、超导电力推进、磁流体电力推进等。

（4）综合电力推进

综合电力推进采用电力系统集成技术来实现船舶电能的产生、输送、变换、分配及利用,以满足船舶推进、日用负载、大功率脉冲负载等需要。此类型将船舶发电与推进用电、船载设备用电集成一个系统之内,从而实现发电、配电与电力推进用电及其他设备用电统一调度和集中控制。

8.4.3　船舶推进电动机介绍

船舶电力推进就是以电力作为船舶的推进动力,通过推进电机带动螺旋桨将电能转换成机械能,推动船舶前进。由于电动机和电力电子技术的发展,永磁电动机和脉冲宽度调制(PWM)控制技术使得传统意义上的交直流区别逐渐模糊。电子换向器取代机械换向器,实现了电动机无刷化。永磁材料的开发应用使高性能的永磁电动机显现出巨大的优势。

1. 推进电动机的特点

船舶的航速和推进轴功率的变化范围很大,船舶对推进电动机的要求决定了推进电动机的特点,即是一种高可靠性、大容量、低转速、高转矩、高功率比、功率和转速变化范围很宽的多工况电动机。

（1）高可靠性

推进电动机是船舶电力推进系统的主要、甚至是唯一的动力源,其可靠性直接关系到船舶的安全航行,特别是潜艇推进电动机。早期的潜艇采用柴油机与推进电动机同轴推进,而且有多台主推进电动机和经航推进电动机。而现在仅仅设一台主推进电动机,推进电动机成为潜艇深潜、上浮、航行的唯一推进动力,它必须具有非常高的可靠性,以保证船舶的生命力。

（2）大容量

船舶推进电动机的最大功率取决于船舶航行所要求的最大航速、排水量、运动阻力和推进螺旋桨的特性，一般在船舶总体设计时决定。推进电动机的功率 P 大致与螺旋桨转速 n 的三次方成正比，即 $P = Cn^3$（C 为常数），因此提高船舶的航速要求显著增加电动机的功率。

随着船舶的排水量增大，航速增大，所需推进动力越来越大，导致推进电动机的容量也逐步增大。现代船舶已由双螺旋桨推进发展为单螺旋桨，单台推进电动机的容量成倍增加。

（3）低转速、高转矩

早期的船舶螺旋桨为小直径高速螺旋桨，为了提高螺旋桨推进效率和降低噪声，现均采用低速大直径螺旋桨。而一般推进电动机与螺旋桨同轴连接，无齿轮减速，所以推进电动机转速向低速发展。随着单台推进电动机的容量大幅度增加，推进电动机的转矩也大幅度提高。

（4）高功率比

船舶舱室空间和排水量有限，希望设备体积小、质量轻。推进电动机在船上属于大型设备之一，特别是潜艇推进电动机一般放置在船舶的尾部。现代潜艇为了提高流体力学和声学性能，趋向于采用水滴形艉部收缩，导致舱室体积变小，所以要求推进电动机体积小、质量轻、功率密度大。

要求推进电动机具有最小的外形尺寸和质量，这与电动机便于维护以及某些部件便于接触相矛盾，但是对于船舶推进电动机来说，最小的外形尺寸和质量成为设计时的优先考虑因素。

（5）宽调速范围和调速性能

推进电动机要能满足船舶航行的全部航速需要，其转速一般在每分钟几十转到几百转。在同样的输出功率情况下，它与一般恒速的电动机和有转速中断区的调速电动机相比，实际分担的功率、电负载和磁负载都要大得多。

（6）高效率

电动机的效率对船舶的燃料消耗、主发电机外形尺寸和质量有很大的影响。推进电动机效率低，总的电力消耗加大，会使主发电机的容量、外形尺寸、质量以及燃料的消耗显著增加。潜艇推进电动机的效率直接影响舰艇的续航力和作战半径。

（7）振动和噪声小

船舶推进电动机通常安装在很小的舱室内，工作人员受电动机不间断的噪声困扰。因此，为了改善工作人员的居住和工作条件，减小电动机的噪声是很有必要的。对于特殊船舶如测量船和海洋考察船，推进电动机的振动和噪声还会干扰测量的准确度。

另外，随着声呐等返潜技术的发展，需要研究、发展安静型潜艇。潜艇低速航行时，推进电动机是其主要振动和噪声源，对潜艇的隐蔽性影响很大，尤其影响了潜艇的战术技术性能指标。因此，根据船舶发射到水中的声能值的限制，人们对潜艇推进电动机振动和噪声的要求越来越高。

必须指出，要求振动噪声小是与限制外形尺寸和质量直接相矛盾的，因为电动机的有效材料利用率越高，即电动机的电磁负载和转速越高，电动机的噪声就会越大，要得到噪声小的电动机，必须减小电动机的电磁负载和转速，这样就要增加外形尺寸和质量。所以实际设计时,通常要兼顾上述各个因素的影响,最终得到一个最优方案。

(8)多工况运行

推进电动机要推动船舶在不同的航速下前进、后退,应满足多种工作状况运行要求。潜艇推进电动机一般有基本、短时和连续三种工作制。基本工作制是水下航行的短时工作状态,也是电动机的额定工况,一般为 1 h;短时工作制可以使潜艇操纵更加灵活、机动,有利于接近敌人、占领有利阵位和规避各种不利的局面,一般为 10 min 工况;连续工作制满足潜艇水面、水下、通气管航行、倒车等状况下的各种航速。

(9)多电压供电方式

潜艇推进电动机一般由蓄电池供电。蓄电池的放电特性使供电电压波动范围很大。另一方面,为了便于调速,蓄电池组在工作时,经常调整串并联结构。推进电动机在同样输出功率时,与一般电动机相比,电负载和磁负载较大。

2. 推进电动机的类型

(1)直流电动机

电力推进船舶最原始的方案是以直流电动机作为推进电动机。其工作原理是:在定子和转子中都通以直流电,定子产生磁场,转子上产生电磁转矩。直流电动机要使用换向器,以保证电磁转矩方向始终不变。根据励磁绕组和转子绕组不同的连接方式,直流电动机分为他励、并励、串励、复励四种类型。由于直流电动机的电磁转矩与励磁磁通和电驱电流的乘积成正比,通过改变励磁电流大小和方向,或者改变转子电驱电流和方向,都可以改变电动机的转速和转向。直流电动机具有控制简单、易于平滑调速、调速性能好、控制器和驱动系统成本低等优点,但也有换向器和电刷需定期维护、使用不便、效率低、生产工艺复杂、体积质量大、造价高等缺点。目前,船舶直流推进电动机的容量为 2~3 MW。

(2)异步电动机

异步电动机在定子上通入三相交流电,在气隙中产生旋转磁场,转子会随着旋转磁场转动,且转速低于旋转磁场转速。交流异步电动机的励磁电流和负载电流在定子电路中,无法分开,不能像直流电动机一样通过独立调节励磁电流或电驱电流来进行电动机调速。异步电动机的调速可以通过改变接入三相交流电的参数或者改变定子绕组的磁极对数来实现。异步电动机是工业的动力源,简单的设计确保它在大多数场合使用寿命长,故障和维护花费都最小化。异步电动机可应用在任何场合,既可作为恒速电动机直接连接在电网上,又可作为由静止变频器供电的调速电动机使用。

(3)同步电动机

同步电动机与异步电动机一样在定子绕组上通入三相交流电,形成旋转磁场,同时利用滑环和电刷在转子绕组上通入直流电流形成磁体,它会跟踪旋转磁场以同步转速转动,因此称为同步电动机。同步电动机具有功率因数高、功率范围广、过载能力强等优点,除了大型推进装置,同步电动机在船上通常不作为电动机使用。当其功率大于 5 MW 时直接与螺旋桨轴相连接,功率达到 8~10 MW 时使用齿轮箱连接螺旋桨。同步电动机需要由变频器供电实现调速控制。

(4)永磁电动机

近年来,由于永磁电动机材料和技术的突破,永磁电动机得到飞速发展。用永磁电动机取代传统电动机的励磁绕组和磁极,可以缩小体积、节省空间、减少励磁损失,可以简化电动机的结构,而且可以大大提高效率。永磁电动机区别于传统意义上的交直流电动机,同时却又包括永磁直流电动机和永磁交流电动机两种类型。其中永磁交流同步电动机在船舶电力推进领域的发展应用迅速。在传统交流同步电动机中,以永磁体取代转子励磁绕组,无须电流励磁,不设电刷,就成为交流同步电动机。同步电动机不能通过三相交流电直接启动,需要异步启动后拉入同步。永磁同步电动机多用于变频调速场合,启动时变频器输出频率从 0 Hz 开始上升到工作频率,电动机则跟随变频输出频率同步旋转,它是一种很好的变频调速电机。永磁同步电动机可应用于若干兆瓦的吊舱推进,这种设计充分利用了永磁电动机体积小、效率高的优点,使吊舱尺寸尽可能减小,直接用水冷却、结构简单、便于安装。

(5)超导电动机

超导电动机的绕组由实用超导线绕制而成。超导线在临界温度、临界磁场强度及临界电流密度值以内时具有超导性,其电阻为零。这将使超导电动机绕组损耗降为零,既解决了电驱绕组发热、温升问题,又使电动机效率大为提高。更重要的是超导线的临界磁场强度和临界电流密度都很高,使超导电动机的气隙磁通密度和绕组的电流密度比传统常规电动机提高数倍乃至数十倍。这就大大提高了电动机的功率密度,降低了电动机的质量、体积和材料消耗。采用超导励磁绕组及液态电刷,可以制成高电压、大电流、大容量的直流电动机。超导单级直流电动机适用于船舶推进领域,很有发展前途。

8.4.4　船舶电力推进的应用

采用电力推进方案的船舶,一般具备以下特点:①具备高度机动性能;②具备特殊工作性质;③具有大容量辅助机械;④军用舰艇。以下将简要阐述一些国内外电力推进船舶的应用实例。

1. 渡船

电力推进易于实现集中控制,可在驾驶室直接操纵船舶,也便于在船首及舷侧安装侧向推进器,这使得渡轮在港口要道和狭窄航道中能灵活安全地航行,也提高了靠码头的快速性和准确性。

2. 挖泥船

耙吸式挖泥船采用电力推进最大的优点是船上配置的大功率泥泵不需要专用的原动机带动,供电装置的功率可以给耙吸工作和推进任意分配使用。采用这种配置方案,不仅可减少原动机组的数量,提高装置运行的经济性,还可以减小机舱值班人员的工作强度。对于其他类型的挖泥船(如链斗式),在需要自航时,也常将挖泥机械的电力用于推进使用。

3. 破冰船

电力推进在低速时能提供较大的推进力,可以出色地完成破冰任务,并且它的堵转特性使得机组不会过载,比如在螺旋桨被冰块卡住时也不会发生事故,这对破冰船的安全性能尤为重要。电力推进装置在机动状态时的快速反应和自动恒功率调节,也一定程度上提高了破冰工作的效率。

4. 拖轮

拖轮采用电力推进装置的优势是可在广泛范围内调速,故可保证从自由航行到拖带状态都发出全功率,使拖轮发挥出最佳效率。并且在拖带作业时,可实现堵转,避免事故的发生。由于电力推进可在驾驶室直接控制,保证了拖带作业的安全,这对港口拖轮尤为重要。

5. 科考船

科考船上的甲板机械、附属设备和科研仪器等需要大量的电能,这些设备仪器可与电力推进装置一起从主发电机组获得电能。电力推进所具有的高机动性、低速航行特性和堵转特性等,对航行状态多变、航区复杂的科考船是必不可少的。

6. LNG 船

传统的 LNG(液化天然气)运输船采用汽轮机作为推进动力,电力推进系统可采用以燃气和柴油为燃料的双燃料发动机,直接使用 LNG 蒸发出的燃气,系统产生的推进由电力推进传输至螺旋桨,电力推进站的总效率在船舶额定负载时约为43%,相对效率低于30%的汽轮机推进,可节能30%~40%。

7. 钻井平台

为了实现动力定位,深水钻井平台和半潜式钻井平台需要采用全方位电力推进系统,可与钻探设备和船舶负载共用电站。在半潜式钻井平台中,采用紧凑型吊舱式电力推进系统,具有更大的推进动力,且每个单元的电力损耗更小。

8. 客滚船

客滚船采用了相对反转吊舱式电力推进系统的单尾鳍解决方案,该系统由机械主推进器和反转安装的吊舱式电力推进装置组成,两者协调工作,使后螺旋桨充分利用前螺旋桨的转动能量,同时使船舶可灵活选择各螺旋桨负荷分配,此外带导流罩的船体可为推进器提供有利的伴流,从而使流体效率比常规的双螺旋桨客滚船提高了10%~15%。

9. 大型邮轮

由于现代交流变频调速系统的实际应用,使得交流变频电力推进系统具有可靠性高、灵活性好、振动小、噪声低等优点,这些优点对客船,尤其对豪华邮轮来说是至关重要的。直接由变频器控制的电动机推进驱动装置使邮轮布置方便、紧凑,增加了客轮的房间数,减小了噪声,使乘客的旅程更舒适。

10. 军用舰艇

现代化的军用舰艇一方面需要较强的机动性,另一方面也配备了电磁炮、激光灯等高能武器,对船舶电力的需求较高。采用电力推进后,依靠电动机驱动推进器,使得舰艇控制灵活、调速方便,在低速航行时,可将大量的电能用于高能武器和高能量装备。另外,军用舰艇的生命力和隐蔽性也是非常重要的战时指标,这使得满足军事要求的电力推进技术在军用产品上得到了很好的发展。

8.4.5 电力推进系统的特点

正确和全面地认识电力推进系统的优缺点,对于推进装置的设计是十分重要的。以下优缺点是一般性、相对的,在一定条件下会相互转化,因此在应用于各类具体船舶时,应按其用途及运行方式的不同区别对待。

1.电力推进系统的优点

相较于传统的柴油机直接传动方式,电力推进具有以下优越性:①在机械能−电能的转换过程中,发电机处于较高的定速状态,具有高的转化效率,节省了燃油的消耗,提高了经济性。对采用动力定位、负荷变化较大的船舶,优势尤为突出。②采用冗余技术,增加了动力系统的可靠性。③采用中、高速发电机取代低速主机,可以减轻船舶质量。④占用空间少,增加仓储容量。⑤推进装置布置灵活,推进器供电采用电缆。⑥采用吊舱推进器,机动性好。⑦振动小、噪声低,因为轴系变短,原动机转速固定。

2.电力推进系统的缺点

和传统的柴油机直接推进相比,电力推进具有以下缺点:①由于机械能到电能,再由电能到机械能两次能量转换,因而比柴油机直接推进效率要低。在原动机与螺旋桨之间增加的电气设备,如发电机、变压器、变换器和电动机等,加大了船舶满载的传输损耗。②增加了发电机和推进电动机,整个动力装置装量增加,并且造价较高,船舶建造初期投资将会增加。③对维护人员技术要求较高,还需要配备比较熟练的电气技术人员。

3.电力推进技术的发展趋势

随着电动机制造、电力推进器件、变换器电路、经典和现代控制理论、计算机辅助设计等技术的发展,船舶电力推进技术的结构、配置等方面均发生了重大的变化。

(1)永磁电动机采用永磁材料提供励磁,省去了励磁绕组,可减小电机尺寸和提高电机效率。近年来,美、法等国设计研究了轴向磁场结构点燃永磁同步电动机。这种结构使得电动机的体积更小,质量更轻。另外,英国开始进行了横向磁通电动机的设计研究工作,这种新型永磁电动机的性能比轴向永磁电动机又有进一步的改进,使之更适合于低功率船舶推进的需要。

(2)超导电机与普通电力推进相比,具有质量轻、体积小、效率高、噪声低的特点。由于超导材料必须工作在相应的临界温度以下,要有一套复杂的液氮设备,所以在一定程度上制约了它的应用范围。近年来,随着低温技术的迅速发展,特别是低温技术的小型化,为超导电力推进在舰艇上的应用提供了良好的条件。超导材料的低温超导特性在改善电机的质量、尺寸、成本和效率方面有很大潜力。

(3)发展燃料电池,可以将化学能直接转换成电能。其特点是在能量转换方式上与蓄电池相同,因此具有安静、效率高的特点,而在构成方式上与柴油发电机组相似,即储能部分与能量转换装置部分相分离,因此具有长时间连续工作的能力,不必像蓄电池那样需要来回充放电。

(4)发展风能、波浪能、太阳能等广泛存在于自然中的清洁能源。其储量丰富,获取简便,具有比较诱人的前景,但如何充分有效地将自然能直接转换成船舶动力或者转化成电能将是未来船舶电力推进系统发展要攻克的一个难题。

做一做

查阅相关资料,了解最新建造的船舶都采用哪些主动力装置。

想一想

1.简述汽轮机工作原理,汽轮机按照做功原理不同分为哪几种?

2. 船舶汽轮机动力装置有何特点？

3. 舰艇上的燃气轮机可分为几种类型的组合，分别是什么？

4. 试比较柴油机、汽轮机、燃气轮机三种船舶动力装置的优缺点。

5. 气体燃料进入发动机有几种方式？目前应用于船舶推进的动力装置有哪三种主流类型的气体燃料发动机？

6. MAN 公司 ME-GI 柴油机与普通柴油机相比在结构上有哪些改进？有哪几种工作模式？

7. 气体燃料供给系统有哪些环节？燃气阀单元有哪些功能？

8. 船舶电力推进系统由哪几部分组成，各部分的作用是什么？

9. 用于船舶电力推进系统的发电机有哪几种类型，需具备哪些条件？

10. 船舶电力系统的应用有哪些特点，未来可以在哪些技术上有所突破？

参 考 文 献

[1] 李斌,王忠诚,段绪旭,等. 主推进动力装置(二/三管轮)[M]. 大连:大连海事大学出版社,2021.

[2] 李斌,王宏志,付克阳,等. 主推进动力装置(二/三管轮)[M]. 大连:大连海事大学出版社,2017.

[3] 李斌. 船舶柴油机[M]. 大连:大连海事大学出版社,2014.

[4] 王滢,陈慧,赵小戎. 船舶主机[M]. 哈尔滨:哈尔滨工程大学出版社,2021.

[5] 周明顺. 船舶柴油机[M]. 北京:人民交通出版社,2007.

[6] 李春野,付克阳. 主推进动力装置[M]. 大连:大连海事大学出版社,2012.